让 我 们  一 起 追 寻

伯罗奔尼撒战争

THE

PELOPONNESIAN

〔美〕唐纳德·卡根 〔Donald Kagan〕/ 著

陆大鹏 / 译

本书获誉

目前为止对伯罗奔尼撒战争的最佳叙述。

——《洛杉矶时报书评》

一部新鲜、明晰而快节奏的叙述史。

——《纽约时报书评》

唐纳德·卡根是一位古典学家、国际关系学家和军事史学家。凭借在这些领域无与伦比的渊博学识……他撰写了这个一卷本，引导我们进入那段关于算计失误、狂傲、过度战略扩张的历史史诗，并对修昔底德的《伯罗奔尼撒战争史》进行补充评论和修正……有足够毅力走过前5世纪希腊世界迷宫的战略家和史学家将会惊叹于卡根的睿智和博学。

——《华盛顿邮报》

卡根对希腊史诗般的权力斗争的细致阐释，为今人提供了可以借鉴的教训，包括关于外交政策和争夺全球霸权将会导致何种后果的教训。

——《沃思堡星辰邮报》

要写这样一本书，没有比卡根先生更好的人选了……他无疑是目前在世的最顶尖的修昔底德专家。

——《华盛顿时报》

卡根……称，他的目标既是提供知识上的愉悦，也是提供智慧源泉。很多人通过研究这场战争来追寻智慧。他的两个目标都圆满达成了，成果显著……但本书的终极价值在于，卡根为这场战争（它结束了古典希腊的光荣）带来了深刻而权威的评判。

——《出版商周刊》

卡根的史书为我们描绘了整个战争的宏观场景，并提供了敏锐的分析和评论……读了本书之后，读者能够更清晰地理解一个伟大帝国的兴衰，同时获得一些智慧，这种智慧能够帮助我们更好地理解发生在自己时代的事件。

——《Bookpages 书评月刊》

最终，他以详尽的细节证实了修昔底德对这场战争的描述：战争"是一个凶暴的教师，让大多数人的品格都堕落到当前的这种状态"。权威的历史学表明，虽然武器装备增多了，但领导人和社会在战时的反应并没有发生很多变化。

——《科克斯书评》

令人肃然起敬，对希腊三十年大战的叙述全面而精练、渊博且流畅易读……以客观、精细的视角观看这场战争戏剧……卡根的史书出类拔萃。

——《书单》杂志

献给我的孙辈，戴维和埃琳娜

致　谢

　　我撰写本书的灵感来自路易维尔大学的 John Roberts Hale，他是我的老友，曾是我的学生。在一次漫长的飞行旅途中，他说服了我，应当有一部供非专业读者阅读的单卷本伯罗奔尼撒战争史，并且我就是写作这样一部书的人选。我很享受写作本书的过程，我感谢他阅读了手稿，欣赏他的才华、热情和友谊。我也很感谢我的编辑 Rick Kot，他的审读非常仔细，给我帮助很大，提高了本书的水准，而且他是个非常友善的人。我还要感谢我的儿子 Fred 和 Bob，他们都是历史学家。他们的著作给了我很多教益，我与他们的无数次妙趣横生的交流也对我帮助极大。最后，感谢我的太太 Myrna，感谢她抚育了这么优秀的孩子，并且帮助他的父亲达成了目标。

目 录

第三部　新的战略

第四部　虚假的和平

第五部　西西里岛的灾难

第六部　雅典帝国与雅典城的革命

第七部　雅典的陷落

地图目录

希腊和小亚细亚西部

亚得里亚海

大希腊

埃比达姆诺斯

阿波罗尼亚

正皮鲁斯

奥贝鲁斯山
阿拉赫索斯河
比萨尔提亚
斯特鲁马河
奥尔波利斯

韦里亚

阿利阿克蒙峡谷

奥雷斯特

佩特拉隧道

沃鲁斯塔纳隧道
梅卢纳隧道

皮尼奥斯河

拉里萨

帕加塞湾

费赖

法萨卢斯

色萨利

马利斯

温泉关

多利斯

福基斯

德尔斐

奥佐莱洛克里斯人

埃托利亚

阿纳克托里翁
索利安姆
琉卡斯
阿尔戈斯
阿斯塔库斯

阿波罗尼亚

奥雷斯特四斯山

斯基奥斯

莫罗西

阿塔曼尼亚

皮阿赫里斯河

克基拉岛（科孚岛）

西波塔

伊奥尼亚湾

凯法利尼亚岛

扎金苏斯岛

奥林匹亚

埃利斯

阿开亚
西锡安
格拉尼亚山
科林斯

伯罗奔尼撒半岛

阿尔戈利斯

阿尔戈斯

曼丁尼亚

阿卡狄亚

美塞尼亚

斯巴达

奥贝鲁斯山

帕罗莱亚

克里尼德斯

阿布德

尼阿波利斯

斯特拉斯库河
安菲波利斯

潘盖翁山
埃翁

沃尔维斯

加勒普苏斯
斯塔吉鲁斯
阿坎索斯

哈尔基斯
奥林瑟斯

萨索斯

阿索斯

斯巴托拉斯

波提狄亚
门德

托伦涅

斯基奥斯

马格涅西亚

斯基亚索斯岛

佩巴莱索斯

阿特密西昂角

基斯替亚（奥莱厄）斯基罗斯

尤里普斯海峡

哈斯提斯

玻俄提亚

底比斯

阿提卡

雅典

墨伽拉

萨拉米斯岛

埃莱夫西斯

皮拉克斯岛

萨龙湾

坎克莱亚

埃皮达鲁斯

特洛伊曾

赫尔米奥尼

泰纳鲁姆角

基西拉

地中海

优卑亚
埃雷特里亚
卡里

格莱斯托斯

凯阿岛

基斯诺斯

塞里

米

0 英里   50   100   150

0 千米   100   150

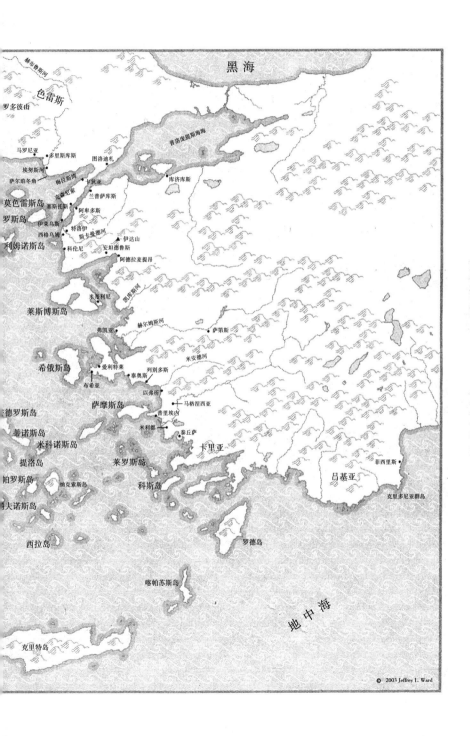

黑海

色雷斯

赫布鲁斯河

罗多彼雷

马罗尼亚
多里斯库斯
埃努斯河
萨尔帕冬角
梅拉斯河
卡狄亚
图洛迪札
普洛庞提斯海海
库济库斯

莫色雷斯岛
皮里托斯
塞斯托斯
阿卑多斯
兰普萨库斯

罗斯岛
伊莱乌斯
特洛伊
斯卡曼德河

利姆诺斯岛
西格乌姆
科伦尼
安坦德鲁斯
阿德拉麦提昂
伊达山

米蒂利尼
凯库斯河

莱斯博斯岛
弗凯亚
赫尔姆斯河
萨第斯

米安德河

希俄斯岛
爱利特莱
泰奥斯
列别多斯
以弗所

德罗斯岛
布希亚
萨摩斯岛
马格涅西亚
普里埃内
米利都
泰丘萨

蒂诺斯岛
米科诺斯岛
卡里亚

提洛岛
莱罗斯岛

帕罗斯岛
纳克索斯岛
科斯岛

狄诺斯岛
菲西里斯

吕基亚

克里多尼亚群岛

西拉岛
罗德岛

喀帕苏斯岛

地中海

克里特岛

© 2003 Jeffrey L. Ward

引　言

前 5 世纪的后 30 年中，雅典帝国与斯巴达联盟进行了一场可怕而残酷的战争，永远地改变了希腊世界及其文明。就在这场战争爆发的仅仅 50 年前，希腊人在斯巴达和雅典的领导下，同仇敌忾，打退了强大的波斯帝国的进攻，将波斯的陆海军逐出欧洲，并从波斯手中收复小亚细亚沿海的一些希腊城邦，从而保全了自己的独立。

这场令世人震惊的胜利在希腊开启了一个发展、繁荣和自信的骄傲年代。雅典强盛起来，人口增多，建立了一个殖民帝国，获得了财富和荣耀。雅典年轻的民主制逐渐成熟，哪怕是最低微的公民也能参与政治，获取机遇和政治权力。雅典新颖的民主政体继续在其他希腊城邦生根发芽。同时，这也是一个超乎寻常的文化繁荣的黄金时代，其独创性和丰富程度在人类历史上或许无与伦比。埃斯库罗斯、索福克勒斯、欧里庇得斯和阿里斯托芬这样的戏剧诗人将悲剧与喜剧提升到了前无古人、后无来者的水平。建筑和雕塑大师们设计建造了雅典卫城上的帕提农神庙和其他建筑，以及位于奥林匹亚和整个希腊世界各地的诸多精美建筑，强有力地影响了西方艺术的发展轨迹，其影响至今仍然清晰可辨。阿那克萨哥拉①

---

① 阿那克萨哥拉（约前 510～前 428 年），古希腊哲学家和科学家，出生于小亚细亚，第一个将哲学带到雅典。他是伯里克利的朋友，曾因此受到政治迫害。阿那克萨哥拉以"精神"（Nous）的概念解释自然变化，"精神"超然独立、纯净无瑕，引发变化。科学方面，他探索了（转下页注）

和德谟克利特①等自然哲学家借助纯粹的理性去探索和理解物质世界，而普罗泰格拉②和苏格拉底等伦理与政治哲学的先驱则在人类事务领域做了相同的探索。希波克拉底及其学派在医学上取得了长足进步，希罗多德则创立了我们今天所知的历史编纂学。

伯罗奔尼撒战争令这个辉煌时期戛然而止，而且亲身参与战争的人们也认为它是一个关键的大转折。伟大的历史学家修昔底德告诉我们，他在战争爆发后便开始记录其历史，因为他相信：

> 这场战争的规模和重要性将远远超过此前的所有战争。得出这个结论的根据是，雅典和斯巴达双方当时都处于最佳战备状态，方方面面都已经蓄势待发，并且其他希腊人也加入了两大阵营中的一方，有的立即参加，有的正在打算加入。因为这是曾经震撼了希腊人的最宏大的动荡，还影响到了一些蛮族，或者我们可以说，影响了人类的很大一部分。（1.1.2）③

（接上页注①）日食、月食、彩虹、流星等自然现象。（本书除了标明"作者注"之外，所有脚注均为译者注。）

① 德谟克利特（约前460～前370年），古希腊哲学家，是经验的自然科学家和第一个百科全书式的学者。古代唯物思想的重要代表。他是"原子论"的创始者，很多人认为他是"现代科学之父"。

② 普罗泰格拉（约前490～前420年），古希腊哲学家，被柏拉图认为是诡辩学派的一员。他的名言："人是万物的尺度：是存在者存在的尺度，也是不存在者不存在的尺度。"据第欧根尼说，普罗泰格拉的不可知言论招来怒火，导致雅典人将他驱逐出境，并在市场焚毁其著作抄本。

③ 改编自 Richard Crawley 的译文（Modern Library, New York, 1951）。本书所有引文除非特别说明，均引自修昔底德的《伯罗奔尼撒战争史》。数字指的是传统划分法的卷、章、节。（作者注）

从前5世纪希腊人的视角来看，伯罗奔尼撒战争的确是一场世界大战，对人类生命和财产造成了极大损失，激化了派系斗争和阶级矛盾，使希腊各城邦内部四分五裂，各城邦之间的关系也变得极不稳定，最终削弱了它们抵御外敌的能力。战争还逆转了希腊政治向民主制发展的趋势。雅典如日中天、春风得意的时候，它的民主政体对其他城邦有着磁铁一般的吸引力，但雅典的失败对希腊的政治发展来说具有决定性影响，将希腊推向了寡头统治的方向。

伯罗奔尼撒战争的残暴也是史无前例的，一度管束着希腊战争行为的粗糙法则遭到悍然违背，文明与野蛮之间脆弱的分界线被突破了。随着战事延续，愤怒、挫折和对复仇的渴望变得愈加强烈，导致残忍暴行一再升级：战俘遭到摧残和屠戮，或被扔进深坑里饥渴至死，或因日晒雨淋、严寒酷暑而死，或被投入大海溺死。成群结队的袭掠者杀害无辜婴孩，整座城市被踏平，男人遭到杀戮，妇女和儿童被变卖为奴。在克基拉岛（今称科孚岛）上，伯罗奔尼撒战争引发了内战，胜利者屠杀其同胞竟达一周之久："儿子被父亲杀死。苦苦哀求饶命的人被从祭坛拖走或者被杀死在祭坛上。"（3.81.5）

随着暴力冲突的扩散，作为文明生活基础的习惯、体制、信仰和约束都土崩瓦解。人们变得凶残好斗，词语的含义也相应发生了变化："鲁莽的蛮勇现在被认为是忠诚盟友的勇敢；审慎的犹豫被当作似是而非的怯懦；克制被看作缺乏男性气概。"宗教丧失了约束人的力量，"但用冠冕堂皇的花言巧语来达成罪恶目标的做法，却得到颂扬"。真理和荣誉灰飞烟灭，"社会分裂成若干阵营，任何人都不敢信任自己的伙伴"（3.82.1，8；3.83.1）。就是这样一场战争，让修昔底德尖刻地评论道，战争"是一个凶暴的教师，让大多数人的品格都堕落到当前的这种状态"（3.82.2）。

尽管伯罗奔尼撒战争在 2400 年前就宣告结束，但它仍然令后世每一个时代的读者心醉神迷。曾有作家用伯罗奔尼撒战争来解释第一次世界大战，最常见的做法是用它来解释一战的起因。但在冷战时期，伯罗奔尼撒战争作为一种分析工具，产生了较大的影响。冷战主宰了 20 世纪的下半叶，并且像伯罗奔尼撒战争一样，将世界分裂为两大阵营，每个阵营都有自己的强大领袖。将帅、外交官、政治家和学者都曾将伯罗奔尼撒战争的起因与北约和华约之间的竞争做比照。

但是，2500 年前究竟发生了什么事情，以及它的更深层次的意义是什么，这些是很难把握的。到目前为止，我们了解这场战争的最主要资料是生活在那个时期并亲身参加战争的修昔底德所撰写的史书。他的作品被非常公正地评为史书编撰的杰作，并且阐发了很多关于战争性质、国际关系和大众心理的睿智观点，因而受到仰慕。它还被认为是历史学研究和政治哲学的基石。但说到底，它不是一部令人完全满意的战争史，它能够给予我们的教训也有所欠缺。它最明显的缺点是不完整，写到战争结束的七年前就戛然而止。要想了解战争的最后阶段，我们必须依赖那些才华远远比不上修昔底德、对战争没有多少第一手知识（或根本没有第一手知识）的作家。至少，为了理解战争的结局，我们需要现代史学家进行规模合适的分析叙述。

但即便是对于修昔底德写到的时期，现代读者若想全面理解其复杂的军事、政治和社会意义，也需要对修昔底德的文本做一番解释。近两个世纪里人们发现并研究了其他古代作家的著作和当时的碑铭文献，这已经填补了一些空白，而且有时还对修昔底德讲的故事提出了质疑。最后，若要撰写一部令人满意的伯罗奔尼撒战争史，我们还需要对修昔底德本人进行批判性的研究。他的头脑超乎寻常、极具独创性，比古典时期的任何其他史学家都更注重史实和客观性。但我们不能忘记，他毕竟是肉体凡胎，有着人类的情感和弱点。他的希腊文原著常常高度精练和佶屈聱牙，所以任何翻译都必然是一种阐释。他本人也是战争的参与者，这对他的判断产生了影响，我们必须审慎地评估这种影响。若是简单接受他的诠释而不做批判，就会很有局限性，就像全盘接受温斯顿·丘吉尔的历史著作以及他对两次世界大战（他在其中扮演了重要角色）的理解一样。

本书是一部新的伯罗奔尼撒战争史，我的意图是满足 21 世纪读者的需求。它以我的四卷本《伯罗奔尼撒战争史》①（主要以学术界为受众）为基础，但我写作本书的目的是创作一部可读性强的单卷本叙述史，能够让大众读者从中获得乐趣和智慧，毕竟有很多人研究这场战争是为了获得一些教益。我尽量避免将这场战争中的事件与后世事件做比较（尽管很多这样的比较常跃入我的脑海），因为我希望给出的是流畅连贯的叙述，让读者们从中得出自己的结论。

在四卷本付梓多年之后，我之所以创作了本书，是因为我比以往更加坚信，伯罗奔尼撒战争有着强大的张力。它是一部非同寻常的人类悲剧，讲述了一个伟大帝国的兴衰沉浮、

---

① 卡根的四卷本《伯罗奔尼撒战争史》由康奈尔大学出版社出版。四卷分别为《伯罗奔尼撒战争的爆发》（1969 年）、《阿希达穆斯战争》（1974 年）、《尼基阿斯和约与西西里远征》（1981 年）和《雅典帝国的覆灭》（1981 年）。（作者注）

两种迥然不同的社会和生活方式之间的冲突、人类历史中智慧与机遇的交互作用、卓越的个人和广大的群众（他们受到自然与命运的局限，也互相约束）在决定历史走向时扮演的角色。我也希望展示这一点：研究伯罗奔尼撒战争能够给予我们智慧，教导我们去理解人类在战争、瘟疫、内乱的巨大压力之下会做出何种行为，以及领导人的潜力和他们必然受到的局限。

第一部　通往战争的道路

按照某些人的说法，伟大的伯罗奔尼撒战争的目的是给希腊人带来自由。然而，它并非以正式的宣战开始，也不是通过骄傲地、公开地攻击雅典帝国本土而拉开战争大幕，而是这样爆发的：在和平时期，一个强国鬼鬼祟祟、背信弃义地袭击比自己弱小得多的邻国。开启战争的不是威武雄壮、隆隆开进的斯巴达重步兵方阵——我们可以设想，他们的鲜红色斗篷在阿提卡的阳光下熠熠生辉，他们引导着强悍的伯罗奔尼撒军队——而是数百名底比斯人在一个乌云笼罩的夜晚，在黑暗的掩护下，偷偷溜进小小的普拉蒂亚城，城里有内奸与这些底比斯人里应外合。这个不光彩的开端预示了这将是一场怎样的战争：希腊人的传统作战方式一去不复返了。这种传统作战方式以拥有公民身份的重步兵为基础，重步兵组成排列密集的方阵，遵照固定的、世人皆知的规则来作战，而这种规则制约希腊的战争已经超过两个半世纪。希腊人一度相信，唯一一种光荣而体面的作战方式就是在光天化日之下，步兵方阵与步兵方阵正面对垒。更勇敢、更强大的一方自然会得胜，控制战场，并建立胜利纪念碑，占领有争议的土地，然后胜利回国。被打败的一方也会返乡。因此，典型的战争是在一天之内、在一场战役中决定胜负的。

引发伯罗奔尼撒战争的事件发生在遥远的地方，远离希腊文明的中心。斯巴达人或雅典人也许会说，战争的导火索是

"在一个遥远国度，我们对其一无所知的人们之间的争吵"①。
在阅读修昔底德著作的希腊人当中，很少有人知道导致战争爆
发的那座城市在哪里，也不知道那里生活着什么人。更没有人
能预见，希腊世界边缘的偏远地区的一场内部争吵竟然引发了
极其恐怖、破坏性极大的伯罗奔尼撒战争②。

---

① 这句话是内维尔·张伯伦说的，用来描述 1939 年捷克斯洛伐克的局势，
这种局势很快就导致第二次世界大战爆发。见：B. B. C. Archives；record
no. 1930. Cited by C. Thorne，in *The Approach of War 1938 – 39*，London，
1982，p. 91。（作者注）

② 当然，从雅典人的角度讲，这是"伯罗奔尼撒战争"。若是从斯巴达人的
角度讲，无疑就是"雅典战争"了。（作者注）

第一章

激烈的竞争（前 479 ~ 前 439 年）

希腊世界向西一直延伸到地中海最西端、西班牙南部沿海的一些分散城邦，向东一直到黑海东岸。① 一些分布集中的希腊城邦主宰着意大利半岛南部和西西里岛的绝大部分沿海地

---

① 古希腊地理非常复杂，阅读本书时最好仔细参考地图，否则很容易陷入一大堆地名的旋涡。为了帮助读者理解，在此介绍古希腊地理的大致情况。

古希腊大致可分为七大地区。

一、伯罗奔尼撒半岛，可分为 7 个小地区：阿开亚（Achaea）、阿卡狄亚（Arcadia）、阿尔戈利斯（Argolis 或 Argolid，主要城邦为阿尔戈斯）、科林西亚（Corinthia，主要城邦为科林斯）、厄利斯（Elis，主要城邦为厄利斯）、拉科尼亚（Laconia，主要城邦为斯巴达）和美塞尼亚（Messenia）。

二、希腊中部，可分为 10 个小地区：埃尼亚尼亚（Aeniania）、阿提卡（Attica，主要城邦为雅典）、玻俄提亚（Boeotia，主要城邦为底比斯）、多利斯（Doris）、优卑亚（Euboea）、洛克里斯（Locris）、马利斯（Malis）、墨伽利斯（Megaris，主要城邦为墨伽拉）、奥塔（Oetaea）和福基斯（Phocis）。

三、希腊西部，可分为 4 个小地区：阿卡纳尼亚（Acarnania）、埃托利亚（Aetolia）、阿佩兰提亚（Aperantia）和多罗皮亚（Dolopia）。

四、色萨利（Thessaly）。

五、伊庇鲁斯（Epirus）。

六、马其顿（Macedon）。

七、海外殖民地，包括在意大利南部的"大希腊"（Magna Graecia）和小亚细亚的诸多殖民地。

区，但希腊世界的中心是爱琴海。绝大多数希腊城邦，包括其中最重要的城邦，都位于巴尔干半岛南部（也就是现代的希腊）、爱琴海东岸、安纳托利亚（现代的土耳其）、爱琴海诸岛和爱琴海北岸。

战争爆发时，希腊世界的一些城邦保持中立，但很多城邦，包括最重要的城邦，都已经臣服于斯巴达或雅典的霸权。斯巴达和雅典很可能是整个希腊世界里最为迥异的两个城邦，并且互相猜忌。它们之间的竞争塑造了希腊的国际体系。

斯巴达及其联盟

斯巴达领导的联盟比较古老，是前6世纪建立的。斯巴达人在自己的领地拉科尼亚统治着两个臣属族群。黑劳士的地位介于农奴和奴隶之间，耕种田地，为斯巴达人提供粮食；庇里阿西人拥有人身自由，但臣服于斯巴达的控制，是手工业者或商人，为斯巴达人提供各种物资。只有斯巴达人不需要谋求生计，而是全身心地投入军事训练。因此，他们能够发展出希腊世界最强大的陆军，他们的公民士兵拥有专业化的技能，训练有素，与众不同。

但斯巴达的社会结构有着潜在的危险。黑劳士的人数大约是他们的斯巴达主子的七倍，而且用一个熟悉斯巴达的雅典人的话说，"黑劳士对斯巴达人恨不得寝皮食肉"（Xenophon, *Hellenica* 3. 3. 6）。黑劳士不时掀起暴动。为了应对这种挑战，斯巴达人设立了一种独一无二的政体，建立了一种与众不同的生活方式，迫使个人和家庭服从国家的需要。他们只允许健康状况良好的婴儿生存下去；男孩在七岁时被从家人身边带走，在军事学校里接受训练和磨砺，直到二十岁。从二十岁到三十岁，他们生活在兵营里，帮助教育新一代的年轻新兵。他们可以结婚，但只能偷偷溜去见自己的妻子。三十岁的时候，斯巴达男子成为真正的公民，一个"平等的人"。一名斯巴达男性公民与另外十四名战友一起在公共食堂吃饭，饮食非常简单，往往只喝一种令其他希腊人震惊的黑汤。男性公民要服兵役到六十岁。这整个制度的目标是培养出世界上最优秀的军人，无论在体能、训练还是纪律方面都是最顶尖的。

尽管军力上具备优势，斯巴达人却通常不愿意打仗，主要是因为他们害怕军队离家期间，黑劳士会趁机造反。修昔底德指出，"斯巴达人的大多数机构都是为了防备黑劳士而建立起来的"（4.80.3）。亚里士多德说，黑劳士"坐等灾难降临，然后趁机去攻击斯巴达人"（*Politics* 1269a）。

前 6 世纪，为了保护自己的独特社会，斯巴达人发展出了一个永久性联盟。现代学者通常将斯巴达领导的联盟称为"伯罗奔尼撒联盟"，但事实上它是一个松散的组织，包括斯巴达和一系列盟邦，这些盟邦都各自通过单独的盟约与斯巴达建立关系。在受到召唤时，这些盟邦要在斯巴达的指挥下作战。每个盟邦都宣誓要在外交政策上服从斯巴达，斯巴达则要保护它们，并承认它们的领土完整和自治权。

决定联盟内部关系的阐释原则是实用主义，而不是空洞的理论。斯巴达人会在对自己有利或者无法避免的情况下援助盟邦，并在必须和可行的情况下强迫其他盟邦加入冲突。只有在斯巴达人决定召集大家的时候，整个联盟才会聚集起来。这样的召集是很少的。发挥主要作用的规则是由军事、政治或地理形势决定。斯巴达的盟邦可以非正式地划分为三类。第一类是足够小、距离斯巴达足够近，因而能够被斯巴达轻松控制的国家，比如弗利奥斯和奥尼伊。第二类盟邦包括墨伽拉、厄利斯和曼丁尼亚，它们比较强大，或者距斯巴达比较远，或者既强又远，但如果对斯巴达不忠顺，斯巴达仍然能够对其施加最严酷的惩罚。第三类盟邦只有底比斯和科林斯，它们距斯巴达很远，而且自身足够强大，因此它们的外交政策很少屈从于斯巴达的利益（见地图1）。

阿尔戈斯是一个大国，在斯巴达东北方，是斯巴达的传统宿敌，不是斯巴达联盟的成员。斯巴达人始终担心阿尔戈斯与斯巴达的其他敌人联手，尤其害怕阿尔戈斯援助黑劳士起义。任何对伯罗奔尼撒联盟的完整性构成威胁，或者动摇任何一个成员国忠心的东西，都被认为是对斯巴达人的潜在致命威胁。

理论家将斯巴达的政治秩序视为"混合政体"，因为它包含了君主制、寡头统治和民主制的元素。君主制元素表现在斯巴达有两位国王，分别来自不同的王族。元老院代表了寡头统治元素，它包括28名年龄在六十岁以上的男子，全部从少数特权阶层的家族中选举产生。公民大会（包括全体三十岁以上的斯巴达男子）和5名监察官（每年由公民选举产生的行政长官）则代表了民主制元素。

两位国王是终身制的，他们指挥斯巴达的军队，履行重要的宗教和司法职能，并享有极大的威望和影响力。由于两位国王常有分歧，为了某个问题常在他们周围发展出不同派系。元老院和国王一起，组成了国内的最高法庭，国王若被指控犯罪，需要接受元老院的审判。斯巴达社会尊重家族人脉、年高德劭的老人和经验，因此元老院拥有极大的威望，而当选元老后的莫大荣誉也给了他们很大的非官方影响力。

1. 斯巴达和伯罗奔尼撒半岛

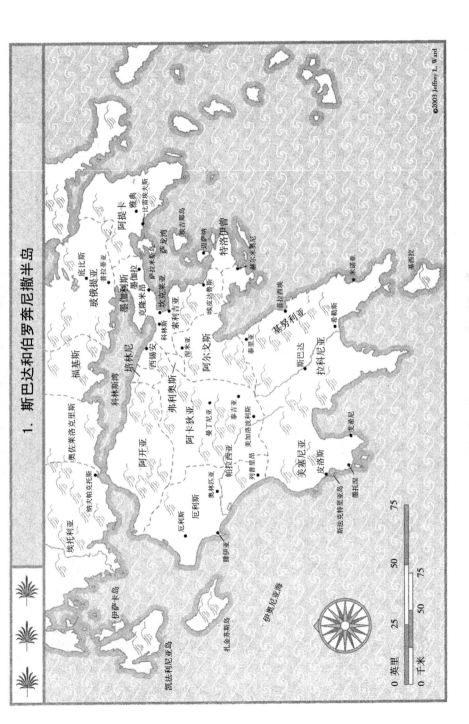

福基斯
埃托利亚
奥佐洛克里斯
纳夫帕克托斯
科林斯湾
玻俄提亚
普拉泰亚
雅典
阿提卡
比雷埃夫斯
萨拉米斯岛
萨罗尼克湾
科林斯
墨伽拉
西锡安
克林尼
涅墨亚
埃吉那
特洛伊曾
赫尔米奥尼
米诺亚
基西拉
底比斯
塔纳格拉
索利吉翁
温泉关
阿尔戈斯
埃皮道洛斯
提林斯
普拉西亚
基努利亚
塞里亚
斯巴达
拉科尼亚
塔伊那
塔纳格拉
阿卡狄亚
斯法克特里亚岛
墨塞尼
皮洛斯
美塞尼亚
墨伽洛波利斯
曼丁尼亚
塞吉亚
帕拉西亚
列普里昂
奥林匹亚
厄利斯
阿开亚
弗利奥斯
墨托涅
伊萨卡岛
凯法利尼亚岛
扎金索斯岛
伊奥尼亚海

©2003 Jeffrey L. Ward

英里 0   25   50   75
千米 0   50   75

　　监察官也有很重要的权力，尤其是在外交方面。他们接见外国使者，进行条约谈判，在宣战之后下令出征。他们也召集和主持公民大会，列席元老院，并且是元老院的执行官员，还有权指控国王叛国。

　　关于条约、外交关系、战争与和平的正式决定是由公民大会做出的，但公民大会的实际权力是有限的。只有在官员传唤的时候，公民大会才会召开。公民大会上很少有辩论，发言者一般是国王、元老或监察官。投票通常要靠口头表决，很少分组表决和计票。

　　在300年中，没有发生过任何足以改变这种政体的法律、政变或革命。尽管政体固若金汤，但斯巴达的外交政策却常常摇摆不定。国王之间的矛盾、监察官与国王的矛盾，以及监察官内部的矛盾，再加上每年监察官的重新洗牌，有时会削弱斯巴达对其盟邦的控制力。盟邦可能会利用斯巴达内部的纷争来谋求自己的利益、实践自己的政策。斯巴达的强大军队和对联盟的控制给了斯巴达人极大的力量，但如果他们用这种力量去对付伯罗奔尼撒半岛之外的强大敌人，就要冒黑劳士起义或者遭阿尔戈斯攻击的风险。但如果较为重要的盟邦召唤斯巴达帮忙，斯巴达却不出兵，盟邦就可能背弃它，联盟就可能瓦解，而斯巴达的安全依赖盟邦和联盟的存在。在导致伯罗奔尼撒战争的危机中，这两方面的因素都将影响斯巴达的决策。

雅典及其殖民帝国

　　雅典帝国源于希腊人打赢希波战争之后建立的一个新同盟。雅典起初是这个同盟的领导者，后来成了它的主宰。雅典有着独特的历史，在它建立民主制和成为霸主之前很久，它的个性就已经被塑造出来了。阿提卡是从希腊南部向东南方延伸的小小的三角形半岛，而雅典是阿提卡半岛上的主要城邦。阿提卡的面积大约有 1000 平方英里，大部分地区都崎岖坎坷，多山峦丘陵，无法耕作，因此早期的阿提卡人即便按照希腊的标准也算是很穷的。虽然地理上处于劣势，但有时却可以因祸得福。入侵者从北方席卷而下，占领了土地更为肥沃的伯罗奔尼撒半岛①，放过了阿提卡，认为不值得费工夫去征服它。与斯巴达人不同，雅典人声称自己起源于目前所占据的这块土地，在月亮诞生之前就生活在这一地区了。因此，他们不需要承受征服者的负担，也不需要时刻面对一个受压迫、非我族类、心怀不满的下等阶级。

由于雅典很早就统一了整个阿提卡地区，因此不会与阿提卡的其他城镇发生争吵和战争。这些城镇都变成了雅典城邦的一部分，所有在本地出生的自由民都成了平等的雅典公民。或许就是因为没有内部和外部的巨大压力，雅典的早期历史比较安宁、稳定，并于前 5 世纪崛起为世界历史上的第一个民主制国家。

前 5 世纪，民主雅典的力量和繁荣主要依赖于它对其航海帝国的控制。雅典的航海帝国以爱琴海、爱琴海诸岛和沿海城市为中心。雅典帝国最初是"雅典人及其盟友"的组

---

① 所谓"多利亚人的入侵"。这是研究古希腊历史的学者为了解释南希腊的原住民和他们的语言为何消失，以及古典希腊文化如何形成，而发明的一种理论，目前有很大争议。根据古希腊神话传说，赫拉克勒斯的后裔重返伯罗奔尼撒半岛，夺回了赫拉克勒斯理应享有的土地，他的这些后裔就是伯罗奔尼撒半岛上的多利亚诸王。有些史学家相信，这个传说反映了多利亚人从巴尔干南下入侵希腊，消灭了一些原住民，并占领了希腊许多地区的史实。

织，现代学者称之为"提洛同盟"。这是希腊各城邦自发组成的一个同盟，邀请雅典领导它们继续开展反对波斯的解放战争，并向波斯复仇。提洛同盟逐渐演变成一个受雅典人控制的殖民帝国，主要是为了雅典的利益而运作（见地图2）。提洛同盟的几乎所有成员国都渐渐放弃维持自己的舰队，而改为向集体金库支付钱款。雅典人利用这些资金来扩充自己的舰队，并向桨手支付报酬（桨手每年有八个月要待在桨位上），所以最终雅典海军成了古希腊史上规模最大、战斗力最强的海军。在伯罗奔尼撒战争爆发前夕，提洛同盟的大约150个成员国中只有2个岛国——莱斯博斯岛和希俄斯岛——拥有自己的舰队，也享有相对的自主权。但就连它们也不大可能违逆雅典的命令。

　　雅典人从其帝国产业中获取了极大利润，并将这些利润服务于自己的目的，尤其是用于庞大的建筑工程，来美化他们的城市，为人民提供就业机会，以及积累一大笔储备资金。雅典海军保护着雅典商人，使他们在整个地中海乃至更远的地方经商致富。海军还保障着雅典的食品供应，确保乌克兰小麦和黑海鱼类的供应。雅典本土的食品生产不足，需要进口这些外国食品来补充。一旦发生战争，需要放弃自己的农田时，雅典还可以用帝国的资金来进口食品，以进口完全取代本土的农业生产。前5世纪中叶，环绕雅典的城墙以及连接雅典和比雷埃夫斯①设防港口的长墙竣工，此后的雅典几乎是不可攻破的金城汤池。

---

①　比雷埃夫斯是雅典的港口，如今依然是希腊的造船和工业中心，距离雅典市中心约14公里。

在雅典，所有政策，无论是外交还是内政，军事还是民政，全都由公民大会定夺。通过抽签从雅典公民中选出的五百人议事会①负责准备法案，供公民大会审议，但完全服从于公民大会。公民大会每年开会多达四十次，均为露天举行，地点是卫城②旁的普尼克斯山，从那里可以俯瞰阿哥拉（市场和民政中心）。所有男性公民均可参加公民大会、提案和辩论。伯罗奔尼撒战争爆发时，有 4 万雅典人享有参加公民大会的资格，但实际参会的人数很少超过 6000 人。因此，战略决策需要在数千人面前讨论，每一项行动的具体细节都需要得到多数人的批准。每一次出征、参战船只和人员的数量、资金预算、指挥军队的将领和这些将领得到的具体指示等相关事务，都要经过公民大会的投票表决。

雅典国家最重要的职位，而且是少数由选举而非抽签产生的职位之一，当属十位将军。他们负责指挥雅典的陆海军作战，因此他们必须是军人。因为他们的任期只有一年，而且可以无限制地再次当选，所以他们也必须是政治家。这些领导人在作战时可以施行军法，但在城内没有这个权力。每年他们必须接受至少十次的审查，看是否有人对他们担任公职期间的行为提出检举和指控。将军在任期结束时还需要详细报告自己的军事和财政举措。若他们受到指控，就会受到审判；如果被定罪，就会受到严惩。

十位将军加起来并不算是一个内阁或政府，公民大会扮演着政府的角色。但有时优秀的将军会获得广泛的政治支持和极大的影响力，以至于成为雅典事实上的最高领导人（如果在

① 在下文中简称"议事会"。
② 在雅典、底比斯、科林斯等古希腊城邦，卫城是城市中地势较高、易守难攻的部分，可能筑有军事要塞，做防御之用。

2. 雅典帝国，约前450年

亚得里亚海

埃比达姆诺斯

马其顿

萨索斯岛

阿波罗尼亚

波提狄亚

大希腊

色萨利

克基拉岛（科孚岛）

帕加塞

西波塔

安布拉基亚

优卑亚

伊奥尼亚湾

埃托利亚

德尔斐

玻俄提亚

埃雷特里亚

琉卡斯

福基斯

底比斯

凯法利尼亚岛

西锡安

墨伽拉

雅典

厄利斯

科林斯

阿提

奥林匹亚

阿尔戈斯

埃皮达鲁斯

阿卡狄亚

拉科尼亚

斯巴达

基西拉

地中海

0 英里   50   100   150

0 千米   100   150

© 2003 Jeffrey L. Ward

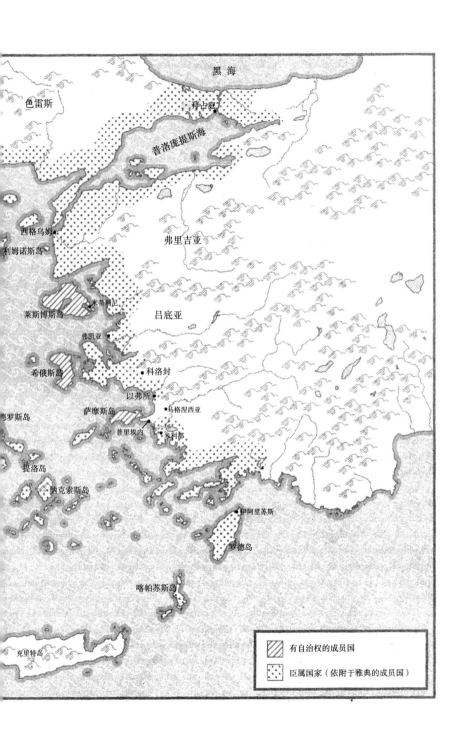

黑海

色雷斯

拜占庭

普洛庞提斯海

弗里吉亚

西格乌姆

利姆诺斯岛

莱斯博斯岛　米蒂利尼

弗凯亚

吕底亚

希俄斯岛

科洛封

以弗所

得罗斯岛

萨摩斯岛

马格涅西亚

普里埃内

米利都

提洛岛

纳克索斯岛

伊阿里苏斯

罗德岛

喀帕苏斯岛

克里特岛

有自治权的成员国	
臣属国家（依附于雅典的成员国）	

法律上还不算的话）。在前 479 ~ 前 462 年的十七年间，客蒙就是这样一位最高领导人，他似乎每年都当选为将军，指挥了每一场重要的军事行动，并且说服雅典公民大会支持他的内政和外交政策。客蒙去世后，伯里克利取得了类似的成功，甚至掌权的时间更久。

修昔底德在史书中将他描述为"伯里克利，科桑西普斯之子，当时雅典的领导人，无论在言辞还是行动上都是最精明强干的人"（1. 139. 4）。修昔底德的读者对民主雅典最著名和最杰出的领导人的了解比这多得多。伯里克利出身于贵族豪门，他的父亲是一位成功的将军，是希波战争的英雄。他母系的一位祖先是克里斯提尼的侄女，克里斯提尼就是雅典民主制的奠基人。但他的家族倾向于支持平民利益，伯里克利在其政治生涯早期便成为民主派的重要人物。大约三十五岁时，他成为民主派政治团体的领导人，这是一个非官方的位置，但影响力很大。他毕其一生都享有这个地位。

他将超乎寻常的、优秀的沟通和思考能力运用于自己的政治生涯。作为当时最顶尖的演说家，他的演讲说服了大多数公民支持他的政策，他的言辞在雅典人耳边萦绕数十载，此后则被记录和保存了数千年。很少有一位政治领导人受过这样高水平的知识教育，拥有这样的人脉和高雅品位。从青年时代起，伯里克利便热衷于当时正在改变雅典的启蒙运动，赢得了一些人的仰慕，但也招致更多人的猜疑。

据说，他的教师阿那克萨哥拉影响了他讲话的习惯和风格。伯里克利学到了：

高尚的精神和高雅的演讲格调，没有蛊惑人心的政客演说家的粗俗和奸诈花招；他表情庄重，从来不会纵情大笑，仪态富有尊严，服饰得体有节，他说话的时候不受任何情感的影响；他的嗓音控制得当，非常平稳；还有其他此类的特点，令听众肃然起敬。（Plutarch，*Pericles* 5）

这些品质使他赢得了上层阶级的好感，而他的民主政策和其他演说技能使他得到了广大群众的坚定拥护。他非同一般的品格帮助他在三十多年间赢得了一次又一次的选举，使他成为战争爆发前雅典最强大的政治领导人。

在这个时期，他似乎每年都当选为将军。但我们必须注意的是，他不曾拥有超过其他将军的正式权力，也不曾试图改变民主政体。他仍然受到宪法规定的细致审查的约束，每次要采取行动都必须先在公开而不受控制的公民大会上得到投票批准。伯里克利并不总是能够成功地为自己的计划获取支持，而且有的时候他的政敌会说服公民大会投票反对他的意愿。但是，战争前夜的雅典政府的确是一个货真价实的民主政府，由其首席公民领导。但如果像修昔底德那样说伯里克利时代的雅典只有民主之名，而无民主之实，正在变成首席公民的独裁统治，那就大错特错了。因为该时期的雅典在每个方面都算得上真正的民主国家。但在引发战争的危机时期，在制定战略时，以及一直到战争的第二年，雅典人都不可避免地要遵从他们伟大领袖的意见。

雅典与斯巴达的对抗

在提洛同盟早期，雅典人似乎仍然在继续开展反对波斯人、解放全体希腊人的正义战争，而斯巴达人常常卷入伯罗奔尼撒半岛内部的战争。在希波战争之后的几十年里，提洛同盟越来越春风得意，越来越富裕强大，逐渐显露出了它的帝国主义野心。雅典和斯巴达的竞争也开始了。在希波战争结束不久之后，雅典人计划重建雅典城墙。斯巴达的一个派系表示反对，体现出了对雅典人的猜忌和怨恨，因为波斯人已经败北，雅典人修建城墙是要对付谁呢？雅典人勇敢地驳斥了斯巴达人的猜忌，斯巴达人没有正式发出抱怨，"但他们私下里很恼怒"（1.92.1）。前475年，斯巴达国内有人提议发动战争，消灭雅典的新同盟，并控制大海。在激烈辩论之后，这个提议被驳回了。但斯巴达国内始终存在敌视雅典的派系，在局势对其有利时，这个派系就夺取了政权。

前465年，雅典人攻打爱琴海北部的萨索斯岛（见地图3），遭到顽强抵抗。斯巴达人曾秘密地向萨索斯人承诺，将入侵阿提卡，以此援助他们。修昔底德告诉我们，"斯巴达人打算兑现这个承诺"（1.101.2）。不料伯罗奔尼撒半岛发生了一次可怕的地震，随后又爆发了大规模的黑劳士起义，于是斯巴达人未能出兵。此时雅典和斯巴达在表面上仍然是盟友关系，因为它们都是前481年反对波斯的希腊联盟成员，于是雅典人前去救援遇到麻烦的斯巴达人。但是他们还没来得及做什么，斯巴达人就请他们离开（在斯巴达人的所有盟友当中，只有雅典人受到了这样的冷遇），理由是斯巴达不需要雅典帮忙。修昔底德告诉我们，斯巴达人这么做的真实动机是，"斯巴达人害怕雅典人的勇敢和革命精神，担心……如果让雅典人留下，他们或许会改变阵营……就是由于此次行动，斯巴达人和雅典人首次发生了公开的争吵"（1.102.3）。

此事确凿无误地证明，许多斯巴达人对雅典抱有猜忌和

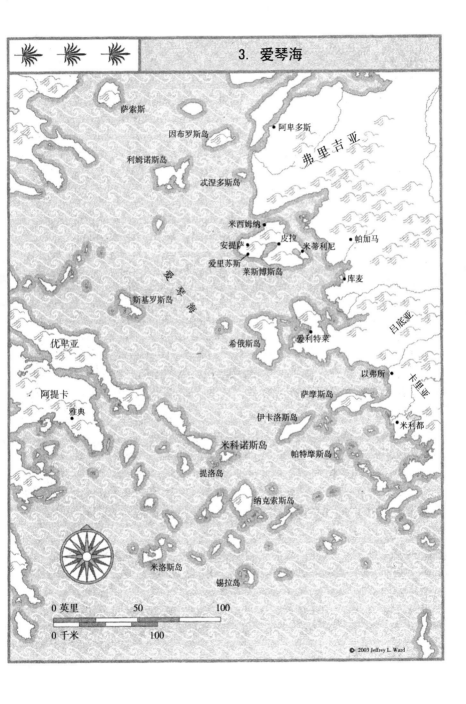

3. 爱琴海

萨索斯

因布罗斯岛

利姆诺斯岛

忒涅多斯岛

阿卑多斯

弗里吉亚

米西姆纳

安提萨

皮拉

米蒂利尼

帕加马

爱里苏斯

莱斯博斯岛

库麦

爱琴海

斯基罗斯岛

吕底亚

优卑亚

希俄斯岛

爱利特莱

以弗所

卡里亚

阿提卡

雅典

萨摩斯岛

伊卡洛斯岛

米利都

米科诺斯岛

帕特摩斯岛

提洛岛

纳克索斯岛

米洛斯岛

锡拉岛

0 英里   50   100

0 千米   100

© 2003 Jeffrey L. Ward

敌意。这场风波在雅典引发了一场政治革命，最终在整个希腊引发了一场外交革命。斯巴达人如此怠慢雅典人，导致雅典内部亲斯巴达的客蒙政权垮台。反对出兵伯罗奔尼撒半岛和支援斯巴达的反斯巴达派系将客蒙赶出了雅典，退出了与斯巴达的旧联盟，并与斯巴达的宿敌阿尔戈斯订立了新盟约。

起义的黑劳士遭到围攻，再也坚持不下去时，斯巴达人与其停战，允许他们离开伯罗奔尼撒半岛，条件是永远不可以再回来。雅典人"由于已经对斯巴达人非常憎恶"（1.103.3），于是将这些黑劳士全部安置在科林斯湾北岸的一个具有战略意义的地点——雅典不久前刚获得的纳夫帕克托斯城。

随后，斯巴达的两个盟邦科林斯和墨伽拉因为边界争端而发生了战争。前459年，墨伽拉觉得自己面临失败，而斯巴达人不肯干预，于是墨伽拉打算脱离斯巴达联盟，转而加入雅典阵营，条件是让雅典帮忙攻打科林斯。就这样，雅典和斯巴达之间的矛盾在希腊世界产生了新的不稳定因素。这两个霸主关系融洽时，都可以按照自己的意愿处置各自的盟邦；任何一方的盟邦若是受了委屈，都无法找到别的出路。如今，两方霸主关系恶化，对自己的霸主心怀不满的国家可以寻求另外一方的支持了。

墨伽拉在雅典西面，与其接壤，具有极大的战略价值（见地图4）。墨伽拉西部的港口佩加直通科林斯湾。雅典人若想进入科林斯湾而不经过佩加，就只能绕过整个伯罗奔尼撒半岛，那样的话路途太遥远，也太危险。墨伽拉东部的港口尼萨亚位于萨龙湾岸边，敌人可以取道那里攻击雅典的港口。更重要的是，如果雅典人控制了墨伽利斯①山脉隘口（若是没有

---

①　墨伽利斯是以墨伽拉为首都的地区。

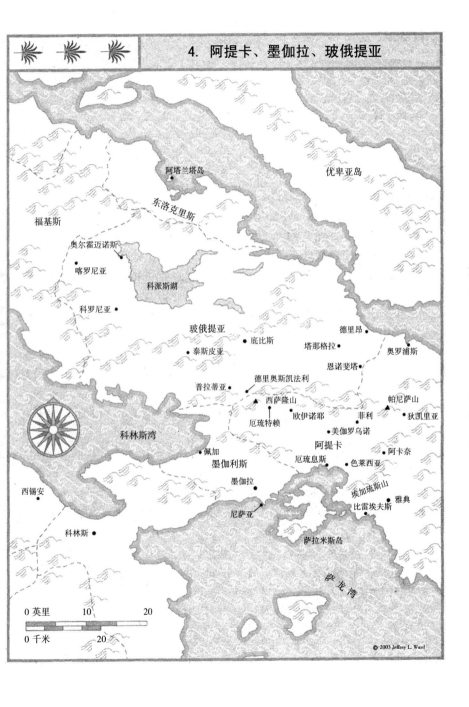

4. 阿提卡、墨伽拉、玻俄提亚

阿塔兰塔岛

优卑亚岛

东洛克里斯

福基斯

奥尔霍迈诺斯

喀罗尼亚

科派斯湖

科罗尼亚

玻俄提亚

底比斯

德里昂

泰斯皮亚

塔那格拉

奥罗浦斯

恩诺斐塔

德里奥斯凯法利

普拉蒂亚

帕尼萨山

西萨隆山

厄琉特赖

欧伊诺耶

菲利

狄凯里亚

科林斯湾

美伽罗乌诺

阿提卡

佩加

阿卡奈

墨伽利斯

厄琉息斯

色莱西亚

墨伽拉

埃加琉斯山

雅典

西锡安

尼萨亚

比雷埃夫斯

萨拉米斯岛

科林斯

砝龙湾

0 英里　　10　　20

0 千米　　20

© 2003 Jeffrey L. Ward

一个友好的墨伽拉的帮助，这是不可能办到的），那么伯罗奔尼撒军队就很难，甚至完全没有办法入侵阿提卡。因此，与墨伽拉结盟对雅典来说是非常有利的，但会让雅典卷入针对科林斯的战争，或许可能还会与斯巴达和整个伯罗奔尼撒联盟发生战争。即便如此，雅典人还是接纳了墨伽拉，"主要就是出于这个原因，科林斯开始燃起了对雅典人的极大仇恨"（1.103.4）。

尽管斯巴达人要在几年后才正式卷入冲突，但上述事件标志着现代史学家所谓的"第一次伯罗奔尼撒战争"的开始。这场战争持续了超过十五年，其间有一些停战和间歇的时期，雅典人的兵锋曾一度远至埃及和西西里岛。战争的结局是，墨伽拉从雅典同盟中叛变，重返伯罗奔尼撒联盟的怀抱，于是斯巴达国王普雷斯托阿纳克斯率领一支伯罗奔尼撒军队攻入阿提卡。决战似乎迫在眉睫，但在最后关头，斯巴达人却放弃了战斗，班师回朝。古代作家声称伯里克利贿赂了普雷斯托阿纳克斯及其谋臣，劝诱他们放弃攻击。起初，斯巴达人对军队的两位指挥官大为光火，对他们施加了严惩。但更合理的解释是，伯里克利向斯巴达人提出了后者可以接受的和平条件，因此双方无须交锋。事实上，几个月后，斯巴达人和雅典人的确缔结了和约。

《三十年和约》

《三十年和约》于前446～前445年冬季生效。根据和约，雅典人同意放弃在战争中占领的位于伯罗奔尼撒半岛的土地，而斯巴达人事实上正式承认了雅典帝国的地位，因为斯巴达和雅典各自代表自己的盟邦，宣誓批准和约。和约的一个关键条款正式将希腊世界分为两个阵营，禁止任何一方的成员国改弦易辙，就像墨伽拉之前做的那样，正是这种变节行为导致了战争的爆发。但和约允许中立国加入任何一方。这个条款看似无害，后来却出人意料地制造了许多麻烦。另一个条款则要求双方在未来发生纠纷时，接受有约束力的仲裁。这可能是历史上第一次通过条约来维持长期和平的尝试，说明双方都确实希望避免在未来发生武装冲突。

历史上的和约有很多种。第一种和约的情况是，战争的一方被消灭或者被彻底打败，比如罗马与迦太基的最后一场战争（前 149～前 146 年），于是和约宣告战争结束。第二种和约旨在向虽然败北但并未灭亡的敌人施加严酷的惩罚，比如 1871 年普鲁士强加给法国的和约，或者按照普遍的看法，1919 年的胜利者在凡尔赛强加给德国的和约。这种和约往往会播下新的战争种子，因为它羞辱和激怒了失败者，却没有剪除它复仇的能力。第三种和约的情况是，战争已经打了很久，却不分胜负，战场上不曾出现一个无可争议的胜利者。交战各方都意识到漫长战争的代价和危险以及和平的可贵，于是缔结和约，结束冲突。1648 年结束三十年战争的《威斯特伐利亚和约》和 1815 年在维也纳会议上缔结的结束拿破仑战争的和约就是很好的例子。这种和约的主旨不是消灭或者惩罚敌人，而是寻求一种稳定局面，防止新的冲突。这种和约若想取得成功，必须准确地反映真实的军事和政治局势，并且必须依赖于双方维护和平的真诚意愿。

前 446～前 445 年冬季的《三十年和约》就属于第三类。在漫长战争中，双方都损失惨重，但都无法取得决定性胜利；

海军强国无法在陆地上维持自己的胜利，陆军强国在海上处于下风。此项和约是妥协的结果，包含了能够确保它成功的关键要素，准确反映了两个竞争对手（及其联盟）之间的力量平衡。和约承认斯巴达在大陆的霸权，以及雅典在爱琴海的主宰地位，并接受希腊世界已经一分为二的事实，因此有希望缔造长期和平。

但与任何和约相同，《三十年和约》也包含了潜在的不稳定因素，每个国家内部都有少数派对和约耿耿于怀。有些雅典人主张开疆拓土，而有的斯巴达人则不甘心和雅典平分秋色，并且由于未能取得全面胜利而倍感挫折。其他人，包括斯巴达的一些盟邦，害怕雅典人有领土扩张的野心。雅典人知道对方的这些猜忌，也担心斯巴达人及其盟邦只是在等待有利时机以重启战端。科林斯人仍然怨恨雅典出手援助墨伽拉人。墨伽拉现在由寡头政权统治，统治者为了控制城邦，屠杀了驻扎在墨伽拉的雅典人。此后，墨伽拉对雅典特别敌视，雅典对墨伽拉也非常憎恨。玻俄提亚及其主要城邦底比斯也处在寡头统治之下，他们怨恨雅典人之前在玻俄提亚培植民主政权的做法。

这些因素的任何一个或者所有因素加起来，都足以威胁和平。但缔结和约的人已经对战争感到厌烦，因此非常审慎，决心维护和平。为了达成这个目标，双方都需要排解自己的疑忌，建立互信，确保主和派（而不是主战派）在各自国内掌权，并控制自己的盟邦，防止它们惹是生非、制造不安定局面。在和约得到批准的时候，人们有理由相信，和平大有希望。

和平受到威胁：图里

　　无法预见的意外很快就开始考验前445年的和约及其缔造者。前444/前443年，斯巴达和雅典都收到了锡巴里斯殖民地①（不久前在意大利南部建立）的一些前公民的请求。锡巴里斯由于争吵和内战而损失惨重，于是派人前往希腊本土，希望有人可以援助他们，在锡巴里斯附近一个叫作图里的地方（见地图5）建立新殖民地。斯巴达人对此不感兴趣，雅典人则同意帮助这些求援者，不过方法很不寻常。雅典人派使者到希腊全境，征募愿意到新殖民地定居的人。但新的殖民地不会成为雅典的殖民地，而将是一个泛希腊的殖民地。这是一个史无前例的新颖想法。伯里克利和雅典人为什么会想出这个主意呢？

　　有些学者相信，雅典人是贪得无厌的扩张主义者，建立图里殖民地的计划只不过是雅典持续不断的帝国主义扩张（不管是在西方还是在东方）的一部分。但是，在《三十年和约》和伯罗奔尼撒战争之前的岁月里，除了图里之外，雅典人并没有寻求任何新领土或新盟友。因此，检验这种假说的关键一定在于图里本身。但定居图里的十个部落中只有一个部落是雅典人，而最大的群体则是伯罗奔尼撒人，所以雅典没有任何希望控制图里。图里的早期历史也表明，雅典从来就没有打算控制

---

　　① 古典时代的殖民地大多是与母邦（metropolis，英语中"大都市"一词来源于此）领土不接壤的海外殖民城邦。殖民城市与母邦之间的联系十分紧密，但与近代的殖民主义不同的是，这种联系并不以母邦直接控制殖民城市的形式存在。母邦与殖民地也不是剥削与被剥削的关系。

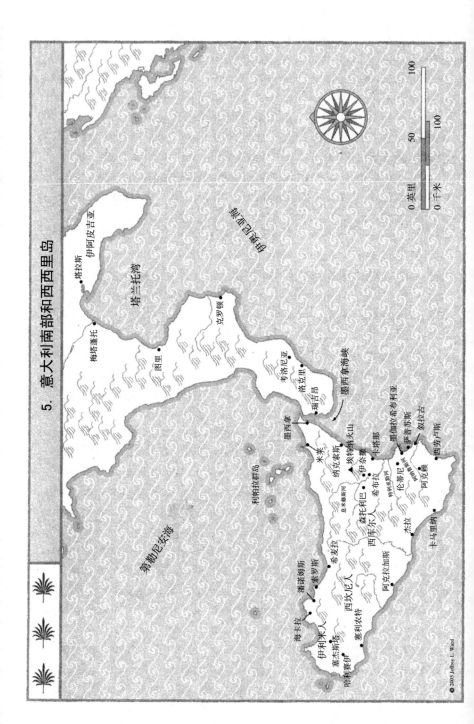

5. 意大利南部和西西里岛

塔兰托湾

伊阿皮吉亚
塔拉斯
梅塔蓬托
图里
克罗顿
考洛尼亚
洛克里
瑞吉昂
墨西拿海峡
墨西拿
米莱
纳克索斯
埃特纳的火山
伊奈撒
卡塔那
墨伽拉·希布利亚
萨索尼斯
叙拉古
西劳卢斯

第勒尼安海
利帕拉群岛
希麦拉
潘诺姆斯
塞杰斯塔
哈利赛伊
塞利农特
伊利米人
塞杰斯塔
海卡拉
阿克拉加斯
伦蒂尼
总米修斯河
森托利巴
希布拉
杰拉
卡马里纳
西戎卢斯

伊奥尼亚海

0 英里   50   100
0 千米   100

© 2003 Jeffrey L. Ward

它。图里建城不久之后就与斯巴达的少数殖民地之一塔拉斯①
发生了战争。图里打输了，胜利者在奥林匹亚建立了纪念碑，
制作了铭刻，让聚集在那里的所有希腊人都能看得到："塔
拉斯人将他们从图里人手中夺得的战利品的十分之一奉献给
奥林匹亚大神宙斯。"如果雅典人打算让图里成为雅典帝国
在西方的中心，那么他们应当采取行动去保护图里，但他们
无动于衷，任凭斯巴达殖民地在希腊最公开的集会场所炫耀
自己的胜利。

十年后，在伯罗奔尼撒战争爆发前的危急时刻，图里发生
了一场争论：它究竟是谁的殖民地。德尔斐②的祭司解决了这
个争端，宣布图里的创建者是阿波罗，于是再次确认了它的泛
希腊性质。图里与雅典的关系被如此否认，雅典却依旧袖手旁
观，尽管德尔斐的阿波罗对斯巴达友好，而且一旦发生战争，
图里殖民地对斯巴达人有很大价值。雅典人确实将图里视为一
个泛希腊殖民地，而且自始至终都如此看待它。

雅典人原本完全可以拒绝参与图里的创建。大家根本不会
注意到这样的不作为，但伯里克利和雅典人却发明了泛希腊殖
民地的理念，并且让图里处于雅典势力范围之外。他们这么做
可能是在发出一个外交讯号。雅典要让图里成为一个触手可及
的证据，昭示天下：雅典放弃了建立殖民地的机会，因为雅典
在西方没有任何帝国主义野心，将会继续奉行和平的泛希腊
政策。

———————

① 也在意大利南部，图里的东北方。
② 德尔斐在希腊中部的福基斯地区，是一处重要的"泛希腊圣地"，即所有
　 古希腊城邦共同的圣地。这里主要供奉着"德尔斐的阿波罗"，著名的德
　 尔斐神谕就在这里颁布。现在已列入联合国教科文组织的世界遗产名录。

萨摩斯叛乱

前 440 年夏季，萨摩斯岛和米利都为了争夺普里埃内（位于两者之间的一个城镇）而爆发了战争（见地图 6）。萨摩斯岛拥有自治权，是提洛同盟最早的成员之一，也是同盟中仅存的三个不向雅典纳贡、拥有海军的国家之一，而且是最强的一个①。米利都也是提洛同盟最早的成员之一，曾两次反叛，均遭到镇压，被剥夺舰队，并被强迫纳贡和接受民主政体。米利都人向雅典人求援，雅典人不能坐视同盟中的一个强大成员向另一个无助的弱小盟邦强加自己的意志。但是，萨摩斯人拒绝接受雅典人的仲裁。雅典人不能对挑战自己领导地位和权威的行为置之不理。伯里克利亲自率领舰队攻打萨摩斯岛，推翻了原先的寡头政权，以一个民主政府取而代之，索取了高额罚金，扣押了一些人质以确保萨摩斯人忠顺听话，然后留下一支雅典军队驻守该岛。

萨摩斯领导人原先是挑战雅典，现在干脆掀起一场革命。他们说服波斯在小亚细亚的总督皮苏特尼斯支援他们，共同反抗雅典。皮苏特尼斯允许萨摩斯人在他的领地征募雇佣军，救出了被雅典人扣押的人质，于是萨摩斯人得以进一步行动。他们打败了雅典扶植的民主政府，俘虏了雅典驻军，并将这些俘虏和其他雅典官员押送到波斯总督那里。

萨摩斯叛乱的消息传到拜占庭（雅典人去往黑海采购粮食途中的重要城市，占据着关键的地理位置），引发了一场新

---

① 另外两个是莱斯博斯岛（主要是米蒂利尼）和希俄斯岛。萨摩斯岛叛乱被雅典镇压之后，一直到伯罗奔尼撒战争爆发，就只剩莱斯博斯岛和希俄斯岛这两个盟邦拥有独立海军了。

6. 萨摩斯岛和米利都

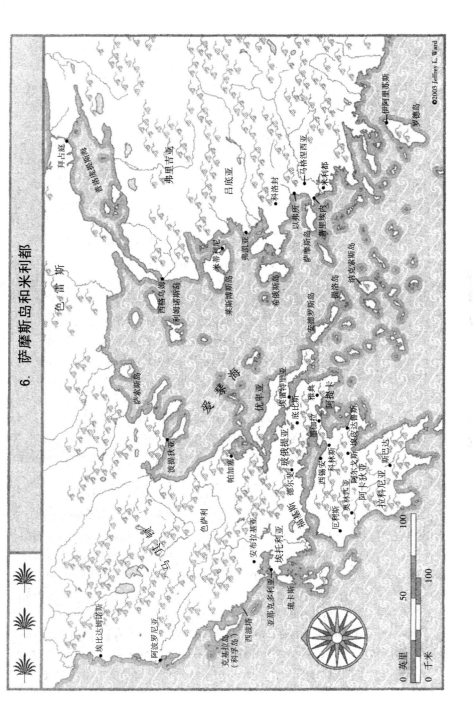

拜占庭

色雷斯

普洛庞提斯海

弗里吉亚

吕底亚

科洛封

以弗所

马格涅西亚

米利都

萨摩斯岛

普里埃内

纳克索斯岛

普里涅

提洛岛

安德罗斯岛

希俄斯

弗凯利亚

米蒂利尼

莱斯博斯岛

利姆诺斯岛

西格鸟姆

萨索斯岛

色萨利

波提狄亚

帕加塞

姿塞席

优卑亚

埃雷特里亚

底比斯

雅典

阿提卡

埃皮索普斯

科林斯

西锡安

厄利斯

俄林匹亚

拉科尼亚

斯巴达

安布拉基亚

宙斯

安那克托里亚

琉卡斯

西波塔

亚克兴

阿波罗尼亚

克基拉岛
(科孚岛)

埃比达姆诺斯

伊阿里苏斯

罗德岛

0 英里 50 100

0 千米 100

叛乱。莱斯博斯岛的主要城市米蒂利尼是雅典另一个拥有海军的自治盟邦，准备在得到斯巴达的援助后就加入反对雅典的叛乱。导致雅典在后来宏大的伯罗奔尼撒战争中败北的两个因素现在已经出现了：帝国内部的反叛和波斯的干预。但是，如果没有斯巴达的参与，叛乱就会被镇压下去，波斯人也会撤离。斯巴达是否参战的决策肯定受到科林斯的影响，因为一旦发生针对雅典的战争，科林斯将是斯巴达最重要的盟邦，因为科林斯拥有海军。

斯巴达将做出何种反应？这是自和约缔结以来，和约与雅典政策受到的最严峻考验。如果雅典的政策，尤其是在西方的政策，被斯巴达和科林斯视为侵略性的、野心勃勃的，那么现在就是斯巴达乘虚而入、进攻雅典的良机，因为雅典的海军力量目前被牵制在其他地方（萨摩斯岛）。斯巴达人召集伯罗奔尼撒联盟商议，这至少说明斯巴达人对此事的态度非常严肃。科林斯人后来告诉雅典人，是他们的干预决定了斯巴达的政策："在其他伯罗奔尼撒人为是否援助萨摩斯而意见不一的时候，我们没有投票反对你们。"（1.40.5）伯罗奔尼撒联盟的最终决定是不攻击雅典，于是雅典得以粉碎萨摩斯叛乱，并阻止其他盟邦在波斯援助下掀起广泛的叛乱。如果发生那样的情况，必然会导致一场有可能毁灭雅典帝国的战争。

科林斯是雅典的不共戴天之敌，双方已经有了二十年的血仇。在最终导致战争爆发的危机中，科林斯人就是煽动战争的主要力量。那么，在前440年，他们为什么主张和平？最合理的解释是，他们理解了雅典人在图里事件中传达的讯息；图里被建成一个泛希腊殖民地，后来雅典又表现得很克制，这都让科林斯人感到放心。

　　萨摩斯危机的结局加深了人们对和平的期望。自前 446/
前 445 年的和约以来，双方都表现出了很强的自制力，不肯追
求有可能危及和约的好处，因此和平的前景一片大好。不料，
在埃比达姆诺斯发生了一次争吵，制造出了新的意想不到的
问题。

第二章

"发生在一个遥远国度的争吵"（前436～前433年）

埃比达姆诺斯

"当你驶入伊奥尼亚湾的时候，埃比达姆诺斯城①就在你的右侧。道兰底人就居住在附近，他们是一个野蛮的伊利里亚②民族。"（1.24.1；见地图7）修昔底德在开始叙述战争的导火索事件时，先做了这样的解释，因为他的希腊同胞中很少有人知道埃比达姆诺斯在何处，绝大多数人对其一无所知。前436年，埃比达姆诺斯爆发了内战，贵族派被驱逐出去，于是他们与居住在附近的非希腊血统的伊利里亚人联合，进攻他们的城市。埃比达姆诺斯城内的民主派遭到围攻，于是向克基拉求援。因为埃比达姆诺斯是克基拉人创建的殖民地，而克基拉原先是由科林斯人创建的。克基拉人奉行孤立政策，与科林斯

---

① 埃比达姆诺斯城（Epidamnus），即今天阿尔巴尼亚的城市都拉斯（Durrës）。罗马人称之为狄拉奇乌姆（Dyrrachium），恺撒曾在此大战庞培。中世纪长期被威尼斯人控制，意大利语称之为杜拉佐（Durazzo）。

② 伊利里亚地区位于今巴尔干半岛西部、亚得里亚海东岸。大约包括今克罗地亚、塞尔维亚、波黑、黑山和阿尔巴尼亚等地。此时期的伊利里亚人不属于希腊民族。

7. 埃比达姆诺斯和克基拉岛

埃比达姆诺斯

阿波罗尼亚

克基拉岛（科孚岛）

克拉基城
琉基姆尼角

塞斯普蒂斯
基美利乌姆

安布拉基亚
安布拉基亚
亚克兴
琉卡斯
琉卡斯
阿纳克托里翁

安布拉基亚湾

德尔斐

底比斯

墨伽拉
雅典

凯法利尼亚岛

帕里
西锡安
基伦尼
厄利斯
弗利奥斯
科林斯
埃皮达鲁斯
特洛伊曾

扎金苏斯岛

伯罗奔尼撒半岛

赫尔米奥尼

斯巴达

0 英里　　50　　100

0 千米　　100

© 2003 Jeffrey L. Ward

殖民者的组织以及其他联盟保持距离，取得了不错的效果，因此他们拒绝援救埃比达姆诺斯的民主派。然后，埃比达姆诺斯民主派转而向科林斯求救，表示他们愿意成为科林斯的一个殖民地。按照惯例，在克基拉建立埃比达姆诺斯的时候，科林斯作为克基拉的"母亲"，也向埃比达姆诺斯的创立者提供了帮助。但科林斯和克基拉的关系非常恶劣，这是很独特的现象。数百年来，这两个城邦争吵不休，打了一系列战争，往往是为了争夺一些殖民地。

科林斯人热情洋溢地接受了埃比达姆诺斯民主派的邀请，因为他们很清楚，他们干预此事将会激怒克基拉人，或许会引发一场战争。科林斯人派遣了一支强大的军队去支援埃比达姆诺斯城内的民主派，还派去了许多永久性定居者，以便将埃比达姆诺斯改建为自己的殖民地。这支军队走的是比较艰险的陆路，"因为他们担心克基拉人会在海上拦截他们"（1.26.2）。科林斯参与这场争斗的动机究竟是什么，学者们无法给出一个显而易见的、务实的、可靠的解释，但修昔底德从其他角度给出了解释：科林斯人此举的主要动机是对犯上作乱的殖民地克基拉的憎恨。"在共同的节日里，克基拉人不按照规矩给科林斯应得的特权，也不像其他殖民者那样，请一位科林斯人开启最初的献祭，而是对科林斯百般怠慢。"（1.25.4）

科林斯的决定无疑是它与克基拉争夺殖民地的长时间斗争的一部分，这种帝国主义竞争很像19世纪末欧洲列强的争斗。我们早就明确地知道，欧洲很多大国的殖民帝国事业从经济角度看是亏本的，而且它们为自己建立殖民帝国的辩解只是借口，并不能令人信服。真正的动机往往是心理上的、非理性的，而不是经济上的和务实的。也就是说，事关荣誉和威望。

　　科林斯人也是这样，他们决心在希腊的西北部建立自己的
势力范围，于是他们与克基拉发生了冲突。克基拉蒸蒸日上，
而科林斯正在衰落。克基拉人拥有多达 120 艘战船的舰队，海
军实力仅次于雅典。许多年来，他们一直在挑战科林斯人在该
地区的霸权。科林斯人在公共集会时受到克基拉人的侮辱，这
对科林斯人来说一定是不堪忍受的最后挑衅。他们抓住了埃比
达姆诺斯人邀请进行干预的机会。

　　科林斯的干预使克基拉人对埃比达姆诺斯局势不再冷眼旁
观。克基拉舰队立刻向埃比达姆诺斯发出了傲慢无礼的最后通
牒：民主派必须让科林斯派来的驻军和殖民者离开，并重新接
纳被放逐的贵族。科林斯不可能接受这样侮辱性的条件，而埃
比达姆诺斯的民主派为了自身安全，也不可能放弃科林斯派来
的援军。

　　克基拉如此自负倨傲，是因为它目前拥有很强大的海军，
相反科林斯没有多少战船。克基拉人派遣 40 艘战船去攻打埃
比达姆诺斯，而流亡贵族及其伊利里亚盟军则从陆地包围了埃
比达姆诺斯。但克基拉人的自信是个错误，因为他们忽略了这样的
事实：科林斯是个富庶的强国，现在非常愤怒，与斯巴达是盟友，
还是伯罗奔尼撒联盟的成员国。在过去，科林斯人曾利用盟邦达
到自己的目的，他们现在打算故伎重演，对付克基拉。

　　于是，科林斯宣布在埃比达姆诺斯建立一个崭新的殖民
地，并邀请希腊全境的人去定居。定居者被送到那个地区，30
艘科林斯战船和 3000 名士兵护送着他们。其他几个城邦，包括
墨伽拉和底比斯这两个大国（都是斯巴达联盟的成员）提供了
更多的船只和资金。斯巴达人哪怕只派出少量象征性的兵力，
也足以威慑克基拉人，但斯巴达人没有为科林斯提供任何援助，

或许是因为他们看到了科林斯此次远征的内在危险。

科林斯人的反应让克基拉人大受震动，他们派人去科林斯谈判，"还邀请了斯巴达和西锡安使者一同前往"（1.28.1）。斯巴达人愿意参加这些讨论，显然说明他们希望达成一个和平的解决方案。在会议上，克基拉人重申了让科林斯人撤军的要求；如果科林斯人拒绝撤军，克基拉愿意将此次争端交给任何一个双方都能接受的伯罗奔尼撒国家来仲裁；或者，如果科林斯人愿意，也可以请德尔斐神谕来仲裁。克基拉人深刻地认识到，自己之前低估了科林斯的潜在力量，因此真诚地希望解决争端。他们也不必担心仲裁的结果，因为无论是伯罗奔尼撒国家还是德尔斐神谕，其仲裁结果肯定都会受到斯巴达的影响，也肯定会要求科林斯人撤出军队和殖民者，这对克基拉人来说自然是有利的。但是，假如科林斯人拒绝和解而坚持战争，克基拉就必须到其他地方寻求支援。克基拉人发出的威胁是清楚明白的：如果有必要，他们将寻求与雅典结盟。

科林斯

希腊世界偏远角落的小纠纷制造了一场危机，开始威胁到整个希腊世界的稳定。只要此事的参与者仅限于埃比达姆诺斯和克基拉，这就只是个地区性问题，因为这两个城邦都不属于主宰希腊的两个国际联盟中的任何一个。但是科林斯卷入了此事，还将斯巴达联盟的一些成员国拉了进来，促使克基拉向雅典求援，于是大规模战争的威胁就变得很真切了。正是由于认识到了这个危险，斯巴达人同意与克基拉谈判者联手，并大力支持解决争端。

但是，科林斯人不肯让步。他们不好意思在斯巴达人眼皮底下断然拒绝克基拉的建议，于是提出了自己的建议：如果克基拉舰队从埃比达姆诺斯撤离，并且伊利里亚人也撤退，那么科林斯人可以考虑克基拉的建议（让科林斯人撤军）。

如果科林斯人的这个建议得到遵从，科林斯军队将在埃比达姆诺斯获得战略优势，他们可以更稳固地控制城市、从外界获取补给，并加强防卫，以抵御围攻。科林斯人的建议显然没有诚意，但克基拉人即便在此时也没有中断谈判，而是敦促双方都撤军，或者双方暂且停战，以便继续谈判。科林斯人又一次拒绝对方的提议，这一次以武力回应，派遣了 75 艘战船和 2000 名步兵前往埃比达姆诺斯。这支舰队在途中遭到 80 艘克基拉战船的拦截，在琉基姆尼战役中惨败。同一天，埃比达姆诺斯向攻城的克基拉人投降了。克基拉现在控制着大海和有争议的城市。

科林斯人报仇心切，在随后两年内建造了他们历史上最大的舰队，并从希腊全境（包括雅典帝国的城市）征募有经验的桨手。雅典人仍然希望置身事外，所以没有反对科林斯人在雅典势力范围内招兵买马，这让科林斯人更加相信，克基拉得到雅典帮助的说法是没有根据的。

克基拉人的虚张声势被识破，最终派了使团去雅典，希望与雅典结盟，共同反抗科林斯。科林斯人得知此事后，也派了使者去雅典，"以阻止雅典舰队与克基拉舰队联合，因为那样的话，科林斯人就很难取胜了"（1.31）。最初的危机仅仅是蓝天中的一小朵云，仅限于希腊世界的偏僻西北角，不过是克基拉殖民者与其科林斯母邦漫长争吵的一个小插曲，如今却发展到了更危险的境地。希腊世界的超级大国中至少有一个会置身其中了。

第三章
雅典登场（前 433 ~ 前 432 年）

　　前 433 年 9 月，雅典公民大会在普尼克斯山召开，听取克基拉和科林斯双方使者的申诉。在公民大会上，各方的观点都得到了表达、聆听和讨论。不管发生怎样的战争，将要参战的就是这些雅典公民，如今他们对局势做了辩论，并通过投票来决定国家的策略。

　　克基拉人面临一个艰巨任务。他们和雅典之前不曾有过友谊，而且雅典在此次争端中没有任何利益纠葛。雅典凭什么与克基拉结盟呢？如果与克基拉结盟，雅典就至少需要与科林斯交战，还可能与整个伯罗奔尼撒联盟交恶。克基拉人争辩说，他们的事业是正义的，他们提议的与雅典结盟也是合法的，因为《三十年和约》明确允许雅典与中立国结盟。但和大多数人一样，雅典人更关心安全和利益问题。克基拉人在这些方面也打算满足他们："我们的海军力量仅次于你们。"（1.33.1 - 2）换句话说，这支力量可以与雅典海军联合，巩固雅典人的势力范围。

　　但是，克基拉人最有说服力的论据是恐惧。他们辩称，雅典人需要与克基拉人结盟，因为此时雅典和斯巴达联盟之间的战争看起来已经不可避免了："斯巴达人害怕你们，所以渴望战争；而科林斯人对斯巴达有很大影响力，所以是你们的敌人。"（1.33.3）因此，出于最务实的考虑，雅典应当接受克基拉为盟友："希腊有三支值得一提的舰队，你们的、我们的和科林斯的。""如果科林斯先控制了我们的舰队，那么两支舰队就合二为一了，你们就将不得不同时与克基拉舰队和伯罗奔尼撒舰队作战；如果你们接受我们，你我双方的舰队就可以联合起来对付他们。"（1.36.3）

科林斯发言人的任务越来越困难了。毕竟科林斯侵略了埃比达姆诺斯，并且拒绝了每一项和平提议，甚至不肯听从自己盟邦的意见。他们最有利的论据是质疑雅典与克基拉结盟的合法性。从技术上讲，《三十年和约》确实允许缔结这样的联盟，因为克基拉不属于任何一个阵营。但科林斯人辩称，这样的联盟违背了和约的精神，也违背常识："尽管和约里说，任何一个中立国可以自愿加入任一阵营，但此条款的本意不是允许中立国为了伤害其中一方而加入另一方。"（1.40.2）当年参加和约谈判或者宣誓批准和约的人绝不会允许一个与斯巴达联盟交战的中立国与雅典结盟。科林斯人以一个简单的威胁强调了这项原则："如果你们与他们联手，那么我们在对他们复仇时，就必须将你们也视为敌人。"（1.40.3）

科林斯人驳斥克基拉人关于战争不可避免的说法。他们还提醒雅典人，科林斯过去可是帮过雅典的忙，尤其在萨摩斯叛乱期间，是他们劝说斯巴达和伯罗奔尼撒联盟不要乘人之危地攻击雅典。科林斯人相信，在萨摩斯叛乱期间，他们已经确认了两大联盟关系的关键准则，这也是维护和平的关键原则：任何一方不得干涉另外一方的势力范围。"请不要与克基拉人结盟反对我们的意愿，也不要帮助他们作恶。按照

我们的请求行事，才是恰当的行为，也最符合你们自己的利益。"（1.43.3 – 4）

但科林斯人的论点不是很有说服力。克基拉不是科林斯的盟邦，而萨摩斯岛是雅典的盟邦，这两件事情不能简单地类比。对和约的最宽泛阐释也不会禁止雅典人援助一个遭到科林斯攻击的中立国。雅典若接受克基拉的结盟建议，是完全合法的。但在更深层次上，科林斯人是正确的：如果两大联盟都去帮助互相交战的中立国，就不可能有持久的和平。

雅典人自前445年以来的一举一动，以及在整个危机期间的表现都明确地证明，他们希望避免战争。但是，克基拉给他们出了一个独特的难题。如果克基拉被打败，它的舰队落入伯罗奔尼撒联盟手中，那么就会出现一支足够强大、有能力挑战雅典海上霸权的伯罗奔尼撒舰队。而雅典及其殖民帝国的力量、繁荣，乃至生存，都依赖于海上霸权。尽管雅典人面临如此巨大的威胁——几乎是一夜之间，力量平衡就可能发生致命的变化——但科林斯人似乎确信，雅典一定会拒绝与克基拉结盟，或许甚至会与科林斯联手对付克基拉（科林斯人厚着脸皮向雅典提出了这个建议）。科林斯人为什么犯下如此大错？对他们来说，克基拉仅仅是个地区事务。科林斯人追逐着自己的狭隘利益，并且长期被一个小国（克基拉）羞辱，因而怒火中烧，所以低估了自己的行动对整个国际体系力量平衡的影响。科林斯人没有努力去确认在他们攻打克基拉的时候，雅典人会不会袖手旁观。他们对危险置若罔闻，一头猛冲上去，寄希望于时事会朝着对他们有利的方向发展。

坐在山坡上开会的雅典人现在面临着最艰难的抉择。公民大会的绝大多数辩论都是在一天之内进行的，但关于是否与克基拉结盟的辩论却持续了很长时间，需要第二次开会。第一天，大家的意见倾向于拒绝与克基拉结盟。我们可以推断，这一夜也是在激烈的讨论中度过的。第二天，出现了一个新计划：不与克基拉缔结完整的攻守同盟（symmachia，希腊通常的联盟形式），而仅缔结防御性同盟（epimachia），这是希腊历史上第一次出现此类同盟关系。富有创新精神的伯里克利很可能是这个主意的发起人。在整个危机期间，他表现出了影响雅典政策的强大能量。普鲁塔克告诉我们，正是伯里克利"说服人们去援助正在与科林斯人交战的克基拉人，并与这样一个拥有海军的强大岛国结盟"（Pericles 29.1）。

修昔底德认为，雅典人投票决定与克基拉结盟，是因为他们相信与伯罗奔尼撒人迟早必有一战。但是，很多反对与克基拉结盟的人都不会认同这一判断。他们一定会问，雅典还没有受到威胁，而且这威胁是否存在也成问题，那么雅典为什么要为了克基拉而冒打仗的风险？雅典人的行动说明，他们的政策目标不是备战，而是通过威慑防止战争：在两条道路（要么拒绝克基拉人，于是克基拉舰队有可能落入伯罗奔尼撒人之手；要么与克基拉缔结攻击性同盟，那么有可能会引发一场不受欢迎的冲突）之间，雅典人选择了中间道路。

因此，防御性同盟是一种精心设计的外交手段，目的是促使科林斯人恢复理智。为了尽到新同盟的义务，雅典人派遣了10艘战船开赴克基拉。如果他们的目的是参战并打败科林斯人，他们可以从自己庞大的海军中轻松抽调200艘战船。再加上克基拉人的战船，就足以迫使科林斯人放弃作战计划，或者大败科林斯人、歼灭科林斯舰队，并彻底消除科林斯可能构成的威胁。因此，雅典人派去的区区 10 艘战船是象征意义的，而没有多少军事价值，目的是让世人看到，雅典是在非常认真地威慑科林斯人，阻止它的行动。雅典人挑选客蒙之子拉刻代蒙尼厄斯作为舰队指挥官之一也绝非偶然，这显然是要消除斯巴达人的疑心。拉刻代蒙尼厄斯是一位有名的骑兵指挥官，但我们不知道他是否有任何海战经验。他的名字其实就是"斯巴达"的意思，表明了他父亲与伯罗奔尼撒联盟的主导国家的亲密关系。

更值得注意的是，雅典 10 艘战船的指挥官们接到了这样的命令：除非科林斯舰队驶向克基拉岛本土或其领地之一，并企图登陆，否则不得与其交战。"发布这样的命令，就是为了不违反和约。"（1.45.3）这种命令对任何海军指挥官来说都是噩梦，因为在混乱的海战中，谁能说得准敌人的意图是什么？如果谨小慎微、耐心等待，就可能无法及时干预；若对敌人的佯动做出快速反应，或者误解敌人的意图，就可能导致没有必要的冲突。

用现代语言讲，这就是"最低限度威慑"政策。雅典舰队的出现表明雅典决心阻止海军力量平衡发生变化；但这支舰队规模如此之小，说明雅典人并不打算重创或消灭科林斯势力。如果雅典人的计划奏效，科林斯人就会开船回家，危机就算解除了。如果科林斯人果真打算交战，雅典人仍然有希望置身事外。或许克基拉人没有雅典人的援助也能打败科林斯，就像在琉基姆尼那样。一些雅典人还希望"让克基拉和科林斯互相厮杀、消耗力量，如果雅典将来需要和它们交战，就会轻松许多"（1.44.2）。不管怎么样，雅典人都可以避免冲突。

西波塔战役

前 433 年 9 月，科林斯舰队与克基拉舰队终于在西波塔群岛交战。实力薄弱的雅典舰队（10 艘战船）不足以威慑科林斯人。相信自己的行动在将来某个时间可能造成不愉快后果，以及敌人排山倒海的力量极可能对自己造成毁灭性打击，这二者的差别是相当大的。在之前的琉基姆尼战役中，科林斯的每一个盟邦都出兵援助它；但在西波塔（见地图 8），只有两个盟邦——厄利斯和墨伽拉——支援科林斯。其他盟邦可能因为科林斯之前的失败而退缩不前，或者被克基拉与雅典的新联盟吓倒。也有可能是斯巴达采取措施，让它的盟邦不要卷入冲突。科林斯舰队以 150 艘战船（其中 90 艘是他们自己的，60 艘是殖民地和盟邦提供的）攻击克基拉的 110 艘战船，而雅典人暂且在一旁观望。

但是，眼看克基拉人很快就要溃败了，雅典人再也不能袖手旁观。"局势发展到这种地步，雅典人不得不和科林斯人互相厮杀起来。"（1.49.7）

克基拉和雅典的舰队开始准备防御克基拉岛时，已经发动了最后总攻的科林斯人却突然退去了。第二支雅典舰队突然出现在海平面上。激战正酣时，科林斯人误以为这是一支兵力远胜于自己的庞大舰队的先遣部分，可以轻松地打垮自己，于是退出了战斗。克基拉得救了。

事实上，赶到的雅典战船仅有 20 艘，是几天前被派来增援之前的 10 艘战船的。普鲁塔克告诉我们，第一批 10 艘战船起航后，伯里克利的政敌批评了他的计划："他派去 10 艘战船，对克基拉人没有多少帮助，但给了敌人极大的口实。"（*Pericles*

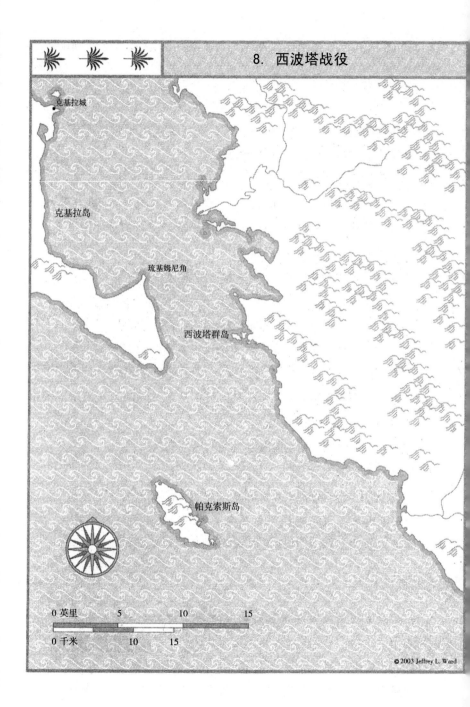

克基拉城

克基拉岛

琉基姆尼角

西波塔群岛

帕克索斯岛

0 英里　　　5　　　　10　　　　15

0 千米　　　10　　　15

© 2003 Jeffrey L. Ward

29.3）此种策略能够取得的最好结果也只是不能令人满意的妥协。但战争之神是变幻莫测的，勇敢往往能够取得比理智预测的更好的结果。谁能预想到，第二批 20 艘战船在海上航行了几天之后，并且与处在克基拉外海的舰队没有任何通信联系，竟能恰好在千钧一发之际赶到，挽救了克基拉，使其免于被科林斯征服？

次日，在得到 30 艘完好无损的雅典战船的支援后，克基拉人向敌人发起挑战，但科林斯人不肯迎战，因为他们害怕雅典人会将第一天的小规模交锋视为针对科林斯战争的开端，并抓住这个机会摧毁科林斯舰队。而雅典人也放任科林斯舰队驶离。双方都小心地避免承担破坏和约的责任。科林斯意识到，若是没有斯巴达及其盟邦的支持，它是打不赢雅典的。但是，斯巴达人已经努力使科林斯保持克制，因此如果科林斯人被指责为破坏和约的罪魁祸首，就不能指望得到斯巴达人的支持了。而且，雅典也小心地避免给斯巴达一个参战的借口。

在作战层面，雅典人的努力取得了成功：克基拉及其舰队得以挽救。但在战略层面，"最低限度威慑"政策失败了，因为雅典人的到来并没有威慑住科林斯人，令其不敢作战，雅典人的干预也未能消灭科林斯人的战斗力。科林斯人倍感挫折，甚至更加恼火，现在下定决心要把斯巴达人及其盟邦拖进战争，以达到他们自己的目的：向敌人报仇雪恨。

波提狄亚

雅典人现在认识到他们必须备战，至少要与科林斯对抗。与此同时，他们继续努力避免将伯罗奔尼撒联盟卷进来。在西波塔战役之前，雅典人就已经中止了他们宏大的建筑工程，以节约财力，为战争做准备。西波塔战役之后，他们开始采取行

动，巩固自己在希腊西北部、意大利和西西里岛的据点。次年
冬天，他们向爱琴海北部的城市波提狄亚（见地图9）发出了
最后通牒。波提狄亚是雅典同盟的成员，但同时也是科林斯的
殖民地，并且与其母邦的关系十分紧密。雅典人知道科林斯人
在准备复仇，因此担心科林斯人与敌视雅典的马其顿国王联
手，并在波提狄亚掀起叛乱（马其顿领土距离波提狄亚不
远）。叛乱的火焰可能从波提狄亚蔓延到其他国家，并在雅典
帝国内部造成严重问题。

　　波提狄亚并未做出任何具体的挑衅行为，雅典人却命令波提
狄亚人拆毁其面向大海的城墙，送走科林斯每年派来的行政长官，
并向雅典交出一定数量的人质。这些措施的目的是消除科林斯对
波提狄亚的影响，并使其处于雅典控制之下。这一次，我们仍然
应当将雅典的策略理解为对严重问题的外交回应，是两难之间的
温和解决方案。如果雅典对波提狄亚坐视不管，它可能叛变；而
如果派遣军队去控制波提狄亚，虽然能让雅典牢牢掌控它，却可
能激怒伯罗奔尼撒联盟。然而，雅典的最后通牒作为一种温和的
解决方案，向波提狄亚的潜在叛乱者发出了强有力的讯息，并且
仍然属于帝国内部的管理，是《三十年和约》明确允许的。

　　不足为奇的是，波提狄亚人拒绝了雅典的要求。辩论持续
了整个冬天，最后雅典人命令一支此前被派往马其顿的远征军
的指挥官"从波提狄亚人那里强行扣押人质、拆除其城墙，并
对附近的其他城市予以严密监视，以防其兴风作浪"（1.57.6）。
雅典人的疑心被证明是很有道理的。波提狄亚人在科林斯人的
支持下，已经秘密地请求斯巴达援助他们的叛乱。斯巴达监察
官的回复是，假如波提狄亚人发动叛乱，斯巴达将入侵阿提卡，
以示支持。斯巴达的政策为何发生了这番逆转？

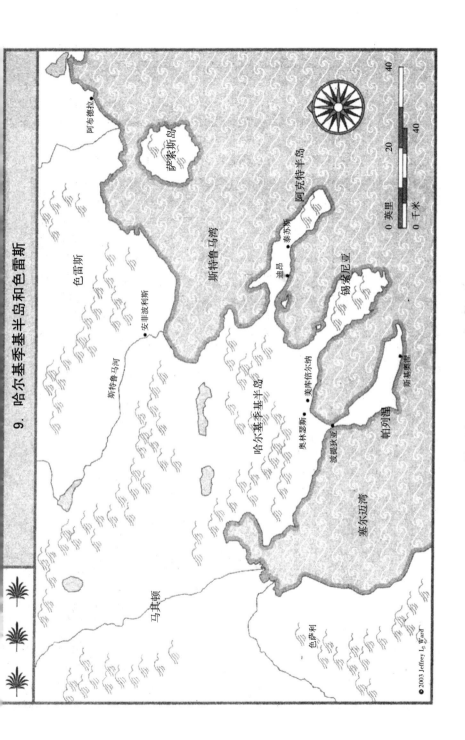

9. 哈尔基季半岛和色雷斯

阿布德拉

萨索斯岛

色雷斯

斯特鲁马湾

安菲波利斯

阿克特半岛

塞苏斯

迪岛

斯特鲁马河

锡索尼亚

哈尔基季半岛

美库倍尔纳

斯基奥涅

奥林索斯

波提埃亚

帕列涅

马其顿

塞尔迈湾

色萨利

0 英里   20   40

0 千米   40

● 2003 Jeffrey L. Ward

墨伽拉禁运

在前 433 ~ 前 432 年冬季（具体时间与雅典向波提狄亚发出最后通牒接近，但无法确定是在它之前还是之后），雅典人颁布了一项命令，禁止墨伽拉人使用雅典帝国的港口和雅典的阿哥拉。现代世界有时用经济禁运作为外交武器，这是除了战争之外的一种强制手段。但在古代世界，之前的和平时期里还不曾有过贸易禁运。

这肯定也是伯里克利的发明，因为当时的人们责怪这道禁令导致了战争爆发，并怪罪发布禁令的伯里克利，尽管他一直到最后都固执地为禁令辩护，即便在似乎战争与和平完全取决于禁令的时候也不嘴软。雅典领导人为什么要实施禁运？他和大多数雅典公民为什么又批准并坚持禁运？学者们对此众说纷纭，有人认为它是一种经济上的帝国主义行为，或者是旨在刻意挑起战争；或者是向伯罗奔尼撒联盟示威，激怒斯巴达人，促使其违反和约；或者它甚至是战争的第一场行动。雅典官方对禁运的解释是，墨伽拉人耕种了雅典人认为的神圣土地，侵犯了两国边境，并且藏匿逃亡奴隶。

但只要仔细审视一番，我们就可以发现，现代人的上述理论都是站不住脚的，而古人的抱怨也仅仅是借口而已。对墨伽拉实施禁运的真正目的是稍稍加大外交压力，确保曾在琉基姆尼和西波塔两场海战中支持科林斯的墨伽拉受到惩罚，从而防止科林斯的盟邦加入冲突。科林斯人要想取胜，就必须说服其他伯罗奔尼撒联盟国家，尤其是斯巴达，站到他们那边。在伯罗奔尼撒联盟的大多数成员国都反对战争的时候，墨伽拉出兵援助科林斯，并参加了琉基姆尼和西波塔海战，这既让雅典恼怒，也违抗了斯巴达的意愿。假以时日，这些国家有可能会与科林斯人联手，在另一场冲突中对抗雅典；如果有足够多的盟邦走了这一步，斯巴达人就再也不能袖手旁观，否则他们在联盟中的领导地位和自身安全就会受到威胁。

这一次，雅典人的行动仍然算得上中间道路。如果他们不采取任何行动，就可能鼓励墨伽拉和其他国家去帮助科林斯。如果武力进攻墨伽拉，就违背了和约，会促使斯巴达向雅典开战。相比之下，禁运不会让墨伽拉屈服，也不会造成严重损害。禁运会给大多数墨伽拉人造成一些不便，并对那些通过与雅典及其殖民帝国做生意而发财的人——其中肯定有一些就是统治墨伽拉的寡头议事会的成员——造成损害。这种惩罚也许能说服墨伽拉，将来不要再来瞎搅和；同时对其他的贸易国发出警告：即便在和平时期，雅典也可以对其施加报复。

但对墨伽拉实施禁运也是有风险的。墨伽拉人肯定会向斯巴达人抱怨，斯巴达人或许会援助他们。不过，斯巴达人也可能拒绝援助他们，因为禁运并没有违反和约（和约里不曾提到贸易或经济关系）。另外，伯里克利与斯巴达目前的唯一一位国王阿希达穆斯二世有私交（另一位国王普雷斯托阿纳克斯于前445年被流放）。伯里克利知道，阿希达穆斯二世是主和派。伯里克利希望，斯巴达领导人能够理解他的和平用意与禁运的有限目标，并帮助其他斯巴达人理解这些。伯里克利对阿希达穆斯二世的判断是正确的，但他低估了自雅典与克基拉结盟以来的一系列事件在一些斯巴达人胸中激起的怒火。

第四章

战争的抉择（前 432 年）

斯巴达选择战争

斯巴达监察官向波提狄亚人做出的入侵阿提卡的承诺是秘密的，而且没有得到斯巴达公民大会的批准。波提狄亚人于前432 年发动叛乱时，斯巴达人没有兑现承诺。他们的国王和大多数公民都还没有做好发动战争的心理准备，但有一个影响力很大的派系急于改变民意。

被派去阻止波提狄亚叛乱的雅典军队兵力不足，而且到得太晚，没有发挥多少作用。科林斯人不敢派遣正式的远征军去援助波提狄亚叛军，因为那样做就正式违反了和约。他们的办法是组织了一支"志愿军"，由一名科林斯将军指挥。这支部队包括科林斯人和伯罗奔尼撒雇佣兵。与此同时，雅典人与马其顿媾和，以便将自己在马其顿作战的兵力抽回，用于镇压波提狄亚，并从雅典派出了增援部队。到前432 年夏季，强大的陆军和战船包围了波提狄亚，开始攻城。这场围攻持续两年多，并造成极大的经济开销。

波提狄亚遭到攻打，墨伽拉人愤怒地抗议雅典人的禁运，于是科林斯不再是唯一一个反对雅典的国家。① 它们鼓励所有

---

① 埃吉那岛在第一次伯罗奔尼撒战争期间被迫加入雅典同盟。它秘密地与科林斯人一道抱怨自己受到雅典的虐待，并煽动其他伯罗奔尼撒人对雅典的仇恨。但我们不知道埃吉那对雅典不满的具体原因。（作者注）

对雅典心怀不满的国家向斯巴达人施加压力。最后，前432年7月，斯巴达监察官召开了公民大会，邀请所有对雅典有怨言的盟邦来斯巴达畅所欲言。这是我们知道的唯一一次盟邦受邀在斯巴达公民大会发言的情况，因为除此之外都只是斯巴达联盟聚集起来开会。斯巴达人诉诸如此不寻常的程序，说明他们在前432年夏季仍然非常不愿意打仗。

　　墨伽拉人是此次会议上最怒气冲冲的参与者，科林斯人则是最有成效的。他们努力让斯巴达人相信，斯巴达谨慎避免冲突的传统政策在活力十足的雅典面前是灾难性的；另外，他们对雅典和斯巴达两个民族的性格做了区分，以支撑自己的论点。

　　　　他们（雅典人）具有革命性，能够快速制订计划并实施；而你们（斯巴达人）墨守成规，不曾有过任何创新发明，而且你们行动起来的时候，总是半途而废。他们的勇敢大胆超过了他们的能力，冒险到了愚蠢的地步，在危险中还乐观向上；而你们的习惯是做事不超过自己的力量范围，对自己最有把握的判断也不信任，悲观地以为自己遇到任何危险都会完蛋……

　　　　只有对他们来说，想要什么，马上就能实现，因为他们制订计划之后，会特别迅速地执行。就这样，他们一生都冒着风险……因为他们认为，与痛苦的活动相比，安宁的和平更不堪忍受。……他们的本性就是自己不愿意安享和平，也不肯让别人安生。(1.70.2 – 9)

　　不管这些慷慨陈词多么有效，对雅典和斯巴达的两方面比较的确是夸大其词的。如果斯巴达人真的像科林斯人描述的那样迟钝、懒惰，怎么可能建立起自己的伟大联盟？又怎么可能以盟主身份领导希腊人战胜波斯人呢？另外，雅典完全遵守了《三十年和约》的条款和精神。科林斯人自己其实也承认这一点，毕竟在萨摩斯叛乱的时候是科林斯人约束了自己的盟邦。雅典在近一年中令人不安的行为显然是对科林斯近期行动的反应，科林斯人对这一点讳莫如深。

科林斯人以威胁结束了自己的发言：斯巴达人必须援助波提狄亚和科林斯的其他盟邦，并入侵阿提卡，"否则你们就是背叛了自己的朋友和亲戚，将他们出卖给最凶残的敌人，也会让我们当中其余的人转投其他联盟"（1.71.4）。这个威胁是空洞无力的——因为没有其他联盟可以转投——但由于斯巴达的安全和生活方式依赖于联盟的完整性，所以哪怕是关于背叛的一点点暗示都会让斯巴达大为警醒。

下一位发言者是雅典使团的一名成员。据修昔底德说，此人"碰巧在斯巴达，因为他之前在处理别的事务"（1.72.1）。我们不知道"别的事务"究竟是什么，这显然只是个让雅典人表达自己观点的借口。伯里克利和雅典人不愿意派遣一名官方发言人去斯巴达回答大家的抱怨，因为那样就等于承认斯巴达有权批判雅典人的行为，而和约规定分歧应当由仲裁解决。但他们希望阻止斯巴达听信其盟邦的论点，还希望阐明雅典是通过正当手段获得力量的，并向大家证明雅典的力量是何等强大、多么令人生畏。雅典使者指出，雅典帝国的扩张是出于恐惧、荣耀及合理的自身利益要求，斯巴达人应当很理解这些东西。他的语调不卑不亢，没有安抚对方的意思，而是非常公事公办。他发言结束时，坚持要求双方严格遵守和约：

一切分歧都应当通过仲裁解决。如果斯巴达人拒绝仲裁，"你们带着大家走向战争，我们将努力向那些挑起战争的人复仇"（1.78.5）。

雅典使者的发言是故意挑衅，刻意要激怒斯巴达人，促使其违背誓言、开启战争吗？这种观点的错误在于，它以为获得和平的唯一办法是安抚怒火，用一团和气的方式解释分歧并做出让步。但有的时候，阻止战争的最好办法是威慑对方，展现己方的力量、自信与决心。这种策略如果能给对方一个体面的台阶下，比如为斯巴达人提供仲裁选项，就会特别有效。至少最可靠的同时代亲历者告诉我们，此时雅典人还不希望发生战争："他们想明确地展示自己城市的力量，使那些年纪较长的人记起他们已经知道的东西，并且告诉年纪较轻的人所不知道的东西。雅典人认为，听了他们的论点后，斯巴达人会倾向于和平，而非战争。"（1.72.1）

考虑到斯巴达国王一般对战争与和平的决策很有影响力，雅典人的策略似乎特别合理。前432年，斯巴达唯一一位掌权的国王是阿希达穆斯二世，他是伯里克利的私人朋友，"一个以睿智和审慎闻名的人"（1.79.2），他很快就会表达对武装冲突的反对。外邦人发言之后，斯巴达人全都离开了会场。尽管公民大会敌视雅典，并自信能在短时间内快速打败雅典，但阿希达穆斯二世不敢苟同。他坚持认为，雅典的实力比斯巴达习惯面对的那种力量要强，而且性质完全不同。雅典是一座有城墙的城市，拥有很强的经济实力；是一个海洋帝国，拥有制海权，它能够打一场斯巴达人闻所未闻的战争。阿希达穆斯二世告诉大家，他担心"这场战争会一直打到我们儿女的时代"（1.81.6）。

但公民大会的情绪非常激昂、好战，因此阿希达穆斯二世不能简单地提议接受雅典人的建议。于是，他提出了一个温和的替代方案：斯巴达人应当姑且满足于发表正式的投诉；与此同时，他们应当为谈判破裂的局面做准备，准备迎接实际上可能发生的那种类型的战争，也就是说，他们应当从蛮族（主要指波斯人）和其他希腊人那里寻求船只支援。如果雅典人妥协，斯巴达就不采取任何行动。如果雅典人不妥协，那么两三年之后，在斯巴达人准备更充分的时候再开战也不迟。

不足为奇的是，国王的提议遭到了科林斯人、其他怨恨雅典城邦的人以及急于采取行动的斯巴达人的反对。他们相信，要挽救波提狄亚，务必火速行动起来。尤其是科林斯人想要的不是解决纠纷，而是自由行动、一劳永逸地消灭克基拉；他们还想向雅典人复仇，甚至打算消灭雅典帝国，斯巴达的主战派也同意这个目标。将过去五十年里的一些事件，如克基拉、波提狄亚和墨伽拉的事件综合起来考虑，大多数斯巴达人似乎相信科林斯人描述的画面：雅典人的傲慢令人不堪忍受，他们的实力日益增长，对其他人构成了威胁。

好战的斯巴达监察官斯提尼拉伊达发出的简短而直言不讳的回应非常有代表性：

> 我不理解雅典人的长篇大论。他们自吹自擂，但也不否认，他们损害了我们的盟邦和伯罗奔尼撒的利益……其他人或许有很多金钱、船只和马匹，但我们拥有优秀的盟友，我们不能把盟友出卖给雅典人。我们也不应当屈服于法庭或言辞的裁判，因为伤害我们的不是言辞。我们应当调动全部力量，快速向敌人复仇。我们受到了极大冤屈，任何人都不要说我们需要时间慢慢斟酌；那些打算伤害我

们的人倒是要多花点时间，好好想想。那么，斯巴达人，用无损于斯巴达荣耀的方式，投票支持战争吧！不要让雅典人发展得更强大，不要背叛你们的盟友！让我们在诸神佑助下，出征讨伐那些伤害我们的人！（1.86.1–5）

监察官声称无法判断辩论中哪一方的呼声更高，但"希望通过公开表达他们的意见，使斯巴达人更加渴望战争"，于是要求分组表决。表决结果是，多数人认为雅典人违背了和约；这实际上是要求开战的表决。

斯巴达人此时并没有受到直接威胁，不能指望从战争中获得什么实实在在的利益，而且也没有受到任何直接的伤害和挑衅。那么，他们为什么决定打一场可能会非常漫长而艰难的战争，并且面对的是一个有着独特优势的强大敌人？正常情况下非常保守、主张和平的斯巴达多数派（在谨慎而德高望重的阿希达穆斯二世的领导下）被什么打败了？修昔底德相信，斯巴达人投票选择战争，不是因为他们被盟邦的论点说服了，"而是因为他们担心雅典人会变得更加强大，因为他们看到，希腊的大部分已经落在了雅典人手里"（1.88）。他对战争起因的一般解释是："我认为，战争真正的起因——不过很少被人提及——是雅典人实力的壮大，这让斯巴达人心生恐惧，迫使他们选择战争。"（1.23.6）

但事实上，雅典的实力在签订和约与西波塔战役之间的十几年里并没有增长，而且雅典的外交政策也不是侵略性的。即便是科林斯人，也早在前 440 年就承认这一点。雅典实力唯一的增长是前 433 年与克基拉的结盟，而且这次结盟也是为了对付科林斯的行动，况且科林斯是不顾斯巴达的反对而悍然行动的。证据很明显，雅典人在此事件中的表现并非心甘情愿，而且是防御性的，目标仅仅是阻止科林斯人极大地改变国际力量平衡。

但在危机中，人们会因为害怕未来的威胁而受到影响。斯巴达人也是这样，他们看到"雅典人的力量开始彰显出来，并影响斯巴达的盟邦"，大为震惊。"然后这种局势变得难以忍受了，斯巴达人决定必须尽其所能，无比坚定地消灭雅典人的力量，打响这场战争。"（1.118.2）修昔底德解释战争起因的上述三个版本全都支持他对主宰国际关系的根本动机——恐惧、荣耀和利益——的分析。斯巴达人最深层次的利益要求他们维护伯罗奔尼撒联盟的完整，以及他们对联盟的领导权。他们担心，雅典人的实力和影响越来越强，会继续骚扰斯巴达的盟邦，最终导致这些盟邦放弃斯巴达联盟、开始全力自卫，于是联盟就瓦解了，斯巴达的霸权也就垮台了。斯巴达人的荣耀和自我认识不仅取决于盟邦对其领导地位的认可，还依赖于他们独特政体的维持，而这个政体的安全则依靠上述因素，即恐惧、荣耀和利益。斯巴达人创建联盟就是为了保护自己，因此，为了维护这个同盟，他们愿意冒战争的巨大风险。要这么做，就意味着维护盟邦的利益，即便这些利益威胁到斯巴达人自己的安全。这并非历史上最后一次出现这种局面：一个联盟的领袖被势力较小的盟邦牵制，不得不去采纳自己原本不会采纳的政策。

根据公民大会的决定，斯巴达监察官要求召开斯巴达联盟会议，对战争问题做正式投票。直到8月，各盟邦才聚集起来，而且也不是全都来开会了；我们估计那些没有前来开会的盟邦并不赞成此次会议的目标。在到会的盟邦中，大多数

（但不是绝对多数，这与修昔底德记载的斯巴达公民大会上的
情况不同）盟邦支持战争。因此，不是所有盟邦都认为战争
是不可避免的，不是所有人都相信这场战争师出有名，不是所
有人都认为这场战争会很轻松或者必胜无疑，也不是所有人都
认为这场战争是必须的。

斯巴达人及其盟邦完全可以立刻发动入侵，在向波提狄亚
人许诺仅仅几个月后就兑现诺言。这样的入侵准备起来很简
单，只需要几周时间，而且 9 月和 10 月的天气也有利于作战；
如果雅典人不肯迎战，也可以破坏他们的财产。虽然雅典的粮
食早已收割完毕，但还有足够时间去破坏雅典城墙外的葡萄
园、橄榄园和农庄。如果雅典人像斯巴达人预计的那样渴望交
战，那么在 9 月入侵阿提卡就是非常有诱惑力的计划。

但是，斯巴达人及其盟邦在差不多一年的时间里没有采
取任何军事行动。在此期间，斯巴达人派了三个使团去雅典，
其中至少有一个确实致力于避免战争。过了很久之后，武装
冲突才正式爆发，而且斯巴达人继续努力进行谈判，这说明
在辩论的激情消退之后，阿希达穆斯二世谨慎而冷静的论点
产生了效果，斯巴达人的情绪恢复为惯常的保守。或许还有
机会避免战争。

雅典选择战争

斯巴达的第一个使团可能于 8 月底抵达雅典。他们要求雅
典人"祛除女神的诅咒"，这指的是两个世纪前伯里克利母系
家族一位成员犯下的渎神罪行。人们普遍将伯里克利与其母亲
的家族联系起来。斯巴达人希望世人会因此事责怪伯里克利，
认为是他给雅典带来了麻烦，借此打击伯里克利的公信力，因

为"作为那个时代最强有力的人和国家领袖，他事事反对斯巴达人，不允许雅典人妥协，并不断驱使他们奔向战争"（1.126.3）。伯里克利的确始终反对在没有仲裁的情况下向外国妥协；在斯巴达人及其盟邦投票决定参战后，伯里克利拒绝继续与其进行谈判，认为这只不过是打击雅典人决心的策略而已。

伯里克利炮制了雅典人的回应，要求斯巴达人为不是一桩，而是两桩宗教罪行赎罪、驱逐责任人。第一桩渎神罪行是，斯巴达人曾杀害躲避在神庙中的黑劳士。这是为了让大家注意到，斯巴达人尽管打着"为希腊人的自由而战"的旗号，但实际上在自己的国土上残暴地统治着数量极多的希腊人。第二桩渎神罪行是，曾有一位斯巴达国王对自己的希腊同胞施以暴政，最后叛变，投奔了波斯人。

斯巴达人还派遣了其他使团，提出了形形色色的要求，但最后执着于一个要求——"他们公开地、非常明确地宣布，如果雅典人撤销对墨伽拉的禁运，就不会有战争。"（1.139.1）这与斯巴达之前的激进立场相比，是很大的让步，显然说明在投票决定参战之后，斯巴达的政治气候发生了变化。普鲁塔克说，阿希达穆斯二世"努力以和平手段解决盟邦的投诉，平息他们的怒气"（*Pericles* 29.5），但国王和他的政敌都不能牢牢掌握斯巴达的局势。阿希达穆斯二世的力量显然足够强大，能够继续与雅典谈判，但他的政敌也能持续地要求雅典在不经过仲裁的情况下做出让步。因此，国王和他的政敌达成的妥协，仍然拒绝接受仲裁，但将对雅典的要求减少到一条。

如此的让步事实上是背叛了科林斯的利益，并且斯巴达支持墨伽拉人而拒绝接受仲裁，展现了自己作为联盟领袖的力量和值得信赖，于是孤立了科林斯。如果科林斯人在这种情况下威胁要脱离联盟，那么阿希达穆斯二世和大多数斯巴达人都丝毫不会担心。斯巴达人现在是冒着一定的风险，非常努力地避免战争。但是，决定大局的将是雅典。

斯巴达人的提议说服了很多雅典人。他们质疑雅典仅仅为了对墨伽拉实施禁运而开战是否明智，因为对墨伽拉实施禁运原本仅仅是战术上的策略，肯定不值得为之作战。但伯里克利仍然很坚定，坚持要求根据和约进行仲裁，但他也不能忽视要求他回复斯巴达人的压力。他做出的回应是，向墨伽拉和斯巴达发出了正式文书，作为对雅典行动的辩护。"这道文书是由伯里克利提议的，包含了对禁运政策的合理、人道的辩解。"普鲁塔克这样写道（*Pericles* 30.3）。伯里克利解释说，他之所以拒绝撤销禁运，是由于雅典的一部晦涩的法律禁止他拆除铭刻着禁运法令文本的石板。斯巴达人反驳道："那么不要把它拆掉，把它翻过来挡住文字就行了，因为没有法律禁止那么做。"（*Pericles* 30.1–3）但伯里克利固执己见，而且大多数雅典人都支持他。

最后，斯巴达人发出了一道通牒："斯巴达人渴求和平，而且只要你给希腊人自治权，就会有和平。"（1.139.3）这等于是要求拆解雅典帝国。伯里克利希望雅典公民大会的讨论聚焦于这个显然不可能接受的要求，但他的政敌们给出了他们自己的和平条件。雅典人"深思熟虑之后，决定给出一个答复"。发言的人很多，有人辩称战争是有必要的；其他人则认为"墨伽拉禁运不应当阻碍和平，因此应当撤销禁运"（1.139.3–4）。

伯里克利为其政策所做的辩护表面上是以一个法律上的技术问题为基础，但实际上有着更根本的道理。斯巴达人始终不肯按照和约要求接受仲裁，而是企图通过威胁或武力来占据上风。"他们希望用战争，而不是商讨，来解决纠纷。现在他们已经不再是请求，而是命令我们了。……只有断然地、明确地拒绝这些要求，才能让他们明白，你们与他们的地位是平等的。"（1.140.2，5）伯里克利愿意就任何具体问题做出让步；如果斯巴达人接受仲裁，那么伯里克利就不得不接受仲裁结果。但他绝不能容忍斯巴达直接干涉雅典帝国的利益（比如在波提狄亚和埃吉那岛的利益），也不能忍受斯巴达影响雅典人的商业和帝国政策（如墨伽拉禁运）。如果在这些方面妥协，就等于承认雅典在爱琴海的霸权和对其帝国的控制需要得到斯巴达的许可。如果雅典人现在受到威胁就让步，那么就放弃了自己与斯巴达的平等地位，将来斯巴达会变本加厉地讹诈雅典。伯里克利在公民大会的演讲中仔细阐明了这种危险：

> 诸位不要以为，你们是为了鸡毛蒜皮的小事而投入战争。他们特别要求我们撤销墨伽拉禁运，声称这样就可以避免战争。诸位不要前思后想，不要顾虑，不要责备自己为了小事而打仗。因为这"小事"能够确认和考验你们的决心。如果你们现在让步，他们会马上要求你们做出更大的让步，因为你们胆战心惊地做出了第一个让步。（1.140.5）

很多斯巴达人，以及一些雅典人，一定很难理解，雅典为什么要因为墨伽拉禁运这样的小事而投入战争。雅典这么做算是师出有名吗？目前的纠纷实际上只对当事人双方（雅典和墨伽拉）显得重要。如果雅典满足了斯巴达的唯一一条不可磋商的要求（结束墨伽拉禁运），实际上也不会对雅典造成什么物质上或战略上的影响。如果雅典人撤销了墨伽拉禁运，危机说不定就避免了，随后发生的一些事件就可能使和平得以延续。斯巴达在这件事情上背叛了科林斯，肯定会导致这两个国家关系冷淡或者引发一场严重的对立，使斯巴达人的注意力完全集中到科林斯，而不是雅典。伯罗奔尼撒半岛或许会出现一些其他问题，就像过去发生的那样。但长期和平将得到维护，所有国家极有可能会满足于现状。

　　然而不可忽略的是，斯巴达有一个至少有五十年历史的派系，始终嫉妒和猜忌雅典人，并且对雅典帝国深怀敌意。雅典人的让步或许能让大多数斯巴达人在一段时间内放下心来，但斯巴达的反雅典派系始终是一支破坏性力量。如果雅典在前431 年让步，或许只能让斯巴达人更加冥顽不灵，于是未来发生战争的可能性就更大了。

　　虽然这些考虑是伯里克利最为重视的，但他的决定也建立在他设计的战略基础之上。战略与战术不同，不仅仅是军事计划。各民族和领袖在别无他途的时候会运用战争来达到自己的目的，他们相信自己设计的战略可以帮助他们借助武力得到自己想要的东西。但在战争爆发之前，不同的战略会对决策有着不同的影响，而这种决策将决定是否会爆发战争。前432/前431 年的危机中，斯巴达和雅典选择的战略都在不经意间推动了战争的爆发。

　　希腊各城邦通常的作战方式是，一个步兵方阵开进敌境，与敌人的步兵方阵交锋。两军厮杀一番，使问题争端在一天之内解决。由于斯巴达的陆军实力比雅典强得多，所以斯巴达人有理由相信，如果两国以惯常的方式作战，斯巴达必胜无疑。大多数斯巴达人也毫不怀疑，战争的打法一定是这个样子。斯巴达人确信，假如雅典人采取了不同的战法，那么只要对雅典领土加以袭掠和破坏，一年、两年或三年之后，必然会促使雅典人前来决战或者投降。在战争开始时，斯巴达人以及其他希腊人都确信，这种简单的攻势战略必然能带来快速的、无疑的胜利。如果他们相信自己将要打一场漫长、艰难、代价高昂而且前途未卜的战争（雅典人和阿希达穆斯二世都努力劝说斯巴达人，战争的确会是这个样子），那么他们的行动或许就不同了。

但是，伯里克利设计了一种新颖的战略。正是由于雅典力量的特殊性质和宏大规模，这种战略才能奏效。雅典的海军使雅典人能够主宰一个帝国，这个帝国为雅典人提供金钱，他们可以用金钱来维持自己的海上霸权，以及通过贸易和收购来获取自己需要的物资。尽管阿提卡的土地和庄稼很容易遭到破坏，但伯里克利建造了连接雅典城和比雷埃夫斯的港口、海军基地的长墙，于是雅典几乎变成了一个岛屿。当时希腊的攻城战术还很落后，这些长墙只要有人防守就几乎是不可攻破的，所以雅典人可以撤退到墙内，在那里自由自在地生活；而斯巴达人没有办法攻击他们，更不可能打败他们。

伯里克利在世的时候，雅典一直执行他的这种战略。它在根本上是防御性的，尽管包含有限的进攻性元素。他相信，"如果雅典人不动声色，照管好自己的舰队，在战时不要企图扩张自己的帝国（因为那样会让他们的城市陷入危险），他们就能胜利"（2.65.7）。因此，雅典人应当拒绝在陆地上交战，放弃自己的乡村，撤到城墙之内。不管斯巴达人怎么破坏他们的田地，都不会有什么效果。与此同时，雅典海军将向伯罗奔尼撒半岛沿海地区发动一系列袭掠，这不是为了给敌人造成严重伤害，而仅仅是骚扰敌人，令其苦恼，让他们尝尝滋味，知道如果雅典人愿意的话，能够给他们造成怎样的打击。海军袭掠的目标既是向斯巴达人及其盟邦证明，他们没有力量打败雅典；也是从心理上拖垮敌人，而不是用武力或物资优势打败敌人。斯巴达联盟是个松散的组织，其内部存在着天然裂痕，比如在代价高昂的争斗中，那些较脆弱的沿海国家和较安全的内陆国家之间的矛盾必然会浮现出来。伯罗奔尼撒人很快就会清楚地认识到，他们是赢不了的，于是两国就可以通过谈判缔结和平。斯巴达的主战派会丧失公信力，自前446/前445年以来一直致力于维护和平的较为理智的派系就会掌权。然后，雅典就能期望一个更稳定的和平年代。由于敌人认识到自己没有办法取胜，这样的和平会更可靠。

这个计划比步兵方阵对抗的传统战法更适合雅典，但它的确有着严重缺陷，而且雅典人依赖于这个计划，也是伯里克利的威慑外交策略失败的原因之一。它的第一个缺陷是，它在根本上难以令人信服。后来的事实证明，伯里克利的确能够说服雅典人采纳他的计划，并且在他担任雅典领导人期间，始终坚持这个计划，但很少有斯巴达人，甚至很少有希腊人，在亲眼看到它实施之前相信它是可行的。比如，敌人会在城墙下羞辱雅典人，谩骂他们是懦夫。雅典人不得不忍耐这些。忍受这种屈辱意味着违背了整个希腊文化理念，因为英雄的希腊传统将英勇作战奉为希腊美德的巅峰。而且，大多数雅典人居住在乡村，他们将不得不躲在城墙后，眼睁睁地看着敌人摧毁他们的庄稼、破坏他们的果树和葡萄藤、洗劫和焚烧他们的家园。任何有哪怕是一点点反抗机会的希腊人都不会愿意干瞪眼看着。就在十多年前，雅典人还选择了出城作战，而不是允许敌人如此放肆。

伯里克利计划的第二个缺陷是，很难说服雅典人以此种战略投入战争，一旦战争开始，就更难让雅典人坚持这种战略。斯巴达人入侵的时候，雅典人"沮丧而愤怒，因为他们不得不抛弃一直属于他们的家园和神庙、古老城邦的祖先遗物，并且改变自己的生活方式，这实际上就等同于每个人都不得不放弃自己的家"（2.16.2）。在入侵者逼近城市的时候，许多雅典人，尤其是青年男子，坚持要求出城应战，狂怒地反对伯里克利，"因为他不率领他们出城作战，于是他们将自己的所有苦难都怪罪于他"（2.21.3）。最后，伯里克利不得不运用他的特殊影响力来阻止公民大会的召开，"因为他害怕，一旦群众聚集起来，就会酿成大错，被愤怒冲昏头脑，感情用事，而不是用他们的理智"（2.22.1）。

除了伯里克利，没有任何人能够劝服雅典人，让他们采纳这样的计划并坚持下去。他已经六十五岁了，如果危机快速平息下去，但在他死后复燃，那么这种战略就不可能实施了；而如果不使用这种战略，雅典必败无疑。或许就是因为想到了这一点，伯里克利在外交政策上才愈发固执。

伯里克利计划还有另外一个缺陷。乍看上去，它的手段似乎特别合适：因为雅典的目标是防御性的，所以它的战略也应当是防御性的。但由于最理想的结局是通过威慑来避免战争，所以防御性的计划并不合适。威慑的目的是让敌人非常害怕，不敢打仗，而伯里克利的战略并不能让斯巴达人恐惧。例如，如果雅典人拒绝正面交锋，那么斯巴达人唯一的成本就是进驻阿提卡一个月左右并开展大规模破坏行动的开销。如果雅典军队在伯罗奔尼撒半岛登陆，除非他们在那里建造要塞并长期驻守，否则就无法造成多少破坏。如果他们在远离海岸的地方建造要塞，就会被敌人包围并因断粮而屈服。如果他们在海岸上建造要塞，就可能被孤立起来，无法对敌境造成任何破坏。而斯巴达人要对付他们并不困难，代价也不大。更有洞察力的人或许能预见到，假以时日，雅典人至少可以通过袭掠沿海国家并阻滞其贸易活动，对其造成相当程度的破坏，而斯巴达无力保护它们。因此，斯巴达对联盟的领导权会受到损害，有的国家也许会叛变，这对斯巴达来说是非常危险的。但很少有人拥有这么丰富的想象力，能够看到晦暗不明的未来中竟有这样的前景。

如果雅典人能设计出这样的计划（袭掠沿海国家并破坏其贸易，打击斯巴达的领导权）并预见到这样的结局，他们或许就根本不会选择战争了，但伯里克利没有想到这样的办法。他的威慑外交策略没有一个显而易见的、令人信服的进攻性威胁，因此有着很大缺陷，必然会失败。

如果伯里克利相信自己需要一个更强有力的攻势来威慑敌人，进而避免战争，那么他或许就不会对墨伽拉实施禁运，或者在斯巴达人要求他撤销禁运的时候就满足他们，并接受未来出现麻烦的风险。但伯里克利确信自己的防御性战略一定会胜利，所以他坚定不移。他说服了雅典人，在给斯巴达人的最终回复中使用了他自己的措辞："雅典人绝不接受别人的颐指气使，但他们愿意根据和约，在平等的基础上，通过仲裁来解决争端。"（1.145.1）

第二部 伯里克利战争

史学界习惯于将战争的最初十年称为"阿希达穆斯战争",用的是领导早期入侵阿提卡行动的斯巴达国王的名字。但在这场战争的起源及主宰战争的战略方面,阿希达穆斯二世只是个次要人物。更准确的说法应当是"十年战争",但它的最初阶段也可以被恰当地称为"伯里克利战争",因为是这位雅典领导人主宰着战争的开端及其最初阶段。尽管伯里克利外交政策的目标是避免与斯巴达及其盟邦发生战争,但于前431年爆发的冲突应当以他的名字来冠名。他的有限威慑手段未能奏效,导致战争爆发,而他设计和坚持实施的战略影响了战争在早期阶段的走向。直到他去世几年后,雅典人才背离了他的战略,开始寻找新的求胜之策。即便在他死后,他仍然影响着战争的进程以及许多主要人物的行为举止。

第五章
战争的目标与资源
(前 432 ~ 前 431 年)

斯巴达

斯巴达在这场战争中的口号是"为希腊人的自由而战",这意味着消灭雅典帝国,并解放雅典统治下的各国。修昔底德看透了斯巴达为影响民意而炮制的这种宣传;他告诉我们,斯巴达人的真正动机是,他们害怕雅典越来越强大,"斯巴达人决定,他们必须尽他们的全部力量去消灭雅典,于是发动了战争"(1.118)。有些斯巴达人也希望恢复斯巴达之前的地位,即希腊世界的唯一霸主,并获得相应的荣耀和光辉。

要达成这些目标,就必须消灭雅典的关键资源:城墙,它保护雅典城,令斯巴达军队无从下手;舰队,它使雅典能够掌控大海;雅典的殖民帝国,它提供了维持海军所需的资金。如果让这三者中的任何一个完好无损,那么胜利的价值就会很有限,所以斯巴达必须采取攻势。

斯巴达联盟囊括了伯罗奔尼撒半岛上的绝大多数国家:在联盟的东北部,有墨伽拉;在希腊中部,有玻俄提亚、北洛克里斯和福基斯;在西部,有科林斯的殖民地安布拉基亚、琉卡斯岛①和阿纳克托里翁（见地图 10 与地图 11）。在西西里岛，有斯巴达的盟邦叙拉古和除了卡马里纳之外的所有的多利亚人②城市；在意大利，有洛克里③以及斯巴达自己的殖民地塔拉斯。但是，联盟的骨干是由伯罗奔尼撒人和玻俄提亚人组成的威武雄壮的重步兵。这支重步兵部队的兵力是雅典重步兵方阵的两倍到三倍，并被普遍认为是世界上最强的陆军。斯巴达人坚信，这样一支强大的军队能够战胜任何敌人，他们的战略就建立在这个信念之上。

　　战争开始时，伯里克利承认，在任何一场单独的战役中，伯罗奔尼撒军队都足以与希腊其他所有国家的联军匹敌。前 446 年，斯巴达军队入侵阿提卡的时候，雅典人没有选择作战，而是媾和，放弃了自己在希腊中部的陆地帝国，并将对希腊大陆的主宰权拱手让给斯巴达。这段历史能够解释，斯巴达的主战派为什么没有被阿希达穆斯二世的谨慎论点说服。在这些主战派看来，传统的战法必胜无疑：斯巴达人只需要在农作物生长的季节入侵阿提卡。雅典人要么会像前 446 年那样做出让步；要么，如果他们有勇气的话，会出来迎战，但肯定会被击败。不管怎样，战争一定很短暂，斯巴达一定会取胜。

---

① 今称莱夫卡斯岛。

② 多利亚人是古希腊的四大部族之一，另外三个部族是伊奥尼亚人、埃奥利亚人和阿开亚人。约公元前 12 世纪～前 11 世纪，多利亚人从巴尔干半岛北部迁来，大多分布在伯罗奔尼撒半岛、克里特岛、罗得岛以及西西里岛东部一带，之后逐渐扩散到希腊各地。定居在伯罗奔尼撒半岛的多利亚人建立了斯巴达、科林斯、阿尔戈斯等城邦。雅典人属于伊奥尼亚部族。

③ 洛克里是洛克里斯人在意大利南部建立的殖民地。洛克里斯人自己的领地在希腊本土、玻俄提亚的西北方。

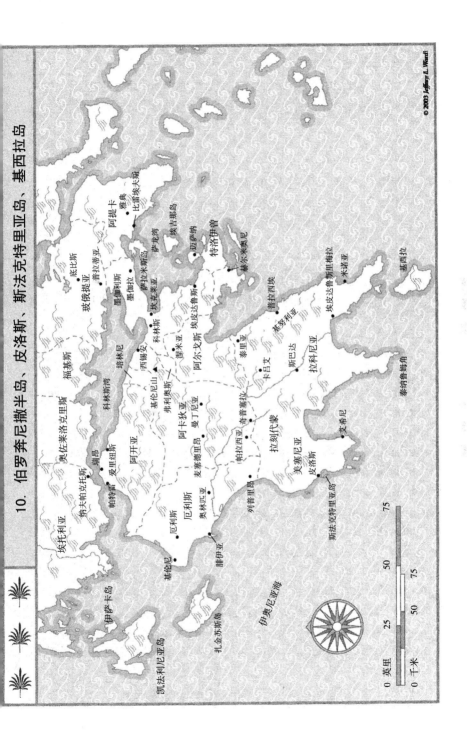

10. 伯罗奔尼撒半岛、皮洛斯、斯法克特里亚岛、基西拉岛

埃托利亚

纳夫帕克托斯

伊萨卡岛

凯法利尼亚岛

扎金苏斯岛

福基斯

底比斯

玻俄提亚

普拉蒂亚

雅典

比雷埃夫斯

阿提卡

墨伽拉

阿佐莱克里斯

瑞昂

帕特雷

诺林尼

科林斯湾

萨拉米斯岛

萨拉米斯

埃吉那岛

萨龙湾

基伦尼

埃利斯

奥林匹亚

爱里纽斯

阿开亚

爱里纽斯

基伦尼山

弗利奥斯

阿开亚

科林斯

西锡安

墨伽利亚

涅米亚

埃皮达鲁斯

迈锡尼

萨萨纳

特洛伊曾

腓伊亚

列普里昂

麦塞尼里昂

曼丁尼亚

阿尔戈利斯

阿尔戈利斯

奇普塞拉

帕拉西亚

特吉亚

赫尔米奥尼

曼提尼亚

麦塞尼里昂

伊奥尼亚海

斯法克特里亚岛

皮洛斯

美塞尼亚

拉刻代蒙

艾希尼

泰里亚

卡普艾

斯巴达

拉科尼亚

埃皮达鲁里梅拉

米诺亚

基安西亚海

泰纳鲁姆角

基西拉

© 2003 Jeffrey L. Ward

伯罗奔尼撒半岛

英里   0   25   50   75

千米   0   25   50   75

　　但斯巴达的自信建立在旧思维之上，并且忽略了以下事实：雅典帝国已经建立起来了，它的财源、庞大且训练有素的海军、雅典城墙以及将雅典城与比雷埃夫斯港口连接起来的长墙，都意味着军事方面的一次革命。所以，雅典人可以运用一种新的战法，而传统战法对其没有效力。但是，斯巴达人不能或不愿根据军事上的新现实做出调整。

　　有些斯巴达人相信，雅典和希腊的其他城邦不一样，或许会既不出战，也不立刻投降。但大多数斯巴达人坚信，即便是雅典人，也不可能长时间忍受被包围的状况。战争爆发时，斯巴达人相信，"如果他们蹂躏雅典人的土地，那么雅典人在几年内就会被消灭"（5.14.3）。大多数希腊人都同意：如果伯罗奔尼撒人入侵阿提卡，"有些人认为雅典能够坚持一年，有些人认为是两年，但没有人认为雅典能坚持三年以上"（7.28.3）。

　　至少阿希达穆斯二世知道，雅典可以既不出战，也不投降，就这样无限期地坚持下去，因此斯巴达在步兵方阵上的优势并不能保证一定胜利。但如果要煽动雅典帝国内部的叛乱，就需要一支足以在海上击败雅典人的海军，那样的话就需要充裕的资金。但阿希达穆斯二世指出，伯罗奔尼撒人的"集体金库完全空虚，也无法通过赋税来征收资金"（1.80.4）。战争爆发时，伯罗奔尼撒人拥有约100艘三列桨座战船①，但他们缺少拥有先进海战经验的桨手、舵手和船长，而雅典人的海战战术已经臻于完美。在任何海战中，伯罗奔尼撒人的船只数量、水手素质和战术都处于劣势。

----

　　①　三列桨座战船是古代地中海航海文明（腓尼基人、希腊人、罗马人等）中的一种桨帆船。战船每边有三排桨，一个人控制一支桨。此种战船在希波战争和雅典帝国兴亡中起到重要作用。

　　科林斯人努力驳斥阿希达穆斯二世悲观而务实的判断，但科林斯人的大多数建议都是无法实践的。这些建议说到底都只是异想天开，因为它们依赖于"目前还无法预见的其他装备"（1.122.1）和战争的不可预测性，然而"战争的轨迹完全由它自行决定"（1.121.1）。

雅　典

　　在希腊历史上，伯里克利提议的那种防御性计划还从来没有被尝试过，因为在雅典的帝国主义民主制出现之前，没有任何一个国家拥有足以实践此种计划的手段。虽然它有很多困难，但仍然优于传统的作战方式。因为伯罗奔尼撒人占据极大的兵力优势，所以在陆战中与敌人正面交锋是非常愚蠢的做法。战争爆发时，雅典人拥有 1.3 万名适龄（二十岁至四十五岁）且状态良好的步兵。另外，还有 1.6 万名年龄较大或较小的男子可以在步兵方阵中服役，这些人可以被用来防守边境要塞、环绕雅典与比雷埃夫斯的城墙，以及将它们连接起来的长墙。普鲁塔克告诉我们，于前 431 年入侵阿提卡的斯巴达陆军有 6 万多人（*Pericles* 33.4）。这个数字太夸张了，但斯巴达军队的兵力一定是雅典可动用的步兵兵力的两到三倍。

　　雅典的力量和希望在于它无比强大的海军。雅典的船厂里停泊着至少 300 艘适航的战船，以及一些若有需要便可修复并投入使用的船只。雅典的自由盟邦——莱斯博斯岛、希俄斯岛和克基拉岛也能提供船只，或许一共有 100 多艘战船[1]。面对

---

① 前文说，克基拉人拥有多达 120 艘战船，想必需要部分船只来保卫本土和做其他用途，能够支援雅典的船只应该没有这么多。

这样庞大的舰队，伯罗奔尼撒人只能拿出约 100 艘战船，而且他们水手的技艺和经验无法与雅典人相提并论。战争的最初十年将一次又一次地证明这一点。

伯里克利知道，海战的关键是拥有足够的资金去建造和维护舰队，并为船员发饷。在这方面，雅典也拥有巨大优势。在前 431 年，雅典的年收入为约 1000 塔兰同①白银，其中 400 塔兰同来自国内税收，600 塔兰同是各附庸国与殖民地的贡金和其他从海外帝国获取的收入。尽管每年可调用约 600 塔兰同作为军费，但这个数字还不足以支撑伯里克利的计划。雅典还需要动用自己的储备资本，在这方面，它的实力也非常雄厚。战争开始时，雅典国库拥有 6000 塔兰同银币和 500 塔兰同未铸币的金银。另外，卫城上的雅典娜神像覆盖着相当于 40 塔兰同的金箔，在紧急情况下，这些金箔可以被拆除并熔化。伯罗奔尼撒人在财力上无法与雅典人相媲美。伯里克利告诉雅典人"伯罗奔尼撒人无论公私都没有钱"（1.141.3）是正确的。斯巴达的大多数盟邦也很穷，虽然科林斯人比其他盟邦要富裕一些，但他们也没有储备资金。

要评估伯里克利计划在财政上的可行性，我们就需要知道，他预计斯巴达人能够坚持多久。大多数学者都没有研究过这个问题，他们推测伯里克利应当没有想到战争可能持续十年之久。这种推测的部分理由是，伯里克利在战争前夕致雅典人的演讲中坚称，伯罗奔尼撒人"没有在海外作战或者长期作战的经验；他们只能短期厮杀，因为他们很贫穷"

---

① 塔兰同是白银的重量单位。我们无法确定 1 塔兰同相当于现代的多少钱，但我们知道一艘战船所有船员一个月的军饷是 1 塔兰同；1 塔兰同相当于 6000 德拉克马；雅典一名熟练工匠的日薪是 1 德拉克马。（作者注）

（1.141.3）。伯里克利正确地判断认为，伯罗奔尼撒人缺乏足够的资源，因此无力发动能够对雅典帝国构成危险的那种大规模长期战争，不过他们可以每年都来入侵阿提卡一次。这种战役不会超过一个月，唯一的成本就是士兵们消耗的口粮。

我们可以通过审视战争的第一年（在这一年里，伯里克利牢牢掌控着雅典，他的计划得到非常彻底的落实），来估算伯里克利战略的年度成本。在雅典仍然状态良好、拥有很强战斗力的时期，这个代价不算高昂。前431年，伯罗奔尼撒人入侵阿提卡，雅典人派遣了100艘战船绕过伯罗奔尼撒半岛去作战。另有一队，共计30艘战船，被派去防卫关键的优卑亚岛。还有一队，共计70艘战船，已经在封锁波提狄亚，所以当年雅典一共投入了200艘战船。每艘船出海1个月的开销是1塔兰同，一年中战船一般可以出海8个月（不过负责封锁波提狄亚的战船可能要整年待在那里）。根据这些估算，海军一年的开支为1600塔兰同。除此之外，还有陆军军事行动的开支，其中大部分用于波提狄亚。围攻波提狄亚的部队始终维持在至少3000名步兵，有时则会更多；比较保守的平均数字是3500人。陆军士兵的军饷是每人每天1德拉克马，仆役每天的薪水也是1德拉克马，所以这支陆军每天的开销至少有7000德拉克马，也就是一又六分之一塔兰同。如果一年算是360天，那么全年开销就是420塔兰同。肯定还有其他的军事开支，此处不再赘述，但即便我们只算海军和攻打波提狄亚的陆军的开支，总数也达到了2000多塔兰同（我们根据不同种类的数据，做了另外两项计算，得出的结果是差不多的）。

那么，伯里克利一定是打算为三年的战争花费约6000塔兰同。

在战争第二年，雅典人投票决定从 6000 塔兰同的储备资金中拨出 1000 塔兰同，仅在"敌人从海路进攻城市，需要守城的时候"（2.24.1）使用，任何人若胆敢建议将这笔钱挪作他用，将被处以死刑。于是，国库中可用的储备资金就只剩下了 5000 塔兰同；如果我们算上三年中从殖民帝国获得的收入，即 1800 塔兰同，那么全部可用的军费就是 6800 塔兰同。这可以让伯里克利维持战略长达三年，但到第四年就不够了。

伯里克利知道这些局限，所以他不可能打算打一场十年的战争，更不可能想到战争会持续后来实际发生的二十七年之久。他的最终目标是，让伯罗奔尼撒联盟的真正决策者斯巴达的政策发生变化。要说服斯巴达人考虑和平，只需要争取到五位监察官中的三位。要让三位监察官和斯巴达公民大会接受和平，雅典人只需要帮助恢复斯巴达主和派的地位。主和派总的来讲还是多数派，所以斯巴达长期以来一直很保守，待在伯罗奔尼撒半岛内部，恪守和平。

如果这样看，伯里克利的战略的确非常有道理。斯巴达国王阿希达穆斯二世已经警告过他的臣民（尽管他的警告被当成耳旁风），他们对即将到来的战争的性质做了错误判断：雅典人不会在陆地迎战斯巴达并乖乖吃败仗，而斯巴达人除了陆战之外没有别的可以迎接挑战的策略。伯里克利的战略目标是向斯巴达人证明，他们国王的意见是正确的。

伯里克利在自己的人民当中遇到的主要问题是，必须约束他们，阻止他们在阿提卡与斯巴达人正面交锋，因为任何大规模的攻势行动都与他的战略相矛盾。若与敌人正面交锋，不仅不会得胜，还会激怒敌人，使阿希达穆斯二世的理智政策在斯巴达国内不能占上风。但如果雅典在国内外都保持克制，就有可能让斯巴达的主和派上台。

伯里克利可能期望斯巴达的政策会比较快地发生这样的变化，肯定不会拖过三个作战季节，因为斯巴达不可能持续不懈、徒劳无功地敲打雅典的石墙。但是，在国家及其人民投入战争时，理智很少能占上风，而对双方资源的比较和计算也很少能预测出长期冲突的进程。

第六章
底比斯人进攻普拉蒂亚（前 431 年）

斯巴达三个使团的努力都宣告失败后，战斗终于在前 431 年 3 月打响，地点是玻俄提亚，此时距双方宣战已经过去 7 个月。但挑起战端的不是斯巴达，而是它的强大盟邦底比斯。几个世纪以来，底比斯人与他们南面的邻居雅典人争吵不休。底比斯人一直寻求统一和主宰整个玻俄提亚，但常被一些玻俄提亚国家的抵抗挫败，雅典有时会帮助这些国家抵抗底比斯。

在第一次伯罗奔尼撒战争期间，雅典打败了底比斯，在大多数玻俄提亚城镇建立了民主制政府，并统治底比斯本土数年之久。底比斯与雅典之间的边界线比较长，一旦发生战争，底比斯希望占领普拉蒂亚，这个小城镇的公民不到 1000 人。但是对底比斯来说，这既是危险，也是机遇。普拉蒂亚的民主制政府始终拒绝加入由寡头制底比斯主宰的玻俄提亚联盟，而且自前 6 世纪以来，普拉蒂亚人一直是雅典的忠实盟友。普拉蒂亚的地理位置具有战略意义，它离底比斯不到 8 英里，并且就在从底比斯通往雅典的最佳道路的两边（见地图 11）。雅典人可以以普拉蒂亚为基地，进攻底比斯和玻俄提亚；而底比斯军队若是企图攻入阿提卡，普拉蒂亚就是一个威胁。或许更重要的是，唯一一条不经过雅典领土的、将底比斯与墨伽拉和伯罗奔尼撒半岛连接起来的道路也穿过普拉蒂亚。如果普拉蒂亚被雅典人控制了，那么希腊中部和伯罗奔尼撒半岛上的与雅典敌对的城邦之间就很难沟通了。战争的爆发也给了底比斯人一个独特的机遇，趁着雅典人被伯罗奔尼撒人缠住的时候，去消灭自己的宿敌普拉蒂亚。出于这些原因，底比斯人企图通过偷袭夺取普拉蒂亚。

前431年3月初的一个乌云压城的夜晚，三百多名底比斯人在诺克里底（普拉蒂亚内部主张寡头统治的派系领导人）及其同谋（都是一些卖国贼）的引导下，偷偷潜入普拉蒂亚，希望消灭掌权的民主派，然后将普拉蒂亚交给底比斯。底比斯人原以为，毫无防备的普拉蒂亚人会乖乖投降，于是打算邀请城镇的所有居民加入他们，并保证不会对其进行报复行动。底比斯人希望看到一个由亲底比斯寡头政府统治的、与底比斯结盟的普拉蒂亚，而不愿意让普拉蒂亚因为大批公民被处决、流亡者等待复仇而变得麻烦重重。但普拉蒂亚的卖国贼们却坚信他们的同胞会顽强抵抗，因此希望立刻杀死他们的民主派政敌。底比斯人对这些卖国贼置之不理。果然，普拉蒂亚人最初因为底比斯人的偷袭而措手不及，但在惊慌情绪平息之后开始进行抵抗。他们凿穿了房屋之间的墙壁，聚集起来，筹划反击。黎明前不久，他们开始袭击底比斯人。就这样，底比斯人在一个陌生的城镇，遭到了意想不到的攻击。

这时下起了大雨，普拉蒂亚妇女和城里的奴隶高喊着杀敌，爬上屋顶，向入侵者投掷石块和瓦片。晕头转向的底比斯人四散逃命，被熟悉地形的普拉蒂亚人追击砍杀。很多底比斯人被俘虏并被处死，很快剩下的人也被迫投降。

底比斯主力部队原计划与潜入普拉蒂亚城的三百人里应外合，但这计划搞砸了。大雨使作为底比斯与普拉蒂亚领土分界线的阿索波斯河水位暴涨，而底比斯军队抵达时，城内的底比斯入侵者已经被俘虏。但由于很多普拉蒂亚人仍然在乡间农场上，他们仍处于危险之中。底比斯人打算抓住这些人作为人质，以便交换在城内被俘的底比斯人。但普拉蒂亚人威胁道，如果底比斯不立即撤军，他们就处死俘虏。尽管底比斯军队撤退了，普拉蒂亚人还是处决了 180 名俘虏。按照希腊战争的传统标准，这是一桩暴行，而随着战争一年年持续下去，暴行只会越来越多、越来越骇人听闻。不过，底比斯人在和平时期趁夜色偷袭的行为也违背了重步兵武士的荣誉法则，偷袭者似乎不配得到保护。

与此同时，雅典人得知了底比斯人的袭击行动以及部分普拉蒂亚人被扣为人质，并很快认识到底比斯俘虏的价值。希腊城邦从来不会无视自己公民的损失，何况俘虏包括统治底比斯的派系重要人物、地位很高的政治家欧律马科斯。有了这些俘虏作为人质，或许就可以让玻俄提亚人放弃入侵阿提卡的念头，就像在前 425 年雅典人俘虏了数量差不多的斯巴达人就使斯巴达不再敢入侵阿提卡一样。雅典人向普拉蒂亚发去消息，请他们刀下留人，但这消息抵达得太晚了。激情压倒了理性计算。底比斯人现在可以无所顾忌地复仇了。雅典人向普拉蒂亚送去了粮食和 80 名雅典重步兵，帮助当地人抵挡必然会到来的底比斯攻势。为了迎战，雅典人和普拉蒂亚人撤走了大部分妇女、儿童和除重步兵之外的所有男人。留在普拉蒂亚的守军有 480 人，还有 110 名负责烤面包的妇女。

斯巴达入侵阿提卡

底比斯对普拉蒂亚的袭击显然违背了和约，于是斯巴达人命令其盟邦将全部军队的三分之二集结到科林斯地峡，准备入侵阿提卡。剩余三分之一留在本土，以防备雅典人的登陆。大军将由国王阿希达穆斯二世指挥，爱国主义精神和荣誉感促使他竭尽全力。

即便在行军途中，国王的行动也表明，他仍然没有放弃避免冲突的希望。他派遣使者去询问，如今强大的伯罗奔尼撒军队已经在进军阿提卡的途中，雅典人是否打算妥协。但是，伯里克利发布了一项命令，在伯罗奔尼撒军队出兵期间，禁止雅典人与敌人的任何传令官或使者接触。于是，雅典人赶走了斯巴达使者。这名使者在跨越边境的时候，带着非常不符合斯巴达风格的戏剧口吻说道："这一天将是希腊人诸多灾祸的开端。"（2.12.3）

现在，阿希达穆斯二世别无选择，只能继续前进。从科林斯地峡出发，最便捷的路线是沿着滨海道路，通过墨伽利斯，途经厄琉息斯和埃加琉斯山，进入肥沃的雅典平原。但阿希达穆斯二世在地峡耽搁了一段时间，慢悠悠地行军，在通过墨伽拉之后并没有立即转向南方开赴雅典，而是北上攻打欧伊诺耶镇，这是玻俄提亚与雅典边境附近的一座雅典要塞（见地图4）。欧伊诺耶是一个小而坚固的要塞，有石墙和塔楼保护，但它对如此庞大的军队不会构成威胁，也不大可能干涉伯罗奔尼撒军队的计划。要攻克它并不轻松，需要长时间的围困并放弃此次远征的主要目标（蹂躏阿提卡）。

攻打欧伊诺耶在战略上没有意义；阿希达穆斯二世此举

的动机是政治上的，因为他仍然希望避免战争。一年前，他曾主张，斯巴达人在蹂躏阿提卡土地时应当动作非常缓慢。他说："应当把他们的土地看作'人质'，土地状况越好，就越是有价值的'人质'。"（1.82.4）斯巴达人已经在责怪国王的耽搁使雅典人能有时间为迎战做准备并将其牛群和财产转移到安全处，于是开始怀疑他此次偏离行军路线的真正动机。

最后，阿希达穆斯二世不得不放弃对欧伊诺耶的围攻，转而回到伯罗奔尼撒大军入侵的主要目标：蹂躏和破坏阿提卡。在底比斯人进攻普拉蒂亚的八十天之后，即5月底，阿提卡的庄稼成熟，伯罗奔尼撒军队大举南下，开始蹂躏厄琉息斯和色莱西亚的平原，破坏庄稼，砍倒葡萄藤和橄榄树。

阿希达穆斯二世随后东进，前往阿卡奈，而不是更显而易见的目标——土地肥沃的雅典平原和雅典贵族的土地，在那里能够对雅典造成最大破坏。雅典平原就在雅典城的正前方，斯巴达联盟的军队若是开进那些地区，将会是最具挑衅性的战术，对伯里克利的克制政策施加最大的压力。阿希达穆斯二世还在希望，雅典人能在最后关头理智起来；他希望尽可能久地保住雅典人最珍贵的农田并将其作为"人质"，而不是毁坏那里的庄稼。

与此同时，雅典人也在执行伯里克利的计划，撤离他们心爱的乡村。妇女和儿童被送往雅典城，牛羊则被运往阿提卡东海岸附近的优卑亚岛。曾在前480年目睹薛西斯一世的军队践踏雅典土地的雅典人大多已经不在人世，因此很多人对自己不得不背井离乡而感到怨恨。起初，难民都被安置在拥挤的雅典城内。所有空闲的地方都被占据了，连神庙也挤满了人；甚至卫城脚下的佩拉季孔神庙也安置了难民，尽管皮提亚的阿波罗①曾发出神谕的诅咒禁止此种做法。这无疑让虔诚的人们感到震惊。后来，雅典难民被疏散到比雷埃夫斯和长墙保护下的领土，但目前他们的生活条件是非常恶劣的。

伯里克利遭到攻击

起初，很多雅典人希望伯罗奔尼撒人会很快撤走，就像前445 年那样，于是就不会发生战争。但当敌军开始蹂躏距离卫城仅 7 英里的阿卡奈土地时，雅典城内的情绪变成了愤怒，群众的发怒对象既包括斯巴达人，也包括伯里克利。人们指控他怯懦，因为他不愿意率军出城与敌人作战。

攻击伯里克利的人当中最突出的是克里昂，他反对伯里克利已经很多年了。克里昂属于雅典一个新的政治家阶层：不是贵族，而是通过贸易和手工业（而非传统的财富来源：土地）发家致富的人。在此之前，雅典固然奉行民主制，但对贵族仍然抱有极大敬意；根据主宰雅典政治的贵族法则，贸易和手工业是低贱的。阿里斯托芬讥讽克里昂是鞣革匠和皮革贩子、窃贼和爱吵嚷的人，他的嗓音"像激流一般咆哮"，听起来像一头被开水烫了的猪。在阿里斯托芬的喜剧里，克里昂的形象总是怒气冲冲、不断掀起仇恨的好战分子。修昔底德说克里昂是"公民当中最凶暴好斗的人"（3. 36. 6），也说克里昂的演讲风格是粗野和霸道的。亚里士多德评论道，克里昂"野蛮地攻击他

---

① 这是阿波罗的称号之一。传说德尔斐地方原有名为"皮同"（Python）的巨蟒，守护该地的神谕场所，因此德尔斐地区也叫"皮提亚"（Pythia）。阿波罗希望用自己的神谕来指导人们，因而用弓射杀了皮同，用圣地取而代之。于是他被称为"皮提亚的阿波罗"或"德尔斐的阿波罗"。

人，他似乎是对人民毒害最大的人；他是第一个在公民大会发言时大喊大叫的人，第一个在大会上口出恶言的人，第一个向群众发言时提起自己的短裙（并走来走去）的人。相比之下，其他发言者的行为举止都很得体"（Aristotle, *Constitution of the Athenians* 28.3）。在喜剧《命运女神》（创作时间可能是前430年春）中，诗人赫尔米普斯对伯里克利说："萨堤尔①之王，你打仗时为什么从不举起一支长矛，却用可怕的言辞？你为何扮演懦弱的特勒斯的角色？但如果用磨刀石磨快一把小刀，你就咆哮起来，仿佛被凶猛的克里昂咬了一样。"（Plutarch, *Pericles* 33.8）这些嘲讽的描述都是克里昂的政敌给出的，但他在公民大会上的确是个强有力的人物，后来在战争进程中会起到重要作用。克里昂只是攻击伯里克利的人之一，甚至伯里克利的一些朋友也敦促他出城应战。

但到了前431年，伯里克利的个人威望已经如日中天，以至于修昔底德说他是"雅典人中的佼佼者，无论在言辞还是行动上都是最精明强干的人"（1.139.4），而雅典"只有民主之名，而无民主之实，实际上是首席公民的独裁统治"（2.65.9）。伯里克利能够取得这样的地位，靠的不仅仅是他的智慧和演讲才华，或者他的爱国主义精神和廉洁清正。他还是一位精明的政治家，这么多年来已经扶植了一大批军人、官员和政治家；这些人组成了一个群体，与他的政治立场相同，并与他一起担

① 希腊神话里的一种生物，一般被视为潘（牧神）与狄俄倪索斯（酒神）的复合体。萨堤尔拥有人类的身体，同时亦有部分山羊的特征，例如山羊的尾巴、耳朵和阴茎。一般来说，他们是酒神狄俄倪索斯的随从。有时，萨堤尔被视为最低级的树林之神，跟随着潘或宁芙仙女在森林中游逛。萨堤尔的形象往往是淫荡好色的。

任将军，同时接受他的非正式领导。

　　这些人的支持使伯里克利能够抵抗他所遭到的暴风骤雨般的攻击，并约束许多敦促他攻击伯罗奔尼撒军队的雅典人。修昔底德告诉我们，伯里克利拒绝召开雅典公民大会，就连非正式集会也不愿意召开，因为他害怕这样的会议"铸成大错，被愤怒冲昏头脑，感情用事，而不是运用他们的理智"（2.22.1）。任何人都无权阻止公民大会的召开，所以一定是伯里克利受到的极大尊重，再加上他对其他将军的影响力，使公民大会的轮值主席没有召开大会。

　　伯里克利的战略没有受到任何有效的挑战，于是他得以自由地实施自己的战略，他对斯巴达人破坏行动的唯一回应是派遣骑兵部队威慑敌人，阻止伯罗奔尼撒人过于接近雅典城。侵略军在阿提卡已经待了一个月了，补给物资已经消耗殆尽。阿希达穆斯二世意识到，雅典人既不会出战也不会投降，于是放弃了自己的营地，率军东进，去蹂躏帕尼萨山和彭代利孔山之间的地区，然后取道玻俄提亚回国了。他又一次避免破坏肥沃的阿提卡平原，坚持他尽可能久地将这个地区作为"人质"加以保护的做法。斯巴达人对战局很不满意，因为他们的战略到目前为止都没有发挥效用。雅典人在根本上毫发未伤，而且已经开始对斯巴达人的破坏展开报复了。

雅典的回应

　　伯罗奔尼撒军队还在阿提卡的时候，雅典人开始加强城市的防御，安排了永久性岗哨，以警戒敌人从陆路或海路发动突然袭击。他们还派出了一支100艘战船的舰队，运载着1000名重步兵和400名弓箭手，再加上了克基拉派来的50艘战船和西方其他一些盟邦的船只。如此强大的舰队可以轻松地打败或驱逐在海上遇到的任何敌军舰队，可以在敌境登陆、蹂躏敌国领土，甚至攻占和劫掠小城市。此次远征的目标是为阿提卡遭受的侵略报仇，并让伯罗奔尼撒人看清楚，他们选择的这样一场战争将让他们付出何等代价。

雅典人在伯罗奔尼撒半岛沿海地区登陆，可能是在埃皮达鲁斯和赫尔米奥尼地区，然后在拉科尼亚的墨托涅（见地图1）登陆。他们蹂躏了墨托涅地区，袭击了防御薄弱的设防城镇，可能还洗劫了城镇。墨托涅能够得救，要感谢一位叫作伯拉西达的勇敢的斯巴达军官，他利用雅典军队兵力分散的弱点，冲进城镇，增援了那里的驻军。斯巴达人投票决定对他予以感谢。随后的战事将证明他或许是整个斯巴达历史上最伟大的指挥官，他是一位勇敢、大胆而卓越的军人，是一位聪明、技艺娴熟且说服力极强的演说家，还是一位精明而备受尊重的外交家。

袭击墨托涅之后，雅典人驶向伯罗奔尼撒半岛西海岸的腓伊亚（在厄利斯地区，见地图1）。一队雅典士兵占领了腓伊亚镇，但后来放弃了它，乘船离去了，"因为整个厄利斯军队都来援救腓伊亚了"（2.25.5）。这支雅典远征军的规模还不足以守住伯罗奔尼撒半岛的任何一个沿海城市并抵挡敌军的猛攻，何况他们也不打算这么做。

随后舰队北上，驶往阿卡纳尼亚（见地图11）。这已经不是伯罗奔尼撒人的领土，而属于科林斯的势力范围，因此雅典人的对策也不同。雅典人攻占了索利安姆（一座属于科林斯的城镇），然后将它托付给一些亲雅典的阿卡纳尼亚人驻守，一直到战争结束。雅典人还占领了阿斯塔库斯镇，将其并入自己的

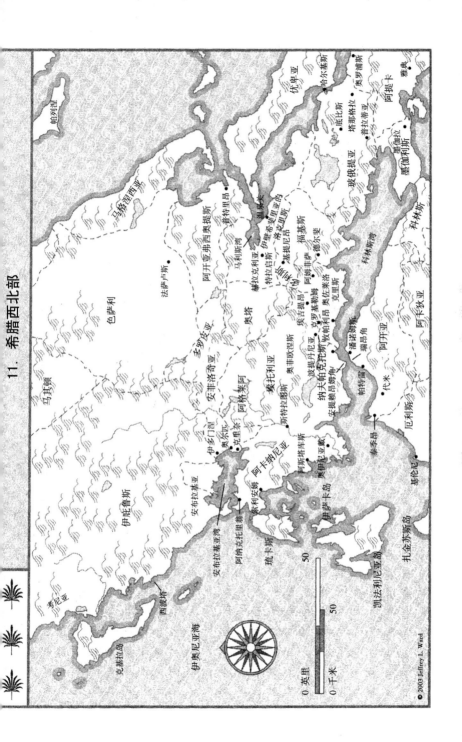

11. 希腊西北部

联盟。最后，他们兵不血刃地占领了凯法利尼亚岛，它的位置对阿卡纳尼亚、克基拉岛和琉卡斯岛（属于科林斯）来说具有战略意义。舰队随即返航，因为它已经完成了目标有限并受到严格控制的任务。

同时，一支较小的雅典舰队（30艘战船）驶向希腊中部的洛克里斯，以保护对雅典来说具有关键意义的优卑亚岛。这支雅典军队蹂躏了敌国的一些领土，击败了洛克里斯人的一支军队，并占领了特罗尼昂镇，此地的地理位置对优卑亚岛的防御很重要，而优卑亚岛如今是雅典人的牧场和避难所。

为了进一步巩固自身安全，雅典人又驶向宿敌埃吉那岛，伯里克利称其为"比雷埃夫斯的眼中钉"（Aristotle，*Rhetoric* 1411a 15）。埃吉那岛位于萨龙湾，距伯罗奔尼撒半岛海岸不远，可以控制通往比雷埃夫斯的航道。如果伯罗奔尼撒海军以埃吉那岛为基地，就可以扰乱雅典的贸易，威胁比雷埃夫斯，并将大量雅典战船牵制在防御战中。因此，雅典人驱逐了岛上的全部居民，将自己的殖民者安顿到岛上。斯巴达人则将被驱逐的埃吉那人安置到泰里亚（拉科尼亚和阿尔戈利斯之间的一个边境地带）。斯巴达人可以仰仗这些埃吉那人帮他们严密监视民主制的阿尔戈斯，并抵挡雅典人在该地区登陆。

雅典人还加强了其帝国东北角（意义重大）的安全，争取到了之前敌视雅典的阿布德拉（爱琴海北岸的一座城市，见地图9）王子尼姆佛多鲁斯的支持。雅典人请尼姆佛多鲁斯担任他们在该地区的外交代理人。王子果然创造了奇迹。在他的帮助下，他的姐夫——强大的色雷斯国王西塔尔克斯——与雅典结成了同盟。雅典在该地区的主要问题是波提狄亚围城战，它不断地消耗国库资金。尼姆佛多鲁斯许诺，他会说服西塔尔克斯借给雅典人一批骑兵和轻步兵，以便结束波提狄亚围城战。他还帮助雅典人与马其顿国王柏第卡斯二世达成了谅解，柏第卡斯二世立即开始帮助雅典军队攻击波提狄亚在当地的盟友。

将近前 431 年秋季的时候，伯里克利亲自率领 1 万名雅典重步兵、3000 名由常住雅典的外邦人①组成的重步兵和大批轻装部队②（这是史上规模最大的一支雅典陆军）去蹂躏墨伽利斯。雅典人计划破坏墨伽拉的农田，希望这种破坏行动加上墨伽拉已经遭受的贸易禁运，能够迫使墨伽拉人屈服。其实雅典人派遣一支规模较小的军队就可以达到同样的效果，但伯里克利深知，他的防御战略令雅典人士气低迷，于是他发动了这次规模宏大的入侵，既是为了鼓舞雅典人的斗志，也是为了展示雅典的强大力量。

伯里克利发表葬礼演讲

此次报复行动重新确立了伯里克利在雅典人民心目中的地位。雅典人为战争头一年的阵亡将士举行葬礼时，选择伯里克利"作为最睿智和最德高望重的人"，发表演讲（2.34.6）。

---

① 常住雅典的外邦人（metic）主要是来自其他希腊城邦的移民（民主制雅典鼓励外邦人移民到雅典，以促进贸易、产业等）或前奴隶。他们不享有雅典公民权，但可以完全融入雅典的社会和经济生活，还要承担一些义务，如服兵役。有的常住外邦人很富裕，有很大的影响力。

② 古希腊的轻装部队（psiloi）与重步兵（hoplite）相对应，轻装部队由贫困公民组成，装备轻甲或无甲，通常没有盾牌，使用镖枪、弓箭、投石器等，也配有短剑或匕首。轻装部队通常被部署在主力的前方，作为前卫部队，作用是扰乱敌人。等到两军一接近，他们就退到主力的后方或侧翼。下文讲述的斯法克特里亚战役是轻装部队战胜重步兵的经典战例。

他的演讲稿被保存至今，展现了伯里克利是如何用他循循善诱的才华让雅典人支持他的战略，尽管这种战略给雅典人带来了痛苦。

伯里克利的演讲与标准的雅典葬礼演讲迥然不同，就像林肯的葛底斯堡演讲与同一天爱德华·埃弗里特①发表的冗长而乏味的演讲不同一样。和林肯一样，伯里克利的意图也是在艰难的战争时期向人们解释，他们忍受的苦难为什么是不可避免的，以及他们为什么需要继续贡献自己的力量。在演讲中，他用最光辉和最诱人的色彩描绘了雅典民主制（这是我们今天能读到的对雅典民主制最美好的描摹），以及它相对于斯巴达生活方式的优越性。他还呼吁雅典人为他们的城市各尽其能：

> 你们每天看到自己城邦的力量，必然会对它无比热爱。你们理解了它的伟大，那么想一想，创建这座伟大城邦的人们是多么勇敢和正直。行动时刻到来时，你们会知道需要做什么。如果他们的努力曾有失败，他们至少也会下定决心，永远用自己的勇气捍卫他们的城邦，并为它呈上最美丽的供奉。因为他们为集体福祉献出了自己的生命……（2.43.1-2）

他许诺，烈士会获得不朽。他解释道，那些为雅典战斗而

---

① 爱德华·埃弗里特（1794~1865年），美国政治家、牧师、教育家、外交家和演说家，曾任参议员、马萨诸塞州州长、美国驻英国大使、美国国务卿、哈佛大学教授和校长。1863年11月，他受邀在葛底斯堡军事公墓发表演说，洋洋洒洒地讲了两个小时。随后，林肯总统发表了著名的仅两分钟的葛底斯堡演讲。

牺牲的人：

> 为集体的福祉献出了自己的生命，于是为自己赢得了不朽的颂扬和最高贵的坟墓，不是他们的躯体所安息的坟墓，而是他们的荣耀将永垂青史，永远激励人们的言辞和行为。因为整个世界都是名人的墓地；纪念他们的不仅有他们家乡纪念碑上的铭文，其他国度的人们即便不曾用文字记录，也会通过记忆来缅怀他们。他们的精神远远胜过他们的躯体，能够在每一个人心中永存。现在你们应当以他们为榜样；你们知道，幸福需要自由，而自由需要勇气。那么，不要在战争危险前畏缩！（2.43.2 – 4）

战争的第一年：总结

战争的第一年以伯里克利的葬礼演讲结束。在振奋人心的演讲的鼓舞下，雅典人坚定信念，要继续奋战。在很多人看来，战局似乎进展顺利，但真实情况并没有那么光鲜。

在消耗战中，对敌人造成更大破坏的一方最终一定会胜利。雅典人对伯罗奔尼撒人的攻击，除了对处于伯罗奔尼撒半岛之外的墨伽拉的攻击之外，相对来讲都是隔靴搔痒，令敌人恼火，但实际危害很小。斯巴达本土不曾受到影响；它在拉科尼亚和美塞尼亚的全部领土只有墨托涅遭到了短暂袭击。科林斯人损失了阿卡纳尼亚的一个小镇，而且科林斯人虽然被排除在爱琴海贸易之外，但他们主要的经商区域是在不受战争影响的西方。墨伽拉人仍然被排除在爱琴海各港口之外，他们的土地也遭到严重摧残，但即便是在战争打了十年之后，他们蒙受的损失也不足以迫使他们求和。

　　但对雅典来说，战争第一年的代价高昂。雅典人眼睁睁地看着自己的庄稼被摧毁、葡萄藤和橄榄树被砍伐、房舍被拆毁或烧掉。因此，被用来维持贸易平衡的出口商品——橄榄油和葡萄酒——产量骤减，同时雅典仍然需要进口大量粮食，于是雅典同盟的资源和雅典城坚持作战的力量都遭到削减。对波提狄亚的持续围攻从储备资金中吸走了 2000 塔兰同，也就是可动用军费的四分之一还多。①

　　最糟糕的是，伯罗奔尼撒人毫无灰心丧气的迹象，他们在第二年会精神抖擞地杀回来，摧毁之前不曾触及的阿提卡的很大一部分。没有证据能够表明，伯罗奔尼撒联盟内部出现了分裂，斯巴达主和派的影响力也没有增强的迹象。但在雅典，紧张气氛已经开始浮现。克里昂对伯里克利战略缺乏效力的抱怨或许还只是喜剧诗人的主题，但这种抱怨表明雅典内部出现了异议，而随着苦难的继续，这种异议必然会更加强烈。在当下，占领埃吉那岛的成功、对墨伽利斯的进攻以及伯里克利的雄辩或许还能压制反对派，但如果战局没有好转，反对的声音迟早会爆发。

---

　　①　原文如此。根据作者之前的计算，雅典可动用的军费应为 6800 塔兰同。2000 塔兰同是一年之内，海军军费与攻打波提狄亚的陆军军费之和。所以，第一年的军费开支应当是全部可用军费的三分之一还多。

第七章
瘟疫（前 430 ~ 前 429 年）

前 430 年 5 月初的时候，阿希达穆斯二世再次率军入侵阿提卡，将战争第一年开始的破坏行动继续开展下去。这一次，伯罗奔尼撒人蹂躏了雅典城前方的大平原，然后进攻阿提卡东西两面的沿海地区。原先的战略——将阿提卡土地作为"人质"——已经没有继续下去的意义了，因为雅典人显然不愿投降，也不愿出战。伯罗奔尼撒军队在阿提卡停留了四十天，这是整个战争期间他们在阿提卡停留时间最久的一次，直到给养耗尽才撤退。

埃皮达鲁斯

5 月底，伯里克利亲自率领 100 艘雅典三列桨座战船和 50 艘来自希俄斯岛与莱斯博斯岛的战船出征了。这支舰队运载着 4000 名重步兵和 300 名骑兵，步兵的数量与前 415 年远征西西里的兵力相当，也是雅典人曾用船只运输的最大规模部队之一。有些学者认为，出动兵力如此之多，说明雅典的战略从守势转向了攻势。他们相信，这支远征军的目标是占领埃皮达鲁斯城，在那里驻军并守住该城。那样的话，雅典在伯罗奔尼撒半岛就会拥有一座要塞，很适合骚扰和威胁科林斯，鼓励阿尔戈斯加入反对斯巴达人的战争。

　　如果伯里克利此举的目标真的是这样，那么他的战略的确发生了大转变，但我们有充分的理由相信，此次远征的目的并非如此。首先，修昔底德不曾提及伯里克利的战略发生了变化。一直到伯里克利去世前，修昔底德都这样描述他的战略："雅典人不动声色，照管好自己的舰队，在战时不要企图扩张自己的帝国（因为那样会让他们的城市陷入危险）。"（2.65.7）另外，如果雅典人的确打算攻克和据守埃皮达鲁斯，那么他们的实际操作就太糟糕了，因为他们大肆蹂躏埃皮达鲁斯人的领土，让敌人早早就知道他们即将杀到，并做好了相应准备。

　　我们最好将这次远征理解为最大规模地执行雅典战略。在战争最初两年里，雅典人从海上登陆，袭击了一系列敌城，包括墨托涅、厄利斯的腓伊亚、特洛伊曾、赫尔米奥尼、哈雷斯和普拉西埃（见地图 1），就是在执行这种战略。在每一次行动中，雅典人开始时都蹂躏敌城周边地区，如果那里的防御薄弱，偶尔还会企图洗劫城镇。对埃皮达鲁斯的进攻仅仅是同一计划的升级，或许是因为雅典国内呼声很高，要求对敌人造成更大伤害，所以当权者受到了很大压力。

　　洗劫埃皮达鲁斯能够提升雅典人的士气，并帮助伯里克利继续开展他在政治上的斗争，或许还能让邻近的伯罗奔尼撒城邦不敢出兵加入正在入侵阿提卡的伯罗奔尼撒军队；也许还能让一些伯罗奔尼撒半岛的沿海城市从斯巴达联盟中叛逃，尽管实际上并没有发生这样的事情。

　　那么，雅典人的第二次海上远征说明，伯里克利自己也开始意识到，他原先的战略没有奏效。斯巴达人仍然在蹂躏阿提卡，雅典国库资金也因为波提狄亚出人意料的顽强抵抗而不断流失。他认识到，必须采取更咄咄逼人的措施，以说服敌人议和，尽管他还没有放弃根本上属于防御性质的战略。

前430年，雅典远征军在伯罗奔尼撒半岛东岸只前进到普拉西埃，没有继续征讨。无疑此时雅典远征军已经得到消息，伯罗奔尼撒军队已经从阿提卡回国，这意味着雅典人在半岛的登陆行动可能遭到优势敌人的冲击，因此雅典人必须离开伯罗奔尼撒半岛。即便如此，雅典远征军还可以继续前往西北方，就像前一年做的那样，因为他们的兵力足够强大，可以对科林斯及其在西方的殖民地造成很大破坏。那么，强大的舰队为什么没有取得多少战绩就返航呢？

雅典的瘟疫

伯里克利之所以中断了远征，是因为他得到消息称，本年度作战季节开始时，雅典的瘟疫造成了严重后果。据说，此次瘟疫源自埃塞俄比亚，随后传播到埃及、利比亚和波斯帝国大部分地区，然后蔓延至雅典。修昔底德自己也染上了疫病，他仔细描述了症状，它与肺鼠疫、麻疹、伤寒和其他多种疾病的症状相似，但与我们所知的任何一种疾病都不完全吻合。这次瘟疫一直到前427年才渐渐消失，在雅典导致4400名重步兵、300名骑兵和数量不详的下层阶级成员死亡，夺走了雅典差不多三分之一的人口。

远征军在6月中旬之后的某个时间返回了雅典，此时瘟疫已经肆虐了一个多月。伯里克利的政策使雅典城内非常拥挤，所以瘟疫特别容易传染，它夺去了一些人的生命，打击了所有人的士气。人人自危，惊慌失措，最神圣的文明纽带也崩溃瓦解，以至于很多人竟不为死者举办恰当的葬礼（在希腊宗教里，葬礼是最庄重的仪式）。雅典人忍受了战争第一年的苦难，但"在伯罗奔尼撒人第二次入侵之后，雅典人的土地第二次遭到蹂躏，再加上瘟疫和战争施加的极大压力，于是他们改变了主意，责怪伯里克利劝说他们投入战争，要求他为他们遭到的不幸负责"（2.59.1）。

正是在这样的气氛中，雅典人将刚刚从伯罗奔尼撒半岛返回的部队派去执行一次新的远征，由伯里克利的盟友哈格农和克里奥滂浦斯指挥，目标是粉碎波提狄亚的抵抗，并镇压哈尔基季基半岛①的叛乱。波提狄亚仍然负隅顽抗，而原先在波提狄亚的雅典军队不曾受到瘟疫影响，如今却被前来增援的哈格农部队传染了。40天后，哈格农率领残余部队回到雅典，他原先的4000人中已经损失了1050人。

两面受敌的伯里克利之所以决定让哈格农和克里奥滂浦斯出征，主要是因为受到了雅典政治的压力。我们用来描绘希腊城邦政治群体的任何标签都只是为了方便研究，这些群体与现代意义上的政党差别很大。雅典的政治群体瞬息万变，往往是围绕着一个人，有时是围绕一件事情，偶尔两者兼有，基本不存在现代意义上的党内纪律。虽然这些群体的延续性很有限，但在十年战争的最初岁月里，雅典民意似乎主要分为三派：希望立即与斯巴达议和的派系，我们称其为主和派；决心积极对外作战、为了在战场上打败（而非慢慢拖垮）斯巴达而甘冒风险的人，我们可以称之为主战派；愿意支持伯里克利政策，即避免正面交锋、企图拖垮斯巴达人并根据战前局势通过谈判得到和平的人，我们称之为中间派。自斯巴达第一次入侵以来

---

① 在希腊东北部，靠近色雷斯与马其顿。

就占上风的主和派再次要求与敌人媾和。主战派指出，阿提卡受到了极大伤害，而对伯罗奔尼撒半岛的进攻没有取得多少效果。波提狄亚围城战仍然占用了很大比例的军费预算，这场战争不可能以现在的开支水平维持下去。雅典需要一场大胜利来节约军费、鼓舞士气。而事实上，雅典遭受了痛苦的失败。

伯里克利遭到猛烈攻击

前430年夏末，瘟疫还在肆虐，雅典人转而反对他们的领导人。他们从未经历过如此严重的瘟疫，它对城市的沉重打击此时已经大大削弱了伯里克利的地位，人们对其战略的信心动摇了，责怪他的顽固导致了这场战争。人们不愿意将战争继续下去。

在民意的转变中，传统宗教也起了重要作用。希腊人一直相信，瘟疫是诸神为了惩罚激怒他们的人类而降下的灾难。最著名的例子是荷马的《伊利亚特》开篇的那场瘟疫，阿伽门农侮辱了阿波罗的祭司，于是阿波罗降下瘟疫惩罚他。希腊人往往认为，瘟疫的起因是人们忽略了神谕或者宗教上的玷污行为。瘟疫降临雅典的时候，年纪较长的人回忆起了过去的一条神谕，它预言"将会发生一场多利亚人的战争，并将暴发瘟疫"。这其实是对伯里克利的指责，因为他最坚决地主张以战争反对多利亚人（伯罗奔尼撒人），并且人们都知道，他相信理智，喜欢结交对宗教持怀疑态度的人。虔诚的人们指出，在雅典大开杀戒的瘟疫不曾传播到伯罗奔尼撒半岛。

其他人则指责伯里克利是造成战争的罪魁祸首，并且雅典人原本是散居于阿提卡各地的，若不是伯里克利的战略将大量人口聚集在城内，疫情也不会这么严重。普鲁塔克向我们解释，伯里克利的政敌们说服了人们，是挤在城内的农村难民造成了瘟疫："他们说，这一切都是伯里克利的责任；由于战争，他将农村的大批暴民迁往城市，并且让这么多人无所事事。"（*Pericles* 34.3 – 4）斯巴达人撤军和伯里克利率领的雅典远征军从伯罗奔尼撒半岛返回后，伯里克利已经无法阻止公开辩论，因为必须召开公民大会，以便投票决定远征波提狄亚的军费开支和指挥官人选。这支远征军及其将军的离去使伯里克利丧失了更多政治上的支持。我们可以肯定，在远征军及其将军不在雅典期间，政敌们对伯里克利的攻击终于取得了成功。

和　谈

雅典公民大会不顾伯里克利的意愿和建议，投票决定派遣使者去斯巴达议和。这个决定比该时期的任何事件都更有力地驳斥了修昔底德的说法——"伯里克利时代的雅典只有民主之名，而无民主之实，或者正在变成首席公民的独裁统治。"弄清雅典与斯巴达的这些谈判的性质对于理解后来的战争进程非常关键，但古代作家对雅典人提出了什么样的和平条件、斯巴达人又如何答复，都缄默不语，所以我们必须尽可能地复原这些谈判。

斯巴达人可能重申了他们在战前向雅典人提出的建议：撤离波提狄亚，恢复埃吉那岛的自治权，并撤销对墨伽拉的禁运。前430年的局势对斯巴达有利，所以他们或许还增加了最后一个使团提出的条件：恢复希腊各邦的自治权，这意味着瓦解雅典帝国。

这些条件是不可接受的，会让雅典在敌人面前束手无策；

而斯巴达坚持这些条件，就等同于拒绝雅典的议和请求。谈判的结果恰恰证明了伯里克利的判断：雅典人要想获得令人满意的和平，唯一的办法就是让斯巴达人确信，雅典既不会投降，也不会被打败。但雅典的主和派仍然将伯里克利视为和平的主要障碍，他们决心让他出局。

斯巴达拒绝雅典的和谈建议，说明了阿希达穆斯二世及与他持有相同政见的人在斯巴达同胞当中没有取得任何进展。雅典人拒绝出城应战以保护自己的家园和庄稼，这让大多数斯巴达人愈发坚信，雅典人都是懦夫，只要斯巴达继续施加压力，雅典人迟早会屈服。雅典人对伯罗奔尼撒半岛的进攻没有造成严重损害，但非常烦人，令伯罗奔尼撒人更加愤怒。雅典的瘟疫是新的鼓励因素，因为它令雅典衰弱，轻松的胜利似乎很快就会降临到斯巴达人那边。

但斯巴达的主战派严重误判了形势，尽管瘟疫削弱了雅典人，却没有摧毁他们继续战斗的能力。若对当前局势做更理智的分析，斯巴达人就会发现，他们在一场漫长战争中的胜算也不大。雅典人从瘟疫中恢复之后，在舰队和城墙的保护下仍然是坚不可摧的，而且斯巴达人还没有想出战胜对方的办法。更温和的办法或许是，劝说雅典人解除墨伽拉禁运、放弃克基拉岛，或甚至交出埃吉那岛和波提狄亚。这至少能够分裂雅典民意，但由于大多数斯巴达人相信敌人已经走投无路，所以他们提出了敌人哪怕在最绝望的情况下也不可能接受的苛刻条件。

与此同时，在雅典，伯里克利的政敌们对其进行了集中攻击，直到他最后不得不为自己和自己的政策辩护。在民主制国家里，他这样的领导人是罕见的：他在奉行有争议甚至不得民心的政策的同时，仍然对人民坦诚相待。伯里克利始终直言不讳，让那些恼怒的听众无法反驳，因为他们不能说伯里克利没有告诉他们实情，也不能说伯里克利欺骗他们。他非常明确地表示，责任既是他的，也是大家的。他对雅典人说："你们当初觉得，我拥有必要的领导能力，至少我的领导能力比其他人要强一些，所以被我说服，投入了这场战争。那么，你们现在就不应当责怪我做得不对。"（2.60.7）

在这次演讲中，他提出了一个新论据，主张坚持原战略。他赞颂了雅典帝国和海军力量的伟大和强盛。海军是帝国的基石，使它能够主宰整个海洋。他认为，与这相比，损失一些土地和房屋根本不值一提，它们"不过是伟大财富的小小点缀罢了。若雅典能够保全自由，就能轻易地重新得到这些东西。但如果雅典丧失了自由，其他东西就会全都丢掉"（2.62.3）。

尽管他之前劝雅典人不要扩张帝国，但在此次演讲中，他似乎在鼓励扩张主义。我们必须认识到，他此时的演讲是为了应对新形势：之前攻击他的那些人，比如克里昂，想要的是更积极地作战；而如今攻击他的人是那些根本不想再打下去的人，所以他需要新的侧重点。他指出，雅典人拥有独特的力量，所以他们不必担心输掉战争，他们只需要担心缔结的和约对自己不利，以及担心失去自己的帝国。雅典人抓住了一只老虎的尾巴："到目前为止，你们控制的帝国是对他人的暴政，拥有这个帝国似乎是不道德的，但如果放弃它，肯定会很危险，"因为"之前被你们统治的那些人将仇恨你们"（2.63.1－2）。

伯里克利的这一席话表明，反对派再次拿出了这样的论点：雅典的帝国主义和这场战争是不道德的。伯里克利没有反驳"帝国主义本身是不道德的"，而是用这个观点作为武器，捍卫自己的政策。他指出，考虑道德与否的时间早已过去了，现在是生死存亡的问题。他呼吁雅典人不要将自己的眼光仅局限于当下的磨难，而要眺望未来：

> 当世的光辉和未来的荣耀会永垂青史。你们可以预知，你们将拥有高尚的未来和心安理得的当下，你们会用现今的热情来获得这两样东西，所以请不要派遣信使到斯巴达人那里，不要让他们知道，你们在为当今的磨难而痛苦。（2.64.6）

伯里克利被定罪

尽管伯里克利赢得了关于政策的辩论，雅典人没有再派使者去斯巴达，但他的政敌并没有善罢甘休。他们没有办法在政坛击败他，于是转向法庭。雅典政治家攻击某人及其政策的手段常常是指控他贪腐。伯里克利的政治生涯就是从指控客蒙开始的。大约在前430年9月，在确认现任行政长官的常规投票表决会议上，伯里克利遭到罢免，并被送上法庭，罪名是侵吞公款。

主和派的力量不足，单靠他们自己不可能做到这一点，但当时的局势对他们有利。与斯巴达谈判失败后，哈格农及其残余军队（他们攻打波提狄亚的努力失败了）撤回了雅典。他们的失败促使修昔底德所说的普遍不良状况的出现：雅典人"为自己的苦难而伤心，平民百姓原先的生活条件就不好，如今连那一点点基本的条件都丧失了；富人失去了乡村里的美丽庄园、房屋以及贵重的家具陈设，但最糟糕的是，战争还在继续，和平还没有降临"（2.65.2）。

　　伯里克利最终被定罪，并被处以大笔罚金。陪审团显然并没有完全确信他有罪，或者不愿意对这样一个领导他们多年的人施加极端措施；因为侵吞公款的罪名一旦成立，被告就可能被处以死刑。在朋友们的帮助下，伯里克利很快付了罚金，但他可能从前430年9月~前429年仲夏（下一个行政年度的开始）都赋闲在家。

斯巴达人出海

　　与此同时，斯巴达人越来越受挫于雅典人的顽固和他们自己战略的无效。雅典对伯罗奔尼撒半岛的进攻使斯巴达盟邦开始质疑，斯巴达究竟有没有能力保护它们抵御强大的雅典海军。于是，前430年夏末，斯巴达人出动100艘三列桨座战船和1000名重步兵，在斯巴达海军司令①克涅姆斯的指挥下，攻击了扎金苏斯岛。扎金苏斯岛位于厄利斯外海（见地图11），是雅典的盟邦。他们的目标是铲除雅典在该地区的基

---

　　①　海军司令（Navarch）是古希腊某些城邦（尤其是缺乏历史悠久的海军传统的城邦，如斯巴达）的舰队指挥官的头衔。雅典的陆海军指挥官均称"将军"（Strategos）。而在斯巴达，根据吕库古的《大公约》（The Great Rhetra）的规定，只有国王才能掌控军队，然而他们通常无法包揽职责。虽然有的行动可以全权由国王委派的长官指挥，但这些都是调动兵力较少的小行动，无法应对大规模作战。因此海军司令的职位就应运而生，以缓解这种局面。从前430年伯罗奔尼撒战争期间开始，斯巴达城邦系统地任命海军司令，人选可能是由元老院选举产生，同时参考监察官的推举，但不经过国王。该职位是年度性的，每人只能担任一次，但存在某些折衷的方案。后来的希腊化国家、罗马和拜占庭也有这样的头衔。

地，从而保护伯罗奔尼撒半岛西部和希腊西北部的盟邦。但斯巴达人未能占领扎金苏斯岛，蹂躏了它的领土后就返航了。

形势越来越明朗，斯巴达人要想获得一场决定性胜利，就需要新的进攻战略。而他们自己的海军实力不足，也没有资金去建造更多的战船和配备相应人员，于是他们派遣使者去觐见波斯国王阿尔塔薛西斯一世，寻求与他结盟。途中，斯巴达使团在色雷斯国王西塔尔克斯的宫廷稍事停留，请求他放弃与雅典的同盟关系，加入伯罗奔尼撒阵营，希望他派遣军队援救被围困的波提狄亚。当时恰好有两名雅典使者也在那里，他们劝说西塔尔克斯的儿子萨多库斯逮捕了斯巴达使者，将他们押往雅典。斯巴达使者到达雅典之后，未经审判，立刻被处死，他们的尸体没有得到恰当的安葬，而是被扔进一个深坑。这场令人发指的报复行动发生时，伯里克利已经下台。因此，这桩暴行可能是主战派做的，他们在前 430 年秋季掌权，当时中间派失势，而主和派不被信任。修昔底德相信，雅典人之所以犯下这桩暴行，是因为害怕伯罗奔尼撒使者之一阿里斯特乌斯；他是个科林斯人，之前在防卫波提狄亚的作战中起到的作用最大。雅典人担心这个勇敢聪明的人一旦逃跑，会对雅典造成更大伤害。雅典官方的解释是，这次草率的处决是为了报复斯巴达人的暴行。从战争爆发以来，斯巴达人就将在海上抓到的所有俘虏，不管是雅典人、雅典的盟友还是中立国公民，一律处死。双方的残酷暴行预示着未来更恶劣的罪行，正如修昔底德所说："战争是一个凶残的教师。"（3.82.2）

雅典人攻陷波提狄亚

为了回应斯巴达人对扎金苏斯岛的进攻，以及安布拉基亚人对安菲洛奇亚的阿尔戈斯①的进攻，雅典的主战派（其领导人可能包括克里昂）派遣将领弗尔米奥率领 20 艘战船开赴纳夫帕克托斯，保卫那里的港口，防止敌人的突然袭击，并封锁科林斯湾。他们还尝试通过扩充帝国境内的税收来增加收入，但他们的最大成就是在前 430/前 429 年冬季占领了波提狄亚。经历了两年半的围城之后，波提狄亚的存粮终于耗尽，城内发生了人吃人的暴行。围攻城市的雅典军队暴露在寒风之中，受到疾病的困扰，而且其中一些士兵可能自部队于前 433/前 432 年冬季抵达那里以来就一直远离家乡。为了攻打这座城市，雅典人已经花费了 2000 多塔兰同，每天的开支至少还有 1 塔兰同，国库已经流失了大量金钱。雅典将军们——色诺芬②、赫斯提奥多鲁斯和法诺马库斯——向波提狄亚人提出了虽然不算很慷慨但还可以接受的条件："他们可以带着妇女、儿童和雇佣兵撤离，每名男子可以带一件衣服，每名妇女可以带两件衣服，并可携带规定数量的旅费。"（2.70.3）

在当时的情况下，这算得上合理的解决方案，雅典人肯定会欢迎它；但主战派却抱怨称，将军们应当只接受敌人的无条件投降，于是在法庭上审判了这几位将军。他们受审的罪名似乎是：未与雅典议事会和公民大会商议，便逾越了自己的权限，擅自与敌人媾和。但无疑政治在此案中也起了作用，因为这几位将军都是在前一年冬天与伯里克利一起当选的，当时伯里克利的影响力还很大。起诉这几位将军相当于起诉伯里克利和中间派，但起诉失败了。雅典人为漫长而代

---

① 注意不要与更著名的阿尔戈斯（在伯罗奔尼撒半岛）混淆。
② 注意不是那个最有名的色诺芬（约前 430～前 354 年，史学家、军人、雇佣兵和苏格拉底的弟子）。

价高昂的围城战终于结束而感到欣慰，不愿意为了技术细节而争吵不休。将军们被无罪开释，这也许说明群众对伯里克利的不满情绪开始淡化了。最终，一群殖民者被派去驻守空荡荡的波提狄亚，从此它成了雅典人在邻近色雷斯地区的一个关键基地。

战争的第二年结束时，雅典比一年前虚弱了许多。在斯巴达人的两次入侵中，雅典人保持克制，眼睁睁地看着自己的田园和房屋被摧毁。但是，整个阿提卡都已经遭到破坏，斯巴达人没有理由相信，新的入侵会带来更好的结果。而且，雅典舰队已经证明它可以相对轻松而安全地骚扰伯罗奔尼撒半岛沿岸国家。按照伯里克利的计划，现在斯巴达的主战派应当已经失势，应当向阿希达穆斯二世及其温和派同僚屈服，并以合理的条件与雅典讲和了。

然而，斯巴达人比以往更加坚定不移。他们无法在陆地决胜，于是转向海上攻势，威胁到雅典对希腊西部海域的控制，甚至威胁到纳夫帕克托斯的安全。他们的成功对伯里克利自信满怀的预测，即伯罗奔尼撒人"会被排除在大海之外"，发起了挑战。尽管斯巴达派往波斯的使团遭到了拦截，但未来的使者未必就不能顺利抵达波斯。由于雅典人的衰弱，波斯国王也许会被斯巴达说服。如果波斯与斯巴达结盟，那么所有以雅典在船只和资金方面占据优势为基础的谋略都会变得一钱不值。斯巴达人受到这种前景的鼓舞，明确表示只有雅典完全服从他们的条件，他们才愿意议和。

与此同时，瘟疫仍然在狠狠地打击雅典的人力和士气，雅典的财政状况也出现了严重的问题。战争开始时可动用的5000 塔兰同储备资金（不包括 1000 塔兰同的紧急预备金），已经花掉了近 2700 塔兰同①，也就是一半以上。虽然代价高昂的波提狄亚围城战已经结束，它也不再吸取国库资金，但斯巴达人在海上的活动意味着，雅典人为了配备舰队人员和保护盟邦，可能仍然需要继续承担大笔开支。按照前两年花钱的速度计算，他们只能再支撑两年。即便是主战派也应当认识到，他们的城邦在下一年没有资本去开展一场大规模战役，但消极无为的政策是很危险的。尽管斯巴达人的顽固让雅典人恢复了斗志，尽管雅典的城墙、舰队和殖民帝国仍然完好无损，但是雅典的未来险象环生。

---

① 卡根对雅典军费开支的计算当然都是根据史料推测的概述，但很难完全吻合起来。

第八章
伯里克利的最后时光（前 429 年）

　　尽管雅典人民蒙受了许多苦难，尽管他们灰心失望，并且伯里克利的战略显然已经破产，但他们还是在前 429 年春选举伯里克利为将军。毕竟他的才干世人皆知，而且雅典人民对他长期以来非常信任和尊重，这是他再次当选的部分原因，军事和政治上的现实也支持他们的这一选择。斯巴达人拒绝和谈后，雅典主和派在随后几年内就没有任何影响力了。但由于瘟疫仍然在蔓延，国库渐渐空虚，所以雅典人也不可能像克里昂等人敦促的那样发动攻势。唯一的替代方案似乎就是继续执行原先的政策，让伯里克利继续担任雅典的领导人。

　　伯里克利大约于前 429 年 7 月再次上任，但他的生命已经只剩下几个月了。普鲁塔克告诉我们，最终夺去伯里克利生命的疾病不是从天而降的，而是久病不愈，"缓缓地耗尽了他身体的元气，摧毁了他高尚的精神"（*Pericles* 38.1）。在这期间，不管是伯里克利，还是其他任何人，都无法牢牢地掌控雅典的政策，也不能鼓舞和约束雅典人民。许多年来，雅典人第一次体会到了真正的民主政府在战时的种种不便，这也是民主制的内在缺陷。

斯巴达攻打普拉蒂亚

　　斯巴达人已经彻底破坏了阿提卡，并且他们害怕染上瘟疫，于是在前429年5月决定不去雅典本土，而是入侵普拉蒂亚。这个小小的玻俄提亚城镇其实对斯巴达来说没有任何战略意义，而且它也不曾惹恼过斯巴达。斯巴达的这个决定是底比斯人煽动起来的，他们热切地希望利用伯罗奔尼撒联军达到自己的目的。底比斯人强大、野心勃勃（在战争期间，他们越来越明显地表现出了自己的野心），而斯巴达需要底比斯的继续支持，所以不能完全忽视底比斯的意愿，于是同意了。在主宰前5世纪下半叶的联盟政治中，管理国与国关系的旧规则越来越让位于新型战争的急迫需求。修昔底德看破了外交上的虚情假意，解释了斯巴达的真实动机："在整个普拉蒂亚事件中，斯巴达对雅典的敌对态度完全取决于底比斯人，因为斯巴达人觉得，在刚刚开始的战争中，底比斯对斯巴达来说有用。"（3.68.4）

　　前490年，普拉蒂亚是唯一一个出兵帮助雅典人在马拉松打退波斯人的城邦。在前479年的普拉蒂亚战役（希波战争的最后一战）之后，斯巴达人向全体参加此役的希腊人宣誓，要向普拉蒂亚人返还"他们的土地和城市，让其保持独立"，并发誓要确保"任何人不得非正义地攻击普拉蒂亚，或者为了奴役普拉蒂亚人而攻击他们；若有任何人攻击普拉蒂亚，在场的盟邦将尽全部力量保卫普拉蒂亚"（2.71.2）。因此，斯巴达对普拉蒂亚的攻击不仅是一件令人尴尬的事情，也是一个残酷的讽刺。

　　阿希达穆斯二世给普拉蒂亚人的选择是要么自由、自主地加入反对雅典的战争，因为雅典企图奴役希腊人；要么至少保持中立。但中立是不可能的，因为底比斯人对普拉蒂亚虎视眈眈，而普拉蒂亚的妇女和儿童都在雅典，所以普拉蒂亚人不可能"将两边都当作朋友"。然后，阿希达穆斯二世建议普拉蒂亚人撤离城市，战后再回来；斯巴达人会代他们保管他们的土地和财产，向他们支付租金，来使用这些土地和财产，并在战后将其恢复原状。这个建议是显而易见又荒唐可笑的幌子：一旦普拉蒂亚城落到伯罗奔尼撒联盟手里，底比斯人绝不会允许它物归原主。

普拉蒂亚人最后的回应是请求暂时停战，好让他们从雅典人那里获得投降的许可。他们的困境体现了夹在大国之间的小国的无助。在这种国际联盟的世界里，人们珍视的独立只是海市蜃楼，小国顶多能指望得到霸主之一的保护和善意。普拉蒂亚人希望雅典人会允许他们与斯巴达人达成某种协议，因为只有通过重步兵交战才能拯救普拉蒂亚城，而雅典在这样的交战中不可能获胜。此时在雅典可能是主战派暂时占了上风，雅典人敦促普拉蒂亚人信守与雅典的盟约，并许诺"绝不会坐视不管，一定会尽全力支援他们"（2.73.3）。

于是普拉蒂亚人别无选择，只得拒绝斯巴达的建议。阿希达穆斯二世的回答是，斯巴达人绝没有违背保护普拉蒂亚的誓言，错在普拉蒂亚人拒绝了所有合情合理的建议。斯巴达人其实是很笃信宗教的民族，"害怕神祇的恶意；大神宙斯会特别惩罚背誓者"。但国王的这种似是而非的论点也是政治宣传，是在努力为斯巴达（它自诩为"希腊人自由的捍卫者"）赤裸裸的侵略行径和对自治原则的悍然违背做辩解和开脱。

斯巴达人做了一系列努力，希望避免漫长而代价高昂的围城战，比较轻松地拿下普拉蒂亚，但都失败了。到 9 月，他们不得不开始在普拉蒂亚周围建造一道包围壁垒，并派兵守卫壁垒。普拉蒂亚守军只有400名普拉蒂亚人和80名雅典人，以及负责做饭的妇女，但其拥有稳固的城墙，而且地理位置特别好，即便小股守军也能成功抵抗整个伯罗奔尼撒联军。

　　斯巴达人攻打普拉蒂亚的同时，将近5月底的时候，雅典人在希腊东北部转入了攻势。即便在波提狄亚陷落之后，哈尔基季基半岛的叛乱仍未停息，吸走了雅典帝国的财政收入，并鼓励各地掀起类似的叛乱。于是，雅典人派遣色诺芬和另外两名将军率领2000名重步兵和200名骑兵，去镇压哈尔基季基半岛的叛乱。他们攻击了斯巴托拉斯城（见地图16），指望城内民主派会与他们里应外合。希腊各地的寡头派和民主派之间的斗争愈演愈烈，这种斗争被雅典和斯巴达利用。这种情况将在整个战争期间不断重现。偶尔爱国主义会战胜派系的利益，但如果对党派的忠诚超过了对独立的爱，民主派就会将自己的城邦出卖给雅典，寡头派也会将自己的城邦出卖给斯巴达。

　　在斯巴托拉斯还出现了另一种情况，当民主派寻求雅典人的支持时，寡头派也在寻求外界的援助，他们找的是邻近的城邦奥林瑟斯。奥林瑟斯提供了一支军队，它在骑兵和轻步兵上的优势使他们打败了雅典的重步兵。雅典人在此役中损失了全部3位将军、430名士兵和在哈尔基季基半岛的主动权。在此后的战争中，重步兵还将多次被其他类型的部队击败。

斯巴达在希腊西北部的作战

　　当雅典人在希腊东北部恢复秩序的努力落败时，伯罗奔尼撒人开始努力在西北部自卫。此次军事行动是由斯巴达在当地的盟友考尼亚人和安布拉基亚人煽动起来的，他们希望将雅典势力排除在该地区之外，好让他们自己控制该地区。于是，他们提议让斯巴达人从联盟的成员国中调集一队船只和 1000 名重步兵，来进攻阿卡纳尼亚。他们说，这只是阻止雅典人攻击伯罗奔尼撒半岛的宏伟战略中的一步：阿卡纳尼亚很快就会陷落，接着是扎金苏斯岛和凯法利尼亚岛，或许纳夫帕克托斯也会陷落。

在这里，斯巴达人被其盟邦的利益指引到了危险的行动中，这样的例子还会有很多。但这个计划在表面上的确很诱人：雅典人在西部海域只有 20 艘战船，驻扎在纳夫帕克托斯；而安布拉基亚人和考尼亚人是斯巴达人的忠诚盟友，并且熟悉该地区。科林斯人也支持他们的殖民地安布拉基亚的建议，因为雅典人在西部的军事存在对科林斯的威胁最大。

斯巴达又一次任命海军司令克涅姆斯为伯罗奔尼撒军队的指挥官。在纳夫帕克托斯，克涅姆斯从弗尔米奥舰队的眼皮底下溜过，驶向琉卡斯岛（见地图 11），在那里与来自琉卡斯岛、安布拉基亚和阿纳克托里翁的盟军，以及来自伊庇鲁斯、对科林斯友好的蛮族会合。然后他走陆路，通过安菲洛奇亚的阿尔戈斯①，洗劫了途中的一个村庄，在没有得到增援的情况下攻打了阿卡纳尼亚最大的城市斯特拉图斯，因为他相信这座城市是此次战役的关键所在。阿卡纳尼亚人避免与斯巴达人正面交锋，利用自己对地形的熟悉和使用投石器的高超本领，打败了克涅姆斯。克涅姆斯不得不返回伯罗奔尼撒半岛。

---

① 安菲洛奇亚的阿尔戈斯是安菲洛奇亚地区最重要的城市。

弗尔米奥登场

克涅姆斯刚刚抵达斯特拉图斯，阿卡纳尼亚人就向弗尔米奥求援，但这位雅典将军不能大举调遣兵力而让纳夫帕克托斯无人把守，因为科林斯和西锡安的舰队仍然在科林斯湾。他的任务是切断伯罗奔尼撒人的援军，令其无法与克涅姆斯会合。弗尔米奥是一位经验丰富的优秀将领。十一年前在萨摩斯岛，他曾与伯里克利和哈格农一起指挥舰队。前432年，在攻打波提狄亚的时候，他曾率领重步兵打了一场漂亮仗。但他最大的才华是指挥海军作战，他很快就会展现出自己的本领。

克涅姆斯率军逼近斯特拉图斯的时候，前来增援他的部队乘船驶入了科林斯湾。弗尔米奥只有20艘船，而敌人有47艘，所以伯罗奔尼撒人相信，雅典人的兵力处于劣势，一定不敢出战。但伯罗奔尼撒人的船只运载着许多重步兵（他们要去阿卡纳尼亚支援克涅姆斯），速度必然比雅典战船慢，所以不适合海战。雅典战船的机动性更强，船员和桨手也更训练有素。雅典人在这些方面的优势能够抵消敌人的数量优势。

当敌军舰队沿着伯罗奔尼撒半岛北岸向西航行的时候，弗尔米奥没有骚扰他们，而是耐心等待敌人通过瑞昂角和安提赖昂姆角之间的狭窄海峡，抵达更为开阔的海域（见地图12）；他的战术在那里会更有效。最后，在伯罗奔尼撒舰队企图从帕特雷穿越开阔水域前往大陆时，雅典人发动了进攻。敌军打算在夜色掩护下溜走，但被弗尔米奥拦在海峡中间，于是不得不与雅典人交战。

伯罗奔尼撒舰队虽然占据数量优势，却摆开了防御阵型：一个大圆圈，船首向外，队形紧密，足以防止雅典人突入防御

12. 科林斯湾

安布拉基亚

阿纳克托里翁
素利安姆
阿卡纳尼亚

琉卡斯

伊萨卡岛

凯法利尼亚岛

扎金苏斯岛

0 英里   25   50

0 千米   50

赫拉克利亚
马利斯
多利斯
埃托利亚
纳夫帕克托斯
奥佐莱洛克里斯
爱里纽
帕特雷

伊壁希里亚的
洛克里斯
福基斯
德尔斐
科林斯湾
阿开亚

西锡安
科林斯
玻俄提亚

阿卡狄亚
厄利斯
厄利斯

© 2003 Jeffrey L. Ward

圈。防御圈的中间是 5 艘最快速的战船，随时准备援救防御圈可能出现的缺口。弗尔米奥将自己的战船一字排开，绕过敌军的防御圈。于是雅典战船脆弱的侧面暴露了出来，伯罗奔尼撒人若是迅速发起攻击，或许能够撞击雅典战船，将其撞沉或重创。

弗尔米奥指挥他的战船以越来越小的圆圈绕着敌人航行，迫使伯罗奔尼撒人挤进越来越小的空间，"雅典人总是从敌船近处掠过，就好像他们随时要发起冲锋一样"（2.84.1）。他判断，在拥挤的情况下，伯罗奔尼撒人没有办法保持阵型，会互相碰撞、撞断船桨。他还知道，在将近黎明的时候，通常会有风从海湾吹来，在它制造的风浪中，伯罗奔尼撒人会很难操控船只，因为他们的船上载了很多士兵、负担很重。修昔底德对随后发生的海战做了绘声绘色的描述：

> 风吹起来的时候，原先已经非常拥挤的伯罗奔尼撒船只愈发乱作一团，这既是由于风力的作用，也是由于小船（这些轻型船只不是战船，被安排在防御圈当中，以便对其加以保护）制造的混乱。一艘船与另一艘相撞，人们努力用木杆将它们分开，互相呼喊和提醒，大声咒骂。所以，他们既听不见指挥官的命令，也听不见船长的叫嚷。最后，缺乏经验的桨手无法在很高的波涛中控制自己的船桨。就在这时，弗尔米奥发出讯号，雅典人发动了攻击。首先他们击沉了一名将军的船，然后消灭了所有与他们交战的敌船，将敌军打得落花流水，没有一艘船能够自卫，全都狼狈地逃往阿开亚的帕特雷和代米。（2.84.3）

雅典人俘虏了 12 艘战船及其大部分船员，建立了胜利纪念碑，然后返回纳夫帕克托斯。在基伦尼，幸存的伯罗奔尼撒人遇到了从斯特拉图斯败退的克涅姆斯。伯罗奔尼撒人第一次两栖登陆攻势以耻辱的失败告终了。

伯罗奔尼撒舰队被兵力不如自己的雅典人击溃的消息让斯巴达人目瞪口呆。他们责怪指挥官们，尤其是克涅姆斯，酿成了大祸。作为海军司令，克涅姆斯必须为整个战役负责。为了处理问题，他们给他派去了三位"顾问"，其中包括闯劲十足的伯拉西达，并命令克涅姆斯努力作战，"不要被几艘船从海上赶走"（2.85.3）。

与此同时，弗尔米奥派遣了一名信使前往雅典，宣布自己的胜利，并请求增援。公民大会却给出了一个奇怪的回答：他们派出了 20 艘战船的增援部队，却命令它先去占领克里特岛上的基多尼亚，这与去往弗尔米奥驻地的最快捷路线相比，向南偏离太远。在这个时间开辟一个新战场似乎很奇怪，但雅典人一定是希望斯巴达的克里特岛盟友制造麻烦，以便分散斯巴达人的兵力。雅典的这个时机选择也不是随便做出的，因为克里特岛有人邀请他们去攻打基多尼亚，对这个邀请必须立刻接受或拒绝。尽管雅典人在克里特岛的努力失败了，并且此次行动说到底也许是个错误，但我们不能说这个决定是荒唐的，况且其代价也不大。即便如此，雅典人为什么仅仅给弗尔米奥送去了 20 艘战船？即便加上了这 20 艘船，弗尔米奥的兵力仍然远逊于敌人，何况雅典此时拥有很多战船，完全可以向纳夫帕克托斯派去一支更大的舰队，并同时向克里特岛派去另一支舰队。最合理的解释是雅典仍然受到人员和资金匮乏的限制。

在纳夫帕克托斯，弗尔米奥仍然只有 20 艘船，却要面对斯巴达人的 77 艘船。这一次，伯罗奔尼撒舰队没有重步兵的负担，急于求战，而且指挥官也比前一次战役更娴熟有力、更足智多谋。他们从厄利斯的基伦尼出发，沿着伯罗奔尼撒半岛北岸向东航行，直到在潘诺姆斯（科林斯湾最狭窄的地段）与步兵会合。

伯罗奔尼撒舰队的兵力差不多是弗尔米奥的四倍，如果弗尔米奥拒绝迎战，伯罗奔尼撒舰队就可以自由西进，打破雅典的封锁线并将弗尔米奥舰队堵死在纳夫帕克托斯。那么雅典的海上霸主形象就幻灭了，它那些蠢蠢欲动的臣属也许会起来造反。但弗尔米奥绝不会允许这样的事情发生，他停泊在安提赖昂姆，即科林斯湾最狭窄处以西不远的地方，与瑞昂（在伯罗奔尼撒半岛）只隔了不到 1 英里的距离。

在一周的时间里，两军隔着狭窄的海面怒目而视。雅典人没有首先发难的动机，因为他们的力量远逊于敌军，而且他们必须防守纳夫帕克托斯（雅典在科林斯湾的基地）。于是斯巴达人主动起来，沿着伯罗奔尼撒半岛北岸向东行驶。他们奔向纳夫帕克托斯，右翼是他们最好的 20 艘战船。弗尔米奥别无选择，只能紧跟上去，返回海湾较狭窄的部分。他前进的时候，美塞尼亚人（雅典人的盟友，居住在纳夫帕克托斯）的重步兵[1]在陆地上跟随行进。斯巴达人看到雅典战船沿着北岸以一字长蛇阵匆匆前进，于是掉转过来，将其中 9 艘雅典战船切断，并把它们驱赶到岸边。此时，雅典人还剩 11 艘战船可以与伯罗奔尼撒人的 20 艘精锐战船对抗。即便雅典人能够打

---

① 这些居住在纳夫帕克托斯的美塞尼亚人可能就是第一章"雅典与斯巴达的对抗"一节中讲到的反抗斯巴达后被雅典安置在纳夫帕克托斯的黑劳士。

败这些敌船，或者从其手中溜走，也还需要对付余下的 57 艘敌船。灾祸似乎是不可避免的了。

11 艘雅典战船利用自己的高速度从敌人身侧冲过。它们抵达了纳夫帕克托斯，在那里摆开阵势，船首向外，准备迎战很快就要抵达的优势敌人。最后 1 艘雅典战船还在入港的过程中，伯罗奔尼撒人穷追不舍，已经开始高奏凯歌。正好有 1 艘商船停在纳夫帕克托斯外海的深水区。就是因为它的存在，战局发生了惊人的逆转。最后落单的那艘雅典战船没有奔向纳夫帕克托斯的安全处，而是转了四分之三圈，利用停泊在那里的商船保护自己暴露的侧翼，然后猛撞最前面的那艘追击它的敌船，将它撞沉了。伯罗奔尼撒人原以为必胜无疑，现在却陷入了混乱。由于他们不熟悉水文状况，有的战船搁浅了。其他船上的人看到这般景象大吃一惊，于是将船桨插入水中以便让船停下来，等待其他战船。这是个可怕的错误，因为它们在机动灵活的敌人面前一动不动、枯坐等死。

其余的雅典战船被这意想不到的逆转大大鼓舞了，冲了上去，攻击敌人，尽管敌人的数量仍然是他们的两倍。这时伯罗奔尼撒人已经丧失了斗志，逃往潘诺姆斯，抛弃了他们之前俘获的 9 艘雅典战船中的 8 艘，自己还损失了 6 艘。双方都建立了胜利纪念碑，但很显然雅典才是胜利者。雅典人保全了自己的舰队、纳夫帕克托斯的基地和海上的自由行动。伯罗奔尼撒人害怕雅典的增援部队，于是狼狈地败退了。雅典的增援部队果然很快就从克里特岛赶来了，虽然没有赶上参战，但足以震慑敌军，令其不敢再次进攻。

如果弗尔米奥在此役中被打败，雅典人就不得不放弃纳夫帕克托斯，于是就再也不能阻碍科林斯和其他伯罗奔尼撒国家与西方的贸易了。如果雅典人在海战中失败，还会极大地动摇他们的自信心，并鼓励敌人开展更大胆的海上行动。那样的话，雅典帝国内部就可能发生叛乱，波斯国王也可能加入斯巴达那边。因此难怪雅典人如此热忱地爱戴弗尔米奥，在卫城竖立了纪念他的雕像。他去世后，雅典人还将他安葬在通往学院的路边的国家公墓，让他在伯里克利墓旁长眠。

斯巴达人进攻比雷埃夫斯

克涅姆斯和伯拉西达不愿意带着自己战败的噩耗回国，而是准备加大赌注、做更大胆的尝试。他们同意了墨伽拉人的建议：进攻比雷埃夫斯。这个主意大胆到了令人难以置信的程度，但墨伽拉人指出，比雷埃夫斯港口既没有封闭，也没有人把守；而且雅典人过于自信也准备不足，此时已是 11 月，航海季节已经结束，谁能想到新尝败绩、狼狈逃离科林斯湾的伯罗奔尼撒海军竟会大胆地进攻比雷埃夫斯呢？伯罗奔尼撒人的计划是打雅典人一个出其不意，他们打算将舰队的桨手经陆路送往墨伽拉在萨龙湾的港口尼萨亚。那里停泊着 40 艘没有船员的墨伽拉三列桨座战船，桨手们将驾驶这些船只立刻开赴毫无戒心、无人防备的比雷埃夫斯。计划的第一步顺利完成，但到了尼萨亚之后，斯巴达指挥官们"被巨大的风险吓坏了，据说风向也对他们不利"（2.93.4）。于是，他们没有去比雷埃夫斯，而是先攻击和劫掠了萨拉米斯岛①，这就让雅典人产生了警觉。雅典得到了烽火警报，城里很快恐慌起来，因为雅

---

① 萨龙湾中最大的一个岛屿，距离比雷埃夫斯西南海岸约 2 公里，距离雅典约 16 公里。前 480 年，希波战争期间，雅典军队在此大败波斯帝国舰队。

典人相信斯巴达人已经占领了萨拉米斯岛，正在杀向比雷埃夫斯。修昔底德相信，如果斯巴达人真的就这么冲过来，是能够成功的，但胆怯让他们付出了巨大代价。黎明时分，雅典人鼓起勇气，派出一支步兵部队守卫港口，还派了一支舰队去萨拉米斯岛。伯罗奔尼撒人刚看到雅典战船的影子，就逃跑了。雅典安全了，雅典人采取措施，以保证未来类似的奇袭不会成功。

伯里克利之死

伯罗奔尼撒人对纳夫帕克托斯和比雷埃夫斯的攻击失败了，海战经验不足导致他们犯下了在战斗中前怕狼后怕虎的错误，并为此付出了高昂代价。伯里克利曾预言敌人会发生这样的状况，但他没能活着看到自己的预言成为现实。前 429 年 9 月，也就是战争爆发两年六个月之后，他与世长辞了。他的最后时光并不愉快。雅典的"首席公民"遭到了罢免、定罪和处罚。他的很多朋友在瘟疫中丧生，他的妹妹及合法儿子科桑西普斯和帕拉鲁斯也被瘟疫夺去了生命。失去了继承人之后，他请求雅典人使其不受雅典公民权法律的限制。正是他自己在二十年前推出了这部法律，将雅典公民局限于父母双方都是雅典人的人。他与心爱的长期情人阿斯帕齐娅——一个米利都女人——生下了儿子小伯里克利。现在他请求授予小伯里克利公民权。雅典人同意了他的请求。

在伯里克利最后的时光里，国家大事仍然压在他的肩头。他的温和威慑政策导致了战争的爆发，而他的保守战略似乎无法赢得战争。因瘟疫而死的雅典人数量远远超过任何正面作战可能导致的人员损失。人民责怪他是引发战争的人，并怪罪他的战略所造成的严重疫情。在他临终前不久，侍奉他的一些朋友以为他睡着了，于是开始讨论他的伟大、力量和功业，尤其是他为雅典赢得的许多胜利。伯里克利听到了他们的对话，对他们颂扬他的业绩表示惊讶，因为他相信，这些事情往往是偶然所致，很多人都取得过这样的成功。"但他们没有说到最伟大和最美丽的事情。在世的雅典人没有一个因为我的缘故而戴孝。"（Plutarch，*Pericles* 38.4）这就是一个内心不安的人向雅典人民做出的回应，这些人民指控他刻意引发了一场原本可以避免的战争。

伯里克利的去世让雅典失去了一位具有独特品质的领导人。他是一位优秀的军事家和战略家，但更重要的是，他是一位拥有罕见才华的卓越政治家。他能够做出决策，说服雅典人采纳他的政策并坚持不懈；他能够制约雅典人做出雄心勃勃而不切实际的行动，而在他们灰心丧气的时候，又可以鼓舞他们。重新上台的伯里克利或许拥有足够的力量，迫使雅典人坚持一贯的政策，而其他任何一个雅典人都做不到这一点。在最后一次被记载下来的演讲中，伯里克利列数了一位政治家必备的品质："知道必须做什么事情，并且能够解释它；爱自己的国家，清正廉洁、不可腐蚀。"（2.60.5）在这些品质上，没有人比伯里克利更突出。即使他犯了错误，他也是雅典人当中最有可能改正错误的人。他的同胞将会非常怀念他。

同一年，色雷斯国王西塔尔克斯（雅典的盟友）攻击了柏第卡斯二世治下的马其顿王国和邻近的哈尔基季基半岛上的城市①。他攻占了一些要塞，但遭遇了顽强的抵抗。尽管西塔

---

① 柏第卡斯二世此前也是雅典的盟友，于前429年背叛了雅典。

尔克斯拥有 15 万大军（其中三分之一是骑兵），但按兵不动，没有去进攻哈尔基季基半岛，因为那样的话就需要雅典舰队的配合，但雅典舰队始终没有抵达。或许雅典人看到西塔尔克斯雄壮大军的行动，害怕西塔尔克斯会进攻这一地区的雅典领地。而且，自这个海陆并进的计划制订以来，斯巴达人从海上进攻了纳夫帕克托斯和比雷埃夫斯，尽管这些攻击都失败了，但其很可能动摇了雅典人的信心，让他们觉得此时不宜在离家如此遥远的地方开展大规模行动。雅典人的谨慎以及前 429/前 428 年秋冬雅典在人力和资金上的困窘或许也能解释，雅典为何没有兑现诺言，没有出动舰队去支援西塔尔克斯。

色雷斯军队的庞大规模让北方所有的希腊人都心惊胆寒，但这支大军很快就耗尽了粮草，没有取得多少成绩就撤退了。在战争的第三年，阿提卡没有遭到入侵，并避免了海上的失败，但雅典人的储备资金继续流失，估计可用资金只剩下 1450 塔兰同。如果按照前两年的资金消耗速度，战争还能维持一年；如果资金消耗速度降到之前的一半，那么可以维持两年。原先的取胜战略已经失败，雅典人还没有制定出新的战略。他们若是继续按照之前那样打下去，资金必然会耗尽，但他们也没有办法迫使敌人接受和平。

第九章
雅典帝国内部的叛乱
（前 428 ~ 前 427 年）

雅典的"新政治家"

伯里克利的去世使雅典政坛发生了很大变化。修昔底德写道，"那些曾经追随他的人，互相之间实力均衡"（2.65.10），所以无法提供战时必需的统一、连贯的领导。在过去，将军都是贵族。但是，一群新的政治家渐渐崛起了，他们的家族通过贸易和手工业致富。这样的人至少与贵族地主同等富裕，常常也受过良好的教育，他们的政治才干不逊于之前的贵族们。

现在出现了两个互相竞争的派系，领导人分别是尼基拉图斯之子尼基阿斯和克里埃涅图斯之子克里昂。修昔底德和他之后的大多数学者认为这两个人的秉性迥然不同：尼基阿斯虔诚、正派、保守，是一位绅士；克里昂则是伯里克利的长期反对者、主战派、蛊惑民心的政客和粗俗之徒。其实两人都来自"新人"阶级，没有贵族血统。尼基阿斯通过将奴隶出租给阿提卡银矿做工而发财；克里昂的父亲拥有一家生意兴隆的制革厂。尼基阿斯和克里昂都没有显赫的身世，我们除了他们的父亲之外，对他们更早的家族成员一无所知。

尽管很少有两个人在性格、品质和对战争的态度等方面如此截然不同，但他们之间的差别其实没有如一般描写的那么夸张。他们都不主张与斯巴达谈判，并且都在伯里克利去世后的岁月里努力打赢战争。在前 425 年之前，没有文献记载表明他们之间存在分歧。在前 428 年，他们的立场几乎是完全相同的：必须保护好雅典的殖民帝国，雅典人必须振作起来，把战争打下去；必须开源节流，设计出新战略来继续发动攻势，最终赢得战争。两人有足够的动机去达成合作，我们没有理由相信他们之间没有合作。

莱斯博斯岛的阴谋

前 428 年 5 月中旬前后，斯巴达人再次入侵阿提卡，在大肆破坏了一个月之后撤退了。但对雅典来说，这个喘息之机很短暂，因为莱斯博斯岛上发生了一起阴谋，威胁着雅典的帝国基业，乃至它的生存。提洛同盟变成雅典帝国的时候，只有两个重要岛国保全了自治权，它们是希俄斯岛和莱斯博斯岛。莱斯博斯岛的主要城市米蒂利尼在雅典的盟邦当中是比较罕见的一个，因为它由寡头政权统治。另外，莱斯博斯岛的各城镇也有一个独特之处，就是它们向雅典同盟提供船只，而不是金钱，来作为贡礼。尽管享有这个有利地位，但米蒂利尼人甚至在战前就考虑退出雅典同盟。由于伯罗奔尼撒人拒绝接纳他们进入自己的联盟，所以只得罢手。伯罗奔尼撒人的拒绝发生在和平时期，但在战时，莱斯博斯岛若是变节，一定会受到雅典敌人的欢迎。

阴谋的主使是米蒂利尼，它反叛雅典的主要动机是希望主宰全岛。此时发动叛乱，时机最佳。世人皆知，雅典遭到了瘟疫的惨重打击，缺少人力和金钱；叛乱很可能会引发更多变节,使雅典愈发虚弱。阴谋要想成功,依赖于得到雅典敌人的帮助。在前428年,这种帮助似乎是必然会到来的,因为玻俄提亚人和斯巴达人都参与了此项阴谋。在奥林匹亚举行的伯罗奔尼撒人集会上,米蒂利尼人发表了演讲,请求援助。他们声称自己反叛雅典的主要动机是,他们担心雅典人将来会剥夺他们的自治地位,将他们变为和雅典其他盟邦(希俄斯岛除外)一样的臣属。他们掩盖了自己的真实目的,即在米蒂利尼的领导下,统一莱斯博斯岛上的城邦,而雅典绝不会允许他们这么做。一般来讲,雅典人总是反对在自己的势力范围内建立较大的政治实体,所以一般会努力将它们分割成更小的实体。莱斯博斯岛上有一个民主制城邦米西姆纳敌视米蒂利尼,所以米蒂利尼一旦反叛,雅典人肯定会出兵干预。

但米蒂利尼人还是开始建造城墙、封锁港口、扩充海军,并从黑海地区获取粮食和雇佣兵弓箭手。不过在他们的准备工作完成之前,他们的企图已经被泄露了出去,敌视他们的邻国与一些代表雅典人利益的米蒂利尼人合作,匆匆向雅典发出警报。这些亲雅典的米蒂利尼人可能是民主派,敌视寡头政府,为了自己的政治目的而行动。反叛者的计划既已泄露,他们不得不在万事俱备之前就开始行动。

雅典的反应

6月,雅典派出舰队,实施绕过伯罗奔尼撒半岛的军事行动。为了节约资源,这次雅典只出动了40艘战船,而不是前431年的100艘。在得知米蒂利尼人正在企图统一莱斯博斯岛之后,舰队改为开赴莱斯博斯岛。他们原打算趁着一次宗教节日的时机奇袭叛军，但在民主制的雅典，保守秘密是不可能的事情，因为每一项政策决定都必须在普尼克斯山上的公民大会做出。一名信使预先向米蒂利尼人发出了警报。雅典舰队抵达莱斯博斯岛，命令叛军交出船只并拆毁他们的城墙，遭到拒绝后雅典人发动了进攻。

尽管米蒂利尼人的补给物资和雇佣兵弓箭手尚未到位，尽管他们的防御工事还没有竣工，而且与伯罗奔尼撒人和玻俄提亚人的联盟还没有正式缔结，雅典人还是认识到了自己的舰队和预备队的相对劣势，并担心"他们不够强大，无法与整个莱斯博斯岛对抗"（3.5.4）。米蒂利尼人"若有可能，希望先除掉雅典人的战船"（3.4.2），同时等待自己的盟军，于是便请求休战。为了拖延时间，他们还向雅典派去了一个使团，承诺如果雅典人将舰队撤走，他们就对雅典保持忠诚。他们没有提及自己对全岛的武力统一，此时这项工作已经差不多完成了。所以，米蒂利尼人实质上是在请求雅典认可他们对莱斯博斯岛的主宰，并以未来对雅典保持忠诚作为条件。雅典人当然不会将米西姆纳拱手让给米蒂利尼。如果雅典不保护米西姆纳，它就失去了对各盟邦施行帝国主义统治的合法性。米蒂利尼人知道雅典人一定会拒绝，因此同时还秘密派使者去找斯巴达人，寻求斯巴达盟友的援助。

米蒂利尼向伯罗奔尼撒人求援

7 月，两个米蒂利尼使团先后前往斯巴达，时间相隔一周，但都没有成功。斯巴达人仅仅建议米蒂利尼人在奥林匹亚节日的伯罗奔尼撒联盟集会上陈述自己的故事。斯巴达拒绝进一步参与这场冲突的一个原因是，米蒂利尼反叛的主意最初是玻俄提亚提出的，不是斯巴达的想法；另一个原因是，斯巴达认识到，若要援助米蒂利尼，就需要一支规模庞大且代价不菲的舰队，并在海上作战。被弗尔米奥打败的可耻记忆一定使斯巴达人对海战非常冷淡。

8月，奥林匹克运动会结束后，伯罗奔尼撒联盟在位于奥林匹亚的宙斯圣所召开了会议。米蒂利尼发言人的任务是说服伯罗奔尼撒联盟，告诉联盟干预米蒂利尼局势对捍卫希腊人自由的伟大事业，以及伯罗奔尼撒联盟自己的利益都有利，而不仅仅是符合米蒂利尼人的私利。他谈到了雅典人对其盟邦自治权的侵犯；除非米蒂利尼的反叛成功，雅典人必将奴役米蒂利尼。他指出，此次反叛的时机非常合理："在此之前，从来没有过这样好的机遇，因为雅典人由于瘟疫和资金消耗而元气大伤。他们的一部分舰队正在绕着你们的海岸航行（弗尔米奥的儿子阿索皮乌斯于7月起航，开始了此次远征），其他部分舰队正在对付我们。如果你们在今年夏天海陆并进、发动进攻，他们不大可能还有任何船只可供调用。他们要么不抵抗，要么从你们的领土和我们的领土撤走舰队。"（3.13.3 - 4）米蒂利尼人的最后一个论点是，决定战争结局的不是阿提卡，而是雅典的海外帝国，因为那里是雅典的军费来源。

　　如果你们全力支持我们，你们就会得到这样一个盟邦：它拥有强大的海军，而你们最需要的就是海军。你们将雅典人的盟邦吸引到自己的阵营，就能更轻松地打败雅典人；因为在你们援助我们之后，大家都会更勇敢，更敢于反叛雅典。因此，你们也能避免受到不支持反叛雅典人士的指责。如果你们更公开地表现出自己的解放者角色，

就肯定能胜利。（3.13.5 – 7）

伯罗奔尼撒联盟立即接纳了米蒂利尼人，斯巴达人命令各盟邦在科林斯地峡集结，准备入侵阿提卡。斯巴达人自己则准备将他们的船只从陆路拖过地峡，进入萨龙湾，以便海陆并进、攻打雅典。但是，各盟邦"集结的动作很迟缓，因为他们正在收割庄稼，不愿意打仗"（3.15.2）。

在这场危机中，雅典人表现出了坚定的决心和坚韧不拔的精神，正是这种决心和精神让他们保全了自由，开辟出了一个大帝国。尽管他们有 40 艘战船正在封锁莱斯博斯岛，但还是投入了 100 艘三列桨座战船的舰队，像战争第一年那样去袭掠伯罗奔尼撒半岛。这种展现自信和力量的大胆行为让雅典的资源几乎到了告罄的边缘。除了通常的来自下层阶级的桨手外，这一次他们还动用了一般仅作为重步兵作战的中层阶级；为了应对紧急情况，还强征了常住雅典的外邦人担当桨手。这些船员的素质比不上弗尔米奥麾下的将士，但斯巴达人还是会因为前 429 年的失败而心惊胆寒。

雅典人在伯罗奔尼撒半岛各处随意登陆，以展示自己的力量，让斯巴达人相信，米蒂利尼人夸大了雅典的弱势。于是斯巴达人放弃了进攻，回家了。米蒂利尼人和他们在莱斯博斯岛上的支持者不得不再一次独自面对雅典人。

没了伯罗奔尼撒联盟的帮助，他们未能攻占米西姆纳，只能满足于加强对臣属城邦安提萨、皮拉和爱里苏斯的控制，于是莱斯博斯岛的形势基本上没有发生变化。但斯巴达的退却让雅典人决定施加更大压力，他们派遣帕基斯将军率领 1000 名重步兵前往米蒂利尼。帕基斯在米蒂利尼周围建造了一堵围墙，从海陆两面将它封锁起来。围城和封锁不仅能保护米西姆纳，或许还能迫使米蒂利尼投降。

米蒂利尼围城战

　　米蒂利尼围城战于这年初冬正式开始，它对雅典资源的消耗超过了伯里克利在战争开始时所做的预估。到前 428/前 427 年冬天，可用的储备资金已经不到 1000 塔兰同。财政危机迫在眉睫，一点喘息之机也没有了。

　　于是，雅典人采纳了两项伯里克利当初公开宣布的计划中未曾包含的特别措施。前 428 年夏末，他们要求各盟邦缴纳更多贡金。在正常缴纳贡金期限的前几个月，他们就派了 12 艘战船去收缴新评估出来的税金。我们不知道他们究竟收缴了多少钱，但雅典人在卡里亚①遇到了抵抗，吕西克利斯将军为了收缴新税而丧命。

　　即便提高赋税和加强收缴工作，也满足不了雅典的财政需求。随着米蒂利尼围城战的展开，雅典对金钱的需求飙升起来。于是，雅典人决定采取一项绝望的方案："由于围城战需要资金，他们自己首次征收了直接税，税额为 200 塔兰同。"（3.19.1）不管修昔底德说的"首次"是历史上首次，还是本次战争期间首次，雅典都很久没有征收过直接税了。现代的纳税人或许会感到奇怪，其实自文明诞生以来的大多数人都会难以理解；但希腊各城邦的公民憎恨直接税，认为它侵犯了个人自主权，并侵害了他们的财产所有权，毕竟他们的自由就建立在财产之上。新的征税对有产阶级（包括自

---

　　①　在今天土耳其西南部地区，是雅典同盟的成员国。

耕农，而自耕农是陆军重步兵的主干）的打击特别大，直接税的负担完全落在他们肩上。

向盟邦增加税收是一种危险的策略，可能引发叛乱，从而破坏雅典力量的根基；向公民征收直接税则会降低人民对战争的热情。不足为奇的是，伯里克利在公开讨论雅典资源时从来没有提及这些应急手段，但我们没有理由说，前 428 年的这两项措施完全是克里昂及其派系的主意。雅典在海陆两面面临危机，帝国内部也存在叛乱的威胁。在这样的情况下，鼓舞雅典人做出如此巨大努力的人，一定主要是雅典的将军们，包括尼基阿斯和帕基斯等人。他们和克里昂及其支持者一样清楚地认识到，雅典的安全取决于尽快镇压米蒂利尼叛乱，防止它扩散到帝国全境、耗尽雅典的国库资源。他们采取这样的行动，不是出于政党政治或阶级斗争，而是出于爱国主义精神，目的是应对紧急情况。

在这期间，斯巴达人也没有忽略莱斯博斯岛上的局势发展。冬末，他们秘密地将一名斯巴达使者萨莱苏斯派往米蒂利尼，去告诉当地的叛乱者，原计划于前 428 年展开的两栖作战将于前 427 年实施。斯巴达人将入侵阿提卡，并派遣 40 艘战船前往米蒂利尼（指挥官是斯巴达人阿尔基达斯）。这个好消息让米蒂利尼叛军大受鼓舞，他们决心坚守下去；萨莱苏斯将留在米蒂利尼，负责协调岛上的行动。

冬天快要过去了，雅典人面临着战争爆发以来的最大危机。他们必须镇压一个强大盟邦的叛乱，同时他们自己的土地也面临着入侵的危险。他们必须快速行动，因为像波提狄亚围城战那样漫长的战争可能最终会耗尽他们的储备资金、剥夺他们的防御能力。

斯巴达在海洋和陆地的行动

前 427 年斯巴达人入侵阿提卡的目标是向雅典人施压，以阻止他们向米蒂利尼派出更大规模的舰队。伯罗奔尼撒大军悉数出动，但阿希达穆斯二世第一次没有指挥作战，他可能已经时日无多。他的儿子阿基斯二世可能被认为缺乏经验，于是流亡国王普雷斯托阿纳克斯的弟弟克里昂米尼负责指挥事务。与此同时，斯巴达人派遣海军司令阿尔基达斯率领 42 艘三列桨座战船开赴莱斯博斯岛，希望雅典人会忙于防卫自己的土地而顾不上拦截阿尔基达斯舰队。

斯巴达主战派素来相信只要入侵阿提卡，同时派海军攻击爱琴海地区，必将引发雅典盟邦的普遍反叛，最终摧毁雅典帝国，但一直没有好的时机。前 440 年的萨摩斯岛叛乱可能是个好机会，但科林斯人不同意向雅典开战，于是机会被浪费了。现在，时机终于到了。

从时长和造成破坏的程度来看，此次入侵阿提卡的行动仅次于前 430 年那次。之前几次入侵未曾触及的东西，这次全被摧毁；上次入侵之后又种植的农作物全被铲除。在海上，由于伯罗奔尼撒海军不能指望从雅典海军中杀出一条路，所以成功取决于速度。但是，阿尔基达斯在"绕过伯罗奔尼撒半岛的航行途中浪费了时间，在航行的余下时间里也是慢悠悠地行进"（3.29.1）。即便如此，在抵达提洛岛之前，他还是避开了雅典舰队。这耽搁是致命的，因为他到达伊卡洛斯岛和米科诺斯岛时得知，米蒂利尼已经投降了。

为了决定下一步行动，伯罗奔尼撒人召开了一次会议。即便到了这个阶段，如果他们勇敢、果断地行动，仍然能够取得很大成就。勇敢的厄利斯人指挥官泰乌提阿普鲁斯提议立即进攻米蒂利尼，他确信雅典人刚刚得胜必然轻敌，伯罗奔尼撒人能够打他们一个措手不及，但谨慎的阿尔基达斯拒绝了他的建议。伊奥尼亚①流亡者提出了更好的建议。他们敦促斯巴达人用舰队去支持目前臣服于雅典的伊奥尼亚各城邦反叛。他们的计划是，阿尔基达斯应当占领小亚细亚沿海的一座城市，然后以它为基地，煽动伊奥尼亚城邦的普遍叛乱。曾于前440 年支持萨摩斯岛叛乱者的波斯总督皮苏特尼斯或许会再一次支持雅典的敌人。如果叛乱成功，那么雅典人会在最脆弱的时候丧失从该地区获取的收入。即便不能完全成功，叛乱也会迫使雅典人抽调兵力去封锁伊奥尼亚的叛乱城邦。最理想的结果是，将斯巴达联盟、造反的雅典附庸国和波斯帝国的力量联合起来，这样的组合将来必然能够打败雅典。

　　伊奥尼亚人希望借助斯巴达的力量来支持自己的反叛，他们的建议非常好。修昔底德告诉我们，小亚细亚大陆上的伊奥尼亚人看到船只时，"没有逃跑，而以为那是雅典人。因为他们绝对想不到，在雅典统治大海的时候，伯罗奔尼撒战船竟然能接近伊奥尼亚"（3.32.2）。有了这样一支舰队的支持，肯定至少有一座城邦会反叛雅典。这样的行动在打破雅典在海上不可战胜的神话之后，更多的城邦会加入叛乱，波斯总督也许会抓住机会，将雅典人逐出亚洲。

　　但是，阿尔基达斯不愿意听取这样的建议。"之前他到得太晚，没来得及挽救米蒂利尼，因此现在他脑子里的头等大事

---

① 伊奥尼亚指的是今天土耳其安纳托利亚西南海岸的一个地区，此外还包括希俄斯岛和萨摩斯岛等近海岛屿。得名自聚居于此的伊奥尼亚部族（希腊人四大部族之一，雅典人也属于伊奥尼亚部族）。

是尽快返回伯罗奔尼撒半岛。"（3.31.2）他害怕被雅典舰队拦截，于是火速返航。他担心在小亚细亚抓的俘虏会拖累自己，于是将大部分俘虏处决了。在以弗所，亲斯巴达的萨摩斯人警告他，屠杀战俘的行为与斯巴达解放希腊人的宣传相悖，会让那些原本对斯巴达有好感的希腊人疏远斯巴达。阿尔基达斯做了让步，释放了还活着的俘虏，但此事已经严重损害了斯巴达的声誉。帕基斯得知斯巴达舰队的位置后，一直追踪到帕特摩斯岛，然后才放弃追击。阿尔基达斯安全返回了伯罗奔尼撒半岛。正如修昔底德后来所说的："对雅典人来说，斯巴达人是最容易对付的民族。"（8.96.5）

米蒂利尼的命运

伯罗奔尼撒舰队未能及时赶到，于是米蒂利尼的叛军注定要灭亡了。围困使城内存粮迅速耗尽，被派到当地鼓舞叛军士气的斯巴达人萨莱苏斯筹划发动一次铤而走险的袭击，以突破雅典军队的包围圈。要想取得成功，他就需要更多的重步兵，而米蒂利尼人拿不出这么多重步兵来，于是萨莱苏斯采取了非同寻常的措施：向下层阶级的人提供重步兵装备。米蒂利尼的寡头政府同意了这个计划，这说明他们相信平民百姓是可靠和值得信赖的。但新兵得到武器之后，就要求将存粮也分发给全体公民；他们威胁说，如果寡头政府不同意，他们就会把城市交给雅典，并与雅典单独媾和，不管上层阶级的死活。

我们现有的证据不足以表明，米蒂利尼政府能否满足这个要求，以及满足了这个要求之后平民是否就会保持忠诚。说不定粮食已经所剩无几，不可能分发给全体公民。不管怎样，米蒂利尼的寡头政府向帕基斯投降了，并且相当于无条件投降：

雅典人可以"自行决定如何处置米蒂利尼人"（3.28.1）。帕基斯承诺，允许米蒂利尼人派遣使者去雅典，协商出一个永久性的解决方案，在此之前不会监禁、奴役或杀害任何米蒂利尼人。

雅典军队进城后，与斯巴达人比较亲近的米蒂利尼寡头派心惊胆战，逃到了神祇祭坛前避难。帕基斯向恳求他饶命的人保证，他不会伤害他们，并将他们送往附近的忒涅多斯岛保护起来。随后，他控制了莱斯博斯岛上其他曾反叛雅典的城市，并捕获了藏匿起来的萨莱苏斯，将他和忒涅多斯岛上亲斯巴达的米蒂利尼人，以及"在他看来对叛乱负有责任的所有人"（3.35.1）押往雅典。

前 427 年夏季，雅典人召开大会来商讨如何处置米蒂利尼。要理解此时雅典人的情绪，我们必须考虑他们当时的处境。在战争的第四年，他们已经被入侵和瘟疫打击得元气大伤，原先的战略已经破产，现在还没有设计出有希望的替代方案。米蒂利尼的叛乱和斯巴达舰队渗入伊奥尼亚预示着雅典面临的可怕灾难。在普尼克斯山上开会的人们为了自己的生存而忧心忡忡，并且对那些威胁他们生存的人十分愤怒。

在这些情绪的推动下，他们很快决定不审判萨莱苏斯，直接将他处死，尽管萨莱苏斯提议由他说服斯巴达人放弃对普拉蒂亚的围攻，以换取他的性命。但如何处置米蒂利尼，却是个争议很大的问题。修昔底德没有记载此次会议的细节，也没有记录会上的演讲，但告诉了我们足够多的信息，所以我们可以还原当时的会议进程。米蒂利尼的使者，既有寡头派也有民主派，可能先发了言。我们几乎可以肯定，这两派就谁应当为叛乱负责的问题争执不下。寡头派相信雅典人不会消灭全体米蒂利尼人，于是坚持说所有米蒂利尼人都应对叛乱负责；民主派则说责任完全在寡头派身上，是他们强迫普通民众参加叛乱。

克里昂提议处死米蒂利尼所有的成年男子，并将妇女和儿童卖为奴隶，这成了辩论的焦点。他的主要反对者是攸克拉底斯之子狄奥多图斯，如果不是因为此事，我们对这个人简直一无所知。公民大会在这个问题上分裂成了不同派系。以狄奥多图斯为代表的温和派奉行伯里克利的审慎政策，而以克里昂为领导人的派系则更激进。但是，所有雅典人都很愤怒，因为米蒂利尼人享有特权地位，却忘恩负义地犯上作乱；他们的叛乱持续很久，且早有预谋；最重要的是，这次叛乱将一支伯罗奔尼撒舰队带到了伊奥尼亚海岸。在这种气氛下，克里昂的提议得以通过，成为法律。于是，一艘三列桨座战船被派去命令帕基斯立即执行公民大会的决定。

关于米蒂利尼的辩论：克里昂与狄奥多图斯的对抗

但是，雅典人很快就开始重新考虑自己的决定。一些雅典人在表达了自己的愤怒之后，意识到自己的决定是多么可怕。米蒂利尼使者及其在雅典的朋友——无疑包括狄奥多图斯和其他温和派——利用这种情绪转变，说服了将军们（我们知道，所有将军都是温和派），并要求在次日召开特别会议，重新商讨如何处置米蒂利尼的问题。

在修昔底德对此次会议的记载中，克里昂首次在修昔底德的史书中登场，被描述为"公民当中最凶暴好斗的人，在那时也是对群众影响最大的人"（3.36.6）。克里昂指出，米蒂利尼人的叛乱是不值得辩护的，无法预见的好运气（像惯常那样）变成了恣意妄为的暴力活动；公正的裁决就是迅速而严酷的惩罚。他坚持认为，不应当将普通民众和寡头统治者区分开，因为他们全都参加了叛乱。此外，克里昂还相信，若对米蒂利尼心慈手软，只会鼓励更多叛乱，而不加区分的严刑峻法则能起到杀一儆百的作用。"我们原本就不应当给予米蒂利尼人和其他人不同的待遇，否则他们就不会膨胀到今天这种傲慢的程度。一般来讲，人的天性就是鄙视奉承却仰慕坚定的手腕。"（3.39.5）他的意思是，雅典人早就应当剥夺米蒂利尼的自治权，而没有这么做只是雅典人过去的许多错误之一。"考虑一下你们的盟邦吧。如果对那些被敌人强迫而反叛的盟邦，和那些主动造反的盟邦，施加同样的惩罚，那么谁都会抓住一点小事就开始兴风作浪。毕竟一旦成功就能获得自由，就算失败了，后果也不是不能挽回的。"（3.39.7）

如果雅典人继续奉行软弱、错误的宽大怜悯政策，"各邦会前赴后继地起来造反，我们的生命和财产都将受到威胁。就算我们成功地将叛军镇压下去、收复城邦，它也已经被摧毁了，我们丧失了它未来的赋税，毕竟那才是我们力量的源泉。如果我们无法镇压叛乱者，那么除了我们现在的敌人之外，还会增添新的敌人，我们用来与现在的敌人作战的时间将不得不被用于镇压我们曾经的盟友"（3.39.8）。克里昂的演讲相当于对伯里克利及温和派的帝国主义政策的全面攻击。他的建议是以精心策划的恐怖政策来震慑叛乱者，至少在战时要杀一儆百。

克里昂和狄奥多图斯分别代表着两个极端，除了他们之外还有许多人发言。其他"表达了各自意见"（3.36.6）的人一定谈到了正义和仁慈，因为克里昂的演讲就是为了反驳这些观点，而且召开第二次会议就是为了审视一些雅典人的态度，即对米蒂利尼的惩罚"太残忍、太过分"（3.36.4）。

克里昂的态度是假如大家否决了他建议的严酷惩罚，而改为接受温和的惩罚，就至少表现出了他们自己的软弱，或是腐败，甚至是叛国。于是，狄奥多图斯精明地敦促雅典人从务实的角度出发去支持他的提议，而不是为了宽大仁慈。狄奥多图斯真诚地希望对米蒂利尼网开一面，但他更深层次的目的是捍卫温和的帝国主义政策，将其继续执行下去。他提出，因为叛乱者总是期望成功，所以任何惩罚的威胁都无法阻止叛乱。而当前较为温和的政策能鼓励叛乱者"与雅典达成协议，将来向雅典缴纳罚金和贡金"（3.46.2）。若采纳克里昂的严刑峻法路线，只会让叛乱者"在遭到围攻时死战到底"，使雅典"花费大量金钱去攻打不肯投降的顽敌，并丧失未来的赋税……即我们对抗敌人的力量源泉"（3.46.2–3）。

狄奥多图斯还指出，"如今所有城邦的人民对雅典都很友好，不会跟随寡头统治者一起反叛雅典；若是被强迫造反，也会对叛乱者抱有敌意。因此雅典人打仗的时候，敌邦的大多数民众其实是雅典的盟友"（3.47.2）。有证据表明，他的这种说法是错误的，即便是下层阶级的民众对雅典也并不友好；但他感兴趣的不是确定真相，而是明确自己的政策。他继续指出，在叛乱者中，雅典人应当责怪尽可能少的人，因为若是将普通百姓与煽动叛乱的贵族一并处死，只会鼓励民众在将来的叛乱中反对雅典。"即便民众是有罪的，你们也应当假装事实并非如此，免得唯一仍然对你们友好的群体也转而敌视你们。"（3.47.4）

在狄奥多图斯看来，米蒂利尼是个孤例，所以克里昂提议的精心策划的恐怖政策不仅令人反感，而且最终效果也会适得其反。狄奥多图斯的建议是，仅仅将帕基斯送到雅典的那些人定罪。然而这个建议并不像它表面上看起来那样人道，因为帕基斯逮捕的"罪责最深者"有一千多人，差不多相当于莱斯博斯岛上各叛乱城镇全体男性公民的十分之一。

最后，公民大会举手表决的时候，两种建议的支持者数量几乎持平，但狄奥多图斯的建议最后通过了。克里昂立刻提议将"有罪"的一千多人处死，也通过了。这些莱斯博斯人没有得到正常审判的机会，没有作为一个集体受审，也没有单个受审。公民大会仅仅根据帕基斯的意见就推断他们有罪。同时也没有证据表明，在决定是否对犯人处以死刑时，雅典人持正反两方面意见的人数是接近的。这是雅典人对叛乱臣属的最严厉惩罚，但不管恐惧、挫败和苦难让他们多么愤怒和冷酷，他们仍然不肯接受克里昂提出的更残暴的计划。

在第一次会议后被派往莱斯博斯岛去传达处死米蒂利尼全体男子命令的那艘船已经航行了整整一天，第二艘船立刻被派去撤销前一道命令。在雅典的米蒂利尼使者为第二艘船的桨手们提供饮食，并承诺他们若是抢先抵达莱斯博斯岛，必有重赏。在救人善举和得到赏赐的催动下，水手们迅速起航，甚至拒绝按照常规停船吃饭和休息。第一艘船上的人并不着急去完成可怕的任务，但他们还是先抵达了米蒂利尼。修昔底德以非常戏剧性的口吻讲述了故事的剩余部分："帕基斯刚刚读完命令，正要实施，第二艘船就赶到了，阻止了大屠杀。米蒂利尼就这样虎口逃生。"（3.49.4）

第十章

恐怖和冒险（前 427 年）

雅典人对米蒂利尼叛乱的反应表现出了一种新的更为积极主动的精神，它开始挑战伯里克利留下的旧温和策略。在前 427 年的选举中，两位新将军欧律墨冬和德摩斯梯尼①上台了。他们很快就开始实施更大胆的政策。即便是温和派也觉得需要采取攻势，哪怕是非常谨慎的攻势。前 427 年夏季，尼基阿斯占领了墨伽拉外海的小岛米诺亚，在那里建造防御工事，以便加强对墨伽拉的封锁。

普拉蒂亚的命运

但大约在雅典人进攻米诺亚岛的同一时间，普拉蒂亚守军投降了。只有为数不多且饥肠辘辘的一些人在守城，所以斯巴达人完全可以强攻得手，但他们禁止任何人强行攻城。他们的想法是"假如将来与雅典缔结了和约，并且双方都同意将在战争中征服的地盘物归原主，那么斯巴达仍然可以保留普拉蒂亚，因为普拉蒂亚是自己投降的"（3.52.2）。

---

① 注意，不要与那个最有名的德摩斯梯尼（前 384～前 322 年，雅典演说家和政治家，曾痛斥马其顿国王腓力二世的扩张野心）混淆。

　　斯巴达人的这种诡辩式的刻板想法表明，他们在前427年已经认为与雅典和谈不是不可能的了。雅典人虽然受到瘟疫打击但仍然非常顽强，而且轻松镇压了帝国内部的叛乱，再加上斯巴达在海上的无能，这些都让斯巴达人深思。不过，他们仍在苛求全面胜利，还没有和谈的打算。

　　为了劝说普拉蒂亚人投降，斯巴达人许诺，将委派五名来自斯巴达的法官对守军进行公正的审判，但守军受到的这种待遇是对司法正义的歪曲。普拉蒂亚人没有受到任何指控；法官只是问他们每个人，在战争期间有无尽心为斯巴达人或其盟友效力。普拉蒂亚人的自我辩护非常有力且令人信服，让审讯者十分窘迫，以至于底比斯人担心斯巴达人会被说动，于是发表了一篇冗长的演讲。然后，斯巴达法官向普拉蒂亚人重复了原先的问题，普拉蒂亚人当然只能回答没有。于是，至少200名普拉蒂亚人和25名雅典人被处死，留在城内的妇女被卖为奴隶。斯巴达人的动机完全是政治上的自私自利："斯巴达人对底比斯人的态度几乎完全取决于他们对底比斯人的考虑，因为斯巴达人觉得，在刚刚开始的战争中，底比斯将会是对斯巴达有价值的盟友。"（3.68.4）所以，斯巴达人实际上是在为一场漫长的战争做准备，在这样的战争中，玻俄提亚势力会成为关键因素，而公平正直的名誉没什么用。

　　最终，斯巴达人将普拉蒂亚交给了底比斯人，而底比斯人将这座城镇夷为平地。他们将这些土地租给了有功的底比斯人，租期十年。到前421年时，底比斯人已经将普拉蒂亚视为自己的领土。普拉蒂亚消失了，而雅典人没有努力施加干预。这两方面其实都是不可避免的。普拉蒂亚在战略上是守不住的，但它遭受了这样的命运，雅典人有理由感到尴尬，甚至羞

耻。普拉蒂亚是雅典的忠实盟友，在遭到斯巴达进攻时，原本
能够以合理的条件投降，雅典却要求普拉蒂亚坚持作战，并许
诺提供援助。雅典人向幸存的普拉蒂亚人授予了雅典公民权，
这是极少给予外邦人的特权，但这也不足以弥补他们丧失家园
的痛楚。

克基拉的内战

　　不久之后，雅典在西方的盟友克基拉遭遇了新的威胁。那
里发生了激烈的政治斗争，雅典的敌人即将掌权，使雅典丧失
了克基拉强大海军的支持。在前 433 年西波塔战役中被科林斯
人俘虏的约 250 名克基拉人得以回国，麻烦就从这里开始。科
林斯人给俘虏的待遇很好，赢得了这些人的忠诚。前 427 年
初，科林斯人释放俘虏回国，让他们颠覆本国的政策和政府，
而在那个时候，伯罗奔尼撒人正满怀希望，觉得雅典的各盟邦
很快就会普遍倒戈。

　　克基拉人没想到这些归国的同胞竟然已经变成了外国势力
的代理人，回来反对自己的政府。这些人解释说，他们之所以
能够安全回国，是因为被 800 塔兰同巨款赎回了。回国之后，
他们就开始敦促同胞结束与雅典的联盟，恢复传统的中立地
位，而隐瞒了自己的真实目的，也就是将克基拉带入斯巴达联
盟。尽管这些人上蹿下跳，民主制的克基拉公民大会还是选择
了中间道路，再次确认与雅典的防御性同盟，但也投票决定
"像过去一样，与伯罗奔尼撒人保持友好关系"（3. 70. 2）。

　　这次投票对寡头派密谋者来说仍然是一次胜利，是他们切
断克基拉与雅典关系的第一步。之后，他们指控亲雅典的民主
派领导人培西亚斯企图让克基拉人变成雅典人的奴隶。但克基

拉的普通民众并不认为与雅典结盟就是叛国，于是将培西亚斯无罪释放。培西亚斯随后成功起诉了指控他的人当中最富裕的五个人，控诉他们犯下了所谓的宗教亵渎罪行。被告没办法付出巨额罚金，于是躲在神庙内。

寡头派害怕胜利的培西亚斯会乘胜追击，促使克基拉与雅典缔结完整的攻守同盟，于是准备用暗杀和恐怖手段阻止这种局面的出现。他们拿着匕首冲进议事会的一次会议，杀死了培西亚斯和其他六十人。培西亚斯的一些民主派同僚逃到了停泊在港内的一艘雅典三列桨座战船上。这艘船立刻起航前往雅典，那些难民向雅典人讲述了这些故事，敦促他们进行报复。

在这种恐怖气氛下，刺杀培西亚斯的寡头派召集了公民大会，但克基拉人民仍然拒绝改弦易辙。密谋者转而提议仅仅保持中立，但即便是这样的措施，也只有在强迫之下才得以通过。寡头派害怕雅典的进攻，于是派遣使者到雅典，解释说克基拉不是要反对雅典的利益。雅典人没有听信，将这些使者当作"革命党"逮捕了。其实，寡头派向雅典派遣使者也仅仅是为了争取时间，以便与斯巴达谈判。在有希望得到斯巴达支持的鼓舞下，寡头派向平民百姓开战，在正面交锋中将其打败，不过未能消灭所有的民主派人士。民主派占领了卫城和城内其他地势较高的区域，以及朝向外海的港口，而寡头派控制着市场周围区域和朝向大陆的港口。次日，两派都给予奴隶自由，以争取他们的支持。大多数奴隶都加入了民主派，但寡头派从大陆征募了 800 名雇佣兵，于是克基拉爆发了内战。

两天后，民主派在第二次战役中取胜，寡头派抱头鼠窜才保住了性命。次日，驻纳夫帕克托斯的雅典军队指挥官尼科斯特拉图斯率领 20 艘战船和 500 名美塞尼亚重步兵赶到了。他的行为非常克制，没有向失败的寡头派报复，而仅仅要求克基拉人与雅典缔结完整的攻守同盟，以便让雅典安全地保住这个岛屿。寡头派当中只有 10 名被认为对煽动革命责任最大的人受到审判，其他克基拉人则被敦促达成和解。

　　但克基拉人的情绪已经非常激昂，如此温和的解决方案是不可能实施的。即将受审的 10 人逃跑了。民主派领导人劝说尼科斯特拉图斯留下 5 艘雅典战船，以 5 艘克基拉战船作为交换，船员将是由民主派挑选的寡头派人士，也就是他们的敌人。被选中的寡头派人士害怕自己被送到雅典后会遭遇不测，也逃到神庙里避难。尽管尼科斯特拉图斯努力保证他们的安全，他们仍然躲在那里不肯出来。民主派则开始准备将寡头派杀掉，但尼科斯特拉图斯阻止了这种鲁莽的举动。

　　就在这时，伯罗奔尼撒人施加了干预。在阿尔基达斯的指挥下，从爱琴海匆匆返航的 40 艘战舰在基伦尼与 13 艘战船会合，然后带上作为顾问的伯拉西达，抢在雅典大舰队抵达之前，来到了克基拉。克基拉民主派不顾雅典人的意见，出动了 60 艘战船迎战敌人，但秩序混乱、纪律性差。伯罗奔尼撒舰队轻松得胜，由于在克基拉的 12 艘雅典战船阻止他们扩大战果，于是伯罗奔尼撒舰队带着俘获的克基拉船只，返回了大陆。次日，伯拉西达敦促阿尔基达斯趁着克基拉人手足无措、心惊胆战的时候攻打克基拉，但怯懦的海军司令拒绝了，而这一番耽搁是致命的。消息传来，一支 60 艘战船的雅典舰队在苏克利斯之子欧律墨冬的指挥下，正从琉卡斯岛赶来。伯罗奔尼撒人闻风而逃。

　　克基拉安全了，于是民主派开始疯狂地报复政敌。在内战中，这种愤怒和仇恨是非常强有力的动机。对政敌的处决很快演变成不分青红皂白的谋杀；为了报私仇和获得金钱，人们互相杀戮；不虔诚和渎神行为已经司空见惯。"儿子死在父亲手里，人们被从神庙里拖出，然后杀死在神庙附近，有些人被关在狄俄倪索斯神庙里死去。"（3.81.5）这些恐怖行为给了修昔底德一个机会去描绘战时内乱所引发的恶果，这是他的雄壮史书中最富含忧郁和预言性智慧的章节。

他告诉我们，这些暴行只是个开端，伯罗奔尼撒战争还将引发一系列内战，造成更多的残忍暴行。在某些国家，民主派可以寻求雅典人的帮助来对付他们的敌人，而寡头派则会请求斯巴达人的援助。"在和平时期，他们没有借口，也没有意愿去寻求雅典或斯巴达的帮助；但既然两个大国在交战，不同城邦内的政治派系如果想要推翻现政权，就可以轻松地寻求两个大国之一的支持。"（3.82.2）"由于派系斗争，各城邦发生了许多可怕的事情，"修昔底德写道，"只要人性不变，这样丑恶的事情就一直会发生，永远会发生。"（3.82.2）在和平与繁荣的时期，两个民族、两个国家的行为都很理智，因为物质财富与安全的纽带（它们将文明与残暴野蛮分隔开）还没有被撕裂，人民还没有受困于残酷的自然法则。"但战争使人们无法轻松地满足日常需求，所以战争是一个凶残的教师，它让人们的秉性根据所处的环境发生变化。"（3.82.2）

对党派忠诚被认为是最高尚的道德，压倒了其他所有伦理，使放弃传统道德观的一切约束变得合理化。狂热的过激行为和背后捅人一刀的想法都同样被认为是值得仰慕的；若是不敢做出这样的恶行，反而会被认作畏敌怯战、破坏自己派系的团结。誓言丧失了含义，变成了奸诈骗人的工具。

派系斗争爆发之后，往往会出现贪婪、野心和争权夺利的恶欲，正是这些东西营造出了恐怖的气氛。尽管每个派系的领导人都动用冠冕堂皇的口号——一派鼓吹"人民享有政治平等"，另一派吹嘘"精英人士的温和统治"——但各派都是阴谋诡计频出，无所不用其极，甚至谋杀那些不属于任何派系的人。"要么是因为中立派不肯加入斗争，要么是他们嫉妒中立派会最终生存下去。"（3.82.8）随着革命风潮的到来，这种新型邪恶在希腊各国蔓延开来。"一般来讲，智力较低的人会得胜。他们害怕自己的短处以及对手的聪明才智，为了不在理智的辩论中失败或被机智的对手奇袭，他们大胆地采取行动。而他们的敌人蔑视智力较低的对手，自信能够预料到对方的行动，认为自己只需要动动脑子就能战胜对方，而无须采取行动。"（3.83.3-4）

尼科斯特拉图斯在克基拉的指挥权后来被移交给雅典将军欧律墨冬。与他的前任形成鲜明对比的是，欧律墨冬一连七天没有采取任何行动，坐视屠杀发生。他显然与克里昂的意见相同，反对温和派路线，因为这种路线似乎既无效力，又鼓励叛乱。欧律墨冬作为指挥官来到克基拉，说明新当选的将军们已经就职，而他在那里的行为说明一种新的精神正在雅典取得进展。

雅典第一次远征西西里岛

这种精神使雅典人在9月派遣了一支20艘战船的远征军，在拉齐斯和卡罗阿德斯的指挥下，前往未被战火触及的西西里岛。西西里岛东部城市伦蒂尼与雅典有着传统同盟关系，当地人抱怨称，岛上的主要城市叙拉古在攻击他们，企图吞并整个西西里岛。战争很快从西西里岛蔓延出去，跨越狭窄的海峡，到了意大利。敌我分野在于部族差异，多利亚人和伯罗奔尼撒人支持叙拉古人，而伊奥尼亚人和雅典人反对叙拉古人。伦蒂尼人眼看就要失败，于是向盟友雅典求援。

雅典人原本已经处于生死存亡的斗争中，为什么还要远征一个遥远且显然与战争的主要战略无关的地方？修昔底德解释称，雅典人的真实目的是"阻止伯罗奔尼撒半岛从西西里岛进口粮食，也是因为雅典人想初步尝试一下，看能否控制西西里岛事务"（3.86.4）。

一般认为，煽动此次远征的完全是克里昂及其党羽，即"激进派""民主派"或主战派，但证据表明事实并非如此。没有证据表明此次远征在雅典国内产生了很大的分歧，就像前427年年初为了决定米蒂利尼的命运而发生的分歧，或者像前433年决定是否与克基拉结盟而形成的争议那样。远征的指挥官不是欧律墨冬或德摩斯梯尼那样的"鹰派"，而是拉齐斯（尼基阿斯的朋友）那样的人。一定很少有人反对发动此次远征。

还有一个明显的事实是不能忽视的：雅典人在前427年远征西西里岛，因为他们收到了请求，并且得知那里存在的潜在危险可能变得严重。战争开始时，伯罗奔尼撒人曾打算从西西里岛获取一支庞大舰队，如果这个计划得以落实，那将对雅典构成极大威胁。同样，如果让叙拉古（科林斯的殖民地）征服了西西里岛上的其他希腊城邦，它们就可能向其母邦和伯罗奔尼撒联盟提供至关重要的支援。每一个雅典人都能认识到此种威胁。阻止西西里岛粮食抵达伯罗奔尼撒半岛的意愿是一个新的情况，反映了局势的变化。在一定程度上，斯巴达对阿提卡破坏的时长和严重程度取决于斯巴达入侵者的粮食供应情况。若斯巴达失去了西西里岛的粮食，在将来也许就无法那么猖狂地入侵阿提卡。从这个角度看，向雅典在西方的盟友送去有限的军事援助，以切断敌人的粮食供应，是很有道理的。

但任何征服西西里岛的企图都显然违背了伯里克利的建议，即在战时不要寻求扩张。雅典人当中肯定有鲁莽的扩张主义分子，其中有些人认为西方是不错的征服对象。但没有证据表明，克里昂是这些扩张主义分子中的一员，他也从来不曾主张仅仅为了扩张而扩张。他和德摩斯梯尼与欧律墨冬那样的人一样希望控制西西里岛，以阻止粮食被送往伯罗奔尼撒半岛，并阻止被叙拉古主宰的西西里岛向敌人提供援助，但他们的目标或许不仅仅是恢复之前的格局。雅典若是施加了干预又撤走，叙拉古就会再次尝试主宰全岛，到那时雅典或许就没有能力阻止它了。寻求"控制西西里岛事务"的意思只能是雅典人希望主宰西西里岛，或许在西西里岛驻军和建立海军基地，以阻止此地在未来出现麻烦。

20艘战船的远征军出航后，雅典就暴发了第二次瘟疫。远征军的任务使雅典出现了新的政治现实。由于局势的新变化，激进派得以影响甚至塑造政策，而温和派也不能完全挫败对手的政治企图。

在西西里岛，雅典远征军虽然规模不大，却取得了相当大的成功。伦蒂尼是一座岛屿城镇，不能作为海军基地，于是拉齐斯和卡罗阿德斯在亲雅典的意大利城市瑞吉昂①（与墨西拿隔海相望，见地图13）建立了一个基地。雅典人打算完全控制墨西拿海峡，以阻止粮食按照正常路线从西西里岛抵达伯罗奔尼撒半岛。他们计划占领墨西拿城，作为西西里岛

---

① 今天的雷焦卡拉布里亚。

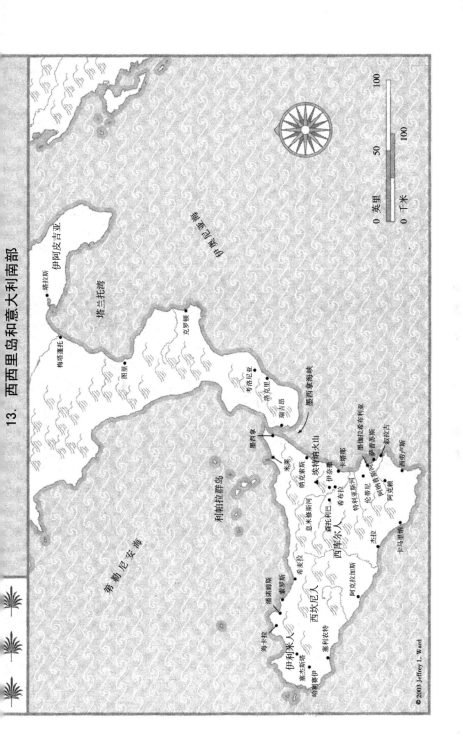

13. 西西里岛和意大利南部

伊阿皮吉亚

揣拉斯

塔兰托湾

伊奥尼亚海

梅塔塞托

图里

克罗顿

第勒尼安海

考洛尼亚

洛克里

雷吉昂

墨西拿海峡

墨西拿

利帕拉群岛

埃特纳火山

米莱

纳克索斯

卡塔那

墨伽拉希布利亚

利昂蒂尼

伊奈撒

卡塔尼

陶罗弥那

恩纳

息米修斯河

森托利帕

叙拉古

西班尼

阿克赖

杰拉

卡马里纳

森麦拉

希麦拉

潘诺姆斯

豪罗斯

西坎尼人

伊利麦人

海卡拉

塞杰斯塔

哈利赛伊

阿克拉加斯

塞利农斯

西库尔人

特洛提卢斯

伦蒂尼

阿波罗尼

© 2003 Jeffrey L. Ward

0 英里 50 100

0 千米 100

的希腊人，尤其是伊奥尼亚人，以及敌对叙拉古的土著西库尔人①的集结地。雅典人或许还能在土著军队的帮助下打败叙拉古人，并获得当地人的更多支持。这样一场胜利至少能阻止叙拉古人主宰西西里岛。

最初的努力没有取得多少成果。雅典人抵达瑞吉昂不久之后便兵分两路，探索西西里岛沿海，并摸清当地人的态度。拉齐斯沿着卡马里纳南海岸航行，而卡罗阿德斯奔赴东海岸，即叙拉古海域，在那里遭遇了一支叙拉古舰队，不幸阵亡。雅典计划的基础是制海权，尤其是控制墨西拿海峡附近海域，于是拉齐斯攻击了利帕拉群岛（在海峡西部入口处）上的叙拉古盟邦，但利帕拉人不肯屈服。

虽然经历了这些挫折，但拉齐斯还是攻占了墨西拿，于是雅典人控制了海峡，鼓励叙拉古人倒戈，并威胁了叙拉古在西西里岛的地位。许多之前被叙拉古人统治的土著西库尔人投奔到雅典这边。在他们的帮助下，拉齐斯维持攻势，击败了洛克里斯人，攻击了希麦拉，不过未能将其占领。

拉齐斯的成就是很重要的。他阻止了叙拉古人征服伦蒂尼，占领了墨西拿和海峡，将叙拉古的许多臣属城邦争取到自己这边，并开始威胁叙拉古本土的周边地区。雅典人在海上的地位难以撼动，雅典舰队规模虽小，叙拉古人却不敢与之交战。他们完全理解自己面临的危险，看到"墨西拿控制着通往西西里岛的通道，担心雅典人将来会将它作为基地，以更大

---

① 在前11世纪前后，腓尼基人和希腊人对西西里岛殖民之前，西西里岛上有三个土著部族：伊利米人（Elymi）、西坎尼人（Sicani）和西库尔人（Sicels）。到伯罗奔尼撒战争时期，这三个土著部族已经处于弱势，很快将被希腊人同化。

规模的舰队发动进攻"（4.1.2）。于是他们开始扩建自己的舰队，准备迎战雅典人。

作为对策，雅典将军们请求增援。公民大会派出了 40 艘战船，供 3 名指挥官调度，"部分原因是他们认为在西西里岛可以更早地打赢战争，部分原因是想让舰队练练手"（3.115.4）。皮索多鲁斯立即带领几艘战船前往西西里岛，从拉齐斯那里接过指挥权，而索福克勒斯①和欧律墨冬将率领主力舰队随后跟进。增援舰队带着满心的期望，扬帆起航了。

---

① 注意不是著名的悲剧作家索福克勒斯。

第三部　新的战略

　　十年战争的第一阶段是由伯里克利的目标和战略所决定的，即便在他去世之后，他也仍然左右着雅典的政策。不管伯里克利的战略有什么优点，事实依然证明在应对新的局势变化上，它是远远不够的。庞大的开支令国库空虚，帝国境内爆发了叛乱，斯巴达人没有议和的意向。伯里克利若是还活着，或许能够根据新形势调整战略，修改战争计划。但到前427年的时候，雅典出现了新的将军和领导人，其中有些人的理念与已经去世的伯里克利截然不同。在随后几年内，雅典人努力寻找办法生存下去并打赢战争。于是，他们大大背离了原先的战略。

第十一章
德摩斯梯尼和新战略（前426年）

斯巴达人在希腊中部

前426年，阿希达穆斯二世驾崩，他的儿子——年轻的阿基斯二世——登基。普雷斯托阿纳克斯结束了流亡，于是斯巴达再一次拥有了两位国王。阿基斯二世最早的正式行动之一就是率军从伯罗奔尼撒半岛出发，入侵阿提卡，但他们走到科林斯地峡的时候发生了地震，于是不得不返回。像斯巴达人这样虔诚的民族或许会将地震理解为神谕，是神在警告他们坚持打下去是个错误。但就像人在受挫时常做的那样，他们反而下定了决心，要借助新的手段执行原先的计划。但有些斯巴达人，就像有些雅典人一样，认识到原先的战略已经失败，若想胜利，需要制定新的战略。

于是，前426年夏季，斯巴达开始在希腊中部开辟一个新战场。那里的特拉启斯人和邻近的多利斯城（根据传说，它是斯巴达和其他多利亚人的母邦）请求斯巴达的援助，共同抵抗与其交战的奥塔人（见地图14）。于是斯巴达人建立了他们历史上为数不多的几个殖民地之一，地点在特拉启斯附近的赫拉克利亚。"在他们看来，这个城市对于反抗雅典的战争特别有利。因为可以在那里装备一支舰队去攻打优卑

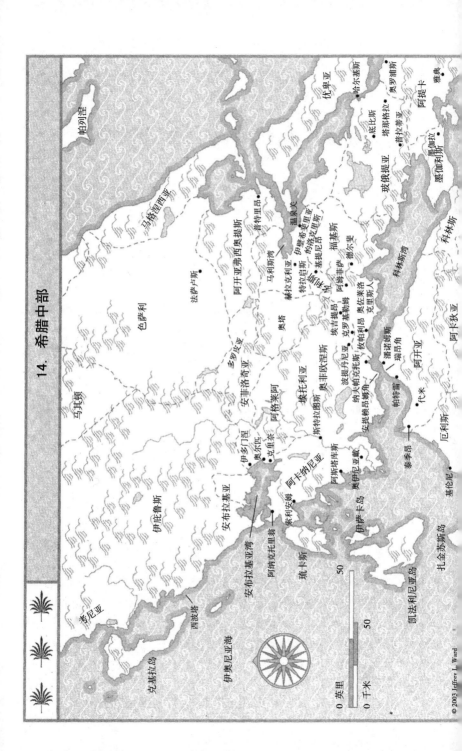

14. 希腊中部

帕列昂
马其顿
孝尼亚
克基拉岛
西波塔
伊庇鲁斯
马格涅西亚
法萨卢斯
色萨利
多多纳
阿开亚弗西奥提斯
黄基里昂
温泉关
伊奥尼亚海
克基拉岛
安布拉基亚湾
安布拉基亚
阿纳克托里昂
索利安姆
奥尔匹
伊多门
兑里翁
阿尔戈斯
阿格莱阿
斯特拉图斯
洛干安尼亚
奥菲欧涅斯
阿非洛涅斯
埃托利亚
马利斯湾
赫拉克利斯
特拉启斯
奥塔
温泉关
伊提亚
法里萨罗斯
多里昂
埃吉提昂
克罗基里昂
彼菲萨
奥佐来茶
洛克里斯人
优卑亚
底比斯
塔那格拉
普拉希斯
奥罗浦斯
阿提卡
雅典
波提丹尼亚
纳帕克托斯
彼帕克斯
安提瑞昂岬
潘诺姆斯
瑞昂角
阿开亚
斯帕提亚角
帕特雷
代米
泰季昂
厄利斯
墨伽伽拉
科林斯
科林斯湾
阿卡狄亚
阿开尼斯军斯
奥伊尼亚戴
伊萨卡岛
基伦尼
疏卡斯
凯法利尼亚岛
扎金苏斯岛

0 英里   50
0 千米   50

© 2003 Jeffrey L. Ward

亚岛，航程很短，而且那个地方也适合用作基地，发动对色雷斯海岸的远征行动。简而言之，他们很热切地想在那里建立殖民地。"（3.92.4）

　　伯拉西达很可能是斯巴达这个决定的煽动者，因为这与他的秉性和想象力很吻合，他在几年后将会利用这个新殖民地。考虑到斯巴达舰队前不久刚被雅典舰队打得落花流水，从海路向优卑亚岛发动全面进攻是个非常大胆的计划，绝大多数斯巴达人都不愿意冒这么大风险。但新的殖民地可以作为基地，以海盗式袭击破坏雅典的航运，并向优卑亚岛发动小规模的特种作战。入侵雅典帝国北部的计划甚至更有希望实施。要赢得战争，斯巴达人需要向雅典帝国发动一次全面进攻，但斯巴达海军的规模和质量都不如雅典，因此斯巴达只能攻击可以从陆路抵达的地区：爱琴海北岸的马其顿和色雷斯。如果斯巴达军队能抵达那里，就能煽动雅典的附庸国倒戈，减少雅典的收入，并煽动其他地方的人反叛雅典。另外，斯巴达还能以色雷斯为基地，占领赫勒斯滂海峡沿岸被雅典人占据的各个城市。

　　袭击雅典的侧翼不是一项轻松的冒险行动，也不完全安全。要达成此目标，斯巴达人必须首先将军队从希腊南部调到敌视斯巴达的色萨利。到达那里之后，他们必须建立后勤体系，并努力劝说当地的雅典盟邦倒戈。在作战的每个阶段，都可能损失之前拉拢过来的人马。斯巴达人不愿意在前426年冒这样的风险，但对于未来的任何工作，在赫拉克利亚建立殖民地都是必不可少的第一步。

　　除了作为北上的基地之外，赫拉克利亚令人非常失望。斯巴达人在离温泉关约5英里的地方建立了一座有围墙的城镇，

建造了通往海边的壁垒（穿过一个隘口，而这个隘口控制着
从希腊中部去往色萨利的道路），并开始建造一座船坞，作为
进攻优卑亚岛的海军基地。但色萨利人不愿意看到自己的边境
上出现一个斯巴达殖民地，于是不断攻击它。该地区的斯巴达
行政长官将斯巴达人与其他希腊人打交道时的弱点暴露无遗：
"他们自己毁了此次行动，使城镇沦落到空城的境地。他们严
酷而有时很不明智的命令把大多数人都吓走了，所以他们的邻
居能够更轻松地打败他们。"（3. 93. 3）

雅典的计划

与此同时，雅典人继续执行他们的有限攻势，派遣尼基
阿斯率领 60 艘战船和 2000 名重步兵去攻打米洛斯岛。他未
能占领该岛，后来在玻俄提亚登陆，在塔那格拉与另一支雅
典军队（在希波尼库斯与欧律墨冬的指挥下，从雅典城出
发）会合。希波尼库斯与欧律墨冬蹂躏了此地的乡村，在正
面交锋中打败了塔那格拉人和一些底比斯人，最后返回雅典。
尼基阿斯的部下回到船上，蹂躏了一些洛克里斯人的土地，
然后也回家了。

这些行动有何意义？米洛斯岛是爱琴海上唯一一个不属于
雅典同盟的岛屿，尽管它在前 426 年名义上是中立国，但它是
斯巴达的殖民地。据修昔底德说，雅典人之所以进攻米洛斯
岛，是因为"米洛斯人尽管是岛民，却不愿意臣服于雅典，
甚至不愿意加入同盟，而雅典人希望将他们拉到自己这边"
（3. 91. 2）。我们不知道，雅典人在之前的五十多年中一直没
有注意到米洛斯岛的存在，如今为什么突然行动起来。部分原
因可能是雅典人持续的财政压力，而一份时间不详的铭文也证

明，米洛斯人在前 427 年向斯巴达舰队提供了资金支持。如果的确如此，雅典的进攻或许是对资敌的多利亚人"中立国"的惩罚。

如果能够以轻微代价拿下米洛斯岛，雅典人会很高兴，他们不能打一场耗资巨大的围城战。他们可不想与底比斯的重步兵军队发生陆战，因为那样的话可能遭到伯罗奔尼撒军队的背后袭击。雅典人的整个行动，包括对洛克里斯的袭掠，都没有很大风险，开支也不多。这是转向更积极战略过程中的一个谨慎且具尝试性的步骤。

雅典人还派了 30 艘战船，在德摩斯梯尼和普罗克利斯的指挥下绕过伯罗奔尼撒半岛。每艘雅典战船仅运载了惯常的 10 名海军步兵，没有额外的重步兵。尽管他们得到了一些西方盟邦的支持，但他们并不期望取得任何决定性的成果。虽然雅典表现出了新的积极精神，但人员不足和资金短缺决定了他们军事行动的规模仍然是有限的。

这支部队蹂躏了琉卡斯岛，它是通往克基拉岛、意大利和西西里岛道路上的一个关键停留地，并且是科林斯的忠实殖民地，为伯罗奔尼撒舰队提供了船只。若占领琉卡斯岛，雅典就能独占伊奥尼亚海。阿卡纳尼亚盟友敦促雅典人攻打并占领琉卡斯岛，但来自纳夫帕克托斯的美塞尼亚盟友希望德摩斯梯尼去攻击埃托利亚人，因为后者正在威胁美塞尼亚人的城市。美塞尼亚人向德摩斯梯尼保证，打败那些凶悍又原始的埃托利亚部落民众（他们居住在分散而不设防的村庄内）是很轻而易举的事情。埃托利亚人的作战方式与重步兵不同，只有轻型护甲，其中有些人非常野蛮，以至于吃生肉。对付这些野蛮人，可以在他们联合起来之前轻松地各个击破。

德摩斯梯尼的埃托利亚战役

此时德摩斯梯尼在其第一届将军任期内，他得到的命令可能非常含糊，大致是"援助雅典在西方的盟邦，并尽可能打击敌人"。安全的行动方案当然是攻打琉卡斯岛，避免激怒阿卡纳尼亚人；他得到的命令肯定没有提及去讨伐居住在内陆且在盟邦领土以东很远处的蛮族。如果这位新指挥官答应纳夫帕克托斯人的请求，那么这在政治上和军事上都是很危险的，但他终究答应了他们的请求。修昔底德告诉我们，德摩斯梯尼这么做的部分原因是他希望取悦美塞尼亚人，毕竟他们对雅典来说是更重要的盟友，因为他们占据着科林斯湾的关键位置；若失去了那个位置，对雅典而言将是一场灾难。但他是个勇往直前且想象力丰富的人，在他看来，此次行动不仅仅是简单地防卫纳夫帕克托斯。他以一往无前的大胆风格制订了宏伟的计划。在他的整个政治生涯中，这种勇敢始终是他标志性的作风。他打算在来自阿卡纳尼亚和纳夫帕克托斯的部队的协助下，快速征服埃托利亚，并将落败的埃托利亚人吸纳进自己的军队。然后，他将经过洛克里斯西部，前往位于多利斯地区的基提尼昂；他会从那里进入福基斯。福基斯人是雅典的传统盟友，一定会加入他的阵营。有了这样一支强大的军队之后，他将从背后袭击玻俄提亚。

尼基阿斯、希波尼库斯和欧律墨冬的联军从东面进军，如果德摩斯梯尼能与他们同时抵达玻俄提亚的西部边境，那么几支部队联合起来，或许能为雅典赢得一场大胜，迫使玻俄提亚（斯巴达的最强大盟友）退出战争。玻俄提亚的民主派在过去曾与雅典合作过，如今也能帮得上忙。德摩斯梯尼希望自己不需要雅典陆军的支持就能完成这一切。他的想法是成就尽可能大的业绩，而给雅典带来尽可能小的风险。他这么做是自作主张，没有得到雅典公民大会的批准，也没有与其他人商议。

德摩斯梯尼差不多刚刚动手就遇到了麻烦。阿卡纳尼亚人不肯与他一起前往埃托利亚，而 15 艘克基拉战船也返航了，因为他们不愿意在本土海域之外作战，何况还是打一场与自己毫无关系的战役。可能在次年，赫尔米普斯的一部喜剧中有个人物说："愿波塞冬消灭那些乘着空荡荡船只的克基拉人，因为他们如此奸诈。"[①] 但事实上，德摩斯梯尼放弃琉卡斯岛而选择讨伐埃托利亚人的决策一定令所有盟友产生了怀疑。

失去了陆军的一大部分和海军的三分之一，或许会让一名不太自信的将军畏缩不前，但德摩斯梯尼固执己见，继续前进。雅典的洛克里斯盟友与埃托利亚人是邻居，使用相同的甲胄和武器，也熟悉敌人及其乡村。德摩斯梯尼的计划是，洛克里斯全军将进逼内陆，与他的横穿埃托利亚人领土、攻城拔寨的军队会师。但是，他的计划开始瓦解了。按照计划，洛克里斯人应当带着援军赶来，然而他们根本没有出现。阿卡纳尼亚人和克基拉人的拒绝合作没有让德摩斯梯尼担忧，但洛克里斯人的临阵脱逃却让他紧张起来：在埃托利亚的崎岖山地，他此次战役的成功和部队的安全都需要投掷标枪、轻装行进的洛克里斯人。但美塞尼亚人向他保证，只要他能抢在分散的埃托利亚人集结之前快速行动，获取胜利仍然是很轻松的。

在这个时代，军事情报主要依赖信使口头传达的报告，德

---

① J. M. Edmonds, *The Fragments of Attic Comedy*, Leiden, 1957 – 1961, 304 – 306.

摩斯梯尼计划的风险其实比看上去还要大。美塞尼亚人的建议已经过时了，因为埃托利亚人已经听到了风声，正在准备抵抗。德摩斯梯尼还不知道，埃托利亚全境的部落族民正在赶来抵抗他。缺少了洛克里斯人的增援部队，德摩斯梯尼理应暂缓前进，但他不是个优柔寡断或谨小慎微的人，于是他决定立刻前进，攻击埃托利亚人。

　　他轻松占领了埃吉提昂城，但它的迅速投降其实是个陷阱：雅典人及其盟军进城后，埃吉提昂居民和增援部队埋伏在城镇周边山地，从四面八方发动伏击。这些伏击者是轻装士兵，擅长投掷标枪，能够对雅典人造成严重伤害，并在雅典人的重步兵方阵赶来之前迅速撤退。雅典人现在意识到，他们是多么需要洛克里斯盟友许诺的标枪手。雅典弓箭手或许可以抵挡敌人，但当弓箭队长阵亡后，弓箭手们四散逃跑，把重步兵丢在那里孤立无援，被更为迅捷的埃托利亚轻装士兵的持续攻击拖垮了。雅典重步兵转身逃跑时发生了最后一件不幸的事情，使这次溃败变成了一场大屠杀。原本有可能带领他们撤到安全地带的美塞尼亚向导克洛蒙阵亡了，于是雅典人及其盟军被困在崎岖不平、林木繁茂而完全陌生的地方。很多人在森林里迷了路，于是埃托利亚人放火烧了森林。雅典盟军损失惨重，雅典人的 300 名海军步兵损失了 120 人，普罗克利斯将军也战死了。吃了败仗的雅典人与埃托利亚人休战，收回了死者的遗体，撤到纳夫帕克托斯，然后乘船返回了雅典。

　　由于德摩斯梯尼"害怕雅典人因为这次惨败而责罚他"（3.98.5），于是他留在了纳夫帕克托斯。他的害怕是很有道理的。他放弃了一次大有希望成功的行动，却开展了一场没有得到上级批准的战役。他的计划或许很有前瞻性和创造性，却是仓促之中设计出来的，执行也非常糟糕。计划若要成功，兵贵神速；但如果动作太快，就无法进行仔细的准备和协调，而如此复杂的行动必然需要精心安排。另外，德摩斯梯尼并不熟悉作战地形与轻步兵战术。面对这么多的不确定性，他却刚愎自用地推动作战，而当局势明显不利的时候仍然不知悔改，或许他应当承担责任。但是，害怕冒险的谨慎将军不可能建立奇功，若没有勇敢大胆的领导人，大规模战争也很少能够打赢。最后，我们不应当忘记，德摩斯梯尼冒的风险其实相对来讲是很小的，因为雅典只损失了120名海军步兵。这样的代价虽然令人遗憾，但考虑到行动可能带来的巨大收益，也不算过分。德摩斯梯尼是那种非常罕见的军人，能够从自己的错误中吸取教训。此次失败的经验将让他成长，助其在未来建功立业。

斯巴达人进攻西北方

德摩斯梯尼战败的消息鼓舞了斯巴达人，于是他们接受了埃托利亚人的邀请，打算从雅典人手中夺走纳夫帕克托斯。斯巴达人率领一支3000人的伯罗奔尼撒军队进入了希腊中部，迫使洛克里斯人投奔到他们那边。在纳夫帕克托斯附近，斯巴达人与埃托利亚人会合，然后一起蹂躏了乡村，占领了纳夫帕克托斯郊区。在得知伯罗奔尼撒军队入侵的消息之后，德摩斯梯尼勇敢地去向阿卡纳尼亚人求援，尽管他之前因拒绝听从他们的建议而激怒了他们。他说服阿卡纳尼亚人派出了1000名士兵乘坐阿卡纳尼亚船只及时赶到，挽救了纳夫帕克托斯。斯巴达人判断自己无法攻下纳夫帕克托斯，于是撤回了埃托利亚。

斯巴达将军欧律罗科斯被安布拉基亚人说服，同意用伯罗奔尼撒军队去攻打安布拉基亚人在当地的敌人——安菲洛奇亚的阿尔戈斯，以及整个安菲洛奇亚和阿卡纳尼亚。"如果征服了这些地方，"安布拉基亚人说，"就能让整个大陆与斯巴达人结盟。"（3.102.6）于是欧律罗科斯解散了埃托利亚人，安排在安菲洛奇亚的阿尔戈斯附近与安布拉基亚人会面。

秋季，3000 名安布拉基亚重步兵入侵安菲洛奇亚，占领了奥尔匹，这是一座滨海要塞，距阿尔戈斯不到 5 英里。为了应对这个威胁，阿卡纳尼亚人命令他们的军队抢在由欧律罗科斯指挥的正在北上的斯巴达陆军与南下的安布拉基亚人会合之前，拦截住欧律罗科斯。阿卡纳尼亚人还派人去纳夫帕克托斯，请求德摩斯梯尼指挥他们的军队。德摩斯梯尼已经不再是将军了，并且可能仍然没有得到雅典人的谅解，因为他在任期结束后没有返回城市去做报告。但阿卡纳尼亚人请求他指挥军队，说明他们对他仍然非常看重。

与此同时，欧律罗科斯从敌军身旁溜过，在奥尔匹与安布拉基亚人会师。两军合二为一，北上进入内陆，并在一个叫作麦特罗波利斯的地方扎营。不久之后，20 艘雅典战船抵达，封锁了奥尔匹港。德摩斯梯尼带着 200 名忠诚的美塞尼亚人和60 名雅典弓箭手赶来了。阿卡纳尼亚人撤到阿尔戈斯，让他们自己的将领服从德摩斯梯尼的指挥。德摩斯梯尼在阿尔戈斯和奥尔匹之间宿营，他与斯巴达营地仅隔着一道干河床。两军在那里对峙了五天。

德摩斯梯尼军队的兵力逊于敌人，但他制订了一个非常巧妙的计划来克服人数上的劣势，这足以证明他的才华，以及他多么迅速地从之前的错误里吸取了教训。可能成为战场的地域是一条长着灌木的洼陷道路。在道路的一侧，他部署了 400 名重步兵和一些轻步兵。为了防止自己的重步兵方阵遭到侧翼包抄，他命令他们埋伏起来，等到战斗打响，再冲出来袭击敌人背后。这远远算不上重步兵的常规作战，而是一种出人意料的打法，后来被事实证明起了决定性作用。

两军在交战之前等了五天时间，原因可能是雅典人希望斯巴达人主动进攻，落入德摩斯梯尼布下的陷阱，而斯巴达人则在等待安布拉基亚盟军的抵达。欧律罗科斯最后决定主动进攻。后来有人对他的这个决定进行严厉批评，但他的任务毕竟是占领阿尔戈斯，所以他不能无限期地等下去。按计划将要抵达的增援部队未必能真正赶到，而且即便没有这些增援部队，他的兵力也超过雅典人。况且也不可能让一支军队，尤其是由不同民族构成的军队，在敌人视线之内长时间保持克制。不管怎么说，增援部队不可能改变结局，因为战役不是由数量而是由优秀的战术决定的。

两军最终交锋时，伯罗奔尼撒军队左翼在欧律罗科斯的指挥下，包抄了德摩斯梯尼统领的雅典军队右翼和美塞尼亚人。在欧律罗科斯正要包围对方右翼的时候，德摩斯梯尼的陷阱突然发挥了效力。阿卡纳尼亚人从埋伏点冲了出来，猛击欧律罗科斯背后，将其军队的后半部分杀得落花流水。他们被打得措手不及、四散逃命，惊慌情绪迅速蔓延。德摩斯梯尼麾下的美塞尼亚人打得最精彩，很快就开始追击大部分敌军。在战线的另一端，安布拉基亚人（修昔底德说他们是该地区最优秀的战士）击溃了对方，将其追杀到阿尔戈斯城。但安布拉基亚人从阿尔戈斯城返回时，看到己方的主力部队正在溃败，然后迎头撞上了得胜的阿卡纳尼亚人。安布拉基亚人杀出一条血路，撤到了奥尔匹，损失惨重。夜幕降临后，德摩斯梯尼控制了战场。遍地是敌人的死尸，包括两名斯巴达将军欧律罗科斯和马卡里乌斯。

次日，斯巴达军队的新指挥官麦涅代乌斯被包围在奥尔匹。陆地上有敌人围困他，雅典舰队则从海上封锁奥尔匹。他不知道安布拉基亚增援部队会不会来，以及究竟什么时候来；而目前没有办法逃脱，于是他要求休战，以便收回死者遗体，商讨让他的军队安全撤离的条件。德摩斯梯尼安置了己方死者，并在战场上竖立了胜利纪念碑，但做出了一个不符合常规的新举动：他没有按照惯例允许被打败的敌军安全撤离，而是缔结了秘密协定，允许麦涅代乌斯、曼丁尼亚部队和其他伯罗奔尼撒部队的指挥官，以及"最优异的"士兵离开，假如他们能够快速离开的话。据修昔底德说，德摩斯梯尼允许这些人离去，"是为了打击斯巴达人和伯罗奔尼撒人在该地区全体希腊人心中的公信力，揭露他们是背信弃义和自私自利之徒"（3.109.2）。在希腊历史上的冲突中，还不曾有过这种政治战和心理战。

这种令人不快的协定执行起来并不容易。被围困在奥尔匹的士兵们得知了此项协定，开始以搜集柴火为由偷偷溜走。被选中的伯罗奔尼撒优异人士没有向普通士兵保守秘密，大多数士兵似乎都逃走了。非伯罗奔尼撒人的其他士兵看到这种情况后，也加入了逃跑队伍。阿卡纳尼亚军队开始追击的时候，他们的将军努力阻拦士兵，在混乱的局势下解释协定条款，但这是不可能完成的任务。最后伯罗奔尼撒人被允许逃跑，而追击的阿卡纳尼亚人杀死了他们能抓住的所有安布拉基亚人。

与此同时，安布拉基亚增援部队抵达了伊多门涅（奥尔匹以北几英里处），在它附近两座陡峭山丘中较低的一座过夜。德摩斯梯尼得知这支敌军正在逼近，于是派遣一支前卫部队去埋伏，并占领具有战略意义的地点；这支前卫部队控制了较高的那座山丘，而不知道他们下方的较低山丘上驻扎着安布拉基亚人。德摩斯梯尼已经做好准备，要把他学到的关于山地作战和非常规策略的知识付诸实践。

　　他在夜间行军，派遣一支部队走直接路线，其余部队则穿过山地。他在天亮之前抵达敌军驻地，这时安布拉基亚人还在睡觉。德摩斯梯尼利用了每一个天然优势，自己还创造了一些优势。为了加强出其不意的效果，德摩斯梯尼让美塞尼亚人（他们说的多利亚方言与安布拉基亚人的方言类似）打头阵，这样他们也许能混过敌人的前哨阵地而不打草惊蛇。这计谋非常成功，被惊醒的安布拉基亚人起初还以为攻击者是他们自己人。大多数安布拉基亚人当场就被杀死，少数企图从山地逃跑的人也被德摩斯梯尼的预备队抓住了。混乱之下，而且是在陌生地域，这些安布拉基亚轻步兵面对敌军重步兵，没有任何胜算。有些人慌乱之中奔向海边，游向雅典战船，宁愿被雅典水手杀死，也不愿意死在"野蛮的、可恨的安菲洛奇亚人"手中。安布拉基亚人几乎遭到灭顶之灾。修昔底德记录了安布拉基亚人的死亡人数，因为安布拉基亚城的总人口不多，死者数量与之相比简直令人不敢相信。修昔底德写道："这是本次战争中，在同等时间内，单一城市遭到的最惨重灾难。"（3.113.6）

　　德摩斯梯尼希望在屠杀安布拉基亚人之后乘胜追击，占领他们的城市，但阿卡纳尼亚人和安菲洛奇亚人不愿意，因为"他们现在害怕，若雅典人与他们直接接壤，会比安布拉基亚人更难对付"（3.113.6）。他们将战利品的三分之一给了雅典人；多达 300 套甲胄被送给德摩斯梯尼，这个数字非常惊人。

有了这些战利品和它们所代表的荣耀，他现在可以回家了。他非常精明地将自己得到的战利品全部献给神祇，将战利品存放在神庙内，自己一点也没保留。这是一个非常恰当的手段，公开表示了自己的虔敬、谦卑和无私。20 艘雅典战船返回了纳夫帕克托斯，让雅典西北方的盟友松了一口气。阿卡纳尼亚人和安菲洛奇亚人允许被困的伯罗奔尼撒人安全回家，也允许幸存的安布拉基亚人撤退，并与安布拉基亚人订立了为期一百年的条约，以结束宿怨，让该地区不再参与伯罗奔尼撒战争。安布拉基亚的母邦科林斯派去了 300 名重步兵，为其城防提供一支小小的驻军；一度强盛的安布拉基亚如今需要这样的驻军，说明它已经变得十分羸弱。

　　但这支科林斯队伍能够抵达安布拉基亚，也说明雅典人未能完全控制希腊西北部。此次战役阻止了伯罗奔尼撒人控制该地区，于是雅典船只得以安全地沿着希腊西海岸航行和在伊奥尼亚海航行，但雅典人的投入毕竟有限，因此无法取得更大的战绩。雅典没有投入任何重步兵，只投入了 20 艘战船和 60 名弓箭手，以及一位卓越的将领，不过他毕竟只是一名普通公民，没有正式的官职。在西北部的作战很有代表性，雅典人在一整年中的努力都是这样：更为勇敢和积极进取，但也受到谨慎心态和有限资源的限制。前 427/前 426 年的军费开支与战争初期相比，简直不值一提。国库仅支出了 261 塔兰同，相当于战争最初两年平均年度开支的五分之一①。即便有了新战略，雅典人也没有办法打赢战争，除非他们能解决财政问题或者拥有出人意料的好运气。

——————————

① 　最初两年一共花了约 2700 塔兰同。

第十二章
皮洛斯和斯法克特里亚岛
(前 425 年)

雅典在西方的行动

前 425 年春，雅典人派出了一支 40 艘战船的舰队，绕过伯罗奔尼撒半岛。这支舰队的指挥官是索福克勒斯和欧律墨冬，任务是增援西西里岛的皮索多鲁斯。但在他们抵达西西里岛之前，麻烦就出现了。叙拉古人和洛克里斯人夺回了墨西拿。而在意大利，洛克里斯人还攻击了瑞吉昂，它是雅典人在该地区的作战基地和主要盟友。每一次失败都减少了雅典人争取新盟友的机会，而缔造联盟正是雅典西方战略的核心。雅典人若是派出援兵，就可以恢复西西里岛的原有秩序；消息传来时，舰队已经起航，所以它们徐徐前进，并不着急。

克基拉岛也出现了麻烦。欧律墨冬允许克基拉的民主派屠杀其对手，随后欧律墨冬乘船离开了。500 名寡头派分子逃到大陆，在那里占据了一些要塞，作为反攻克基拉的基地。他们的袭击使克基拉城内发生了饥荒。寡头派向科林斯和斯巴达求援，未能如愿，于是自己开始征募雇佣兵。这支队伍在克基拉岛登陆，然后烧毁了自己的船只，以彰显破釜沉舟的决心，并在伊斯通山设防，以那里为基地控制乡村。受到他们成功的鼓舞，伯罗奔尼撒人派来 60 艘战船，尝试占领克基拉。很多雅典人还不知道伯罗奔尼撒人的干涉，他们仍然认为，派舰队去挽救克基拉是比远征西西里更有价值的行动。

对于如何使用正在西进的雅典舰队，德摩斯梯尼提出了第三种方案。他在阿卡纳尼亚的辉煌胜利已经驱散了在埃托利亚惨败的阴云。他当选为下一年的将军，任期从前 425 年仲夏开始。尽管他目前只是个普通公民，并无指挥职务，但他制订了一个计划：在美塞尼亚①海岸登陆，然后在那里狠狠打击敌人。他的这个计划也需要一支舰队。

每一种方案都有优点，最理想的状况当然是用三支舰队同时执行三个方案，但雅典人没有足够的资金，或许也没有足够的人力去同时执行三个方案。在近期勇敢情绪的感染下，他们给舰队下达了若是在其他时候一定显得很奇怪的命令。索福克勒斯和欧律墨冬奉命驶往西西里岛，"但在经过克基拉时，也要支持城内的人，他们正遭受山里寡头派的攻击"。索福克勒斯和欧律墨冬还应允许德摩斯梯尼"使用这些绕过伯罗奔尼撒半岛的战船，如果他打算这么做的话"（4.2.3）。

德摩斯梯尼的计划：皮洛斯的要塞

两位雅典将军直到抵达拉科尼亚海岸才得知，一支伯罗奔尼撒舰队正停在克基拉岛。索福克勒斯和欧律墨冬急于驰援克基拉，但德摩斯梯尼有别的想法。出海之后，他可以自由地向同僚们透露自己计划的细节，之前在雅典公民大会上他之所以不敢公布计划，是因为害怕被敌人刺探。他打算在被斯巴达人

---

① 位于伯罗奔尼撒半岛西南部。

称为科里法西昂（荷马史诗中的皮洛斯）的地方登陆，在那里建立一座永久性要塞。德摩斯梯尼一定是在之前的航行中注意到了这个地区，并且咨询了他的美塞尼亚朋友的意见。皮洛斯作为一个永久性基地，拥有很多天然优势，可以让美塞尼亚人蹂躏拉科尼亚的土地，并煽动黑劳士起义。皮洛斯对海上作战也特别有价值，因为它拥有该地区最大的安全港口（今称纳瓦里诺湾）。当地有许多木材和石料可供修建要塞工事；周边地区空寂无人，而且离纳瓦里诺的直线距离有约 50 英里；斯巴达陆军若要进攻，路途差不多有 75 英里，因此也能有足够的时间抢在斯巴达军队杀到之前巩固防御工事。德摩斯梯尼相信"此地比其他任何地方都更有利"（4.3.3）。他的这个判断是正确的。

　　但索福克勒斯和欧律墨冬更担心克基拉的安全，没有被德摩斯梯尼富有想象力的大胆计划说服。他们认为，他的计划只不过是鲁莽地偏离正题，并讥讽地说："若想浪费国家的资金，伯罗奔尼撒半岛还有很多荒凉的海岬可以占领。"（4.3.3）德摩斯梯尼反驳说，他并不打算让舰队在皮洛斯长期作战，而只是请求舰队在那里停留足够长的时间，以便建造要塞，留下一小支部队守卫，然后就可以继续驶向克基拉。他坚信，雅典人成功地在美塞尼亚海岸登陆之后，伯罗奔尼撒舰队就必然会撤离克基拉，这个计划能够让雅典人以最小的代价和最轻松的方式一石二鸟。

　　这时，命运施加了干预。尽管德摩斯梯尼未能说服两位将军在皮洛斯登陆，但一场风暴将雅典舰队吹到了皮洛斯。当两位将军在那里等待风暴平息时，德摩斯梯尼绕过他们，不顾上级的意愿，直接呼吁士兵们支持他。他的努力仍然没有成功。

但随着风暴持续下去，无所事事的士兵们终于同意德摩斯梯尼的请求。他们受到冒险精神的激励，抢在斯巴达人赶来之前在最脆弱的地点设防，六天之内就完成了防御工事。风平浪静之后，将军们将德摩斯梯尼、一小支队伍和 5 艘战船留下防守新建立的要塞，随后起航前往克基拉。

与此同时，斯巴达人在庆祝一个节日，而且他们的军队正在阿提卡，所以没有把这当回事。毕竟雅典人在过去也曾在伯罗奔尼撒半岛登陆，而且还是以更大的兵力，但从来都没有长时间停留以迎战斯巴达的大军。即便雅典人企图在皮洛斯设立永久性基地，斯巴达人也坚信自己可以将它攻下。然而，按照惯例在春季率军入侵阿提卡的阿基斯二世却更为警觉。他缺少粮草，并且受到了恶劣天气的困扰，于是在阿提卡仅仅待了十五天就撤退了。这是到目前为止最短的一次入侵行动。

斯巴达人还将雅典人在皮洛斯建造要塞的消息报告给了在克基拉的海军司令特拉西米里达斯，他和阿基斯二世一样很快认识到了问题的严重性，于是立刻率舰队返航。他从正在北上的雅典舰队身旁溜过，安全抵达了皮洛斯。阿基斯二世的陆军此时也从阿提卡回国了，并且斯巴达人还要求伯罗奔尼撒盟友们派兵支援。由未参加入侵阿提卡行动的斯巴达人和庇里阿西人（他们的领土离皮洛斯最近）组成的一支先头部队立刻出发，去攻击雅典人的皮洛斯要塞。

斯巴达人在斯法克特里亚岛

在斯巴达人调兵遣将之时，德摩斯梯尼派遣 2 艘战船去拦住索福克勒斯和欧律墨冬，告诉他们，他遇到了危险。这 2 艘战船在扎金苏斯岛找到了雅典舰队，于是舰队立刻赶往皮洛斯，去支援那里的守军。斯巴达人坚信自己可以轻松占领这样一座草草搭建起来而且只有少量兵力防守的要塞，但他们也知道，雅典舰队很快就会赶到。于是，斯巴达人决定立刻从海陆两路同时发动进攻，如果失败的话，就堵住进入港湾的入口，以阻止雅典舰队前来支援。他们还将在斯法克特里亚岛及附近的大陆部署军队，以阻止雅典舰队登陆或建立基地。斯巴达人相信"他们应当可以攻下皮洛斯，且不至于发生海战，因为皮洛斯的守军在被围困时准备得很不充分"（4.8.8）。原则上，这种策略很有道理，却无法实践，因为斯巴达人没有办法封闭海湾水道。① （见地图 15）纳瓦里诺湾南部的水道宽约 1400 码，深约 200 英尺。即便伯罗奔尼撒舰队全部出动，也不可能将其完全封锁。斯巴达人要想防守港口，只能在南部水道以自己的 60 艘战船与雅典的 40 艘战船打一场海战。这样一场对抗正中雅典人的下怀，没有证据表明斯巴达人愿意打一场这样的海战。我们对他们用来阻止雅典人的计划仍然一无所知，但这个计划一定要么设计得很糟糕，要么执行得很蹩脚。斯巴达人在斯法克特里亚岛上部署了 420 名重步兵及其黑劳士仆役，由爱皮塔达斯指挥。除非斯巴达人能够阻止雅典舰队进入

---

① 　关于皮洛斯和斯法克特里亚岛的地理状况，存在很大争议。有些学者为了解释这些困难，提出此次战役涉及的海湾不是整个纳瓦里诺湾，而是皮洛斯南端的一个较小的海湾，或者附近的另一个小海湾。但其中一位学者承认："尽管这个小海湾符合修昔底德对战场的部分描述，并且能够解释他的故事的一部分，却与另一部分描述相矛盾。并且在很多人看来，这个小海湾也太小了，修昔底德描述的战役不可能在那里发生。" Robert B. Strassler, ed., *The Landmark Thucydides* (New York: Simon and Schuster, 1996), p. 228 note. （作者注）

15. 皮洛斯和斯法克特里亚岛

阿吉奥尼
科洛山

沃伊西奥基里亚湾

港口
（今天的奥斯敏阿迦潟湖）

雅典人的护墙

皮洛斯

沙洲

雅典人的护墙

西吉亚水道

史前要塞

斯巴达营地

井

纳瓦里诺湾

斯法克特里亚岛

0 英里　　　　　　　　　1

0 千米　　　　　　　　　1

© 2003 Jeffrey L. Wa

纳瓦里诺湾，否则爱皮塔达斯的队伍将困守斯法克特里亚岛，孤立无援。我们知道，斯巴达人是没有办法阻止雅典舰队进入纳瓦里诺湾的。

与此同时，德摩斯梯尼将他的 3 艘三列桨座战船拖上岸，并用栅栏保护起来，以防遭到敌军舰队袭击。在这荒凉的敌境没有办法搞到常规的重步兵武器装备，于是他用柳条编织的盾牌将水手（一共不到 600 人）武装起来。但很快有一艘美塞尼亚私掠船抵达，运来了武器和 40 名重步兵，这一定是德摩斯梯尼事先安排的。他现在可能有至少 90 名重步兵，包括原先 5 艘船上的 50 名重步兵，但要塞的雅典守军的兵力和装备依然远逊于敌人。

德摩斯梯尼将大部分兵力部署在面向内陆的工事后面。他自己带领 60 名重步兵和一些弓箭手，承担了更艰难的任务，即防守海岬的西南端，那里面对敌军登陆的防守最为薄弱。他们就在海边严阵以待。

雅典人的海战胜利

在战前演讲中，德摩斯梯尼向士兵们介绍了古代两栖作战的一条简单真理："只要防守海岸的人不因恐惧而退缩，敌人就没有办法从船上强行登陆。"（4. 10. 5）斯巴达人在德摩斯梯尼预计的时间里果然发动了进攻，伯拉西达的勇气鼓舞了斯巴达人。但伯拉西达负了重伤，丢失了自己的盾牌。雅典人岿然不动，斯巴达人在激战两天后撤退了。第三天，在斯巴达人的进攻开始之后，索福克勒斯和欧律墨冬率领舰队从扎金苏斯岛赶来了，而且他们舰队的实力增加到了 50 艘三列桨座战船，因为一些希俄斯战船和几艘来自纳夫帕克托斯的战船也加入了他们。斯巴达人在港湾内等待，准备在那里交战。在随后爆发的海战中，雅典海军取得了辉煌胜利，而斯巴达人则遭受了灭顶之灾。斯巴达人的勇气主要表现在他们驶进激浪，努力阻止雅典人将被击败的斯巴达三列桨座战船拖走。雅典人设立了纪念碑，自由地绕过斯巴达重步兵，将其切断和封锁在斯法克特里亚岛上。

雅典此次海战胜利具有极其重大的意义和影响。斯巴达人意识到无法救援自己的士兵后，立即决定请求在皮洛斯休战，以商讨订立和约，并收回斯法克特里亚岛上的部队。像斯巴达这样尚武的国家居然为了收回420名士兵而愿意求和，或许令人惊讶。但这群士兵相当于斯巴达陆军的十分之一，而且其中至少180人来自斯巴达贵族世家。斯巴达奉行严格的优生政策，将身体有缺陷的婴儿杀死，在生殖力最强的岁月里将男女分开以便保证有效的生育控制，斯巴达的荣誉法则要求士兵们宁愿死也不蒙羞，而且统治阶层只在内部通婚。因此，对仅仅180名斯巴达人安全的关心不仅仅是多愁善感的姿态，而是极其务实的必要之举。

此次休战使雅典人可以继续封锁斯法克特里亚岛，但他们没有去攻击岛上的斯巴达人。雅典人还允许斯巴达人向被困在岛上的人输送粮食和饮水。作为回报，斯巴达承诺不去攻击皮洛斯的雅典壁垒，也不秘密派船去斯法克特里亚岛，并同意交出自己的60艘战船作为抵押。1艘雅典三列桨座战船载着斯巴达使者去雅典开展和谈；休战将一直持续到使者返回，那时雅典人必须完好返还斯巴达战船。若发生任何违反这些条款的行为，休战都将终止。这给雅典人带来了极大的优势：假如和谈失败，他们可以轻易地声称斯巴达人违反了休战协定，将斯巴达船只占为己有。尽管休战协定对斯巴达十分不利，但斯巴达人没有办法拒绝它。

斯巴达的和平建议

斯巴达使者向雅典公民大会提出了自己的和平条件，承认雅典人占了上风，但提醒他们，雅典的胜利不是由于双方力量平衡发生了根本性变化；雅典人最好趁着局势对自己有利，赶紧议和。为了收回被困在斯法克特里亚岛上的士兵，斯巴达人提议与雅典订立攻守同盟。由于双方未曾提及任何领土变更，雅典人应当可以保留埃吉那岛和米诺亚岛，于是雅典在西北方有了一个立足点。作为交换，他们应当彻底放弃收复普拉蒂亚的企图。

雅典人似乎应当接受斯巴达的建议，因为这似乎就是战争开始时伯里克利设想的那种和平了。但事实是否如此，还很难说。伯里克利的目标大体上是心理上的，他希望让斯巴达人确信自己没有打败雅典的实力。但斯巴达人对雅典公民大会的讲话却清楚地表明，他们还没有认识到这一点，而是继续相信，雅典的优势只不过是运气好而已，运气随时可能发生逆转。"我们此次蒙受的不幸并非由于我们的力量不足，而是由于我们太强盛，变得狂妄自大。但我们的资源没有发生变化，只是盘算失误，而任何人都可能犯下这样的错误。"（4.18.2）

雅典人一定认识到，斯巴达在收回自己的受困士兵之后随时可能再次发动战争。在前 425 年，雅典人知道只要斯法克特里亚岛上的士兵还在雅典手中，雅典就等于拥有了和平的保障。但正如修昔底德所说，"雅典人伸手去要更多的东西"（4.21.2），他的意思是贪婪、野心和扩张帝国的宏图在驱动着雅典人。这样的结局不是不可避免的，因为雅典人完全有理由去要更多的东西，而非仅仅满足于斯巴达空口白舌的承诺（在未来的联盟中与雅典保持友好，而这样的联盟依赖于两国友好关系的维系）。即便这些提议和平的斯巴达人是真诚的，他们或许也不会永远掌权。斯巴达国内政治的风云变幻是促使战争爆发的原因之一；同样在前430年，斯巴达的主战派足够强大，拒绝了雅典的和平建议。局势稳定之后，主战派完全可能再一次占上风。任何理智的雅典人都会希望得到比斯巴达人的提议更稳固的保障。

不足为奇的是，反对接受斯巴达建议的派系是由克里昂领导的，他提出的替代方案是迫使被困于斯法克特里亚岛上的斯巴达人投降，并将其押至雅典，扣为人质。他还要求，斯巴达人应当交出墨伽拉的港口尼萨亚和佩加，以及特洛伊曾和阿开亚，因为这些地方不是斯巴达在战争期间从雅典手中夺走的，而是雅典"由于之前的一次不幸而缔结的协定，当时雅典人急于缔结条约"（4.21.3）而交给斯巴达的（他指的是前445年，强大的斯巴达陆军进逼阿提卡平原的时候）。只有满足了这些条件，雅典人才会交还人质和同意缔结长期和平。

斯巴达使者没有直截了当地拒绝这些不受欢迎的条件，而是要求雅典人指定一个委员会，好让斯巴达使者继续与其进行私下谈判。克里昂凶暴地谴责斯巴达人心怀不轨：如果斯巴达人有诚实体面的话要说，那就在公民大会上公开发表好了。但斯巴达人肯定不能公开讨论背叛自己盟友的事情，于是他们放弃谈判，回家了。

有人说，是克里昂破坏了谈判，因为私下里商谈对雅典人不会造成什么损害，或许还能得到很大好处。但务实地看，雅典人在秘密谈判中能得到什么呢？假设雅典人投票决定指派一个委员会与斯巴达人秘密谈判，鉴于雅典的政治形势，尼基阿斯及其支持者一定会主宰谈判。这些人渴望和平，真诚地希望与斯巴达缔结友谊，并倾向于相信斯巴达会信守承诺。他们也许能与斯巴达人达成对雅典人非常有诱惑力的条件，或许包括两国结盟、永续友谊、收复普拉蒂亚，甚至斯巴达放弃墨伽拉。斯巴达人或许只会要求释放斯法克特里亚岛上的士兵和雅典人撤离皮洛斯，而这样的要求是很难拒绝的。

但斯巴达人可能愿意放弃墨伽拉（或至少放弃其港口）的想法是非常不现实的。斯巴达可能会放弃西北方，也可能不理睬科林斯关于克基拉和波提狄亚的要求，但放弃墨伽拉就等于允许雅典势力进驻地峡，将斯巴达与玻俄提亚和希腊中部切断。如果那样的话，斯巴达作为盟主和各盟邦保护者的公信力就消失殆尽了。科林斯、底比斯和墨伽拉一定会反对。要让雅典人满意，斯巴达就将不得不放弃它的主要盟邦，甚至根据斯巴达自己建议的与雅典形成攻守同盟，还要与雅典并肩反对这些盟邦。因此，斯巴达不可能与雅典达成这样的协议。因此，私下谈判反而会激怒斯巴达，很快导致新的冲突和战争，而斯巴达的战斗力并未减弱。克里昂和支持他的雅典人有充足的理由去反对与斯巴达秘密谈判。

如果说雅典人从秘密谈判中得不到什么东西，那么他们的确有可能损失一些东西：拖延时间对斯巴达人有利，在斯法克特里亚岛上的斯巴达人有可能找到逃走的办法。雅典人不可能在冬季封锁这个岛屿，如果两国未能达成和约，被困在岛上的人可以逃走。休战期间，斯巴达人可以向岛上输送粮食，休战的每一天都意味着岛上的人可以多坚持一天，雅典失去这张制胜王牌的风险也就越来越大。克里昂看到了这种危险，大多数人也支持他。

此次辩论标志着雅典政治的一个关键转折点。从前430年斯巴达拒绝雅典的和平提议到前425年的皮洛斯事件，雅典存在着普遍共识，即应当尽最大努力作战，以迫使斯巴达人求和。雅典人共同努力，以求达成这一目标，而没有去讨论究竟应当是什么样的和平。皮洛斯的胜利和随后斯巴达的求和改变了局势。在此之前，主张与斯巴达达成协议会被视为叛国；在此之后，爱国人士也可以良心坦荡地鼓吹这种路线了。伯里克利的战争目标、恢复战前状况、保住殖民帝国、斯巴达停止对雅典帝国的攻击，现在全都指日可待了。有些雅典人或许会争辩，这样的和平还不够安全，伯里克利本人一定会坚持要求更多的保障。但审慎的人可以回答说，聪明的办法还是信任斯巴达，并铺设长期和平的道路。在前425年，尼基阿斯的立场可能就是这样。

但是，克里昂有着截然不同的目标。他实际上要求恢复前445年《三十年和约》之前的理想状况，那时雅典控制着墨伽拉、玻俄提亚和希腊中部的其他一些地区，以及伯罗奔尼撒半岛的一些沿海城邦。他相信，正是由于某些"不幸"，雅典人被迫签署了《三十年和约》，被迫放弃了这些领土。克里昂指出，由于皮洛斯和斯法克特里亚岛发生的事件，雅典人必须坚持要求恢复《三十年和约》之前的状况，即和平不取决于斯巴达政治的心血来潮，也不依赖于斯巴达自说自话的善意表达，而是得到这样的有力保障：雅典控制着具有战略防御意义的地点。

克里昂反对尼基阿斯

　　斯巴达使者返回了皮洛斯，于是休战结束了。雅典人声称斯巴达破坏了休战协定，拒绝返还扣押的船只。从此以后，斯巴达人不得不只在陆地上作战，不过因为他们的海军之前表现很差，所以没了海军也不算特别大的损失。雅典人现在致力于俘虏斯法克特里亚岛上的斯巴达人，于是派遣了新一批 20 艘战船去封锁斯法克特里亚岛。他们估计很快就能成功，因为这是个荒岛，没有粮食，只有带咸味的水，而且雅典舰队完全掌控着通往该岛的所有通道。但斯巴达人面对这些挑战，表现出了出人意料的聪明才智。他们悬赏鼓励人们突破雅典封锁线，为被困人员输送粮食和饮用水，有功的自由人将得到赏赐，黑劳士将得到自由。许多人冒着风险，利用风力和夜色，来到斯法克特里亚岛。在没有港口的朝向大海的海滩上，有一些小船因此失事，还有人潜水游过海湾为斯法克特里亚岛上的人提供粮食。所以，岛上的人在雅典人估计他们应当投降的时间之后很久还在坚持着。

　　最终，雅典人自己也受到缺粮缺水的折磨。他们有 1.4 万人以上，却只能依赖皮洛斯卫城上一个小小泉眼的水，以及他们在海滩上能找得到的少量适于饮用的水。他们挤在很小空间内，由于这场围困的时间太久，他们的士气也遭到了消磨。他们开始担心，冬天到来之后，补给船无法定期抵达，他们就不得不放弃围困。随着时间流逝，斯巴达人没有派来新的使团，雅典人越来越担心斯巴达人自信一定能救回他们的人，而雅典可能在这个僵局中白忙一场，既没有得到重大的战略优势，也无法议和。很多雅典人开始感到他们犯了一个错误，而促使他们拒绝斯巴达和平建议的克里昂应当受到责怪。

雅典公民大会得知皮洛斯的严峻形势后，克里昂和他的政策才终于遭到了公开攻击。此次会议的目的可能是讨论德摩斯梯尼的请求，即派遣援兵进攻斯法克特里亚岛。克里昂肯定与德摩斯梯尼保持着紧密联系，也知道他攻击斯法克特里亚岛的计划。辩论发生的时候，雅典城已经在集结攻击斯法克特里亚岛所需的轻装部队，而德摩斯梯尼也已经开始做进攻准备，向附近的盟邦索要更多部队。德摩斯梯尼索要的一定是能够俘获斯法克特里亚岛上守军的那种受过特殊训练的部队。

克里昂是支持德摩斯梯尼的天然人选。他是最大张旗鼓、直言不讳地主张拒绝斯巴达和平提议的人，如果斯法克特里亚岛上的人逃跑了，克里昂很可能会被要求对此负责。他也是一位本领高强的政客，特别能捕捉到德摩斯梯尼大胆计划中的成功前景。尼基阿斯此时已经主张与斯巴达议和，并担心俘获斯法克特里亚岛上的斯巴达人会使雅典人燃起咄咄逼人的攻击性精神，那样的话就没办法议和了。因此他急切地希望尽可能久地拖延攻势，以便在一切都太晚之前与斯巴达达成协议。由于他没有德摩斯梯尼那样的经验（用轻装部队在崎岖地形作战），也没有直接的情报可以帮助他判断成功概率，他本性的谨慎可能使他高估了在一个重步兵把守的岛上强行登陆的危险性。无论如何，他肯定反对派遣增援部队去攻打那个岛屿。

克里昂指责从皮洛斯带来坏消息的信使没有说明真相，于是信使们请雅典人指定一个委员会去核查他们报告的准确性。雅典人同意了，并选举克里昂为这个委员会的代表之一，但他说此时去岛上调查只是浪费时间，会让雅典丧失一个良机。他认为假如公民大会相信这些坏消息，就应当立刻派遣增援部队

去攻打岛屿，并俘获岛上守军，因为"克里昂看到，现在雅
典人比较希望发动一次远征"（4.27.4）。

公民大会一定是投票决定派遣增援部队并指定尼基阿斯为
指挥官，因为克里昂用一根手指指着尼基阿斯，坚持说假如将
军们果真勇敢的话，率领足够的部队去皮洛斯并俘获斯法克特
里亚岛上的斯巴达人，应当是易如反掌之事。"如果他（克里
昂）自己是将军的话，他就自己去了。"（4.27.5）

现在雅典人被克里昂的招数吸引住了，问他假如他相信此
次行动很容易，他自己为什么不去。尼基阿斯看到了群众的情
绪并"注意到克里昂的嘲讽"，回答说将军们会很乐意让克里
昂率领任何部队去尝试此次行动。起初克里昂打算接受这个建
议，"因为他觉得这项提议只是个把戏"；后来"他认识到尼
基阿斯当真要将指挥权让出来"，于是又拒绝了，声称毕竟担
任将军的是尼基阿斯，而不是他。尼基阿斯看到对手的窘迫，
再一次表示愿意将指挥权让给他，希望借此让克里昂在公众面
前出丑。群众开始起哄，有的是认真的，有的则是出于对克里
昂的敌意，还有人只是为了取乐。

尼基阿斯没有权力将自己的指挥权交给克里昂，更没有权
力将其他将军的权力交给克里昂。但公民们开始呼喊支持他的
时候，很显然，雅典人愿意接受他的提议。起初克里昂"没有
任何办法逃脱自己的建议所造成的后果"，于是同意指挥增援部
队。他将仅仅带领一支此时正在雅典城、来自利姆诺斯和伊姆
布罗斯①的部队，一些来自埃努斯②的轻装部队，以及来自其

---

① 利姆诺斯和伊姆布罗斯是爱琴海北部的两个岛屿，是雅典的盟邦。

② 在希腊中部的凯法利尼亚岛上。

他地方的 400 名弓箭手。他承诺将用这些士兵和已经在皮洛斯的士兵，在 20 天内"要么将斯巴达人抓回来，要么将他们当场处死"（4.28.4）。

克里昂承诺在 20 天内成功，并且无须动用雅典重步兵，这并非浮夸吹嘘，也不是蛮勇无谋。由于德摩斯梯尼的计划是立刻发动进攻，现在既然手头已经有了所需的轻装部队，就必须尽快做出决定。克里昂知道，他要么失败，要么一定能在 20 天内完成任务。但是，修昔底德笔下"谨慎的人们"（雅典公民）表现出的态度让人既难以理解，也无法原谅。爱国的雅典人竟然同意将雅典远征军的指挥权，以及盟军士兵和雅典水手的生命交给一个他们认为愚不可及（更不用说多么无能）的人，这表明前 425 年的事件在雅典人当中造成的分歧是多么危险。

斯法克特里亚岛上的斯巴达人投降

克里昂任命德摩斯梯尼为他的同僚指挥官，并向他发去信息，告诉他援军即将抵达。在皮洛斯，德摩斯梯尼仍然犹豫不决，不想去攻击林木繁茂的斯法克特里亚岛（数目不详的斯巴达重步兵隐藏在那里）。就在这时，命运又一次支持了勇敢者。一队雅典士兵因为皮洛斯太拥挤，没办法做一顿热饭，于是来到斯法克特里亚岛上，其中一人偶然引发了一场森林火灾。很快，大多数树木都被烧掉了，德摩斯梯尼可以看到岛上的斯巴达人比他想象的还要多。另外，之前由于树木遮挡而看不清的一些适合登陆的地点现在也完全显露出来。他认为大火除掉了敌人最大的战术优势。在克里昂带领精神抖擞的特殊部队赶到之后，德摩斯梯尼已经准备好将他在埃托利亚学到的宝贵经验付诸实践。

黎明前，他率领 800 名重步兵，在岛上面向大海的一侧和面向港口的一侧分别登陆。德摩斯梯尼现在可以看到，大多数敌人集中在岛屿中心附近，保卫着水源；另一支队伍则在岛屿北端附近，就在皮洛斯对岸，只有 30 名重步兵把守着岛屿南端的登陆点。这 30 名斯巴达重步兵这么多天来一次次地看到雅典船只从他们眼皮底下无所作为地驶过，因此毫无戒备。他们还在睡觉时就被雅典人迅速消灭，就像一年前在希腊西北部的伊多门涅战役中雅典人被打得措手不及一样。黎明时，雅典人将其他部队——重步兵、轻步兵、弓箭手，甚至大部分舰队桨手（他们几乎毫无武装）——送上了岛。将近 8000 名桨手、800 名重步兵、800 名弓箭手和超过 2000 名轻步兵面对着420 名斯巴达人。

德摩斯梯尼将部队分成若干支 200 人的队伍，占领了岛上所有的制高点，所以无论斯巴达人在何处作战，背后或侧翼总会有敌人。策略的关键是轻步兵的运用，因为"他们是最难对付的，他们在远距离之外用弓箭、标枪和投石器作战。敌人根本没有办法攻击他们，因为即便在逃跑的时候，他们也仍然占据上风；追击者转身的时候，又会遭到他们的袭击。德摩斯梯尼最初对登陆作战的计划就是这样的，在实践中他也是这样部署部队的"（4. 32. 4）。

起初斯巴达人摆好阵势去对付雅典重步兵，但雅典的轻装部队从侧翼和后方用远程投射武器如倾盆大雨般地攻击他们，雅典重步兵只是站着观望。斯巴达人尝试向折磨他们的敌人冲锋，但这些轻装部队轻松逃到了斯巴达重步兵无法接近的崎岖高地。斯巴达人多次徒劳追击之后，疲惫不堪，并且遭受了一些伤亡。于是雅典轻装部队转而发起冲锋，一边呐喊，一边用投射武器攻击斯巴达人。出人意料的吵闹让斯巴达人乱了方寸，无法听清自己军官的命令。他们逃到岛屿北端，大多数躲在防御工事后方，抵挡雅典人的进攻。

美塞尼亚人的将军科门来找克里昂和德摩斯梯尼，请求他们提供弓箭手和轻步兵去寻找一条绕过陡峭海岸的小路，以便从背后攻击敌人。斯巴达人不想浪费兵力守卫这样难走的道路，因此科门的士兵出现时令他们大吃一惊。斯巴达人被重重包围，兵力远逊于对方，由于劳累和饥饿而变得虚弱，无路可逃，因此面临着全军覆没的危险。活着的战俘比死尸更有价值，于是克里昂和德摩斯梯尼给了他们投降的机会。斯巴达人接受了一次休战，以便商议如何应对。岛上的斯巴达指挥官拒绝承担投降的责任，于是派遣了一名传令官去斯巴达，请求权力人物下命令。斯巴达的权力人物也不肯承担责任，说"斯巴达人民命令你们自己决定自己的命运，但不准做任何有损名誉的事情"（4.38.3）。于是，岛上的人投降了。当初有420人来到斯法克特里亚岛，现在已有128人死亡；余下的292人（其中有120人是斯巴达人）被作为俘虏押往雅典，此时还远远没到克里昂承诺的20天限期。雅典人的伤亡很少。修昔底德写道："克里昂的承诺虽然疯狂，却实现了。"（4.39.3）

这个结局让整个希腊世界大为震惊。"在希腊人眼里，这是战争中最意想不到的事情"（4.40），因为没有人相信，斯巴达人竟然会投降。雅典人在皮洛斯要塞派驻了卫戍部队，纳夫帕克托斯的美塞尼亚人派去了一支部队，以它为基地袭掠斯巴达的岛屿，黑劳士也开始从斯巴达叛逃。雅典人还威胁若斯巴达人再次入侵阿提卡，他们就杀死人质。斯巴达人目瞪口呆，派了多个使团去谈判，希望讨回皮洛斯和战俘，但都没有成功。

雅典人向大英雄克里昂表达了感激（德摩斯梯尼似乎留在了皮洛斯，以确保它的安全）。公民大会投票决定授予克里昂最高荣誉：由国家出钱请他在圣火会堂①用餐，就好像他是奥林匹克运动会的冠军一样，并在剧场为他保留前排座位。大约两个月之后，公民大会做了新的评估，提高了向各盟邦征收的贡金数量。大多数学者正确地判断这是克里昂促成的，这体现了他对各盟邦的严厉态度，以及他在当时主宰着雅典政治。从前 425 年仲夏开始，至少到前 424 年春季（克里昂在那时当选为将军），克里昂在雅典拥有主导地位，只要是他支持的议案，一般都会在公民大会顺利通过，不会受到任何挑战。

对盟邦贡金的新评估是为了征收更多资金，以便把战争打下去，这次收到的总金额似乎是 1460 塔兰同，相当于上一次总金额的三倍多。新的法令要求严格而高效地征收贡金，一些很久没纳贡的地区和一些从未纳贡的地区，比如米洛斯岛，如今都需要纳贡。皮洛斯和斯法克特里亚岛事件使雅典的威望飙升，而斯巴达的威望大大受损。在此之前，上述旨在增加雅典收入的措施都难以实施，也过于危险，现在却可以落实了。这些措施体现了克里昂的决心：恢复雅典帝国的霸业，紧紧掌控臣属和附庸国，尽可能多地榨取财政收入。雅典人急需金

---

① 古希腊的每一个国家、城市或村庄都有自己的圣火，代表集体的团结和活力。圣火由统治者或其家人照管，保持常年燃烧。圣火所在的场所即圣火会堂。早期的酋长或国王可能以圣火会堂为宅邸。圣火会堂是一个社区的宗教和政治中心，是全体人民的"家"。当一个城邦的人在外地建立殖民地时，要用母国的圣火来点燃新城市的圣火。外国使节和有功的公民在圣火会堂受到款待，这是极大的荣耀。

钱，而克里昂的伟大胜利使他们有底气去向臣属城邦索要金钱。

　　在同一个夏季，尼基阿斯和另外两位不知名的将军发动了一场战役，古代作家没有解释他们这个举动的目的。他们以80艘战船、2000名雅典重步兵、200名骑兵和一些盟军士兵入侵了科林斯领土。这支部队在索利吉亚村（距科林斯六七英里）附近登陆，但已有奸细向科林斯人通风报信。科林斯重步兵攻击了雅典人，但被击败，损失了212人，雅典人只伤亡50人。雅典人建立了胜利纪念碑，但无法扩大战果，因为原先留在科林斯城内的年纪较大的人冲出来援助己方败北的部队。尼基阿斯以为这些人是伯罗奔尼撒的增援部队，于是迅速撤回自己的船上。

　　随后，雅典人驶向科林斯的城镇克隆米昂，蹂躏了其领土，但没有尝试攻打城镇本身。次日，雅典人在埃皮达鲁斯停留，然后前往迈萨纳（埃皮达鲁斯和特洛伊曾之间的一座半岛）。尼基阿斯在迈萨纳半岛的狭窄咽喉处建造了壁垒，在那里留下一支驻军，这支驻军后来袭掠了特洛伊曾、哈雷斯和埃皮达鲁斯的领土，这三座城镇都在其攻击范围之内。这可能就是整个远征的目标。在伯罗奔尼撒半岛东海岸建立一座要塞的想法，可能受到了西岸的皮洛斯胜利的影响。从迈萨纳发动袭掠或许可以迫使特洛伊曾和哈雷斯等城镇转投雅典阵营。雅典人或许还能威慑或占领埃皮达鲁斯，然后把阿尔戈斯拉拢过来。在皮洛斯－斯法克特里亚岛大捷之后春风得意的日子里，似乎一切皆有可能。

　　雅典人在西部依旧很活跃。索福克勒斯和欧律墨冬率领舰队从皮洛斯赶往克基拉岛，伊斯通山上的寡头派仍然在骚扰城内的亲雅典民主派。索福克勒斯和欧律墨冬舰队的抵达扭转了局势。在盟军的支持下，雅典人攻克了伊斯通山地要塞，迫使寡头派投降，但条件是他们只向雅典人投降，并且要在雅典接受审判。战俘被关押到附近的一座岛上，以便保护他们，但克基拉民主派想要杀掉这些战俘。他们诱骗寡头派逃跑，雅典人宣布休战协定已经被破坏，于是将战俘交给了杀气腾腾的克基拉民主派。不少战俘被极其残忍地处死，其他人自杀，他们的妻女则被奴役。索福克勒斯和欧律墨冬放任这些可怕暴行的发生。"就这样，山上的克基拉人被民主派消灭了，持续了许久的党争以这种方式结束，至少从战争的角度讲是这样，因为再也没有一个值得一提的寡头派了。"（4.48.5）

作战季节行将结束，雅典的盟邦在希腊西北部赢得了又一场胜利。纳夫帕克托斯的驻军和阿卡纳尼亚人以欺骗手段占领了阿纳克托里翁（希腊的围城战往往以欺骗手段取胜），随后阿卡纳尼亚人将科林斯人逐出阿纳克托里翁，将这座城市转变为自己的殖民地。对科林斯人来说，失去阿纳克托里翁是一个沉重打击，因为它让他们原本就逐渐暗淡的威望在这样一个重要地区愈加受损。

在整个战争期间，双方都在努力获取"蛮族"国家的帮助，其中最重要的就是波斯。阿里斯托芬于前 425 年创作的《阿卡奈人》中提到一个令人捧腹的场景：波斯国王派来的一名使臣——"国王之眼"——出现在雅典的舞台上，这表明雅典人在与波斯联系，或许早在战争初期就已经相互联络了。斯巴达人也在拉拢波斯人。前 430 年，斯巴达派往波斯宫廷的一个使团被雅典人截获。前 425/前 424 年冬季，雅典人抓获了另一名使者，此人携带着波斯国王给斯巴达的回信。"国王陛下不清楚斯巴达人的诉求是什么。尽管有许多使者抵达,他们传达的信息却不尽相同。如果他们想明确表达意见,应当派人与波斯信使一同觐见国王。"(4.50.2)斯巴达人的含糊不清或许是由于波斯要支持斯巴达的话,提出的价码至少是吞并亚洲的希腊城邦,而斯巴达人打着"为希腊人自由而战"的旗号,因此在道义上不能将亚洲的希腊人拱手交给波斯。雅典人将抓获的信使连同自己的使者一起送到波斯国王那里,希望从这局势中获利。但当他们抵达以弗所时却得知,阿尔塔薛西斯一世国王已经驾崩。他们判断此时与波斯谈判不是个很好的时机。雅典和斯巴达双方都没有理由相信自己可以得到波斯的帮助。

前425年的事件彻底改变了战争进程。僵局被打破了,雅典人在各地都占了上风。对各臣属城邦征收的新一笔贡金缓解了他们的财政困难。在缴获敌人舰队之后,他们解除了敌人在海上的威胁,消除了雅典帝国海洋部分发生叛乱的可能性。西北部的敌人几乎已经完全肃清。近期没有波斯干预战争的直接危险,而雅典在西西里岛的军事行动保证了西方的希腊人没有办法去援助他们在伯罗奔尼撒半岛的多利亚亲戚。最后,在斯法克特里亚岛抓获的俘虏被安全地关押在雅典,作为人质,保证斯巴达人不敢入侵阿提卡。雅典人有理由感到满意,他们也急于扩大战果以获得全面胜利。现在的问题是下一步应该如何进行,而答案取决于他们希冀的究竟是怎样的胜利。

有些人希望与斯巴达议和,让斯巴达承认雅典帝国的完整性,并与雅典结盟。这些人主张有限的战略。他们希望避免大规模陆战;牢牢控制伯罗奔尼撒半岛上的要塞,若有可能,占领更多据点;以这些要塞为基地去骚扰、挫败和拖垮敌人。换句话说，就是将伯里克利的政策继续下去或做适度的扩展。

克里昂和与他持相同政见的人提出，这样的和平并不安全，因为说到底它取决于斯巴达的承诺和善意。因此，他们坚持要求必须要有切实可见的安全保障，以确保战火不会再次燃起。他们的目标是控制墨伽拉和实现玻俄提亚的中立化，斯巴达人在谈判中也许会向雅典承诺这两点，但他们不可能真正兑现诺言。此时敌人虚弱且斗志低迷，雅典力量处于巅峰，因此在此时与敌人议和是愚蠢的。正确的战略是进攻墨伽拉、玻俄提亚以及其他合适的地点。在征服了这些地方之后，和谈的时机才可能真正成熟，才可能真正获得持久的和平。克里昂及其朋友的想法一定是这样的。不足为奇的是，雅典人果然选择遵照他们的建议。

第十三章
雅典的攻势：墨伽拉与德里昂
（前 424 年）

克里昂在斯法克特里亚岛的成功使他在前 424 年春当选为将军，另外两位积极进取的主战派人士德摩斯梯尼和拉马库斯也成为将军。其他将军包括尼基阿斯、尼科斯特拉图斯、阿乌托克利斯和奥洛鲁斯之子修昔底德（他将来会撰写这场战争的历史），这四人都反对克里昂及其政策。雅典人开始准备发动他们在战争期间最大胆的军事行动，这并不说明将军们的立场发生了变化，而是表明大多数雅典人在近期胜利的鼓舞下，决心采纳更加积极主动的战略。

基西拉岛与泰里亚

5 月初，三位温和派人士——尼基阿斯、尼科斯特拉图斯和阿乌托克利斯——带领 60 艘战船、2000 名重步兵、一些骑兵和盟军出发了，目标是占领拉科尼亚南端外海的基西拉岛（见地图 1）。此次入侵是新战略的一部分，以在皮洛斯和迈萨纳的行动为蓝本，目标是在伯罗奔尼撒半岛周边建立要塞，攻击、骚扰和挫败敌人，打击敌人的士气。基西拉岛是斯巴达与埃及之间的一个贸易基地，为斯巴达提供粮食和其他商品，同时也是防卫伯罗奔尼撒半岛海岸的前哨。一旦基西拉岛被雅典人控制，那么斯巴达与埃及的贸易就会被切断。基西拉岛将不仅成为雅典人袭掠伯罗奔尼撒半岛的跳板，还将成为雅典人去往西方途中一个便利的停留地。

尼基阿斯以 10 艘战船和一小队重步兵，迅速占领了基西拉岛的沿海城市斯坎代亚，而主力部队则径直冲向岛屿内部的基西拉城，将敌军驱赶到岛屿北部。尼基阿斯说服基西拉人投降，并给出了宽大的条件：基西拉人可以留在岛屿上，保留自己的土地，只需每年纳贡 4 塔兰同，并同意在岛上驻扎雅典军队。

基西拉岛的陷落对斯巴达人的打击几乎与丢失皮洛斯和斯法克特里亚岛上的俘虏一样严重。斯巴达人的反应是向伯罗奔尼撒半岛许多地方派驻军队，并第一次组织了 400 名骑兵的部队和一支弓箭手队伍。修昔底德生动地描绘了斯巴达人此时的心理：

> 他们百般戒备，因为他们害怕发生反对现行秩序的革命，因为他们在基西拉岛上遭受的灾难非常严重且出乎意料。皮洛斯和基西拉岛被占领了。他们四面受敌，战局发展既迅捷又难以防备……在军事上，他们变得比以往更加胆怯，因为他们卷入了一场海战，他们的日常战备无法帮助他们应付战局，而且在这陌生的战场上他们的敌手是雅典人，而雅典人屡战屡胜。与此同时，斯巴达人遭到的意外灾祸如此之多，在如此之短的时期内接踵而至，令他们心惊胆寒。他们担心像基西拉岛上那样的灾难，也许会再一次降临。所以，他们不再大胆地投入战斗，觉得他们所

做的任何事情都不会有好结果。他们没有自信，而这是由
于他们之前很少尝到败绩的滋味。(4.55)

随后，雅典人进攻了泰里亚（在基努利亚地区）。这是斯
巴达和阿尔戈斯的边境地带，长期以来一直是两国冲突的根
源；有些史学家说它是伯罗奔尼撒半岛的阿尔萨斯－洛林。斯
巴达人将这座城镇交给了埃吉那人（埃吉那人在战争开始时
被雅典人从其故国岛屿驱逐了出去）。斯巴达人和埃吉那人一
起在海边建造一座要塞的时候，雅典舰队杀来了。若是斯巴达
人坚决抵抗，或许能阻止雅典人登陆，但斯巴达人斗志涣散。
雅典人未遇到任何抵抗，径直冲进泰里亚，烧毁了城市，掠夺
了战利品，杀死许多埃吉那人，并抓了许多俘虏，其中包括来
自基西拉岛的难民。雅典人将这些基西拉人分散羁押到爱琴海
诸岛，但将所有的埃吉那人处死，"因为他们在过去始终是雅
典的敌人"(4.57.5)。战争令宿怨愈发激化，现在又增添了
这么一桩战争暴行。

令人失望的西西里岛局势

在西西里岛，雅典人未能取得同等程度的成功。墨西拿失
陷和瑞吉昂被包围使他们在墨西拿海峡两岸都没有一个基地
（他们最终收复了瑞吉昂，但墨西拿一直在敌人手中）。前 425
年，雅典人没有在西西里岛上作战，而是任凭岛上的希腊人自
相残杀，未曾施加干预。索福克勒斯和欧律墨冬抵达西西里岛
后，发现他们的盟友已经厌战，并且怀疑雅典人有没有足够的
意志和能力，在希腊大陆激战的同时还能为捍卫他们的利益而
继续作战。前 424 年，叙拉古的盟邦杰拉和雅典的盟邦卡马里纳

单独媾和了。随后，这两个城邦邀请西西里岛的其他城邦到杰拉开会，寻求达成共同协约。这可以算是一次外交大会，在希腊历史上是很罕见的。在向与会者讲话时，叙拉古的赫莫克拉提斯声称自己不是为了他自己的城邦发言，而是代表整个西西里岛。他指控强大的雅典对西西里岛心怀不轨。他敦促西西里岛的希腊人停止多利亚人和伊奥尼亚人之间的冲突，因为那样只会让外人轻松渔利。他提出的愿景是西西里岛的希腊人联合起来，岛上所有的希腊城邦之间维持永久和平，西西里岛的命运由西西里人掌控。

> 总的来讲，我们是邻居，一起居住在这片被大海环绕的土地上，并被称为西西里人。我设想当局势需要时，我们便去打仗；我们之间通过共同磋商来达成和平。但如果我们聪明的话，当外邦人入侵时，我们应当一致对外。因为如果我们当中的任何一个城邦受到伤害，那么所有城邦都会处于威胁之中。我们再也不应当召唤外邦人来当盟友或者调停者。如果我们停止召唤外邦人，在当前对西西里岛就有两个好处：摆脱雅典人和结束我们的内战。至于未来，我们将在一个自由国家里生活，不像现在这样受到外界的威胁。(4.64.3 – 5)

赫莫克拉提斯的讲话常被认为是真诚而无私的，是在呼吁集体的福祉，但我们有理由怀疑他的动机。毕竟，如果西西里岛上较弱的希腊城邦承诺不再寻求希腊大陆上强国的支援，那么最大的受益者是叙拉古。另外，在前 424 年，叙拉古是西西里岛上最强大、最具侵略性的国家，它受到雅典的威胁。赫莫克拉提斯后来的所作所为也让我们怀疑他的诚实。前 415 年，为了抵抗雅典人的入侵，他敦促叙拉古人寻求外界援助，不仅向科林斯和斯巴达这样的希腊城邦求援，甚至还向迦太基求援。他还敦促西西里人加入伯罗奔尼撒人反对雅典人的战争，尽管那时雅典人已经被逐出西西里岛了。

　　但在前 424 年，被战争折磨得筋疲力尽的西西里人在杰拉听信了赫莫克拉提斯的雄辩，再加上叙拉古将摩根提那①割让给卡马里纳以展示自己的信誉，于是大家同意以现状为基础缔结和平协约。雅典人在西西里岛的盟友将此事告知雅典人，并邀请他们加入协约。雅典人在西西里岛没有基地，自己的盟友又不愿意继续作战，而且雅典人自己的力量不足以征服该岛，于是他们接受了和平，起航回家。

　　雅典的几位将军或许对这个结局感到满意，因为他们的使命就是保护雅典在西西里岛的盟友，阻止叙拉古控制整个西西里岛，或许还有调查在当地获益的前景。杰拉的大会可以说是达成了雅典人的所有目标。但返回雅典之后，这些将军很快遭到起诉，罪名是在接受了敌人的贿赂后撤军，而他们原本可以征服西西里岛。失败的指挥官常常受到这样的指控；即便那些得胜的指挥官，若是被认为没有获得完整的胜利，也会遭到指控。几位将军可能的确从西西里岛的朋友那里收了一些礼物，但没有他们受贿的证据。不过，他们仍然全都被定了罪：索福克勒斯和皮索多鲁斯被流放，欧律墨冬被罚款。修昔底德对此案的解释如下："由于雅典人此时正春风得意，他们认为自己的一切行动都会顺利成功，不管他们的力量充足与否，不管任

_____

①　西西里岛中部一座小城。

务是轻松还是困难，都一定会胜利。他们之所以这样自信，是因为他们在之前的大多数行动中都取得了令人难以置信的成功，这给了他们希望和力量。"（4.65.4）

到前424年，在皮洛斯和斯法克特里亚岛、迈萨纳半岛和基西拉岛的胜利之后，雅典人比以往有了更高的期望，或许的确抱有一种不现实的乐观主义，但他们确实有理由对将军们的表现不满意。毕竟，前427年以20艘战船第一次远征西西里岛的行动阻止了叙拉古人得胜，占领了墨西拿，赢得了西西里岛上希腊人和土著西库尔人的支持，并让这些岛民热情高涨，以至于他们派遣使者到雅典请求更多的援助。因此，我们不难理解在前424年雅典人为什么自信只需要再投入40艘战船就能快速结束西西里岛战争，并得到令人满意的结果。当将军们告诉雅典人，西西里岛战争已经按照"西西里岛的命运由西西里人掌控"的原则结束了（这毕竟是叙拉古一位主要贵族政治家的口号），而且雅典人实际上是被盟友请出去的时候，雅典人必然是万般震惊。雅典人完全有理由怀疑赫莫克拉提斯的口号不过是幌子，掩盖着"西西里岛的命运由叙拉古人掌控"的真相。雅典人也有理由担心西西里岛会在一个对雅典之敌友好的多利亚人国家的领导下实现统一。他们也有理由怀疑以前20艘战船就差一点征服西西里岛，现在60艘战船怎么可能把它丢掉！

事实上，索福克勒斯、欧律墨冬和皮索多鲁斯表现出的积极主动精神极少，取得的成绩也极少。他们在皮洛斯有所耽搁，让来自克基拉岛的斯巴达舰队从自己眼皮底下溜走；到西西里岛又太晚，没有办法取得多少成果，因为他们被迫参与持续了几乎整个夏季的对斯法克特里亚岛的封锁。他们若是更警醒些，就能尽早在西西里岛登陆，极大地影响战局。在这样令人失望的情况下，任何人都会将这些军官免职。但在这件事中，雅典人的反应并非缺乏理智，而是有些过分理智了。

雅典人进攻墨伽拉

前424年夏季，雅典人几乎完全抛弃了伯里克利的战略，对邻国发动了积极攻势，目的是剥夺斯巴达人的关键盟友，保障阿提卡的安全，防止再次遭到入侵。7月，他们尝试控制墨伽拉，并终结来自伯罗奔尼撒半岛的入侵威胁。自战争爆发以来，受苦最多的就是墨伽拉人，禁运毁掉了他们在爱琴海的贸易，每一年雅典军队都会蹂躏他们的土地。前427年，雅典人占领了米诺亚岛，于是墨伽拉人连一艘小船都没有办法溜出尼萨亚港再进入萨龙湾，墨伽拉脖子上的绞索被勒得更紧了。这苦难使派系之间发生冲突，一群民主派将极端寡头派政府驱逐了出去。墨伽拉的政权更迭令斯巴达及其许多寡头制盟邦大为警觉，在尼萨亚派驻了军队，以监视墨伽拉人，同时将被流放的墨伽拉寡头派安置在普拉蒂亚城原址。一年后，这些寡头派离开普拉蒂亚，占领了佩加（墨伽拉的西部港口，在科林斯湾岸边），从那里封闭了墨伽拉的最后一个入海口（见地图4）。到前424年，墨伽拉人要想获取粮食和其他补给物资，只能取道科林斯，经陆路去往伯罗奔尼撒半岛。但由于伯罗奔尼撒盟邦不喜欢也不信任墨伽拉民主派，因此并不与其合作。

面对如此大的压力，墨伽拉人从佩加召回了流亡的寡头派，希望他们停止攻击，以恢复使用西部港口。与此同时，民主派领导人害怕寡头派归来之后会让墨伽拉恢复寡头统治并将民主派流放或处死，于是密谋将自己的城市交给雅典。他们与雅典将军希波克拉底①和德摩斯梯尼一起，计划让雅典人控制连接墨伽拉与尼萨亚的长墙，阻止伯罗奔尼撒军队进入墨伽拉。然后，民主派会把城市出卖给雅典人。如果一切顺利，墨伽拉将加入雅典同盟，结束雅典对其一年一度的入侵以及长期的贸易禁运和封锁。在雅典人的帮助下，墨伽拉人还可以将流亡的寡头派从佩加驱逐出去，收复自己的两个港口，恢复昔日的繁荣。他们可以驻防南部边境上的要塞，永久阻止伯罗奔尼撒人进入墨伽利斯。

对身处险境的民主派领导人来讲，这个计划的好处远远胜过坏处，但大多数墨伽拉人不是这么想的。墨伽拉人与雅典人至迟从前 6 世纪开始就互相敌视。在第一次伯罗奔尼撒战争中，两国为了利益暂时联合，最后以墨伽拉人屠杀雅典驻军告终。而在两次伯罗奔尼撒战争之间的年月里，两国发生了边界纠纷、渎神谋杀的指控和后来的禁运风波。雅典是墨伽拉人恨之入骨的死敌，纵然现在与其结盟比较有利，但墨伽拉人民还是很难接受。因此，民主派不能公开同意与雅典结盟，只能秘密勾结雅典人。

雅典人占领尼萨亚的计划非常复杂，风险极大。希波克拉底率领 600 名重步兵趁夜色出航，在尼萨亚城墙附近的一条壕沟内隐蔽起来。与此同时，德摩斯梯尼带领一些轻装的普拉蒂亚人和一小群雅典重步兵，取道厄琉息斯，从陆路前进，在更靠近尼萨亚的恩亚琉斯设下埋伏。他们的成功取决于出其不意的袭击和保守秘密，"在整个夜间，除了负责人之外，任何人都不知道究竟在发生什么事情"（4. 67. 2）。

与此同时，墨伽拉民主派也在参与对城墙的三面夹击。每

---

① 注意不是那个最有名的医生希波克拉底。

天夜里，伯罗奔尼撒人都允许墨伽拉人打开尼萨亚的城门，用大车运出一艘小船（墨伽拉人称要用这艘船去袭击雅典航船），然后将其运回城内。在约定的那天夜里，墨伽拉民主派会让雅典人藏在船内从这座城门进城。

当夜，墨伽拉民主派杀死了城门的哨兵，希波克拉底带领部下进入了尼萨亚城。拂晓时，雅典人控制了长墙。在约定的时间内，4000名雅典重步兵和600名骑兵抵达那里，以便保卫他们在那里的阵地。

即便到了这个阶段，墨伽拉民主派仍然没有公开宣布改换阵营，而是对他们的同胞耍了一个可怕的花招，以便达到目的：他们提议率领墨伽拉人冲出城去，进攻严阵以待的雅典军队，密谋者们将带有标识，好让雅典人在战斗中饶过他们；其他人若不投降，将被雅典人屠杀。但其中一位密谋者良心发现，将阴谋泄露给寡头派，寡头派劝服了其他的墨伽拉人，让他们紧闭城门。假如民主派打开了城门，那么雅典人一定能占领墨伽拉，而斯巴达人根本来不及派兵干预。

雅典人仍然有机会迫使墨伽拉投降，但不幸的是，伯拉西达登场了。他碰巧在科林斯和西锡安附近，为了别的事情在征募一支军队。他得知了墨伽拉事态，请求玻俄提亚人支援，与他会合。此时，伯拉西达手中有3800名盟军和数百名斯巴达士兵。他希望用这支力量挽救尼萨亚，但为时已晚，于是他率领300名士兵，努力营救墨伽拉。

但是，墨伽拉人不愿意让他进城。民主派知道，斯巴达人会消灭他们、恢复寡头派流亡者的统治，而流亡者的寡头派朋友们也害怕斯巴达人的抵达会引发内战，给雅典军队占领城市的机会。民主派和寡头派都确信雅典人和伯罗奔尼撒军队之间必有一战，他们都希望静观其变。

玻俄提亚人知道，如果雅典人控制了墨伽利斯，玻俄提亚与伯罗奔尼撒半岛之间的联系就被切断了，玻俄提亚人将遭到攻击。于是，他们派遣了 2200 名重步兵和 600 名骑兵去支援伯拉西达。此时雅典的重步兵不到 5000 人，而敌人却有 6000 人。雅典人没有强行与墨伽拉人交锋，而是在尼萨亚静候。伯拉西达也选择等待，因为他相信自己的阵地坚固，雅典人若是进攻必然吃亏；他的军队的存在或许能让雅典人胆怯地撤退，这样他就能不战而胜地挽救墨伽拉。果然如此，雅典人撤到了尼萨亚城墙之后，而伯拉西达返回墨伽拉，这一次墨伽拉人允许他进城。雅典人在尼萨亚留下驻防部队，主力撤回了阿提卡，算是承认了失败。在墨伽拉，民主派的叛国罪行被揭穿，他们逃离了城市。寡头派流亡者再度掌权，一心复仇。他们惩处了仍然留在城内的所有政敌，建立了一个非常狭隘的政权，政治权力被掌握在一小群人手中。从此以后，墨伽拉始终是斯巴达的忠实盟友，对雅典则更加憎恨。

雅典入侵玻俄提亚

大约 8 月初，雅典人向玻俄提亚发动了一次大胆而复杂的行动，与之前攻击墨伽拉有相似之处。这说明这两次进攻可能是同时谋划出来的，是同一场大规模行动的组成部分，旨在改变战争走向。墨伽拉的行动虽然失败了，但德摩斯梯尼和希波克拉底并不气馁，开始尝试实施计划的第二部分，即攻击玻俄提亚。

在玻俄提亚，好几个城镇的民主派都在私下里与雅典人密谋，好让自己的派系掌权，而德摩斯梯尼与希波克拉底很乐意与他们合作。在玻俄提亚西部，民主派准备将西弗艾（泰斯

皮亚的港口）和喀罗尼亚出卖给雅典人。与此同时，在玻俄
提亚东部，雅典人计划占领位于德里昂的阿波罗圣所，此地距
离雅典边境很近（见地图 4）。和在墨伽拉的情况一样，要想
成功，需要同时发动进攻，以阻止玻俄提亚人集结大军来对付
德里昂的雅典主力部队。要想让内奸成功地将西弗艾与喀罗尼
亚交给雅典，保守机密就至关重要。雅典人希望同时占领上述
三个地方，这也许能削弱底比斯人的决心，使玻俄提亚全境发
生民主的、反底比斯的叛乱。即便不能达成这样的目标，至少
雅典也能在玻俄提亚边境拥有三座要塞，可以将它们作为袭掠
作战的基地和逃亡者的避难所。后一种想法是雅典人新战略的
一部分，这种新战略就是在敌境建立永久性的设防基地，其在
拉科尼亚已经取得了不错的效果。假以时日，这三座要塞的压
力或许能迫使玻俄提亚人投降。

　　对德里昂发动主攻需要一支大部队，在西弗艾的登陆作战
需要一支较小的部队。派遣这么多军队意味着更多士兵将面临
风险，雅典人不愿意这样冒险，德摩斯梯尼则期望从希腊西北
部的盟邦征募士兵。然而集结这些士兵需要一定的时间，泄露
计划的风险也就更大了，毕竟这种危险是无法避免的。德摩斯
梯尼带领 40 艘战船去了西北部，征募到了他需要的士兵，然
后静候进攻西弗艾的日子。从他启程离开雅典到他抵达西弗
艾，时间已经过去了三个月，这或许是因为玻俄提亚的民主派
需要如此长的时间来准备起事。

　　11 月初，当德摩斯梯尼的军队终于乘船进入西弗艾港时，
一切都变得不对劲了。民主派反叛者当中有人向玻俄提亚人告
密，玻俄提亚人派遣军队占据了喀罗尼亚和西弗艾。但是，如
果雅典人的两场攻势（分别针对西弗艾和德里昂）准确地同

时发动，那么希波克拉底在东方对德里昂的攻击或许能转移玻
俄提亚军队的注意力。不幸的是，雅典人的行动时间没有安排
好。因为德摩斯梯尼太早到达西弗艾，玻俄提亚人得以自由地
集中力量对付他。德摩斯梯尼没有办法强行攻入防卫牢固的地
区，于是雅典人在玻俄提亚西部的计划失败了。

在德里昂，希波克拉底拥有约 7000 名重步兵、10000 多
名外邦和盟军士兵，以及许多前来帮助建造要塞的雅典平民。
雅典军队在此的目的仅仅是保护建造要塞的劳工，恫吓任何敢
于侵犯的玻俄提亚军队。要塞竣工之后，只需少量士兵即可守
住它。德摩斯梯尼和希波克拉底始终没有打算冒险和任何兵力
与自己相当的敌军交战。

在占据这个地区之后，雅典人还占领了阿波罗神的圣所，
这严重违反了希腊禁忌。这种犯禁行为是表明这场血腥而漫长
的"现代"战争违背传统规则的又一典型例证。

德里昂

希波克拉底没有受到玻俄提亚人的干扰，三天内便建成了
要塞，然后准备带着自己的部队回国。他不认为自己会遇到麻
烦，因为他不知道玻俄提亚西部发生了什么。他的大部分部队
南下，直接返回雅典。重步兵在距离德里昂约 1 英里的地方停
下等候希波克拉底将军，此时他还在德里昂做最后的安排。与
此同时，玻俄提亚人在几英里外的塔那格拉集结起来，拥有
7000 名重步兵（和雅典人兵力相当）、10000 人的轻装部队、
1000 名骑兵和 500 名轻盾兵[①]。尽管玻俄提亚军队的实力更

---

① 轻盾兵（peltast）是古希腊轻装部队的一种，源自色雷斯，得名自他们
　手持的轻型月牙形柳条盾，主要武器是标枪和剑。

强，而且雅典人的新要塞就建在玻俄提亚的领土之上，但玻俄提亚联盟的行政长官中有九人投票反对与雅典人交战。仅有的两名主张交战的行政长官都是底比斯人。

　　玻俄提亚军队的指挥官是埃奥里达斯之子帕冈达斯，一位过了花甲之年的显赫贵族。他察觉到雅典人的薄弱，于是劝服玻俄提亚人坚持作战。在希腊重步兵的交锋中，防卫领土一方的胜算高达75%，因为组成步兵方阵的农夫和军人在保卫土地和家园时会比进攻时更加勇猛。双方的将军在战前演讲中都提到了这种倾向。帕冈达斯敦促士兵们全力厮杀，尽管敌人正在撤往国境以内。通常来讲，自由意味着捍卫自己的土地，但此次的敌人是雅典人。"他们企图奴役无论远近的人民，我们除了死战到底，还有别的路可走吗？"（4.92.4）希波克拉底则告诉他的雅典士兵，不要害怕在外国土地上作战。他解释说此次战斗实际上是在保卫雅典，并阐明了此次战役的战略目标："如果我们胜利，伯罗奔尼撒人就会失去玻俄提亚的骑兵，就再也不能入侵阿提卡。此次一战，我们将征服他们的土地，解放我们自己的土地！"（4.95.2）

　　帕冈达斯的演说强调了德里昂战役的独特性质。这不是通常的边境冲突，而是"死战到底"。也就是说，目标是歼灭雅典军队和结束整个伯罗奔尼撒战争，而实际上德里昂战役只是这场战争的一部分。帕冈达斯率军前进到一个位置上，这里的一道山脊将两军隔开。他在排兵布阵时发挥了聪明才智和创新精神。他在两翼部署了骑兵和轻装部队，以抵抗敌人的侧翼包抄。在重步兵方阵的右翼，他集中了底比斯人的力量，纵深达到非同寻常的二十五排，而不是通常的八排。来自其他城邦的重步兵则根据自身意愿布阵，但可能是按照标准的战术。这是第一次有史料记载的大纵深侧翼的重步兵方阵，这种战术在之后的一个世纪里将被底比斯的伊巴密浓达①和马其顿的腓力二世与亚历山大大帝运用，发挥极大的杀伤力。玻俄提亚人的右翼几乎一定可以打败敌军左翼，而雅典人按照八排纵深来布阵，战线会更长，由于两军的重步兵数量是相当的，雅典人可能对玻俄提亚人实施侧翼攻击。因此，玻俄提亚人能否取得胜利取决于右翼的底比斯人能否迅速压垮对方并将其击溃。与此同时，玻俄提亚人左翼的骑兵和轻装部队必须阻止雅典人形成突破。底比斯人还投入了 300 名精锐重步兵，他们显然受过特殊训练，而且来自最富裕的阶层。这也是史册记载的第一次有专业部队得到不同于普通士兵的特殊训练，而当时普通的步兵方阵成员都是民兵。这证明了希腊战争的复杂程度在不断提高，伯罗奔尼撒战争期间这种提高的速度越来越快，其他国家也纷纷效仿。

帕冈达斯率军开始从山脊顶端向下推进时，希波克拉底的战前演说还没有结束，才刚刚到达战线中路。为了让所有士兵都听得到他的演说，他需要沿着战线走，多次重复自己的演说。此时他正在己方右翼，很快意识到自己可以包抄敌军方阵的左翼。他也一定注意到，战场两侧的溪谷会阻碍敌军两翼骑兵与轻装部队前进，而他自己的两翼兵力弱于敌军。于是，他

①　伊巴密浓达（约前 418～前 362 年），底比斯将军与政治家。在伯罗奔尼撒战争结束后，斯巴达着手在希腊世界建立霸权统治，遭到之前的盟邦反对。底比斯联合雅典、科林斯与阿尔戈斯等国与斯巴达对抗，多年战争后打败了斯巴达。底比斯跃升为一等强国，伊巴密浓达重塑了希腊政治版图，使旧的同盟解体，创立新的同盟，并监督各城邦的建设。他也具有很大的军事影响力，为底比斯赢得了数场主要战役的胜利。不过底比斯建立的霸权没有持续多久，后来被马其顿消灭。

命令部下冲锋上山。

雅典人的右翼迅速击溃了玻俄提亚人的左翼（那里是来自泰斯皮亚、塔那格拉和奥尔霍迈诺斯的士兵）。在战场的另一端，底比斯人表现不佳，因为与他们对阵的雅典人非常坚韧不拔，仅仅是一步一步地缓慢后退，没有发生阵脚大乱、一哄而散的现象。这对玻俄提亚人来说是极其危险的时刻，对雅典人而言则是充满希望的时刻。因为若是战局继续发展下去，雅典右翼将抢先突破玻俄提亚战线，而底比斯右翼还没有办法击溃雅典战线。随后底比斯人将遭到钳形攻势，玻俄提亚军队将会溃败，甚至被歼灭。

就在这时，帕冈达斯表现出了他的战术天才，扭转了战局。他派遣两队骑兵从右翼出发，从山的背后绕出去，那是雅典人看不到的地方。他们最终杀到得胜的雅典人背后，发起了出其不意的攻击，这令雅典人恐慌起来，因为他们以为敌人的生力军赶到了，在袭击他们的后方。雅典人冲锋的势头被遏制了，底比斯右翼有了时间去突破对面的雅典人，将其击溃。雅典军队现在开始乱哄哄地逃跑，遭到玻俄提亚和洛克里斯骑兵的追击。由于夜幕降临，雅典人才没有遭到更大规模的屠戮。在漫长而复杂的谈判之后，雅典人终于被允许收回己方死者遗体。他们发现，己方除了损失许多轻装部队和非战斗人员之外，还损失了近 1000 名重步兵，包括将军希波克拉底。到目前为止，这是雅典人在十年战争中遭遇的最严重损失。为了摧毁雅典人在德里昂建造的要塞，玻俄提亚人建造了一种巨型喷火器，点燃了要塞的城墙，将守军逐出。这场史无前例的战争催生了一些新技术，以便解决军事上的问题。

古典时代的战役中很少有比德里昂战役更有名的，主要是因为苏格拉底作为一名重步兵参加了此次战役，而亚西比德也作为一名骑兵参战。在战场上，帕冈达斯的指挥非常精彩，他的战略革新也远远超越了他所处的时代。此次战役在军事上有着重大意义。雅典人未能迫使玻俄提亚退出战争，这鼓舞了斯巴达联盟。在此之前，他们以为胜利是不可能的，德里昂战役给了他们希望。在雅典，战败和惨重的伤亡打击了主战派，对那些主张议和的人有所帮助。有些批评家指责是雅典人的战略导致了德里昂的灾难；有些人批评它不符合伯里克利的精神，攻击性过强；也有人批评雅典人没有选择直截了当的进攻，而是采用过于复杂而迂回的战法。但到前 424 年，事实已经证明伯里克利战略不具有可行性，采纳新战略是不可避免的；何况雅典人的兵力和士气都逊于敌人，决战决胜、正面对垒的战略也不合适。

说到底，雅典人尝试迫使玻俄提亚退出战争的想法是很有道理的。雅典在重步兵、骑兵和轻装部队上都逊于斯巴达联盟，因此依靠奇袭和分而治之的战略也是正确的。而且，原先计划的风险并不大。根据计划，德摩斯梯尼必须等到西弗艾民主派发动革命之后才在西弗艾登陆，雅典人也不曾打算在德里昂或其他任何地方与敌军交战。即便在这些地方出了麻烦，回家的道路仍然是安全的。即便保守机密失败或行动的时机配合出了问题，如果希波克拉底从德里昂撤退而不是留下来作战，也不会发生那样的灾祸。如果运气好一点的话，雅典人的此次行动很可能赢得一场重大胜利。但在前 424 年，在一连串了不起的成功之后，雅典人的好运气快要耗尽了。

第十四章
伯拉西达的色雷斯战役
(前 424～前 423 年)

　　前 424 年 8 月中旬，甚至在雅典人入侵玻俄提亚的灾难发生之前，伯拉西达已经在用更大胆的计划将战局扭转到有利于斯巴达的方向。他率军北上，奔向色雷斯，这是斯巴达人从陆路能够接触到的雅典帝国的唯一部分。他的这支军队包括 700 名按照重步兵标准武装起来的黑劳士和 1000 名来自伯罗奔尼撒半岛的雇佣军重步兵。雅典人攻击墨伽拉的时候，伯拉西达的这支军队正好在科林斯附近集结，于是他挽救了墨伽拉。到前 424 年，雅典人以皮洛斯和基西拉岛为基地对伯罗奔尼撒半岛的骚扰已经令人无法忍受，为了缓解局势，斯巴达人愿意做一切尝试。伯拉西达的计划能够让斯巴达摆脱 700 名勇敢而身体强健的黑劳士，因为此时在皮洛斯的雅典人和美塞尼亚人正在鼓励黑劳士叛逃。唯一承受风险的斯巴达人就是这支军队的指挥官——伯拉西达自己。他们的主要目标是安菲波利斯，此地是战略物资的来源，木材资源丰富，有金银矿；此地也具有战略意义，控制着斯特鲁马河上的通道和向东去往赫勒斯滂海峡与博斯普鲁斯海峡的道路，对雅典至关重要的运粮船就是经这两个海峡前往雅典城的（见地图 16）。

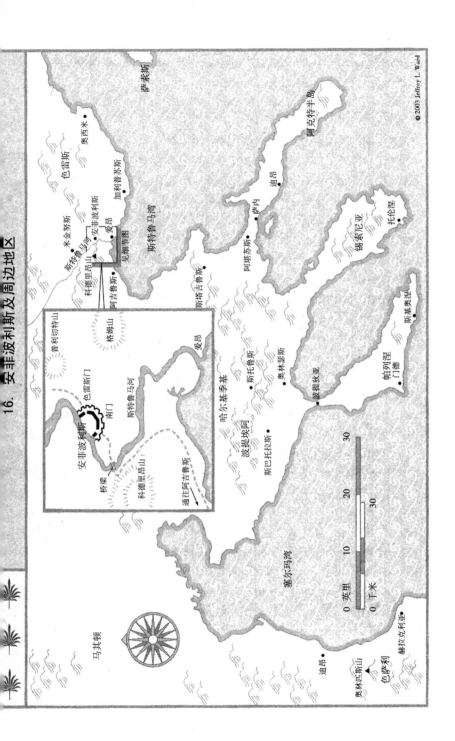

16. 安菲波利斯及周边地区

　　通往安菲波利斯和位于马其顿与色雷斯之间的雅典臣属领地的道路是非常危险的。在它们和斯巴达的新殖民地（在赫拉克利亚）之间，隔着雅典曾经的盟友色萨利。色萨利是一块平坦广阔的土地，重步兵军队若是在这里遭遇了战斗力极强的色萨利骑兵，就很难安全通过。斯巴达人在希腊北部也没有朋友可以为他们提供兵员。即便如此，伯拉西达仍然热切希望发动一次攻击，前424年的事件似乎给了斯巴达一个良机：波提亚①人和哈尔基季基人（他们从前432年起就在反叛雅典），以及马其顿国王柏第卡斯二世（尽管他有时与雅典保持和平或与其结盟，但内心里一直是雅典的敌人）邀请斯巴达人派遣军队去色雷斯。反叛雅典的人们担心，因为胜利而勇气大增的雅典人很快会派遣一支军队清剿他们，而柏第卡斯二世由于与林凯斯提斯人②的国王阿拉巴尤斯发生了争吵，所以希望将伯罗奔尼撒军队拉拢到自己这边来。敌视雅典的希腊城邦或许值得信赖，可以支持斯巴达在希腊东北部作战，于是伯拉西达劝服自己的政府批准了他的计划。

　　他遇到的第一个挑战发生在色萨利，那里的平民百姓对雅典很友好。另外，没有一个希腊人愿意一支外国军队穿过自己的领土。修昔底德曾说："色萨利通常是由一小群寡头统治者执掌政权。如果色萨利是民主制国家的话，伯拉西达绝对不可能率军穿过。"（4.78.3）来自法萨卢斯③的亲斯巴达人士派遣向导带领伯拉西达安全通过，而伯拉西达的外交手腕和机智敏锐使得他的军队抵达了法萨卢斯。从那里，色萨利向导引领他

---

① 马其顿中部地区。
② 当时马其顿的一个部族。
③ 色萨利南部城市。公元前48年，恺撒在此打败庞培。

继续前进，抵达了柏第卡斯二世的领土。

雅典人得知伯拉西达抵达了希腊北部，于是宣布柏第卡斯二世是雅典的敌人，并开始对可疑的盟邦进行更严密的监视。为了继续获得柏第卡斯二世的支持，伯拉西达同意帮助他攻击其邻国。但是，伯拉西达与柏第卡斯二世之间很快就出现了纠纷。伯拉西达接受了阿拉巴尤斯的提议（以仲裁解决争端），并退出战斗，这让马其顿国王十分恼火。柏第卡斯二世的反应是减少了对伯拉西达部队的支持，原先为其一半兵力提供给养，现在只提供三分之一兵力的给养。

伯拉西达断定哈尔基季基半岛上的阿堪苏斯城将是攻打安菲波利斯的良好基地，于是在 8 月底率军前往阿堪苏斯（见地图 16）。尽管阿堪苏斯内部有着激烈的派系斗争，伯拉西达并没有尝试猛攻或奸计。他努力劝说阿堪苏斯公民投降。修昔底德用冷嘲热讽或居高临下的贬抑口吻说，伯拉西达"虽然是个斯巴达人，却不是个糟糕的演说家"（4.84.2）。阿堪苏斯人允许他孤身一人进城。他以温和的言辞讲述斯巴达是希腊人的解放者，承诺让阿堪苏斯自治、不偏袒任何一个派系，并保护阿堪苏斯人抵抗雅典人的报复。最后，他威胁说如果他们不从，他就摧毁阿堪苏斯人正要收割的庄稼。阿堪苏斯人投票决定反叛雅典，接纳伯罗奔尼撒人，"因为伯拉西达巧舌如簧，而且阿堪苏斯人害怕自己的庄稼受损"（4.88.1）。附近的斯塔吉鲁斯镇也加入了反叛。这一轮成功为斯巴达的事业积累了干劲。

攻克安菲波利斯

12 月初，伯拉西达向安菲波利斯开进。一旦他占领了安菲波利斯，这整个地区必然会爆发普遍的反雅典叛乱，并为斯巴达人打开通往赫勒斯滂海峡的道路。安菲波利斯位于斯特鲁马河一个河湾处，三面有河水的保护（见地图16）。从西面可以通过河上桥梁进城，敌人若是从那个方向逼近，会遇到一堵环绕山丘的城墙，而安菲波利斯城就建在山丘之上。城东的城墙实际上将城市变成了一座岛屿。一支小舰队便足以抵挡从西方来的任何进攻。

安菲波利斯城内的雅典人不多，居民主要是修昔底德所谓的"混杂人群"，包括一些来自邻近的阿吉鲁斯的定居者。阿吉鲁斯人私下里敌视雅典，所以安菲波利斯城内的阿吉鲁斯人不是雅典的可靠盟友。一旦安菲波利斯遭到攻击或围困，它将会内外交困。

在一个漆黑的飘雪夜晚，伯拉西达率军抵达阿吉鲁斯，后者立刻宣布脱离雅典同盟。黎明前，伯拉西达抵达了斯特鲁马河上的桥梁，这是他的计划中至关重要的一步。暴风雪还在肆虐，他出其不意地袭击桥上哨兵，其中有一些人是内奸。伯罗奔尼撒人轻松占领了桥梁和城墙之外的所有土地，将许多大吃一惊的安菲波利斯人俘虏。在城内，不同民族的定居者之间立刻争吵了起来。修昔底德相信，如果伯拉西达选择立刻攻城，而不是劫掠周边乡村，他一定能轻松攻克城市。但用这么少的兵力猛攻一座有城墙的城市，必然会造成重大伤亡，并且可能失败，于是伯拉西达决定依赖计谋。但安菲波利斯人很快恢复了勇气，把守着城门，严防内奸。

雅典在安菲波利斯驻军的指挥官攸克利斯派人去爱昂（距安菲波利斯不到3英里，在斯特鲁马河口附近），请求修昔底德（当时是色雷斯地区雅典舰队的指挥官）的救援。但修昔底德本人并不在爱昂，而是在半天航程之外的萨索斯岛。修昔底德的史书中没有解释他为什么不在爱昂。或许他在集结军队以便增援安菲波利斯（不过没有证据说明这就是他的目的），或许他的这趟旅行与安菲波利斯无关。不管原因是什么，他的姗姗来迟是导致安菲波利斯结局的一个关键因素。

修昔底德说，伯拉西达害怕他会很快驰援赶到（安菲波利斯人会更加顽强地抵抗），于是向安菲波利斯人提出了非常慷慨的投降条件。不管这种说法是真是假，若是有一支雅典舰队赶到，安菲波利斯人投降的概率会大大减少。于是，伯拉西达快速行动，以温和的条件劝降。但攸克利斯和安菲波利斯人知道修昔底德手中的战船不多，而且伯拉西达过桥之后，这些战船也没什么用。如果让斯巴达人强行攻破了城市，那么民众的命运会很悲惨，可能会被流放、奴役甚至处死。于是安菲波利斯人接受了伯拉西达提出的条件：安菲波利斯的任何居民都可以留下，保留自己的财产，享有平等权利；也可以在五天之内带着自己的财产自由离开。未曾明言的条件是安菲波利斯必须投靠斯巴达联盟，"这与他们害怕的遭遇相比，还算公平"（4.106.1）。伯拉西达的条件被公布之后，城内的抵抗瓦解了，居民们接受了投降条件。

伯拉西达进入安菲波利斯几个钟头之后，修昔底德带着他的 7 艘战船抵达了安菲波利斯。他的动作很快，将近 50 英里的路程仅用了约 12 小时。他可能是得到了旗语消息，"桥梁陷落，敌人到了"。这样的消息能够解释修昔底德为什么做出这样的反应："修昔底德特别希望能及时赶到，在安菲波利斯投降之前挽救它；但如果办不到这一点，那就尽量早到，以便

挽救爱昂。"（4.104.5）他的确来得太晚，无法挽救安菲波利
斯，但他确实阻止了斯巴达人占领爱昂。

修昔底德在安菲波利斯

　　安菲波利斯的陷落令雅典人恐惧而愤怒，他们认为这是修
昔底德的罪过。于是他遭到审判，被判处流放。他流亡了二十
年，一直到战争结束。记述修昔底德生平的古代传记家们写
道，是克里昂指控了修昔底德，罪名是叛国；这个罪名和侵吞
公款一样，常被用来攻击失利的将军。克里昂仍然是雅典势力
最大的政治家，也的确最有可能是克里昂向修昔底德发起了指
控。法庭的决议是否公正，是史学家们长期以来争论的话题。
令问题愈发复杂的是关于整个事件的唯一有用的史料记载是修
昔底德自己写的，而这记载本身也令人困惑。尽管修昔底德始
终没有直接讨论他遭到的判决，而是用一种显然很客观的态度
来描述事件，但他简练而不加渲染的叙述是最有效的辩词。支
撑这种评价的证据是，我们能够轻松地将他的叙述转化为对指
控（修昔底德是导致安菲波利斯陷落的罪人）的直接回答。
他或许会说："伯拉西达向斯特鲁马河上的桥梁发动突然袭
击，这是一个紧急情况。桥上的守卫人数不多，有的人不忠
诚，而且毫无防备，于是伯拉西达轻松占领了桥梁。守卫桥梁
的责任属于城防司令攸克利斯。城市没有防御准备，但及时振
作起来，阻止内奸，并向我求援。我当时在萨索斯岛，得到消
息后立刻出发，希望尽可能挽救安菲波利斯，如果办不到的
话，至少要保住爱昂。我知道被叛徒出卖的危险极大，我的到
来有可能扭转局势，所以我轻装急进，速度极快。如果攸克利
斯能多坚持一天，我们就能挫败伯拉西达。但是，攸克利斯没

有坚守下去。我的快速行动和远见挽救了爱昂。"

　　无论修昔底德在法庭上陈述了怎样的辩词，都未能说服雅典陪审团，尽管他史书中暗含的自我辩护成功地说服了许多现代史学家。不过，假如他在法庭上的辩词与他在史书中记载的根本上相同，那么我们也能理解它为什么不能为他脱罪：它没有回答关键的问题，即事发的时候，他为什么不在爱昂，而是在萨索斯岛。

　　修昔底德去萨索斯岛无疑有正当的理由，但这不能洗脱他的罪责，即他未能预料到伯拉西达远征军的抵达，而且在错误的时机处于错误的地点。但修昔底德遭受的处罚过于严苛了，尤其是当我们考虑到伯拉西达大胆而出人意料的战术，以及看着桥梁被占领和安菲波利斯人投降的攸克利斯似乎并没有受到审判和定罪。如果缺乏理智的公民们要寻找一个替罪羊，为什么仅仅抓住了修昔底德？我们不知道雅典陪审团会不会出于政治或其他原因，将修昔底德和攸克利斯区别对待。雅典人不会自动地将所有受到指控的将军都定罪，也不会对被定罪的人施加同样的惩罚，而是要考虑案情的具体细节等。

　　不管究竟谁应当为此次失败负责，安菲波利斯的陷落鼓励了色雷斯其他地区的人民起来反抗雅典，不同地区的派系都秘密派遣使者，请求伯拉西达将他们的城邦拉到斯巴达阵营。在安菲波利斯被占领之后，斯特鲁马河上游不远处的米金努斯，以及爱琴海沿岸的加利普苏斯和奥西米相继变节，随后阿克特半岛①的绝大多数城邦都投奔到了斯巴达那边。

　　哈尔基季基半岛各城镇的公民寄希望于得到斯巴达的大力

---

　　①　阿克特半岛是哈尔基季基半岛东南角的一部分，见地图 16。

支持，并且低估了雅典的力量。他们在这两方面都大错特错。
雅典人立刻派遣军队，加强他们对色雷斯地区的控制。尽管伯
拉西达请求增援，并在斯特鲁马河上建造船只，斯巴达政府却
拒绝了他的求援，"因为领导人们嫉妒他，还因为他们更希望
收回斯法克特里亚岛上的人，结束战争"（4.108.7）。

嫉妒肯定在斯巴达政府的决策中起了作用，但真实存在的
政策分歧却是更重要的因素。自从斯法克特里亚岛上的士兵被
俘之后，主和派就在斯巴达占了上风，劝说斯巴达人派使团去
雅典商讨和平条件，不过一次又一次地被雅典人拒绝。他们现
在觉得伯拉西达的胜利对他们争取和平特别有帮助，因为占领
了安菲波利斯和其他城镇之后，斯巴达处在一个特别有利的谈
判地位，可以用这些城镇换回斯法克特里亚岛上的俘虏、皮洛
斯和基西拉岛。

我们很容易同情这些主和派，毕竟柏第卡斯二世也表现得
不像个可靠之人。派遣第二支军队穿过色萨利是非常危险的。
雅典人仍然控制着皮洛斯和基西拉岛，而黑劳士蠢蠢欲动，此
时很少有斯巴达人愿意派遣任何部队到远离家乡的地方。与此
同时，雅典人在墨伽拉、玻俄提亚和安菲波利斯遭受的一连串
失败已经打击了雅典主战派的公信力，雅典人也在考虑议和了。
这一年开始之时，雅典人极度膨胀，希望取得全胜；到年底的
时候，他们已经谦逊了不少，做好了妥协的准备。

停　战

前423年春季，雅典人终于准备与斯巴达人议和，并同意
停战一年以便商谈和平条件。根据停战协定，斯巴达人承诺允
许雅典人去往德尔斐的圣所，并同意不再派遣战船出海。雅典

人宣誓不接纳逃往皮洛斯的黑劳士。雅典将保留皮洛斯和基西拉岛，但在皮洛斯的驻军不得离开皮洛斯的狭小地界，基西拉岛的驻军不得与伯罗奔尼撒半岛有任何接触。在尼萨亚、米诺亚岛、阿塔兰塔岛的雅典驻军也要遵守同样的约束。根据之前与特洛伊曾人签订的协议，雅典人被允许留在伯罗奔尼撒半岛东部的特洛伊曾。

为了促进和谈，双方的传令官和使者都得到了自由通行和人身安全的保障。双方还同意，任何分歧都将由仲裁解决。停战协定的最后一个条款体现了斯巴达人希望和平的真诚意愿："这些条件对斯巴达人及其盟邦来说是很好的，但你们若发现有其他更好、更公正的条件，请到斯巴达来，告诉我们。斯巴达人及其盟邦绝不会拒绝你们提出的任何公正的建议。不过，请一定派遣拥有谈判全权的使者前来，就像你们对我们的要求一样。停战为期一年。"（4. 118. 8 – 10）

前 423 年 3 月底，雅典公民大会接受了停战协定，但很快就出了麻烦。玻俄提亚人（他们因在德里昂的胜利而扬扬自得）和福基斯人（与雅典有着宿怨）拒绝接受停战。由于他们控制着雅典人去往德尔斐的陆上通道，所以这相当于破坏了停战协定中允许雅典人去德尔斐的条款。科林斯人和墨伽拉人也反对允许雅典人保留从他们那里夺去的土地的条款。但到目前为止，和平的最大障碍是在色雷斯统领着斯巴达军队的那位任性的军事天才。正在缔结停战协定的时候，哈尔基季基半岛的斯基奥涅镇反叛了雅典，伯拉西达立刻乘船前去利用这个新机遇。他将那些起初并不支持反叛雅典的人也争取过来，统一的斯基奥涅做了一个史无前例的公开姿态，授予伯拉西达一顶金冠，以褒奖这位"希腊的解放者"（4. 121. 1）。他很快将自己的军队驻扎在这座城镇，打算以它为基地，袭击位于同一半岛上的门德和波提狄亚。

伯拉西达如此雄心勃勃，在得知停战的消息后一定很难接受，尤其是斯基奥涅被排除在斯巴达控制区之外，因为它是在停战协定签署之后才反叛雅典的。为了保护斯基奥涅免遭雅典的报复，伯拉西达故意撒谎，坚持说反叛是在停战协定签署之前发生的。斯巴达人相信了他的话，宣示了对斯基奥涅的控制。但伯拉西达的谎言被揭穿后，等待他的只有倒霉。

雅典人已经知道斯基奥涅叛乱发生在停战协定之后，于是拒绝将它交付仲裁。一怒之下，雅典人同意了克里昂的建议，即摧毁斯基奥涅，屠杀其公民。这一次，雅典人不会再三思了。安菲波利斯、阿堪苏斯、托伦涅和希腊东北部其他一些城镇的叛变令伯里克利温和的帝国主义政策进一步丧失了公信力，雅典人现在愿意试一试克里昂的恐怖威慑政策。

与此同时，伯拉西达不理睬斯巴达政府的意愿，自行其是，旨在获得胜利而非和平。在停战期间，门德城反叛雅典，伯拉西达接纳了这些反叛者。愤怒的雅典人立刻准备派兵去攻击斯基奥涅和门德这两座兴风作浪的城市，而伯拉西达出兵保护它们。不幸的是，恰恰在他需要斯巴达军队在哈尔基季基半岛快速行动的时候，柏第卡斯二世却要求斯巴达军队与他一同攻击林凯斯提斯人。因为伯拉西达的军事补给依赖于马其顿国王，所以没有办法拒绝他。

柏第卡斯二世的伊利里亚盟友的背信弃义迫使他撤退，但他与伯拉西达发生了争吵，因此两人无法合作对付雅典。马其顿人三更半夜撤走，将伯拉西达的部队留在脆弱的位置上，独自面对着强大的林凯斯提斯军队和改换阵营的伊利里亚人。但一贯机智精明的伯拉西达还是将他的部队带到了安全地带。这个事件之后，斯巴达与柏第卡斯二世的联盟就破产了。柏第卡斯二世"从自己的切身利益出发，在考虑如何尽快与雅典人议和及摆脱伯拉西达"（4.128.5）。

尼基阿斯远征色雷斯

尼基阿斯和尼基拉图斯负责指挥从帕列涅①出发、镇压斯基奥涅与门德叛乱的雅典远征军，但不会去讨伐托伦涅，因为托伦涅反叛的时间更早；根据停战协定，托伦涅属于斯巴达。他们决定不管伯拉西达做什么，都绝不违背停战协定，因为他们真心渴望和平。但他们也急于收复斯基奥涅与门德，因为伯拉西达违背停战协定的行为激怒了雅典人。尼基阿斯及其朋友为了维护自己的地位，也必须尽快收复叛乱城镇，恢复到缔结停战协定时的状态。

在伯拉西达从北方的军事行动返回之前，雅典人在波提狄亚扎营。他们发现，防守门德的是当地人、300名斯基奥涅人和700名伯罗奔尼撒人，指挥官是斯巴达将军波利达米达斯。波利达米达斯不是像伯拉西达那样头脑灵活的人，而是身处异邦时严守上级命令的、典型的斯巴达人。他正准备进攻雅典人，这时门德的一些民主派拒绝作战。波利达米达斯训斥并逮捕了一名民主派抗议者，导致门德人开始攻击伯罗奔尼撒人和门德的寡头派，然后打开城门，迎接雅典人。雅典军队冲进城，恢复了门德的民主制政府，将门德拉回雅典同盟。

---

① 帕列涅是哈尔基季基半岛的三个海岬（或者说是半岛）中最西面的一个，见地图16。

伯罗奔尼撒军队逃到了斯基奥涅，使当地人坚守了整个夏季。尼基阿斯和尼基拉图斯在斯基奥涅城外建造了包围它的壁垒，然后与柏第卡斯二世结盟。这是非常有价值的策略，因为斯巴达人正打算为伯拉西达派遣援军，希望能够为和谈抢得最有利的砝码。和雅典的主和派一样，斯巴达的主和派也处于非常尴尬的境地，他们为了使和平成为可能，不得不加剧战争程度。若是有一支斯巴达援军抵达伯拉西达那边，或许会摧毁一切和平解决问题的希望，但马其顿国王运用他在色萨利的强大影响力，迫使斯巴达人放弃了这个努力。

色萨利人尽管不准斯巴达陆军进入，但允许三位斯巴达将军北上。其中的领导人伊斯卡哥拉斯属于主和派，不是伯拉西达的朋友。他带来的两个精力充沛的年轻人——克里阿利达斯和克利奥尼穆斯——是要来当总督的：克里阿利达斯要担任安菲波利斯总督，克利奥尼穆斯是托伦涅总督。这两人的职位是斯巴达政府任命的，完全忠于政府，因此会服从上级的命令。他们被任命为总督，也使伯拉西达对安菲波利斯、托伦涅、阿堪苏斯和他争取的其他城市的承诺（给它们自由和自治）成了笑话，损害了伯拉西达的名誉，将来不大可能有城邦叛离雅典阵营了。

春天快到了，停战期也马上要结束了，各地处于混乱之中。在色雷斯地区之外，停战仍然有效。但伯拉西达违反停战协定，雅典人满腹猜疑与愤怒，使局势无法向稳定与和平的方向发展。

第十五章
和平降临（前422～前421年）

　　虽然斯巴达和雅典双方都有冤屈，但双方都不愿意破坏停战协定，于是在之前约定的停战期（前422年3月）结束之后，双方仍然保持停战状态，一直到夏天。但到8月，雅典人终于失去了耐心。斯巴达人拒绝遗弃伯拉西达并惩罚他，而是努力给他派遣援兵，并派总督去管理他违反停战协定时占领的城市。我们很容易得出这样的结论：斯巴达人同意停战时就没有诚意，只想着为伯拉西达争取时间，好让他取得更大成功、煽动更多叛乱。这样在和谈时斯巴达就有更强大的砝码，也有资格提出更多要求。于是，雅典人派遣了30艘战船、1200名重步兵、300名骑兵和数量更多的优秀的利姆诺斯与伊姆布罗斯轻装部队，去收复安菲波利斯和其他失陷城市。

克里昂指挥作战

　　克里昂当选为这一年的将军，他很高兴地接过了此次战役的指挥权，但他和同僚们（我们不知道他们的名字）集结的军队不够强大，不能保证必胜。伯拉西达除了在斯基奥涅和托伦涅驻防的士兵之外，还有相当多的部队，与克里昂的兵力相当，此外伯拉西达还有据守设防城镇的优势。雅典一定寄希望于从柏第卡斯二世和色雷斯的一些盟邦那里得到帮助，而伯拉西达实际上孤立无援，无法得到来自斯巴达的支持。如果运气足够好的话，克里昂完全可能赢得又一场重大胜利，恢复色雷斯地区的安全，使雅典在和谈中的地位更强势；或者如克里昂希望的那样，鼓励雅典人在伯罗奔尼撒半岛和希腊南部继续进攻，最终赢得战争。

克里昂起初很顺利，在显而易见的目标斯基奥涅虚晃一枪，却进攻了托伦涅，即斯巴达在该地区的主要基地。当时伯拉西达不在托伦涅，留在那里的部队不是雅典人的对手。克里昂安排了一场罕见的海陆协同作战，将守军吸引到城墙下，同时他的战船航行到无人把守的岸边。斯巴达指挥官帕西特里达斯走进了陷阱，等到他摆脱克里昂的攻击、逃回托伦涅时，发现雅典舰队已经占领了城市，于是帕西特里达斯束手就擒。克里昂将托伦涅的成年男性公民全部俘虏，押解到雅典，将妇女和儿童卖为奴隶。托伦涅陷落时，伯拉西达的援军已经到达距离城市不到 4 英里的地方。

克里昂从托伦涅出发，前往爱昂，建立一个基地，以便进攻安菲波利斯。他进攻哈尔基季基半岛的斯塔吉鲁斯，不幸失败，但他攻克了加利普苏斯。雅典帝国对前 422/前 421 年征税的评估计划也表明，该地区的许多其他城市都被收复了，这一定也是克里昂的功劳。在外交方面，他与柏第卡斯二世和马其顿人，以及色雷斯的奥多曼提人国王波列斯缔结了盟约。

克里昂打算在爱昂等待这些新盟军的抵达，将伯拉西达围堵在安菲波利斯，然后将其拿下。但是，伯拉西达已经预料到这个威胁。可能就是在这个时候，他率军来到安菲波利斯城西南方的科德里昂山（那里是阿吉鲁斯人的领地），而授命克里阿利达斯留下统领安菲波利斯（见地图 16）。在科德里昂山，伯拉西达可以居高临下地观察各个方向，跟踪克里昂的一举一动。

修昔底德说，伯拉西达之所以占据了这个位置，是因为他判断克里昂会只用自己的军队发动进攻，以此表达对斯巴达部队兵力薄弱的鄙夷。但伯拉西达的兵力差不多与敌人相当，克里昂一定也知道这一点，所以他继续等待援军。克里昂很快将他的部队调到安菲波利斯东北方的一座山上。修昔底德认为这个决定没有军事意义，只是为了安抚发牢骚的雅典士兵。修昔底德说，雅典士兵们因为无所事事而恼怒，对他们将军的领导力也不信任，将他的无能和怯懦与伯拉西达的经验丰富和勇敢无畏做对比。但即便是克里昂的批评者，也不大可能会指责他无能和怯懦，修昔底德也曾说克里昂过于大胆和乐观。事实上，伯拉西达判断克里昂会不等待盟军而鲁莽地发动进攻。指控克里昂无能也是没有道理的：克里昂兑现了占领斯法克特里亚岛的诺言，在托伦涅也表现出了精明的头脑、娴熟的指挥技艺，并取得了成功。事实上，那些在安菲波利斯对克里昂表示不信任的士兵，恰恰就是在他的指挥下攻克了加利普苏斯，也收复了该地区的其他城镇。

对克里昂这个举动的更合理解释是，他打算等待色雷斯人抵达，包围安菲波利斯，然后通过猛攻将其拿下。要实现这个目标，他就需要准确地了解安菲波利斯的面积、布局、海拔、城墙牢固程度、城内守军和居民的分布，以及城外的地形。这就需要进行一次侦察行动，就像修昔底德描述的那样："他来了，将他的部队部署在安菲波利斯前方的一座易守难攻的山上，他亲自检查了斯特鲁马河沼泽丛生的地段，以及安菲波利斯城相对于色雷斯的位置。"（5.7.4）士兵们可能的确焦躁不安，但此次行军无疑是必要的，而为了防止遭到城内守军的袭击，必须大举出动。

克里昂到达山顶之后，发现安菲波利斯城墙上没有部署士兵，也没有守军从城里冲出来攻击他。修昔底德说，克里昂承认自己没携带攻城器械是个错误，因为他意识到自己若有攻城器械，现在就可以打进城去。至于修昔底德怎么会知道克里昂的打算，这就很难说了。克里昂在此次战役中阵亡了，因此不可能是他直接告诉修昔底德的；在差不多二十年后修昔底德著书立说时，可能为他提供信息的雅典军人知道克里昂的想法，但也很可能带有偏见。我们没有办法确定克里昂的推测，但没有证据表明他低估了伯罗奔尼撒军队的实力，并愚蠢地将自己的军队置于危险之中。事实上，当伯拉西达看到克里昂从爱昂北上并与安菲波利斯城内的克里阿利达斯交手时，伯拉西达不敢进攻，因为他判断自己的部队即便数量上不输于敌人，质量上也不如对方。克里昂完全有理由相信自己一定能够顺利地完成侦察任务，并安全返回爱昂。

安菲波利斯战役

伯拉西达希望速战速决，因为他无法得到斯巴达或柏第卡斯二世的财政和物质支持，所以他的地位一天天衰弱下去，而克里昂很快将得到色雷斯和马其顿部队的支援，力量将会猛增。伯拉西达将部队留给克里阿利达斯指挥，自己挑选了150人，"打算抢在雅典人撤走之前即刻发动进攻，因为他觉得等到敌人的增援部队抵达后，就再也没有机会攻击孤立的敌军了"（5.8.4）。作为诱骗克里昂落入陷阱的计划的一部分，他开始大张旗鼓地执行大战之前的献祭，并派遣克里阿利达斯的部队到安菲波利斯最北面的城门，也就是色雷斯门（见地图16）。伯拉西达威胁着要从那座城门攻击克里昂，这样就可以迫使克里昂南下前往爱昂，从而经过安菲波利斯东面的城墙。雅典军队从城墙边上经过时，因为看不到城内的情况，所以会误以为自己很安全。事实上，伯拉西达打算用自己精挑细选的精锐部队从南门出发，攻击敌人。雅典人遭到出乎意料的袭击后，会推断斯巴达全军都跟着他们从北门到了南门，因此就会集中力量对付面前的敌人。与此同时，克里阿利达斯将率领主力部队从色雷斯门赶来，包抄雅典人的侧翼。

克里昂似乎率领了一支小部队去侦察安菲波利斯北方或东北方的地形。他得知敌军集中在色雷斯门，而大多数雅典人已经在那个位置的南面，于是决定谨慎地撤往爱昂，因为他从未打算在援军尚未抵达的情况下与敌人正面交锋。

据修昔底德记载，在斯巴达人发动进攻之前，克里昂判断自己有足够的时间撤退，于是发布了撤军的命令。为了保障撤退队伍的安全，需要其左翼做一个复杂的调动，但这个调动需要一点时间。克里昂自己待在右翼最危险的地方，催促右翼调转方向以便向左推进，因此右翼的右侧没有遮挡，非常脆弱。这个动作，或者说是没能将其与左翼运动协调起来的错误，导致了混乱，行军秩序被打乱了。伯拉西达放任雅典人左翼前进，抓住了对方的这个战术失误，发动了进攻。他率军从南门狂奔而出，猛攻雅典人中路，将其打得措手不及。雅典人"被他的大胆惊得目瞪口呆，看到己方秩序混乱，转身就逃"（5.10.6）。就在这个时刻，克里阿利达斯率军从色雷斯门杀了出来，猛扑雅典人侧翼，使其陷入了更大的混乱。

　　左翼的雅典士兵们加紧奔向爱昂，而右翼的士兵们（克里昂亲自指挥这一翼）勇敢地坚守着。据修昔底德说，始终不曾打算留下作战的克里昂"拔腿就跑"，但被一名米金努斯轻盾兵用标枪杀死。尽管有人指控克里昂怯懦，但证据却不足以支持这样的控诉。克里昂并没有和左翼一起逃跑；他留在了后方（那是一支败退军队里最危险的地方），因为他是被一支从一段距离之外投掷的标枪杀死的，我们也没有证据证明他是后背中枪。正如斯巴达人在他们的士兵被困斯法克特里亚岛时所说："若是一支标枪便能摧毁勇士的斗志，那一定是非常了不得的标枪。"至少与克里昂同时代的雅典人相信他在安菲波利斯打得非常英勇。他和那些与他并肩作战的士兵们后来被安葬在凯拉米克斯①，即享有荣誉的阵亡将士的长眠之地。既然他的同胞们都不怀疑他的勇气，我们也不应当怀疑。

　　尽管克里昂捐躯沙场，但他的部下坚守下来，勇敢地拼杀。敌人在投入标枪兵和骑兵之后，才将他们击溃。雅典骑兵似乎被留在了爱昂，因为克里昂不曾打算或预料到会与敌交战。约有 600 名雅典人阵亡；斯巴达方面仅有 7 人死亡，但其中包括伯拉西达。伯拉西达被抬离战场时还有呼吸，在得知自己赢得了最后一场战役之后才合上了眼。

伯拉西达与克里昂之死

　　安菲波利斯战役中，修昔底德所谓的"两个阵营中最反

---

　　①　凯拉米克斯（Cerameicus 或 Kerameikos）是古雅典的陶工区，位于雅典卫城的西南方。凯拉米克斯被分为内外两区，外区用作坟场，埋葬为国捐躯的士兵；雅典的广场（阿哥拉）位于内区。英语陶器（ceramic）一词便源自"凯拉米克斯"。

对和平的人"（5.16.1）都丢了性命。安菲波利斯人将伯拉西达埋葬在城内一个面向阿哥拉的地点，为他建造了纪念碑，称颂他为城市的奠基人，并将他作为英雄顶礼膜拜，每年举行体育竞技和献祭来纪念他。他生前致力于摧毁雅典帝国和恢复斯巴达在希腊世界的霸权。如果他没有死，那么北方的战争会继续打下去，他的死亡对于那些希望继续作战直到胜利的斯巴达人来说是个严重挫折。

和伯拉西达一样，克里昂也奉行积极主动的政策，因为他真诚地相信这是最适合雅典的路线。他在公共场合的行为风格无疑降低了雅典政治生活的格调，而且我们也不一定要赞同他对叛乱盟邦的严酷态度，但克里昂的确代表着广泛群体的意见。他总是精神抖擞、勇敢无畏地宣扬自己的政治立场，并直率而诚实地表达自己。他并不比伯里克利更喜欢哗众取宠，而是以同样严厉、挑战和务实的方式向群众讲话。他置生死于度外，亲自参加自己建议的军事行动，并在最后一次行动中献身。

不管修昔底德所谓的"理智的人"是怎么想的，在克里昂死后，雅典的形势并没有得到改善。他的观点被其他人继承下来，并为之努力。其中有些人缺乏他的才干，有些人不像他那样爱国，还有些人没有他的勇气。但修昔底德的论断是正确的：克里昂与伯拉西达的死亡使和平真正成为可能。现在雅典的当权派中没有人拥有足够的声望和地位，去反对尼基阿斯所倡导的和平。

和平降临

安菲波利斯的胜利鼓舞斯巴达人向色雷斯派遣援军，但在伯拉西达阵亡的消息传来后，援军就调头回去了。援军指挥官兰斐亚斯非常了解斯巴达城内民众的情绪："他们之所以调头返回，是因为他们出发的时候就知道，斯巴达人更趋向于和平。"（5.13.2）东北方的新事件并没有从根本上改变战争的总体形势。自斯法克特里亚岛上的士兵被俘以来，斯巴达人就再也没有蹂躏阿提卡，以防那些关押在雅典的战俘被处死。伯罗奔尼撒海军已经不复存在，而且之前它也未能有效支持雅典臣属的反叛。伯拉西达的大胆战略需要投入强大兵力，但斯巴达不能也不愿意投入这么多人。而且在雅典主宰大海、柏第卡斯二世与其色萨利盟友在陆地上敌视斯巴达的时候，斯巴达的增援部队也无法到达伯拉西达身边。

斯巴达也很害怕战争持续下去。雅典人仍然能从皮洛斯和基西拉岛发动袭击。越来越多的黑劳士逃离斯巴达国境，斯巴达人害怕他们煽动一场新的黑劳士大起义。斯巴达与阿尔戈斯的《三十年和约》快要到期了，因此一个新的威胁迫在眉睫。阿尔戈斯人坚持要求斯巴达归还基努利亚，以此作为再续和约的条件；这是斯巴达人不能接受的，如果战争持续下去，斯巴达人就将面临阿尔戈斯与雅典结盟共同反对斯巴达的致命危险，而斯巴达的盟邦可能继续叛逃，使局势变得更加难以把控。例如，斯巴达近期与曼丁尼亚和厄利斯发生了争吵，这两个城邦都是民主制国家，由于害怕斯巴达的报复，它们很可能加入阿尔戈斯阵营。

另外，很多斯巴达领导人也有私人理由去寻求和平。斯巴达的名门望族急于帮助那些被关押在雅典的亲戚回家。修昔底德告诉我们，普雷斯托阿纳克斯国王"非常渴望达成协议"（5.17.1），因为和平肯定有助于缓解他的困难处境：他的政敌永远不能原谅他在第一次伯罗奔尼撒战争中未能入侵和消灭阿提卡，指控他贿赂了德尔斐神谕以恢复自己的地位；正是因为他非法恢复了王位，才导致了斯巴达人的每一次失败和灾难。普雷斯托阿纳克斯希望缔结和约以便让这些针对他的攻击平息下来。

客观地讲，雅典人希望和谈的理由比斯巴达人的要少。他们的领土已经三年多不曾遭到蹂躏，战俘仍然在他们手上，而这些战俘能够保障阿提卡不会遭到入侵。尽管雅典的国库储备金持续减少，但他们仍然有足够的资源支撑前 421 年的战争，并且可以持续作战至少三年。不过，大多数雅典人不愿意继续打下去。他们在墨伽拉和玻俄提亚的失败，以及色雷斯的叛乱令他们灰心丧气，而他们在德里昂的损失也是非常惊人的。他们还害怕帝国境内发生更多的叛乱，不过这种担心有些过度，因为只要雅典掌握海权，爱琴海或小亚细亚就基本上不可能发生叛乱。就连哈尔基季基半岛的叛乱也不大可能继续扩大了。但对雅典人来说，这些担忧是真真切切的，于是他们也倾向于和平。

近期的一连串失败和主战派领导人的死亡使尼基阿斯与主和派在雅典占了上风。修昔底德又一次提出，尼基阿斯的私人动机是重要的推动力量，因为他作为当时雅典最成功的将军，希望"自己的名望——从来不曾给城邦带来损害的人——能够流芳千古"（5.16.1）。尼基阿斯的天性也比较谨慎，信奉伯里克利的政策，即坚定而克制地作战。皮洛斯的胜利使伯里克利设想的和平成为可能之后，尼基阿斯一直在努力说服雅典人接受伯里克利的计划；因为他真诚地相信，这是对他们最有利的路线。

对战争进程的失望、财政问题和主战派领导人的死亡都能解释雅典人为什么倾向于选择和平，但我们仍然不太理解在经历了这么多牺牲之后，雅典人为什么恰恰在自皮洛斯战役以来对自己最有利的时候要求停战。他们只需要等待阿尔戈斯终止与斯巴达的和约并加入雅典阵营。那时可以让由阿尔戈斯、曼丁尼亚、厄利斯，或许还有其他城邦组成的联盟在伯罗奔尼撒半岛缠住斯巴达人，而雅典人则可以从皮洛斯和基西拉岛同时发动进攻，并努力煽动黑劳士造反。这些袭击能让伯罗奔尼撒人焦头烂额，这样雅典就可以自由地入侵墨伽拉。伯罗奔尼撒联盟很有可能会瓦解，斯巴达的力量可能被消灭，因而雅典能够自由地对付孤立无援的玻俄提亚。至少斯巴达会被大大削弱，被迫接受对雅典有利的和平。

但这样的理性分析忽略了前421年雅典人感受到的对战争的厌倦。他们在战争和瘟疫中损失惨重，浪费了多年积攒起来的资金，目睹自己在乡村的家园被摧毁，橄榄树和葡萄藤被砍倒。富人和农民是最愿意接受和平的，阿里斯托芬在前425年年初创作的喜剧《阿卡奈人》中以幽默的笔触明确表达了这一点。他笔下的主人公狄凯奥波利斯代表着典型的阿提卡农民，其被迫挤进雅典城，急于返回自己的农场。

在和谈进行的同时，人们"渴望旧时不曾被战争玷污的安宁生活"；欣喜地聆听欧里庇得斯的剧作《埃里克修斯》中的合唱歌词，"让我的矛枪无用武之地，被蜘蛛网覆盖"；回忆起这样的话语，"和平年代，唤醒睡眠者的不是军号，而是鸡鸣"（Plutarch, *Nicias* 9.5）。阿里斯托芬的《和平》是在前421年，也就是此次和约缔结不久之前创作的。这部剧里充满了同样的渴望，对结束战争的前景有着喜悦的憧憬。这部喜剧的主人公特里伽俄斯唱了一曲和平赞歌：

想想吧，战友们，

（和平曾给）我们带来的千般喜悦；

很久以前她赋予我们的

舒适与安逸的生活；

无花果与橄榄，葡萄酒和桃金娘，

香甜的、烘干的果脯，

一排排沁人心脾的紫罗兰，

心在渴望，

那些我们曾经拥有的愉悦，

战友们，和平又回来了，

载歌载舞，迎接她吧！

（571 ~ 581）

　　尼基阿斯是主和派的卓越领袖，他的军事成就和在公共场合表现出的虔敬使他在雅典颇得民心。世人都知道他倡导和平，而他对战俘的仁慈也赢得了斯巴达人的信任，所以尼基阿斯应当是最理想的谈判者。但雅典人继续抵制和谈，或许是因为他们清楚地知道，局势将很快转为对己方有利。于是斯巴达人冒险赌了一把，以促进和谈。将近初春时，"斯巴达人进行了初步的准备工作"，似乎要在阿提卡建造一座永久性要塞，以迫使雅典人"更趋向于倾听"（5. 17. 2）。在恐惧和愤怒之下，雅典人完全可能处死手里的俘虏，使和平的希望彻底破灭，但斯巴达人的虚张声势奏效了。雅典人终于同意按照恢复战前状态的基本原则缔结和约，但底比斯将保有普拉蒂亚，雅典将保有尼萨亚及位于希腊西部的、原属于科林斯的索利安姆和阿纳克托里翁。

《尼基阿斯和约》

　　此次和约的期限为五十年，允许各方自由前往共同的圣所，确立了德尔斐的阿波罗神庙的独立性，并规定以和平手段解决争端。根据和约中涉及领土的条款，雅典人将收复边境要塞帕那克敦，它是前 422 年被内奸出卖给玻俄提亚人的。斯巴达也承诺将安菲波利斯返还雅典，但这座城市及其他城市的公民可以自由携带财产离开。斯巴达人还放弃了托伦涅、斯基奥涅和其他一些已经被雅典人收复或尚在攻打的城镇。对斯基奥涅人来说，这意味着死亡，因为雅典公民大会已经宣判了他们的命运。色雷斯的其他叛乱城市被分为两类。一类是安菲波利斯和雅典已经收复的城市，它们全都被雅典人重新纳入囊中。然而，阿吉鲁斯、斯塔吉鲁斯、阿堪苏斯、斯托鲁斯、奥林瑟斯和斯巴托拉斯这类城市却令斯巴达人感到尴尬，因为他们曾以解放希腊人的口号鼓励这些城市反叛雅典。为了让斯巴达挽回颜面，雅典人允许这些城市仅仅向雅典缴纳传统数额的贡金，而不是前 425 年增加后的数额。这些城市将成为中立国，不属于任何一个联盟，但雅典人被允许用和平的劝导手段将它们争取到自己这边。根据这些令人糊涂的法律规定，斯巴达人实质上是背叛了自己的北方盟友。

　　雅典人也做出了重要让步，赋予哈尔基季基人超乎寻常的独立性，并同意交出他们在伯罗奔尼撒半岛边缘的基地：皮洛斯、基西拉岛和迈萨纳。雅典还同意交出阿塔兰塔岛和普特里昂（可能是阿开亚沿海的一座城镇）。交换战俘的条款使雅典人失去了威慑斯巴达的重要砝码，但这对达成和平是必不可少的。和约的最后条款明确表示，雅典和斯巴达还将勒令各自的盟邦遵守和约。"如果任何一方在任何方面、任何问题上有任何疏漏，应遵守双方的誓言，通过公平协商，对和约做适当修改，让雅典人和斯巴达人都感到满意。"（5.18.11）

雅典人可能是在前 421 年 4 月 12 日正式批准和约的，此时离阿提卡首次遭到入侵已经过去了十年零几天。和约令绝大多数雅典人、斯巴达人和全体希腊人欢欣鼓舞。在雅典，"绝大多数人认为他们已经摆脱了灾祸，人人对尼基阿斯交口称赞，颂扬他是神祇的宠儿，因为他的虔敬，诸神赐予他极大的荣耀，让最伟大、最美好的事冠以他的名字"（Plutarch, *Nicias* 9.6）。

此次和约一直被称为《尼基阿斯和约》，它的顺利签署，尼基阿斯的确功不可没。表面上看，阿希达穆斯战争的结局似乎是雅典获得了伯里克利之前追寻的那种和平，但事实并非如此。伯里克利的目标是让前 445 年确立的国际秩序更加稳定、安全。他的手段是告诫斯巴达人他们没有办法强迫雅典，雅典人地位巩固、坚不可摧，雅典帝国是一个永久性的现实；纠纷必须通过协商、谈判或仲裁解决，而不能用威胁和武力。

《尼基阿斯和约》没有达成伯里克利的目标，也没有恢复战前的领土格局。安菲波利斯和帕那克敦被敌视雅典且不臣服于斯巴达的人控制着，因此这两座城市能否回到雅典阵营还很难说。普拉蒂亚（雅典在马拉松战役中的战友和一如既往的忠实盟友）则落入底比斯人手中。安菲波利斯丢掉了，但雅典获得了尼萨亚，因此算是平衡了。然而，假如伯里克利看到雅典与哈尔基季基半岛上各叛乱城市的解决方案，一定会无比震惊。这些城市的未来地位，甚至它们需要交纳的贡金数额，居然不是由雅典人确定的，而是由雅典和斯巴达达成的条约规定的。这违背了伯里克利投入战争的原则：捍卫雅典帝国的合法性、完整与独立。

至于获得和平的方式，甚至更加无法令人满意。没有证据表明，斯巴达人已经认可雅典是不可战胜的，或者雅典帝国已经是永久性的事实。迫使斯巴达人接受和平的主要力量是斯巴达暂时的困难：收回俘虏的愿望、阿尔戈斯与雅典结盟的威胁。斯巴达的主战派并未被消灭或永久性地丧失公信力，也没有任何条件能够保障在恢复了伯罗奔尼撒半岛的秩序之后，斯巴达人不会寻求报复和霸权。和平给了他们恢复元气的喘息之机，让他们将来有能力报复，而并未让他们相信自己没有能力打赢战争。雅典人接受和平则是因为受到了军事威胁。说到底，十年战争没有给任何一方带来令人满意的结果。它既没有摧毁雅典帝国、给希腊人带来自由，也没有消除斯巴达对雅典势力的恐惧，更没有给雅典带来安全的保障（伯里克利之所以冒险选择战争，就是为了获得这种保障）。牺牲的生命、莫大的苦难和消耗的金钱最终都白费了。

《尼基阿斯和约》和当年终结了第一次伯罗奔尼撒战争的《三十年和约》一样，暂时中止了一场双方都没有办法打赢的战争。但是，两次和约的相似之处也就只有这么多。前445年和约中的领土条款是务实的。前421年和约对领土格局的安排却很不现实，因为它建立在一个无法令人信服的基础之上：斯巴达承诺将安菲波利斯和帕那克敦归还雅典，但几乎不曾提及尼萨亚、索利安姆和阿纳克托里翁，这肯定会让墨伽拉和科林斯不满，因此对和平构成了威胁。接受《三十年和约》的雅典处于伯里克利的稳定领导下，他真诚致力于严格遵守和约的文字与精神，斯巴达人也有理由对条款感到满意。

前 421 年的雅典缺少稳定的领导，其政策在近些年里多次发生变化，而反对和平的派系之所以被压倒，主要是因为他们暂时缺少有影响力的发言人。在斯巴达，很多有权威的斯巴达人不赞同此次和约。新的监察官可能会将政治权力授予反对和约的人士，而且即便是缔造了和约的监察官们也不是十分情愿地执行全部条款。前 445 年，斯巴达的各盟邦一声不吭地接受了和约；但在前 421 年，玻俄提亚、科林斯、厄利斯、墨伽拉和色雷斯的盟邦都拒绝与斯巴达合作。前 445 年，阿尔戈斯人受到条约的约束，站在斯巴达一边；前 421 年，他们不属于任何联盟，并且热切希望恢复自己在伯罗奔尼撒半岛的旧霸权，并利用希腊世界的分裂追逐自己的利益。所有这些障碍都使和平的前景从一开始就显得十分可疑。

雅典人对战争已经非常厌倦和感到疲惫。前 421 年，在大狄俄倪索斯节上观看阿里斯托芬的《和平》而捧腹大笑的雅典人很少考虑到上述这些问题。伯拉西达和克里昂（阿里斯托芬称他们为"战争的臼和杵"）已经不在人世，而战神自己也被迫离开舞台。特里伽俄斯和雅典农夫的合唱队现在可以自由地将和平女神厄瑞涅从她被掩埋了十年的坑里拉出来了。

第四部 虚假的和平

《尼基阿斯和约》仅仅维持了八年。签约没过多久，和约精神就遭到违背。在和约于前 414 年寿终正寝之前，发生了多件违背和约精神的事情。这一时期，雅典的核心人物是尼基阿斯，他是伯里克利去世之后影响力最持久的雅典领导人。他的强项和弱点将对局势发展起到关键作用。他是缔造和制定和约的关键力量，他也决心让它得到执行。

第十六章
和平瓦解（前 421～前 420 年）

困扰重重的和平

不足为奇的是，和约墨迹未干，它的严重缺陷就暴露出来。双方抽签决定谁先开始执行和约规定的最初步骤。雅典人运气不错，斯巴达人需要首先返还他们控制的雅典战俘。斯巴达人还命令克里阿利达斯将安菲波利斯交给雅典人，并强迫周边其他城市接受和约。斯巴达在色雷斯的盟邦拒绝这个要求，克里阿利达斯声称自己没有办法强迫它们服从。事实上，他自己也不愿意这么做。他匆匆返回斯巴达，为自己辩护，并想看看有没有办法修改和约。斯巴达人果然对和约做了一个看似无关紧要、实则关系重大的修改：克里阿利达斯应"若有可能，将安菲波利斯交还给雅典；若无可能，将在安菲波利斯城内的所有伯罗奔尼撒人撤出"（5.21.3）。

雅典人之所以缔结和约，主要目标就是收复安菲波利斯，而斯巴达人对和约的这个修改相当于阻止雅典人收回安菲波利斯，并将它留给了雅典的敌人们。因此，斯巴达人在履行和约义务的最初阶段，就违背了和约的文字和精神。

那些与斯巴达关系更悠久、地理位置更临近的盟友也从一开始就破坏了和约；尽管斯巴达苦口婆心地劝导它们，它们仍然拒绝接受和约。墨伽拉对雅典保有尼萨亚勃然大怒,因为这阻碍了墨伽拉与东方的贸易。厄利斯由于和斯巴达的一次私下争吵而不肯接受和约。玻俄提亚人则在底比斯人的领导下,拒绝将边境要塞帕那克敦(他们于前422年占领了这座要塞)还给雅典,也不肯返还战争期间抓获的雅典战俘。自前431年以来,底比斯人的势力和威信有了极大增长。他们害怕雅典从伯罗奔尼撒战争脱身之后会使底比斯丧失业已取得的进展,于是和雅典人缔结了一系列为期十天的停战协定,以免独自与雅典人作战。他们真正想要的是让斯巴达人再开战端,摧毁雅典势力。

科林斯人对和约甚至更加不满,因为他们在波提狄亚的殖民地又一次被雅典人牢牢掌控了,波提狄亚的公民被驱逐出境,四海飘零。雅典还占据了位于索利安姆和阿纳克托里翁(都在希腊西北部)的科林斯殖民地。

斯巴达 – 雅典同盟

面对这些巨大障碍,雅典的反应可能是拒绝履行和约,也可能拒绝交还皮洛斯和基西拉岛,或者不肯返还在斯法克特里亚岛抓到的俘虏。如果雅典拒绝履行和约,那么阿尔戈斯可能会受到鼓舞,并与雅典结盟;厄利斯和曼丁尼亚等对斯巴达心怀不满的城邦也可能会加入阿尔戈斯 – 雅典同盟。那样的话,其对斯巴达人而言简直就是个噩梦,他们现在不得不寻求外交手段来摆脱这个危险局面。最终,他们提议与雅典结成五十年的防御同盟,其中一方遭到第三方攻击时,另一方必须施以援手,并视第三方为共同敌人。因此,如果黑劳士发动起义,雅典有义务帮助斯巴达镇压黑劳士。条约的最后条款允许双方通过协商对盟约的条件进行修改。雅典人同意了同盟条约。在签约的时候，为了表达自己对新盟友的信任和诚意，雅典人返还了自前 425 年以来一直关押着的斯巴达俘虏。

这些俘虏是保障雅典不受斯巴达侵犯的砝码，只要雅典手握着这些俘虏，斯巴达的任何盟邦就不敢攻击雅典，因为它们不敢在没有斯巴达的支持下单独行动。然而，在斯巴达人还没有履行自己的和约义务的情况下，雅典人为什么接受与斯巴达结盟？

尼基阿斯及其支持者之所以同意与斯巴达结盟，为的是巩固正在动摇的和平，同时他们也很欢迎这项盟约本身。与斯巴达结盟的前景让雅典人回想起希波战争之后几十年里，客蒙的亲斯巴达政策所带来的幸福时代。那个时期对雅典很有利，维持了希腊人之间的和平，使雅典人得以扩张其爱琴海帝国，并生机勃勃地发展。但到前 421 年，客蒙的路线已经不再可行。现在两国人民脑子里最主要的记忆是漫长而残酷的内战，而不是一致对外的团结努力，这意味着双方都没有多少善意去缔造长期和平。在这种情况下，双方都不能想当然地信任对方，只能努力赢得互信。从这个角度看，斯巴达－雅典同盟或许会危害和平，因为它允许斯巴达继续无视自己的和约义务，增加了雅典人的疑虑。

但是，尼基阿斯及其盟友不是这么看问题的。对他们来讲，墨伽拉战役和玻俄提亚战役的失败，以及在德里昂和安菲波利斯的失败只能证明一点：继续打下去是非常危险的。雅典人应当大度，迈出建立互信的第一步。

若是拒绝与斯巴达结盟，雅典人还有什么其他办法？事实上此时他们有一个千载难逢的机遇。雅典人可以鼓励阿尔戈斯建立一个由阿尔戈斯主导的新联盟，让伯罗奔尼撒半岛的其他民主制城邦，如厄利斯和曼丁尼亚，加入进去。然后雅典可以加入这个新联盟，派遣一支军队到伯罗奔尼撒半岛与斯巴达交战，那时雅典的胜算会比以往更大。雅典人还可以鼓动黑劳士以皮洛斯为基地袭扰斯巴达，并从海上袭击斯巴达沿海城镇，从而进一步增加自己的胜算。雅典若是在这样一场战役中得胜，就可能终结伯罗奔尼撒联盟、消灭斯巴达势力。但由于雅典人民仍然非常厌战，尼基阿斯仍然是雅典政治的主导人物，所以这样的路线是不大可能实现的。

如果雅典人在前421年无法采取积极主动的政策，那么还有另外一个选择：他们可以拒绝与斯巴达结盟，不违反《尼基阿斯和约》，静观其变。这样的话，雅典无须拿任何人的生命冒险，也无须投入更多资源，并可以对斯巴达保持压力。雅典仍然控制着斯巴达战俘，而且阿尔戈斯对斯巴达构成了新的威胁，所以可以保证雅典不会遭到攻击。只要雅典与斯巴达保持距离，阿尔戈斯人就会觉得自己在不久的将来有希望与雅典结盟。黑劳士可以逃向皮洛斯，或许雅典还可以在美塞尼亚与拉科尼亚煽动新的叛乱。斯巴达盟邦的叛变给伯罗奔尼撒联盟制造的混乱只会对雅典有利，而雅典人拒绝与斯巴达结盟将会使斯巴达更加动荡不安、面临更大的危险。雅典人完全可以采纳这种温和、安全且前景良好的政策。然而，他们却偏偏选择与斯巴达结盟。

阿尔戈斯联盟

雅典和斯巴达的新盟约不可避免地在对《尼基阿斯和约》持有异议的国家当中起了反作用。科林斯人私下里与阿尔戈斯的行政长官会晤，警示他们雅典和斯巴达的联盟无疑要"奴役整个伯罗奔尼撒半岛"，并敦促阿尔戈斯人领导一个新的联盟来捍卫伯罗奔尼撒半岛的自由。科林斯人的意思似乎是建立一个新的与两个旧势力集团保持距离的联盟，并抵抗这两个旧集团联合起来的力量。

科林斯的计划要想成功，在很大程度上取决于斯巴达内部各派系之间的争吵。在斯巴达，接受和约、支持与雅典结盟的派系主要是担心阿尔戈斯对斯巴达不利，而只要这种担忧还在，斯巴达就不会热衷于战争。科林斯人若是没有向阿尔戈斯提出建议，那么阿尔戈斯就会被雅典－斯巴达联盟吓倒，恢复到惯常的不作为状态。因此，斯巴达就不必害怕阿尔戈斯，尽管经验表明，这种恐惧是促使斯巴达投入大规模战争的根本动机之一。科林斯人在前431年曾经利用斯巴达人对雅典人的焦虑和恐惧，推动斯巴达参战。十年后，科林斯人打算利用斯巴达人对阿尔戈斯的类似恐惧，再次推动斯巴达人投入战争，尽管这次科林斯人的任务更复杂也更困难。在过去，科林斯曾威胁退出斯巴达领导的联盟，改为与阿尔戈斯结盟，这是科林斯的一个有效武器。但这一次要想成功，科林斯必须让斯巴达相信，阿尔戈斯成为新盟主的可能性是真实存在的。

阿尔戈斯人任命了十二名全权代表，让他们有权与除雅典和斯巴达之外的任何国家结盟。雅典或斯巴达若想加入阿尔戈斯领导的联盟，必须得到阿尔戈斯公民大会的同意。阿尔戈斯有很好的理由（既有旧理由，也有新理由）努力建立一个新的联盟体系。它与斯巴达的敌对已有几个世纪的历史，而且它从未放弃夺回基努利亚。因为阿尔戈斯不肯在不收回基努利亚地区的情况下与斯巴达再续和约，所以战争几乎是必然的。为了备战，阿尔戈斯人动用国库资金训练了 1000 名 "身强力壮、家境富裕"（Diodorus 12. 75. 7）的青年，使他们成为战斗力极强、足以对付斯巴达方阵的精锐部队。阿尔戈斯人既有这样的手段，也有赢得伯罗奔尼撒半岛霸权的野心，因此很高兴地采纳了科林斯人的建议。

最先加入阿尔戈斯阵营的是曼丁尼亚人，因为他们有理由害怕遭到斯巴达攻击：曼丁尼亚人侵犯了多个邻国的土地，攻击了泰吉亚人并在拉科尼亚边境建造了一座要塞。阿尔戈斯似乎是有能力保护曼丁尼亚的 "老大"，于是曼丁尼亚人热情地与阿尔戈斯结盟。另一个原因是，曼丁尼亚和阿尔戈斯都是民主制国家。曼丁尼亚从斯巴达联盟叛逃到阿尔戈斯阵营，这在斯巴达的伯罗奔尼撒盟邦中引起了极大震动，它们得出的结论是曼丁尼亚人 "知道的比它们多"（5. 29. 2），所以才会这么着急地投奔阿尔戈斯联盟。

斯巴达人得知阿尔戈斯联盟的事情之后，指责科林斯人闹出了这整场风波，并指出科林斯若与阿尔戈斯结盟，就违背了科林斯与斯巴达的盟约，还违反了科林斯接受伯罗奔尼撒联盟多数意见的承诺。斯巴达人还指出，科林斯人拒绝接受《尼基阿斯和约》的做法已经背弃了自己的誓言。科林斯的活动家们在一次会议上回应了斯巴达的这些指控。其他对斯巴达不满的盟邦也参加了此次会议。科林斯人掩饰了自己的真实目的（收复索利安姆和阿纳克托里翁），而 "以不愿意背叛他们在色雷斯的盟友为借口"（5. 30. 2）。他们的论点大致是这样的："我们曾向波提狄亚人和色雷斯地区的其他哈尔基季基朋友发誓。他们现在还处于雅典人的奴役之下。如果接受《尼基阿斯和约》，我们就违背了自己对神祇和英雄们发出的誓言。另

外，我们曾经许下的接受伯罗奔尼撒联盟多数意见的诺言包括
这样的条款：'除非有违神祇和英雄们的意志。'要背叛哈尔
基季基人，就必然违背神祇和英雄们的意志。不是我们，而是
你们放弃了自己的盟友，与奴役希腊的恶人合作，从而背弃了
自己的誓言。"

这种狡猾而很有吸引力的驳论将阿尔戈斯的新联盟描绘为
继续反对雅典暴政、对盟友信守（正是斯巴达自私地抛弃了
这些盟友）诺言的手段。斯巴达人当然没有被科林斯人说服。

此次会议之后，阿尔戈斯使者敦促科林斯人立刻加入他们
的联盟，但科林斯人继续拖延时间，并请求阿尔戈斯人来参加
他们的下一次公民大会。他们如此拖延的最可能的理由是：科
林斯的保守派仍然持观望态度，在等待更多寡头制国家加入。

下一个加入阿尔戈斯联盟的国家是厄利斯，它的正式政体
是民主制的，但社会体制和风俗却是寡头制的。厄利斯人在到
阿尔戈斯缔结条约之前，先"按照科林斯人的指示"（5.31.1）
与科林斯人结盟。厄利斯加入新联盟，有助于新联盟的起步。
直到那时，科林斯人才加入了阿尔戈斯联盟，并把忠诚而坚决
地反对雅典的哈尔基季基人也拉了进来。

但墨伽拉人和玻俄提亚人仍然拒绝接受阿尔戈斯的拉拢，
因为他们不喜欢阿尔戈斯这个民主制国家。随后科林斯人转而
劝说泰吉亚，这是个拥有战略地位的、稳固的寡头制国家。科
林斯人相信，若能将泰吉亚从斯巴达阵营拉到阿尔戈斯那边，
就能把整个伯罗奔尼撒联盟都拉过去。但泰吉亚人拒绝了，这
对科林斯人的计划是一次沉重打击。"科林斯人在此之前都非
常热情、非常努力，这时开始松懈和冷淡了，担心没有其他国
家加入他们。"（5.32.4）

　　科林斯活动家们做了最后一次努力来挽救他们的计划。他们请求玻俄提亚人加入阿尔戈斯联盟，"在其他方面采取一致行动"。他们还请求玻俄提亚人帮助他们与雅典交涉，与雅典达成为期十天的停战协定（就像玻俄提亚人与雅典的停战协定那样）；同时要求玻俄提亚人保证，假如雅典人拒绝与科林斯停战，玻俄提亚也要放弃与雅典的停战，并绝不在没有科林斯人的情况下，单独与雅典达成进一步的停战协定。

　　科林斯人的计谋是很明显的：雅典人肯定会拒绝，玻俄提亚人随后将毫无防护地面对雅典，并且与科林斯绑在一起，于是只能加入阿尔戈斯联盟。因此，玻俄提亚人对科林斯的回答是友好而谨慎的，他们拖延着不做出是否加入阿尔戈斯联盟的决定，不过的确派人去了雅典，请求雅典与科林斯停战。雅典人当然没有同意，回复说假如科林斯人真的是斯巴达人的盟友，那么已经与雅典处于停战状态了。玻俄提亚人继续与雅典保持停战状态，这让科林斯人很恼火。科林斯人宣称玻俄提亚人食言了，但没有任何结果。

　　在这些复杂的外交谈判进行之时，雅典人终于攻破了斯基奥涅，按照克里昂在前423年提出的法令，他们屠杀和奴役了斯基奥涅的全部幸存者。或许是为了提醒他们自己和其他人，是斯巴达人首先采取了这样的恐怖手段，雅典人将普拉蒂亚的幸存者安置到了斯基奥涅。但即便是这样的恐怖震慑行动，也未能恢复属于雅典帝国的哈尔基季基半岛和色雷斯地区的秩序。安菲波利斯仍然在敌人手中，在这年夏末，狄亚人占领了哈尔基季基半岛的泰苏斯城（位于阿索斯海岬①上）。尽管它

————————————

①　也就是阿克特半岛，见地图16。

是雅典的盟邦，但雅典没有采取行动。要想收复安菲波利斯，就需要一场难度不亚于波提狄亚攻城战的大规模战役。似乎没有雅典人敦促向叛乱的殖民地发动攻击，但雅典人一定因为斯巴达人未能交还安菲波利斯而产生了极大的挫折感和越来越强烈的愤慨。

斯巴达的问题

　　在科林斯人忙着建立阿尔戈斯联盟的同时，斯巴达人开始攻击他们在伯罗奔尼撒半岛的敌人。普雷斯托阿纳克斯国王率领斯巴达军队开进帕拉西亚，这是曼丁尼亚以西的一个地区，曼丁尼亚人在战争期间征服了这里（见地图10）。曼丁尼亚人的阿尔戈斯盟友派遣了一支部队去保卫曼丁尼亚本身，但曼丁尼亚人保护受到斯巴达威胁的帕拉西亚地区的努力没有取得任何成效。在恢复了帕拉西亚的独立并摧毁曼丁尼亚人的要塞之后，斯巴达人便撤退了。他们随后派遣了一支队伍去控制列普里昂，这是厄利斯与美塞尼亚之间的地区，也是斯巴达与厄利斯争端的根源。

　　这些行动在一定程度上保证了斯巴达边境和黑劳士乡村的安全，但斯巴达人内部出现了问题。克里阿利达斯将伯拉西达的部队从安菲波利斯带回国，这支部队包括700名黑劳士，服役为他们赢得了自由和在任何地方居住的权利。700名黑劳士在拉科尼亚自由行动，这让斯巴达人感到紧张也是可以理解的。新的阶级即"解放黑劳士"的出现也让他们感到不安。这是斯巴达历史上第一次提到这个阶级，他们是获得自由的黑劳士，似乎能够自由居住；他们可能是凭借卓越的战功而获得解放的。另外，斯巴达总人口的持续减少也使兵源不断萎缩。

由于各种原因，在前 5 世纪和前 4 世纪，有资格成为斯巴达重步兵的"平等公民"的数量从前 479 年普拉蒂亚战役时的5000 人不断下降。不过，在列普里昂驻军的需求使斯巴达人能够一石二鸟地解决这两个问题，他们将伯拉西达的老兵和"解放黑劳士"安置在厄利斯与斯巴达的边境地带。

　　他们面对的另一个问题是那些在斯法克特里亚岛投降、后来在雅典当了多年俘虏的人回来了。起初，这些俘虏恢复了原先在斯巴达社会所享有的地位，而且往往是非常崇高和有影响力的地位，其中有些人甚至担任公职。然而，斯巴达人开始害怕这些归国俘虏会制造麻烦（因为他们的投降带来了耻辱），于是剥夺了他们的公民权利。但是，这些具有潜在危险性的群体被允许留在斯巴达境内。上述这些内部威胁能够解释，为什么大多数斯巴达人仍然继续支持谨慎的和平外交政策。前不久厄利斯和曼丁尼亚边境形势的好转、阿尔戈斯联盟威胁的减小，以及雅典人的和平行为，都支持了斯巴达的主和派。

　　然而，雅典人仍然因为斯巴达人未能履行和约义务而怨恨他们。尽管斯巴达人不断承诺要帮助雅典迫使科林斯、玻俄提亚和墨伽拉接受和约，但每一次要兑现承诺时，斯巴达人都未能采取行动。斯巴达人在安菲波利斯的举动更是让雅典人恼火。斯巴达人没有用自己的军队迫使安菲波利斯回到雅典人的控制下，而是将自己的军队撤离，这显然违反了和约条款。雅典人越来越相信，斯巴达人是故意欺骗他们的。雅典人"怀疑斯巴达人心怀不轨"，拒绝交还皮洛斯，"甚至后悔自己返还了斯法克特里亚岛上的俘虏，于是继续保留着其他（按照和约应当归还斯巴达的）地方，等待斯巴达人兑现诺言"（5.35.4）。

斯巴达人的回应是不断催促雅典归还皮洛斯，或至少将目前居住在那里的美塞尼亚人和逃亡的黑劳士撤走。斯巴达人声称自己为了将安菲波利斯还给雅典已经尽力了，并向雅典人保证他们将会履行自己的其他承诺。总而言之，斯巴达人没有拿出任何东西，只是在不曾兑现的旧诺言之外许下新诺言。但雅典的主和派依旧很强大，还有力量迫使雅典公民做出更多让步。于是，雅典人将居住在皮洛斯的美塞尼亚人和黑劳士撤走，并把他们安置在凯法利尼亚岛。

尽管雅典人做出了维系和平的努力，斯巴达人的和平诚意却越来越受到质疑。前 421 年初秋，斯巴达的新监察官就职了，其中森纳里斯和克里奥布鲁斯两人"热切希望撕毁和约"（5.36.1）。他们遵循的路线是再次开启对雅典的战争，这样的机遇很快就来了。仍然掌权的斯巴达主和派最近在斯巴达召开了一次会议（与会者包括雅典人、忠于斯巴达的盟邦，以及玻俄提亚人和科林斯人），致力于让大家接受和约。这次会议彻底失败了，森纳里斯和克里奥布鲁斯或许因此受到鼓舞，开始尝试他们的复杂计谋。

科林斯人努力用阿尔戈斯联盟吓唬斯巴达人，迫使他们破坏和约，而好战的监察官们采纳的却是相反的策略。他们认为斯巴达人之所以与雅典议和并结盟，主要是因为阿尔戈斯的威胁，以及斯巴达人希望收回斯法克特里亚岛的俘虏和皮洛斯。他们推断一旦这些问题都解决了，斯巴达就可以继续打仗。因此，他们需要收复皮洛斯，并终结阿尔戈斯联盟。两位监察官秘密地向科林斯和玻俄提亚使者提出建议，认为他们两国应当合作，玻俄提亚人应当与阿尔戈斯结盟，然后推动阿尔戈斯人与斯巴达结盟。他们指出，若与阿尔戈斯人达成协议，在伯罗奔尼撒半岛之外作战就比较容易。他们还请求玻俄提亚人将帕那克敦交给斯巴达人，以便斯巴达人用它换回皮洛斯，"那样就能更方便地向雅典开战"（5.36.2）。

科林斯人的诡秘政策

科林斯和玻俄提亚使者在回国途中，被阿尔戈斯的两名高级行政长官拦下了。他们请求玻俄提亚人加入阿尔戈斯联盟。这一次，阿尔戈斯人的措辞比较含糊："只要奉行共同政策，他们就可以向斯巴达人开战，或者与其达成条约，或者与其他任何国家达成条约。"（5.37.2）阿尔戈斯人仍然想取代斯巴达，成为伯罗奔尼撒半岛的霸主。但是，他们模棱两可的提议也可以有不同的解读，而不至于让阿尔戈斯明确地表明自己的立场。玻俄提亚人很高兴地接受了邀请，"因为幸运的是，阿尔戈斯人要求他们做的恰恰也是他们的斯巴达朋友指示他们做的"（5.37.3）。在玻俄提亚本土，玻俄提亚联盟长官对这消息也很满意。但斯巴达人和阿尔戈斯人的要求仅仅在表面上是相同的，他们的根本目标是截然相反的。即便如此，玻俄提亚联盟长官仍然同意派遣使者到阿尔戈斯去商谈结盟，同时等待玻俄提亚联盟议会的批准。

随后事态发展的背后一定有科林斯人在捣鬼："玻俄提亚联盟长官、科林斯人、墨伽拉人和色雷斯使者决定先互相宣誓为任何需要保护的一方提供帮助，并仅在意见一致的情况下决定作战或议和；只有在这之后，玻俄提亚人和墨伽拉人（因为他们奉行同样的政策）才与阿尔戈斯人缔结条约。"（5.38.1）色雷斯的哈尔基季基地区是科林斯的卫星国，墨伽拉则是玻俄提亚的卫星国。玻俄提亚人自己不需要这样的协议，因为他们已经打算加入阿尔戈斯联盟，而科林斯已经是阿尔戈斯的盟友，所以上述的共同协议对玻俄提亚没有好处。说到底，这次联合行动的计划只是科林斯人先前提出的计划的扩大版。

科林斯人知道玻俄提亚人不信任他们，因为玻俄提亚人拒绝了科林斯上一次的提议，将科林斯人视为脱离斯巴达联盟的叛贼，并担心自己与科林斯达成的任何协议都会激怒斯巴达。玻俄提亚联盟长官向玻俄提亚联盟议会（玻俄提亚的主权机构）提交了与墨伽拉、科林斯和色雷斯的哈尔基季基人缔结协约的决议。他们的秘密计划被隐藏起来，没有在决议中体现，因为一旦他们与森纳里斯和克里奥布鲁斯的秘密谈判被斯巴达人知道，这两人就有大麻烦了。玻俄提亚联盟长官一直依靠自己的权威来促使决议通过，但这并不适用于特殊时期。议会驳回了决议，"因为他们担心，与脱离斯巴达联盟的反叛者一同宣誓，就侵害了斯巴达人的利益"（5.38.3）。玻俄提亚联盟长官或许没有想到决议会被驳回，不过科林斯人或许已经料到了这一点。不管怎么说，讨论到此为止。科林斯人和哈尔基季基人回家了。玻俄提亚联盟长官不敢再提与阿尔戈斯结盟。他们没有派遣使者去阿尔戈斯商谈条约，"整个事情稀里糊涂，完全是浪费时间"（5.38.4）。

玻俄提亚人

与此同时，斯巴达的主和派也急于收复皮洛斯。他们相信，如果他们能说服玻俄提亚人向雅典人交还帕那克敦和仍然在押的雅典俘虏，雅典人就会将皮洛斯返还给斯巴达。在与雅典人商谈多次之后，斯巴达主和派仍然抱有此种想法，他们一定是受到了雅典谈判者（可能是尼基阿斯及其盟友）的鼓励。斯巴达主战派和主和派都支持此种想法，于是斯巴达人向玻俄提亚派遣了官方使团，请求他们向雅典让步。玻俄提亚人的回答表明他们的主战派此时已经构想了一个新的计划。他们说，除非斯巴达单独与玻俄提亚缔结一个与斯巴达－雅典条约类似的条约，否则他们不会将帕那克敦还给雅典人。斯巴达人知道，如果答应这个要求，就违背了与雅典的条约。因为根据斯巴达－雅典联盟的规定，双方只能在意见一致的情况下开战或缔约。但与雅典决裂正是斯巴达主战派想要的，于是他们支持与玻俄提亚人结盟。由于主战派不占多数，所以需要主和派的支持。斯巴达人非常希望收复皮洛斯，但他们为什么会相信雅典人能将其交还呢，尤其是在斯巴达人阴险地与玻俄提亚结盟的情况下？唯一合理的解释是，斯巴达人寄希望于雅典的主和派能够无限地忍让，并继续主宰雅典的政策。前420年3月初，斯巴达人与玻俄提亚签订了条约，承认保护玻俄提亚人不受雅典人的攻击。

玻俄提亚人欢迎与斯巴达的条约，认为这是对斯巴达－雅典同盟的打击，但玻俄提亚人却开始准备欺骗自己的斯巴达盟友。他们立刻开始拆除位于帕那克敦的壁垒，使雅典丧失了这座重要的边境要塞。斯巴达人可能不知道这个阴谋，科林斯人或许也参与其中，因为这与他们的信念（冲突和恐惧而不是舒适和安全，将促使斯巴达投入战争）相一致。

与此同时，阿尔戈斯人在等待玻俄提亚使者与他们商谈之前约定的结盟事宜，但玻俄提亚没有派使者来。阿尔戈斯人得到的消息却是帕那克敦要塞被拆除了，斯巴达与玻俄提亚缔结了条约。阿尔戈斯人推断自己遭到了背叛，斯巴达是这一系列事件的幕后指使。斯巴达让玻俄提亚加入了斯巴达－雅典联盟，因此劝说雅典人接受了摧毁帕那克敦的事情。阿尔戈斯人开始恐慌起来。他们现在不仅无法和玻俄提亚或雅典结盟，还害怕自己的联盟瓦解、盟邦投奔斯巴达。他们最大的担忧是自己很快将面对一个由斯巴达、玻俄提亚和雅典领导的伯罗奔尼撒联盟。心惊胆战的阿尔戈斯人于是"火速"派遣使者去斯巴达，努力"与斯巴达缔结条约，不管条件如何，以便得到和平"（5.40.3）。

　　阿尔戈斯寻求与斯巴达结盟的谈判反映了双方的急切情绪。阿尔戈斯希望由第三方对基努利亚纠纷进行仲裁。斯巴达人希望对旧条约做一个简单的续约，以保留有争议的土地。阿尔戈斯人提议暂时接受五十年和约，条件是双方在未来的任何时间均可要求进行一场规模有限的军事对抗，以决定基努利亚的归属。斯巴达人起初觉得这个建议太荒唐，但仔细考虑之后还是同意了，并与阿尔戈斯签订了条约，"因为不管怎么样，他们急于获得阿尔戈斯的友谊"（5.41.3）。将近 6 月底时，阿尔戈斯谈判者获得了他们政府的正式批准，准备返回斯巴达，但他们的耽搁使局势朝着另一个方向发展。

第十七章
雅典与阿尔戈斯的联盟
(前 420 ~ 前 418 年)

雅典与斯巴达决裂

为了履行与玻俄提亚人的条约，斯巴达人前去接收帕那克敦和玻俄提亚人手中的雅典战俘，以便交还给雅典人。斯巴达人发现，帕那克敦要塞已经被摧毁；他们接收了雅典战俘，并动身前往雅典，尝试收复皮洛斯。他们指出，尽管帕那克敦已经被拆毁，但也算是正式还给雅典了，因为它再也不能为雅典的敌人所用。然而，雅典人希望完好无损地收回他们的要塞，斯巴达与玻俄提亚的条约也让他们怒火中烧；因为它不仅违背了斯巴达的诺言（在缔结任何新盟约之前，要先和雅典商量），还揭露了斯巴达另一项誓言（迫使持异见的盟邦接受和约）的虚假。于是雅典人"愤怒地回答了斯巴达使者，让他们离去"（5.42.2）。

雅典的主战派自克里昂阵亡以来就处于低谷，斯巴达的所作所为使雅典主战派再度活跃起来。安提法奈斯之子希帕波鲁斯曾是克里昂的竞争者。古代作家称他为"群众的领袖"；在前421年上演的《和平》中，阿里斯托芬说希帕波鲁斯是主宰公民大会的人。他是一位三列桨座战船船长和富人，也是公民大会的活跃分子，常常提出动议、修改法令。他可能既是议事会成员，也是一位将军。有些古代作家将他描述为一个荒唐可笑、一无是处的恶棍，甚至比其他蛊惑民心的流氓政客更低贱。阿里斯托芬说希帕波鲁斯有着极其远大的帝国主义野心，甚至想扩张到迦太基。这或许有些夸张了，但希帕波鲁斯的确反对前 421 年和约，也反对随后与斯巴达的盟约。他是个训练有素、技艺高超的演说家，但既没有克里昂那样的军事声望，也没有富裕且虔诚的尼基阿斯那样的个人名誉和强大影响力。若不是出现了一个强大而出人意料的竞争对手，希帕波鲁斯或许能成为主战派的领导人。

前 420 年，克雷尼亚斯之子亚西比德当选为将军时是三十岁到三十三岁的年纪（三十岁是竞选将军的最低年龄）。他非常富裕，有资格参加奥林匹克运动会的赛车竞技；十分英俊潇洒，以至于"许多贵妇名媛疯狂地追求他"，"也有男人追求他"（Xenophon, *Memorabilia* 1.2.24）；他还是一位才华横溢的演说家，曾师从当时最优秀的教师。他的聪明才智受到广泛的赞誉和仰慕，他与苏格拉底的友谊更令他扬名四海，并且他在与苏格拉底交往的过程中提高了自己的辩论水平。他的缺点似乎对他也有助益。他的口齿不太流利，大家却觉得这非常有魅力。他非常任性骄纵，是个被宠坏的孩子，行为举止常常出人意料、无法预测、令人火冒三丈。然而他的哗众取宠虽然让许多人嫉妒和不赞同，却也赢得了许多人的仰慕。他超乎寻常的张扬个性为他赢得了世人的瞩目和极高的名望（尽管可以说是臭名），使他得以轻松进入政坛。

对亚西比德的政治和军事生涯影响最大的是他的家族，凭借祖先的名望，他在雅典以非同一般的速度崛起，很早就取得了卓越的地位。"亚西比德"这个名字源自斯巴达,至少在前6世纪就出现了。当时雅典与斯巴达建立了一种关系,使亚西比德家族成为斯巴达常驻雅典的代表,尽管这种角色到伯罗奔尼撒战争时期已经消失了。他父亲那边属于高贵的萨拉米斯氏族。他的高祖父是克里斯提尼的盟友。克里斯提尼是雅典的解放者和民主制的奠基人。亚西比德的曾祖父在希波战争期间是一位三列桨座战船船长,自费装备了一艘战船。他的祖父是一位重要的政治人物,曾遭到陶片放逐①。他的父亲是伯里克利的盟友,于前447年在喀罗尼亚战役中牺牲。

　　亚西比德的母亲属于地位显赫的阿尔克马埃翁氏族,伯里克利的母亲也属于这个氏族,所以在亚西比德的父亲阵亡后,伯里克利担任了亚西比德和他的弟弟阿里弗隆的监护人。大约从五岁开始,亚西比德和他狂野不羁的弟弟就在雅典顶尖政治家的宅邸内成长。在亚西比德的童年时期,伯里克利拥有几乎不受任何挑战的最高地位,是雅典最有影响力的人。亚西比德是个才华横溢的孩子,他的雄心壮志已经受到了激励,其父亲家族的传统提升了他对自己的期望,而终日目睹监护人的权力与荣耀,也使他产生了更大的野心。

---

① 陶片放逐是古代雅典城邦的一项政治制度,由雅典政治家克里斯提尼于前510年创立,因用碎陶片投票而得名。雅典人民可以通过投票强制将某个人放逐,目的在于驱逐可能威胁雅典民主制度的政治人物。遭到陶片放逐的人往往是非常有才干和名望的人。放逐期限为10年(一说为5年,但都可以因城邦需要而随时被召回)。被放逐者无权为自己辩护,须在10天内处理好自己的事务,然后离开城邦。放逐期间,被放逐者保留公民权和财产权,回到城邦后自动恢复。遭到陶片放逐并不意味着此人犯了罪,一般也不被视为耻辱。

但对亚西比德来说，仅仅取得辉煌的成就还不够。有许多阿谀奉承之徒不断怂恿他的大胆狂想。正如普鲁塔克所说："腐蚀他的那些人，利用了他对卓越地位和名望的酷爱，促使他过早地开始放肆地谋划；他们劝他，只要他进入政界，就能立刻让所有普通的将军和领导人黯淡无光，甚至能够在希腊人当中获得胜过伯里克利的权力与名望。"（*Alcibiades* 6.4）在前5世纪，民主制的雅典对贵族仍然抱有敬意，亚西比德高贵的家族背景给了他战胜竞争对手的巨大优势，但他自己也的确很有实力。到前420年，亚西比德已经从弗尔米奥那里获得了一项表彰作战勇敢的嘉奖，并且在波提狄亚和德里昂作为骑兵参战，表现出色。

斯巴达人在斯法克特里亚岛投降之后，亚西比德妥善照顾斯巴达俘虏，借此恢复自己家族与斯巴达的传统关系。十年战争结束后，他希望代表雅典与斯巴达谈判，并获得缔造和约的功绩，但斯巴达人更愿意与资历深、可靠且影响力大的尼基阿斯对话。亚西比德认为自己受到了怠慢和侮辱，于是改变立场，反对雅典与斯巴达结盟，理由是斯巴达人缺乏诚意。他坚持说，斯巴达与雅典结盟仅仅是为了腾出手来对付阿尔戈斯；解决了阿尔戈斯之后，斯巴达会再次攻击孤立的雅典人。亚西比德真诚地希望雅典与阿尔戈斯结盟，而不是与斯巴达。他对斯巴达动机的分析与森纳里斯、克里奥布鲁斯及其派系遵循的路线是一致的。

帕那克敦被拆除和斯巴达与玻俄提亚结盟严重打击了尼基阿斯的地位。这时，亚西比德"在公民大会大做文章，攻击尼基阿斯，并用令人信服的指控来诽谤他。尼基阿斯本人曾……拒绝抓捕被困在斯法克特里亚岛上的敌军，而其他人俘虏这些敌人之后，他将俘虏释放，交还给拉刻代蒙①人，因为他想讨好他们。他是这些拉刻代蒙人久经考验的好友，他没有劝阻他们与玻俄提亚人或与科林斯人单独结盟。当任何希腊人想成为雅典的朋友和盟邦时，他都大力阻挠，除非拉刻代蒙人同意"（Plutarch，*Alcibiades* 14.4 – 5）。与此同时，亚西比德私下里敦促阿尔戈斯的民主派领导人与厄利斯及曼丁尼亚使者一起与雅典人结盟："时机已经成熟，他将尽全力配合。"（5.43.3）

亚西比德的邀请很及时，阻止了阿尔戈斯与斯巴达结盟，而阿尔戈斯之所以曾经想与斯巴达结盟，也是因为错误地相信雅典与斯巴达正在合作。现在得知真相后，阿尔戈斯人立刻放弃了与斯巴达结盟的想法，欢欣鼓舞地期待与雅典结盟，"想着雅典城在过去始终对阿尔戈斯很友善，而且雅典和阿尔戈斯都是民主制国家；雅典的海上力量很强大，如果战争爆发，雅典将与阿尔戈斯并肩作战"（5.44.1）。发现阿尔戈斯人的立场改变之后，斯巴达人努力补救。他们向雅典派去了三位极受雅典人尊重的人士——列昂、腓洛卡里达斯和恩狄乌斯（其中恩狄乌斯与亚西比德有亲戚关系），力图阻止雅典人与阿尔戈斯结盟，请求雅典归还皮洛斯，并向雅典人保证，斯巴达与玻俄提亚的联盟绝不是为了威胁雅典。

斯巴达使者来到雅典议事会，自称拥有解决一切分歧的全权。亚西比德担心一旦斯巴达使者在雅典公民大会面前做出了同样的宣言，雅典人民就会拒绝与阿尔戈斯结盟，于是劝说斯巴达使者在雅典公民大会面前不要说自己拥有这样的全权。作

———————
① 拉刻代蒙即斯巴达。

为交换，他答应利用自己的影响力，将皮洛斯归还斯巴达，并解决其他争端。然而，在公民大会上，亚西比德问斯巴达使者们是否拥有谈判全权，他们回答说没有，他却斥责他们不诚实，这令斯巴达使者大吃一惊。雅典公民大会很快决定与阿尔戈斯结盟，但由于地震，未能当场缔结盟约。斯巴达使者没有机会抱怨亚西比德的花招，并且肯定很快就启程返回斯巴达，因为没有证据表明他们参加了次日的公民大会。

在这次会议上，尼基阿斯寻求推迟投票。他坚持认为，对雅典来说，斯巴达的友谊比阿尔戈斯的友谊更珍贵。他提议派遣使团去弄清楚斯巴达的意图，因为亚西比德阻止了斯巴达使者发言。尼基阿斯还指出，此时雅典的好运气和安全都在最高点，和平只会对他们有益；而斯巴达此时受到威胁，处境不安全，但打一场快仗就有可能扭转他们的劣势，所以战争对雅典不利。对尼基阿斯的观点其实可以这样反驳：斯巴达奸险歹毒，对雅典抱有敌意，若是给斯巴达一段时间来恢复元气，那它对雅典人的威胁就更大了；现在正是斯巴达虚弱的时候，受到一个强大联盟的威胁，正好可以把它彻底干掉，消除这么多年来它对雅典的威胁。但雅典人仍然不愿意继续打仗，于是推迟了决定是否与阿尔戈斯结盟的投票，并派遣尼基阿斯作为使团成员去斯巴达。雅典使者要求斯巴达完好无损地归还帕那克敦，返还安菲波利斯，并放弃与玻俄提亚人的盟约，除非玻俄提亚人接受《尼基阿斯和约》；使者还宣布，如果斯巴达不肯放弃与玻俄提亚人的盟约，雅典将与阿尔戈斯结盟。

这些要求使和解的希望破灭了，因为斯巴达人拒绝了这些要求。尼基阿斯要求斯巴达再次宣誓遵守《尼基阿斯和约》，"因为他担心两手空空地返回雅典，可能会遭到攻击。后来果然发生了这样的事情，因为他被看作雅典与斯巴达和约的责任人"（5.47.4）。斯巴达人不愿意重开战端，于是同意再次宣誓，但保留了与玻俄提亚的联盟。正如尼基阿斯所预料的，雅典公民大会得知消息后暴跳如雷，立即与阿尔戈斯、厄利斯和曼丁尼亚缔结了盟约。这是互不侵犯条约和防御性盟约，一方是伯罗奔尼撒半岛的三个民主制国家及其附庸国，另一方是雅典及其附庸国，为期一百年。这份条约是亚西比德的一大胜利，它使雅典走上了不同于《尼基阿斯和约》的道路。

尽管矛盾重重，雅典和斯巴达都至少在表面上遵守和约，因为双方都不想承担破坏和约的责任。与此同时，科林斯人可以不必隐瞒意图地行动了。他们"脱离了自己的盟友，又一次倒向斯巴达人那边"（5.48.3）。他们的诡计消解了阿尔戈斯联盟的力量，使它当中没有任何寡头制国家，因此成为一个与雅典结盟的民主制国家联盟。科林斯人希望这样的威胁能促使斯巴达再次投入战争。科林斯人还小心保留了他们与阿尔戈斯、厄利斯和曼丁尼亚签订的防御同盟，因为斯巴达政治的不稳定性可能需要他们在将来制定新的战略对策。此外，与伯罗奔尼撒半岛民主制国家的暧昧关系也使他们在将来的关键时刻能够施加干预。

斯巴达受辱

雅典与伯罗奔尼撒半岛民主制国家的结盟不仅改变了雅典政治的方向，还鼓励斯巴达的敌人做出新的大胆举动。在前420年夏季的奥林匹克运动会上，斯巴达人遭受了一次严重的公开侮辱。厄利斯人对斯巴达人做出了可疑的指控，控诉他们违反了举行运动会时的神圣休战规定，于是不准斯巴达人参加

竞技，也不允许他们进行惯常的献祭。斯巴达人要求法庭裁
决，但奥林匹克运动会的法庭由厄利斯人组成，裁决结果为斯
巴达人有罪，并对其处以罚款。厄利斯人提议，他们可以免除
一半罚金；如果斯巴达人将列普里昂归还厄利斯，他们还可以
替斯巴达人支付另一半罚金。斯巴达人拒绝了，于是厄利斯人
提出了羞辱性的要求：斯巴达人需要在奥林匹亚大神宙斯的祭
坛前宣誓，将来如数缴纳罚金。斯巴达人又一次拒绝了，因此
被禁止进入神庙、举行献祭和参加竞技。厄利斯人竟敢做出如
此挑衅的行为，就是因为他们与雅典和其他的伯罗奔尼撒民主
制国家是同盟关系。为了防备斯巴达人攻击圣所，厄利斯人部
署了自己的军队，另外阿尔戈斯和曼丁尼亚各出兵 1000 人相
助，雅典也派出了一支骑兵。

但是，有一位斯巴达人拒绝忍气吞声地接受这些侮辱。在
斯巴达人当中，阿开西劳斯之子利卡斯凭借其家族的财富和名
望而享有突出地位。他的父亲曾两次成为奥林匹克运动会的冠
军，他本人曾参加赛车竞技，还作为东道主款待一群到斯巴达
观摩吉姆诺排狄埃节庆的外邦人。他是阿尔戈斯人在斯巴达的
荣誉领事①，与玻俄提亚人也有着亲密关系。他可能支持森纳
里斯和克里奥布鲁斯的政策，而且再也没有比他更适合在斯巴
达人、阿尔戈斯人和玻俄提亚人之间搞秘密谈判的人了。不管

---

① 荣誉领事（Proxenos）是古希腊的一种外交安排。A 城邦的一名公民（由
城邦选出）自费招待 B 城邦的外交使节，由此获得荣誉领事的头衔。荣
誉领事应当运用自己在 A 城邦的影响力来代表、保护和促进 B 城邦的利
益，并增进两个城邦的友谊。荣誉领事会竭力避免两个城邦发生战争，
但如果的确发生战争，他仍然效忠于 A 城邦，因为他是 A 城邦的公民。
一个著名的例子是，雅典的客蒙就是斯巴达在雅典的荣誉领事，他对斯
巴达非常有好感。荣誉领事的头衔往往在一个家族里世袭。

怎样，他在前 420 年奥林匹克运动会上的举动表现出了极大勇气和坚强不屈的精神。

他是斯巴达人，因为被禁止参加竞技，所以他正式将自己的战车送给底比斯人，然后代表底比斯人参加了比赛。利卡斯的战车获得了第一名，他大踏步走进赛场，为得胜的驾车手佩戴冠冕，以明确表示这是他的战车。厄利斯人大发雷霆，让参赛者用鞭子抽打他，将他逐出赛场。尽管人们担心斯巴达军队可能会赶到现场，但斯巴达人没有采取任何行动。这给人的印象是，他们被雅典及其伯罗奔尼撒盟友吓倒了。运动会结束不久之后，或许是因为看到斯巴达受辱而感到振奋，阿尔戈斯人又一次邀请科林斯人加入新联盟，这个联盟如今已经包括了雅典人。斯巴达代表来到科林斯，可能想劝阻科林斯加入阿尔戈斯联盟，但由于地震，会议被迫终止，没有任何结果。

人们普遍觉得斯巴达人很软弱，很快斯巴达人又遭遇了新的尴尬。前 420/前 419 年冬季，斯巴达在赫拉克利亚的殖民者遭到邻国攻击（见地图 14），那里的斯巴达总督被杀。底比斯人派去了 1000 名重步兵，表面上要去救援那座城市，但在 3 月却将其据为己有，赶走了斯巴达派去的新总督。修昔底德说，底比斯人这么做是因为害怕雅典人占领赫拉克利亚，也因为斯巴达人身陷伯罗奔尼撒半岛的麻烦之中，无力保卫赫拉克利亚。我们可以推测，底比斯人看到斯巴达已经软弱无力，于是抓住机遇，削弱斯巴达在希腊中部的影响力，以加强自己的实力。"不过斯巴达人对他们很恼火"（5.52.1），这些事件使斯巴达与底比斯这个重要盟友之间的关系变得更加紧张。雅典与阿尔戈斯、厄利斯、曼丁尼亚的联盟虽然并没有对斯巴达造成多少实质性的伤害，但在雅典采取任何重要行动之前，联盟已经取得了一定的成效。

亚西比德在伯罗奔尼撒半岛

前 419 年初夏，雅典人开始加强新联盟，并利用了斯巴达丧失威信的机会。亚西比德再次当选为将军，率领一小队雅典重步兵和弓箭手进入了伯罗奔尼撒半岛。他在这次远征的筹划阶段便与阿尔戈斯人和伯罗奔尼撒半岛的其他盟友做了协调。亚西比德迂回战略的最终目标是科林斯，若能让它脱离斯巴达联盟，对斯巴达联盟将是一次沉重打击。雅典人横跨伯罗奔尼撒半岛，从阿尔戈斯开赴曼丁尼亚和厄利斯，然后奔向阿开亚沿海的帕特雷（在科林斯湾之外）。亚西比德将帕特雷拉拢到雅典阵营，并说服那里的人民建造海墙，以便与雅典保持通畅的联络，准备抵抗斯巴达的攻击（见地图 10）。雅典人企图在瑞昂（在科林斯湾最狭窄处，与纳夫帕克托斯隔海相望）建造一座阿开亚要塞，但科林斯人、西锡安人和该地区的其他人及时赶到，阻止了雅典人。

雅典人这一切的举动不仅是炫耀武力，而且是向科林斯和斯巴达的其他盟邦施加压力的计划的一部分。雅典与帕特雷的盟约，以及在瑞昂修建壁垒，能够有效地封锁科林斯湾入口，使科林斯、西锡安和墨伽拉的船只无法通行。亚西比德到帕特雷时只带了一小队士兵，没有海军，如果帕特雷人想抵抗他，可以轻松做到。他们同意与雅典结盟，这表明在世人眼中斯巴达已经衰落到多么严重的地步。然而，更能证明斯巴达弱势的事情是，亚西比德一路穿过伯罗奔尼撒半岛，竟没有受到任何阻拦。

　　亚西比德在这年夏天的第二个目标是占领埃皮达鲁斯，阿尔戈斯人最终将其付诸实践。据修昔底德记载，阿尔戈斯人以惯常的借口（亵渎神明）指控埃皮达鲁斯并发动了进攻，但他们的真实目的是开辟一条较短的连接雅典的交通线，并且最重要的是"让科林斯闭嘴"（5.53.1）。

　　亚西比德在阿开亚和埃皮达鲁斯的行动都是一个计划的组成部分，都是为了威胁和孤立科林斯。雅典与帕特雷的盟约有助于切断科林斯人与其西方殖民地之间的贸易和交通线，而占领埃皮达鲁斯后便可以从两面威胁科林斯，并证明阿尔戈斯和雅典有能力击败与斯巴达结盟的伯罗奔尼撒国家。占领埃皮达鲁斯之后，阿尔戈斯人便可以从南面进攻科林斯，而雅典人可以同时在科林斯沿海登陆，就像尼基阿斯在前425年做的那样。这样的威胁很可能促使科林斯人脱离斯巴达联盟。就算科林斯保持中立，也能阻止玻俄提亚人与斯巴达人合作。假以时日，墨伽拉或许还有伯罗奔尼撒半岛的其他国家，都会选择中立，而不是站在衰弱的斯巴达一边去对付越来越强大的新联盟。

　　这是一项务实的战略，有希望给雅典人带来很大的成功，而无须冒太大的风险，更不用投入很多人员和资金。亚西比德仅仅将武力用作施加压力的外交手段，既不是为了迫使伯罗奔尼撒半岛的敌人与自己交战，也不是为了消耗敌人的资源，而仅仅是迫使敌人改变行动策略。

斯巴达人对抗阿尔戈斯

　　阿尔戈斯对埃皮达鲁斯领土的入侵果然达到了目的，促使斯巴达人采取行动。年轻的阿基斯二世国王率领整个斯巴达陆军奔赴阿卡狄亚地区，从那里他可以去往西北方的厄利斯、北方的曼丁尼亚，还可以去往东北方的阿尔戈斯。"没有人知道他们在向何方行军，就连派遣他们的城邦也不知道。"（5. 54. 1）

　　阿基斯二世没有公布自己真实目标的原因是，他在边境献祭时，征兆不吉。斯巴达人打算回家，并向各盟邦传话，在即将到来的卡内奥斯月①（对多利亚人来说是一个神圣的月份）结束之后再出兵。尽管斯巴达人非常虔诚，但前 419 年夏季连续发生的两次类似事件，还是引起了民众的怀疑。一次是阿基斯二世指挥的斯巴达军队因为征兆不吉而放弃攻击阿尔戈斯人或其盟友。另一次是这个夏季晚些时候，斯巴达人害怕伯罗奔尼撒联盟崩溃，所以即便遇到了不吉利的征兆，还是采取了行动。这就更加让人怀疑他们了。因此证据表明，阿基斯二世在边境遇到的不吉征兆仅仅是个借口。

　　阿基斯二世奉命出兵，所以即便遇到了不吉利的征兆，也不能两手空空地撤退。埃皮达鲁斯人（斯巴达盟邦当中真正忠于斯巴达的朋友）和许多求战心切的斯巴达人再也不可能被约束住了。阿基斯二世命令在卡内奥斯月结束之后再集结，无疑是用一个虔诚的借口来拖延时间，并让寡头派有机会控制阿尔戈斯。统治阿尔戈斯的民主派（他们敌视斯巴达）也使用了他们自己的宗教花招。他们在卡内奥斯月前一个月的 27日入侵埃皮达鲁斯，随后将他们停留在埃皮达鲁斯领土的每一天都称为这个月的 27 日，于是避免了亵渎卡内奥斯节日。埃皮达鲁斯人请求他们的伯罗奔尼撒盟友进行援助，但有的盟邦以神圣月份不利动兵为借口拒绝支援，有的盟邦的军队则在抵达埃皮达鲁斯边境后就止步不前。

────────────

　　①　斯巴达历法的卡内奥斯月大致相当于现代公历的 8 月。

在阿尔戈斯联盟抓住这个机会攻击埃皮达鲁斯之前,雅典人在曼丁尼亚召开了一次会议来商讨议和事宜。亚西比德又一次运用军事压力和外交手段,而不是重步兵交锋。他打算利用阿基斯二世的犹豫不决,劝说科林斯人在自己被斯巴达抛弃之前先抛弃斯巴达。但在这次会议上,同样狡猾的科林斯人指控阿尔戈斯联盟虚伪,因为阿尔戈斯人嘴里谈着和平,背地里却在攻击埃皮达鲁斯人。于是科林斯人要求先解散两支军队(阿尔戈斯人和雅典人),再继续开会。或许科林斯人以为阿尔戈斯人会拒绝,于是就有了终止会议的理由。但即便在阿尔戈斯人被说服撤军之后,会议仍然毫无成果。科林斯人一定知道如果他们退出斯巴达联盟,雅典就可能得胜,所以当亚西比德努力迫使科林斯人加入反对斯巴达的新联盟时,科林斯人拒绝了和平条件。这次会议无果而终,亚西比德获得一次外交胜利的企图也破灭了。

阿尔戈斯人迅速返回蹂躏埃皮达鲁斯,斯巴达人再一次出兵前往斯巴达－阿尔戈斯边境方向,这一次他们的目标是确定无疑的。雅典人的回应是派遣1000名重步兵去保护自己的阿尔戈斯盟友,而阿尔戈斯人则撤回去保卫自己的城市。但是,阿基斯二世的献祭又一次产生了不吉利的征兆,于是斯巴达军队撤退了。即便如此,斯巴达攻击阿尔戈斯的威胁缓解了埃皮达鲁斯的压力,使阿基斯二世及其同党避免了与阿尔戈斯人发生正面冲突。亚西比德带着他自己的部队返回了雅典。前419年的军事行动就这样结束了,科林斯仍然是斯巴达的盟友,这明确表明要想摧毁伯罗奔尼撒联盟,仅凭外交手段是不够的。这个令人失望的结果不仅在新联盟中形成了压力,还反映了雅典政坛一触即发的紧张气氛。

在随后的冬季，斯巴达人派遣 300 人走海路去增援埃皮达鲁斯。他们的路线经过雅典人在埃吉那岛与迈萨纳的基地（见地图 1），这让阿尔戈斯产生不满和抱怨。因为阿尔戈斯与雅典的条约要求雅典人阻止任何敌军穿过其盟邦的领土，而雅典人尽管拥有制海权，却让斯巴达人顺利完成了这次调动。阿尔戈斯人要求雅典做出补偿，将纳夫帕克托斯的黑劳士和美塞尼亚人送回皮洛斯，让他们以那里为基地去骚扰斯巴达人。这个要求的目的是促使雅典人明确地投入反对斯巴达的战事。

作为回应，亚西比德说服雅典人在铭刻着《尼基阿斯和约》条文的石头上记录道，是斯巴达人背弃了和约誓言。雅典人将黑劳士送回皮洛斯，然后他们从那里出发，蹂躏美塞尼亚乡村。但是，雅典人还不肯正式地抛弃和约，这也表明雅典的政治局势非常微妙。虽然大多数雅典人支持阿尔戈斯联盟，但并没有稳定的多数派来主张再次开启与斯巴达人的战事。亚西比德可以说服他的同胞加入一个联盟，让其他国家承担大部分作战任务，但他无法说服雅典人投入一场让许多雅典士兵冒生命危险的战争。雅典人的分歧和暧昧使他们无法执行连贯一致的政策。

斯巴达人同样没有一致的意见，有的人甚至没有拿定主意。尽管从技术上讲，雅典人的这些行动都没有违反和约，但每一次行动都令人担忧；斯巴达人实在无法对雅典人支持阿尔戈斯攻击埃皮达鲁斯的行为视若无睹。即便如此，斯巴达人既没有公开宣布和约已经失效，也没有正式回应雅典的宣言（斯巴达背弃了和约誓言）。有些斯巴达人坚决要维持与雅典的和平；有的人则希望继续打下去，但主张采纳一种不同的策略。有些人希望直接攻击阿尔戈斯及其盟友（包括雅典）；有的人则希望先通过外交手段和收买内奸来切断阿尔戈斯与其盟邦的关系，然后再次向雅典开战。最后，雅典和斯巴达都避免参与埃皮达鲁斯战役，于是这个冬季相安无事地过去了。

亚西比德的战略未能即刻取得决定性成果，再加上雅典人民害怕又一次与斯巴达交战，这导致雅典领导层发生了一次命运攸关的洗牌。雅典人将尼基阿斯和他的几位朋友选为前418年的将军，而拒绝选举亚西比德。这次选举实际上表明雅典人选择了谨慎而非冒险，不愿意向伯罗奔尼撒半岛的战场投入雅典军队。但由于雅典人并未放弃与阿尔戈斯的联盟，他们仍然致力于帮助伯罗奔尼撒半岛的盟友。或许他们希望自己军队的领导人是更为保守的人士，却不曾认识到雅典与斯巴达是盟友关系，雅典与阿尔戈斯也是盟友关系，而斯巴达与阿尔戈斯是敌对关系。雅典身处两个相互敌对的阵营是多么矛盾的现实。

阿尔戈斯平原的对抗

前418年仲夏，阿基斯二世国王率领8000名重步兵（包括整个斯巴达陆军、泰吉亚人和其他仍然忠于斯巴达的阿卡狄亚人），去攻打阿尔戈斯。斯巴达在伯罗奔尼撒半岛内外的其他盟友则奉命在弗利奥斯集结。在弗利奥斯的军队加起来一共有约1.2万名重步兵、5000名轻装部队和1000名来自玻俄提亚的骑兵和乘骑步兵。这次大规模的兵力集结就是斯巴达对亚西比德政策威胁的回应。斯巴达人发动了此次军事行动，"因为他们的盟友埃皮达鲁斯人受苦受难，而他们的其他伯罗奔尼撒盟友有的在造反，有的对斯巴达不友好。他们觉得如果不迅速采取行动，麻烦会更多"（5.57.1）。

为了应战，阿尔戈斯人集结了约7000名重步兵，3000名厄利斯人，约 2000 名曼丁尼亚人及其阿卡狄亚盟友，因此总兵力约 1.2 万人。雅典人同意派遣 1000 名重步兵和 300 名骑兵，但这些部队尚未抵达。如果阿尔戈斯人允许两支敌军会师，就会让自己处于寡不敌众的境地：斯巴达联盟有 2 万名重步兵，阿尔戈斯一方仅有 1.2 万人；斯巴达联盟有 1000 名骑兵和 5000 人的轻装部队，而阿尔戈斯一方完全没有骑兵和轻装部队。因此，阿尔戈斯必须抢在阿基斯二世的军队与北面的弗利奥斯军队会合之前拦截阿基斯二世。于是，阿尔戈斯人向西开进了阿卡狄亚（见地图 17）。

从斯巴达到弗利奥斯的直接路线需要经过泰吉亚和曼丁尼亚，但阿基斯二世不能冒险走这条路线，因为在与北方军队会合之前必须避免交战。于是他选择了一条通往西北方的道路，穿过贝尔米纳、麦塞德里昂和奥尔霍迈诺斯。在麦塞德里昂，他遇到了阿尔戈斯人及其盟军，后者在山上的据点挡住了斯巴达人的去路。他们还阻塞了通往曼丁尼亚和阿尔戈斯的道路，这意味着如果阿基斯二世企图东进，他的军队就会被孤立在敌境，并被迫独自与优势敌人对抗。阿尔戈斯人的此次机动在战术上是一次极大的成功，阿基斯二世别无他法，只得占据面对敌人的另一座山丘。夜幕降临时，阿基斯二世的处境越来越令人绝望：他要么在不利于己方的情况下作战，要么屈辱地撤退。

但天亮之后，斯巴达军队却已经消失得无影无踪。阿基斯二世在夜间从阿尔戈斯人眼皮底下溜走，已经在去往弗利奥斯的路上了。在弗利奥斯，他接过"当时最精锐的希腊军队"（5.60.3）的指挥权。大约 17 英里之外就是阿尔戈斯城及其守军。阿尔戈斯人在麦塞德里昂错失机会之后便匆匆赶回了家园。两军之间隔着崎岖的山地，只有一条可供骑兵行动的道

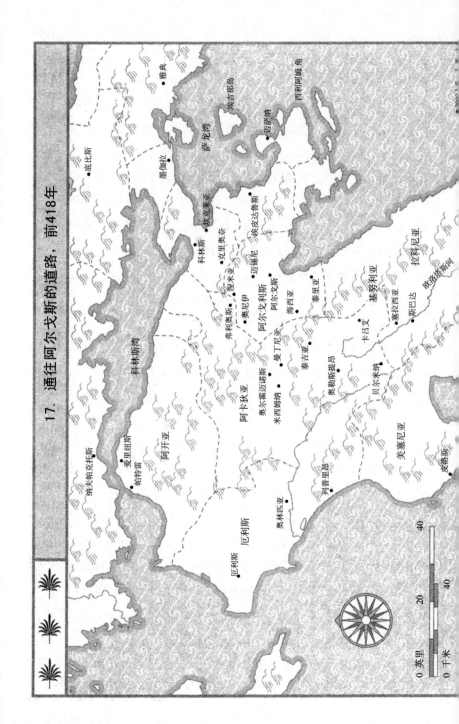

17. 通往阿尔戈斯的道路，前418年

路，被称为特雷图斯隘道。它的入口在涅米亚以南，经过迈锡尼附近（见地图 18）。但另一条更直接的道路通往特雷图斯以西，经过科路撒山，向南进入阿尔戈斯平原。这条路不适合骑兵，但步兵可以利用它抵达阿尔戈斯。阿尔戈斯人一定知道这条经过科路撒山的道路，但他们的将军却率军径直奔赴涅米亚，以抵挡敌人通过特雷图斯隘道的正面进攻，并没有防备敌人可能取道科路撒山发动侧翼包抄。这是阿尔戈斯人在几天之内犯下的第二个错误，虽避免了交锋，却让敌人抵达了作战目的地。或许这一次阿尔戈斯将军们仍然在争取时间，以便与斯巴达取得和解。

　　阿基斯二世兵分三路。玻俄提亚人、西锡安人、墨伽拉人和全体骑兵通过特雷图斯隘道。来自科林斯、培林尼和弗利奥斯的部队则取道科路撒山，可能抵达了现代的菲赫提亚村附近的平原。阿基斯二世亲自率领斯巴达人、阿卡狄亚人和埃皮达鲁斯人走了第三条道路，这条路同样险峻难走，但能把他带到现代的马兰德莱尼村附近。无论如何，阿基斯二世到达了阿尔戈斯军队后方较远处。他又一次成功地在夜间行军。次日早上，在涅米亚的阿尔戈斯军队得到消息，阿基斯二世已经到达他们后方，正在蹂躏萨明苏斯镇及其周边地区（可能在现代的库佐博迪附近）。阿尔戈斯人匆匆奔回自己的城市，途中遭到弗利奥斯人和科林斯人的袭扰，耽搁了一些时间，但最终突破了敌人阻挠，来到阿基斯二世与其盟军部队之间。"阿尔戈斯人中路被切断：在平原那一边，斯巴达人和盟军阻挡住了阿尔戈斯人去往城市的道路；在阿尔戈斯人北面，科林斯人、弗利奥斯人和培林尼人拦住他们的去路；在涅米亚那一边，有玻俄提亚人、西锡安人和墨伽拉人。阿尔戈斯人没有骑兵，因为他们所有的

18. 阿尔戈斯平原，前418年

斯廷法罗斯湖

阿索斯波斯河

西锡安

弗利奥斯

克里奥奈

涅米亚

特雷图斯隘□

奥尔霍迈诺斯

科路撒山

马兰德莱尼村

菲赫提亚

迈锡尼

吕凯翁山

奥尼伊

伊纳科斯河

库佐博迪

阿雷西昂山

查拉德罗斯河

阿尔戈斯

| 0 | 英里 | 10 | 20 | 30 |

| 0 | 千米 | 20 | 30 |

纳夫普利翁湾

盟友当中唯独雅典人没有来。"（5.59.3）

　　斯巴达人夹在阿尔戈斯军队和阿尔戈斯城之间，阿尔戈斯人准备作战。就在两军即将交锋之际，两个阿尔戈斯人——斯拉苏卢斯和阿尔基弗隆——走上前来与阿基斯二世交谈。令所有人大吃一惊的是，他们与斯巴达人缔结了四个月的停战协定，于是这一天没有发生交战。两支军队的反应更是奇怪：双方都因为失去了作战机会而恼怒。阿尔戈斯人从一开始就相信"战局可能对他们有利，因为斯巴达人被阻滞在阿尔戈斯的土地上，并且与阿尔戈斯城只有咫尺之遥"（5.59.4）。他们返回阿尔戈斯城之后，没收了斯拉苏卢斯的财产，几乎将他用乱石打死。斯巴达人则"责怪阿基斯二世，因为尽管胜算比以前大得多，他却未能征服阿尔戈斯"（5.63.1）。

　　雅典人最终抵达的时候，兵力不多，而且来得太晚，阿尔戈斯行政长官（他们一定是寡头派）让雅典人回去，不准他们在阿尔戈斯公民大会上发表言论。亚西比德以使者的身份陪同雅典军队前来。他以令人震惊的大胆，不仅没有为雅典人的迟到而道歉，还抱怨说阿尔戈斯人没有权利在未与盟友协商的情况下与敌人停战。他坚持说，联盟应当继续作战，因为雅典人已经到了。厄利斯、曼丁尼亚和其他盟友被轻易说服了，于是整个联盟决定进攻阿卡狄亚的奥尔霍迈诺斯。那是一个关键地点，可以阻挡任何军队从科林斯地峡和更远的地方去往伯罗奔尼撒半岛中部和南部。在耽搁一段时间之后，阿尔戈斯人也加入了对奥尔霍迈诺斯的围攻，这座城市没有坚持多久便加入了阿尔戈斯联盟。亚西比德虽然没有正式的指挥权，却挫败了他的雅典竞争对手，令四方（雅典、阿尔戈斯、厄利斯、曼丁尼亚）联盟获得了新生。

奥尔霍迈诺斯的陷落令斯巴达人怒火中烧，也促使他们谴责了阿基斯二世接受停战的决定。他们决心摧毁他的宅邸，并对其处以1万德拉克马的罚金。直到阿基斯二世承诺下一次出征时一定洗雪耻辱，他们才肯罢手。尽管如此，斯巴达人还是实施了一项史无前例的法律，任命了10名顾问陪同阿基斯二世出征，并"辅佐"他；若没有顾问们的同意，他无权率军出城。斯巴达人感到不满的并非他的军事表现，因为如果他们想惩罚他在军事行动上的失败或者怯懦，那么他一定在返回斯巴达之后就立刻遭到惩罚，而不是在过了一段时间之后。他们认为他的错误是政治上的，因为阿基斯二世的意图是让阿尔戈斯的寡头派将他们的城市交给斯巴达，而无须动武。奥尔霍迈诺斯的陷落证明他的计划失败了，阿尔戈斯联盟仍然很有力量。

奥尔霍迈诺斯陷落之后，阿基斯二世放弃了与阿尔戈斯和解，决心对奸诈的阿尔戈斯人施以报复。泰吉亚城出现的麻烦给了他机会。阿尔戈斯联盟的成功和斯巴达人的踌躇不决使泰吉亚的一个派系备受鼓舞，他们热切希望将泰吉亚交给阿尔戈斯人及其盟友。斯巴达人得到消息：如果他们不尽快采取行动，泰吉亚就会倒向阿尔戈斯。若是让敌人控制了泰吉亚，斯巴达人就会被困在拉科尼亚，进而丧失对伯罗奔尼撒联盟的领导权，妨碍他们与美塞尼亚的联系。泰吉亚在前6世纪加入伯罗奔尼撒联盟，象征着伯罗奔尼撒联盟的开端和斯巴达的崛起；如今，它若是倒戈，伯罗奔尼撒联盟和斯巴达的霸权就都会结束。阿基斯二世和斯巴达人别无选择，只能北上去挽救泰吉亚。

第十八章

曼丁尼亚战役（前418年）

    前418年8月底，斯巴达人在得知泰吉亚受到威胁后，立刻召唤阿卡狄亚盟友在那里与他们会合。他们还要求在科林斯、玻俄提亚、福基斯和洛克里斯的北方盟友尽快赶到曼丁尼亚。部队能否及时赶到是个问题，因为奥尔霍迈诺斯陷落之后，这些国家大多数的南下道路都处在敌人的控制之中。为了安全通过，这些北方盟友必须先集结自己的军队，可能是在科林斯集结，然后以数量优势压倒任何阻挡他们的敌人。即便尽了最大努力，北方盟军在收到斯巴达人的指示之后仍至少需要十二至十四天才能抵达曼丁尼亚。另外，修昔底德的记载表明其中一些北方盟国对斯巴达的召唤不悦，而玻俄提亚人和科林斯人可能还在为他们上次进军伯罗奔尼撒半岛的毫无成效而恼怒。这种不情愿和怨恨情绪也可能使他们耽搁了更长时间。

阿基斯二世进军泰吉亚

    阿基斯二世估计自己在曼丁尼亚遇到的敌军兵力和他之前在阿尔戈斯遇到的差不多，也就是约1.2万人。他在阿尔戈斯的军队约8000人。如今他又得到了一些解放黑劳士，再加上泰吉亚人的城内军队，他的总兵力可能多达1万名重步兵。即便如此，敌军兵力仍然超过他。

　　阿基斯二世还有另一个问题，即斯巴达人对他的指挥信心不足。他曾两次率军入侵阿提卡。第一次发生了地震，他未能进入阿提卡。第二年入侵时，阿提卡的庄稼尚未成熟，士兵无法获得口粮，而猛烈的暴雨更是增加了饥饿将士的苦难。这次入侵只持续了十五天，是整个战争期间最短的一次。雅典人在皮洛斯建造要塞的消息迫使阿基斯二世率军返回了斯巴达，虽然吃尽苦头却毫无建树。在这两次入侵中，他都没能获得多少作战经验，而且两次的运气都特别糟糕。前418年远征阿尔戈斯的行动同样也没有增加这位年轻国王的公信力。他两次到达边境之后又返回，据说是由于征兆不吉。当他最终有机会与一支被包围的弱势敌人交战时，他又没有交锋。他选择了外交手段而不是战争，这或许能得到一些同情。但在阿尔戈斯人及其盟军后来占领奥尔霍迈诺斯之后，他的形象再次遭到攻击。泰吉亚传来的坏消息一定令斯巴达人更加不悦。仅仅因为他们的另一位国王普雷斯托阿纳克斯完全没有公信力，他们才允许阿基斯二世再次指挥军队；尽管他们采取了谨慎的措施，用10名顾问来约束他。曼丁尼亚行动是阿基斯二世最后一次证明自己的机会。若是成功，他的名誉将得以挽回；若是失败，他就彻底身败名裂了。

　　阿基斯二世执行此次行动时，遇到了一个棘手的策略问题：为了防止泰吉亚发生政变，他必须尽快抵达那里；但到达那里之后，为了等待北方盟军，他必须等待至少一周，因而他不得不在等待期间独自面对优势敌人。别的斯巴达领导人或许可以选择待在泰吉亚城内，在盟军抵达前拒绝交战，任凭敌军蹂躏泰吉亚土地、摧毁农舍、逼近城市并辱骂斯巴达人及其统帅的怯懦。但是，阿基斯二世绝不能让别人觉得他害怕作战。他知道自己将面对优势敌人，所以他不得不冒险将整个斯巴达陆军都带走，而让斯巴达本身无人防守，尽管此时美塞尼亚人以皮洛斯为基地，威胁要煽动黑劳士起义。

在去往泰吉亚的途中，阿基斯二世得到一个好消息：厄利斯人没有加入曼丁尼亚盟军。曼丁尼亚人希望攻击泰吉亚，因为泰吉亚是曼丁尼亚的邻国和宿敌，而厄利斯人则主张进攻列普里昂。与此同时，雅典人和阿尔戈斯人认识到了泰吉亚的战略意义，因此都支持曼丁尼亚人的观点。厄利斯人大为不满，将自己的 3000 名重步兵撤走了。阿基斯二世利用敌人内部的分歧，将自己军队的六分之一①遣回保卫国家。但即便少了这500～700 人，他仍然拥有超过 9000 名斯巴达和盟军士兵，比阿尔戈斯联盟的约 8000 人多。

迫使敌人交战

厄利斯人的脱离解决了阿基斯二世策略上的困难，但厄利斯人肯定很快就会意识到自己的愚蠢，并重新回到阿尔戈斯联盟的军队中，说不定在斯巴达的北方盟军抵达之前就能回来。形势紧迫，阿基斯二世必须在厄利斯人回来之前，迫使敌人与自己正面交战。阿基斯二世收纳了在泰吉亚的盟军，前进到距曼丁尼亚城东南不到 1 英里处的赫拉克勒斯圣所（见地图19）。泰吉亚和曼丁尼亚这两座城市所在平原的海拔约为 2200英尺，周围都是山丘。这块平原在南北方向上最长处约 18 英里，

---

① 指的应当是斯巴达军队的六分之一，不是全军（上文说的约 1 万名重步兵）的六分之一。

阿尔戈斯

奥尔霍迈诺斯

麦塞德里昂

曼丁尼亚

马神波塞冬神庙

赫拉克勒斯圣所

佩拉格斯树林

米提卡斯山

瞭望塔

扎诺维塔斯河

卡普尼斯特拉山

特里波利斯

斯泰诺隘道

维尔索

0 英里　　　　2

0 千米

泰吉亚

帕兰提昂

斯巴达

萨兰达波塔莫斯河

◆ 卡塔沃斯拉山

© 2003 Jeffrey L. Ward

东西方向最宽处约 11 英里。平原由南向北略微倾斜，曼丁尼
亚的海拔比 10 英里之外的泰吉亚低约 100 英尺。

　　在曼丁尼亚以南 3 英里多一点的地方，平原的宽度突然收
紧，两座山岭（西面的米提卡斯山和东面的卡普尼斯特拉山）
之间有一个宽约 2 英里的缺口。两国的边境可能就在这个缺
口，或者在它南面不远处。在离泰吉亚不远的地方，今天称为
扎诺维斯塔斯的小河向北流淌，注入曼丁尼亚平原西端、米提
卡斯山北部的一个沉洞①。另一条小河萨兰达波塔莫斯途经泰
吉亚向北流淌，通过一个隧道向东急转弯，然后注入现代的维
尔索瓦附近的三个沉洞，那里还是泰吉亚领土。曼丁尼亚有两
条道路向南延伸：一条向西南方通往帕兰提昂；另一条在上述
的缺口东端附近，向南通往泰吉亚。在曼丁尼亚以东矗立着一
座山，古人称之为阿雷西昂。通往泰吉亚的道路经过阿雷西昂
山，山在那里渐渐变为平原，那里坐落着一座马神波塞冬神
庙。在阿雷西昂山以南，有一片被称为佩拉格斯的橡树林，差
不多一直延伸到卡普尼斯特拉山和米提卡斯山。通往泰吉亚的
道路穿过这片树林，通往帕兰提昂的道路则经过树林边缘，向
西方延伸。赫拉克勒斯圣所（斯巴达人的营地就在这里）位
于平原东部、阿雷西昂山南部。

　　阿基斯二世发起了攻势，蹂躏敌人的土地，迫使敌人与他
交战以便保卫家园。但斯巴达人到达时，收割季节已经差不多

---

　　①　沉洞，亦作岩溶塌陷、动摇洞、吞口，是一种自然现象，一般出现于有
　　　　水流经的石灰岩岩层。当空气中的二氧化碳溶解在雨水里，就会令雨水
　　　　变成弱酸性；但当这些弱酸性的雨水从土表渗进地下，植被及地表中的
　　　　植物物质可能令这些弱酸变成强酸，使雨水流过石灰岩岩层时，会慢慢
　　　　地把石灰岩岩层侵蚀成小洞。小洞日渐扩大，可能会令地表突然塌陷，
　　　　形成沉洞。

结束，因此这种战术没有对敌人形成压力。曼丁尼亚的庄稼在6月中下旬和7月底之间已经收割完毕，庄稼和一切可以移动的值钱东西都已经被存放到安全处，所以斯巴达人不可能造成什么严重的破坏。与此同时，阿尔戈斯联盟的成员在阿雷西昂山的低矮山坡上占据了强大的防御阵地，那里"陡峭而难以接近"。此时厄利斯人已经同意重新加入联盟军队，正在赶回来的路上。雅典派来的增援部队也在途中。阿尔戈斯联盟的将军们可能已经知道这些动态。援军抵达后，只要战斗在斯巴达的北方盟军抵达之前打响，阿尔戈斯人将拥有兵力优势，可以自行选择交战时机。但在增援部队抵达之前，阿尔戈斯联盟有充分的理由避免交战，除非阿基斯二世鲁莽愚蠢地向他们发起进攻。

阿基斯二世正是这么打算的：命令他的士兵攀登阿雷西昂山坡，攻击居高临下的敌人。这是一个绝望之人的疯狂之举，因为即便他拥有稍许兵力优势，仰攻重步兵方阵是注定失败的。斯巴达人推进到距离敌人"投石之遥或标枪射程之内"，然后突然停止前进。"一个年纪较大的士兵"判断己方不可能获胜，于是向阿基斯二世呼喊，说他的计划是"用一件坏事去补救另一件坏事"（5.65.2）。这个睿智的长者可能是顾问之一，他知道年轻国王发动如此鲁莽的行动，是为了消除他在阿尔戈斯的举动的恶劣影响。阿基斯二世听从了他的警示，迅速率军撤退，没有与敌人发生冲突。所幸阿尔戈斯联军不肯下来追击他，他才避免了一场灾难。

此时，阿基斯二世一定比之前更加心急，因为敌人据守高地，在他们的增援部队抵达之前不肯下来。于是他派人去斯巴达，请求将他之前撤回斯巴达的士兵再派回他身边，因为他承认如今他必须冒险在时机和地形都由敌人选择的不利条件下作战。为了降低风险，他必须赌一把，让全部斯巴达军队都参与作战，让斯巴达在一段时间内无人防守。

在普雷斯托阿纳克斯国王率领阿基斯二世要求的部队奔向泰吉亚时，阿基斯二世想出了一个办法：抢在敌人增援部队抵达之前，将敌人吸引到平原上，在那里与其交锋。多年来，泰吉亚人和曼丁尼亚人一直在争夺流经平原的水道。该地区的所有溪流和雨水都注入土壤下方的沉洞。如果降雨量特别大，沉洞注满了水，那么由于土地坡度，曼丁尼亚城可能遭受水灾。在雨季，泰吉亚人可以堵住沉洞或者挖掘沟渠，将溪流引到其他方向，将过剩的积水引向曼丁尼亚领土。另外一个办法是将水量较多的萨兰达波塔莫斯河引入扎诺维斯塔斯河，放水淹没曼丁尼亚平原，破坏其庄稼和城市。达到这个目标的手段是在两条小河最接近处挖掘一条约1.5英里长的沟渠。在过去，泰吉亚人可能就这么干过，并保留了挖出来的沟渠，希望在萨兰达波塔莫斯河回到正常水道时建造水坝。在泰吉亚与曼丁尼亚的持续冲突中，泰吉亚人可以轻松地拆除水坝，放水淹没曼丁尼亚的土地。

阿基斯二世率军返回泰吉亚，可能就是打算将萨兰达波塔莫斯河引入扎诺维斯塔斯河；他可能还派人去堵塞两国边境上的沉洞，或者去挖掘引水沟渠。但这些努力还不足以达成阿基斯二世的目标，因为"他希望山上的人在得知这些事情后会下来阻止引水，进而迫使敌人在平原上交战"（5.65.4）。因为沉洞距离阿雷西昂山（阿基斯二世的敌人就在那里）有一段距离，离曼丁尼亚更远（阿基斯二世希望斯巴达军队撤离阿雷西昂山后，敌人会撤往曼丁尼亚），而且佩拉格斯树林位于沉洞和阿雷西昂山之间，所以阿尔戈斯人可能不会很快发现斯巴达人的新策略。但一天之内，通往曼丁尼亚领地的干河床上就会出现水流。苦痛的经验会告诉曼丁尼亚人，泰吉亚人及其盟友又一次来放水淹他们了。除非曼丁尼亚人在雨季开始之前（雨季几周内就要开始了）将萨兰达波塔莫斯河引回正常水道，否则他们的土地将被淹没。

阿尔戈斯联军的行动

阿基斯二世的计划对他这样一个绝望之人来说是胜算最大的赌博。他估计愤怒和恐惧会迫使敌人立刻寻求决战（对敌人来说，更理智的办法当然是避免交战，继续等待援军）。在泰吉亚附近待了一天之后，他又一次率军开往曼丁尼亚的赫拉克勒斯圣所，急于将他的部队部署在最有利的位置上，等待阿尔戈斯军队的推进。但阿基斯二世始终未能抵达赫拉克勒斯圣所，因为敌人并没有像他预计的那样行动。阿尔戈斯联军内部政治上的互相猜忌和不信任正中了阿基斯二世的下怀。

斯巴达人从阿雷西昂山撤离后，阿尔戈斯的盟军开始抱怨指挥他们的阿尔戈斯将领无所作为："上一次，斯巴达人被围困在阿尔戈斯附近，最后却被允许逃走了。现在，他们逃走的时候，却没有人追击他们。斯巴达人就这么大摇大摆地逃到安全处，而我们却遭到了出卖。"（5.65.5）"出卖"这个词很能说明问题：心怀不满的部队并没有指责他们的领导人怯懦，而是控诉其"出卖"了他们。这些将领一定来自阿尔戈斯的贵族千人精锐部队，他们上一次的举动已经让阿尔戈斯的民主派公民产生了怀疑；这一次则招致了更多怀疑，迫使他们下山去准备作战。

阿基斯二世在离开泰吉亚时不管看到了还是没看到什么，都必须走到缺口以北。如果敌人在曼丁尼亚，他就必须等到扎诺维斯塔斯河床的水迫使敌军下山。只要敌人在平原上，他就能立即与其交战。当他的军队从树林里出来时，他震惊地发现敌军近在咫尺、远离山丘，而且已经严阵以待。原来，阿尔戈斯联军于夜间在平原上扎营，他们安置在高地的瞭望哨一定通知了阿尔戈斯将领阿基斯二世正在靠近。因此，他们得以在斯巴达人从树林出来的地方附近，按照自己的意愿摆好阵势，准备迎战。阿基斯二世一头栽进了陷阱。

战　斗

斯巴达国王此时的头等要务是抢在敌人发动进攻之前，把己方以行军队形走出树林的部队部署成一排排作战阵型。斯巴达陆军无可匹敌的严明纪律和娴熟技能发挥了作用，阿基斯二世只需要向六支斯巴达队伍的指挥官发布命令，命令就会被一级一级地传达和执行。与希腊的其他军队不同，斯巴达陆军"有多个级别的军官，所以执行命令的责任由很多人分担"（5.66.4）。阿尔戈斯的将军们显然不打算在敌人刚从树林走出来的时候发动进攻，也没有在斯巴达人布阵完毕之前进攻。如果他们用这两种办法中的任何一种，都可能迫使斯巴达人撤退，再一次避免交战。但在士兵们心怀不满的压力下，将军似乎决心要在这一天打一仗。

阿尔戈斯联军将最强大的部队——为保卫家园而战的曼丁尼亚人——部署在右翼，他们的左侧是有着类似动机的其他阿卡狄亚人，再往左是受过特别训练的阿尔戈斯精锐千人部队。这个右翼的任务是发动进攻，承担最具决定性的战斗。他们的左侧是普通阿尔戈斯重步兵，再往左是奥尼伊人和克里奥奈人。左翼是 1000 名雅典重步兵及雅典骑兵。左翼的任务是保持守势，避免敌人包围，防止己方溃退，等待右翼发起决定性攻击。

斯巴达人的部署体现不出什么特别的作战计划。按照惯例，左翼是斯基里提人，他们是阿卡狄亚人，通常作为侦察兵作战或者与骑兵配合。他们的右侧是曾于色雷斯在伯拉西达的指挥下作战的部队，以及一些解放黑劳士。斯巴达陆军主力占据中军，他们的右侧是来自赫赖亚和麦那里亚的阿卡狄亚盟军。泰吉亚人在右翼，得到一些斯巴达人的支持，他们占据了战线的最右端。骑兵分成两队，分别保护两翼。斯巴达人的部署是很传统的防御阵型，这样一支遇到意外情况的军队采用此类部署是很正常的。主动权在阿尔戈斯将领手中。

阿尔戈斯联军约 8000 名重步兵的正面长约 1 公里，伯罗奔尼撒人约 9000 名重步兵的正面比对方长近 100 米。右翼的泰吉亚人和一小群斯巴达人的战线超出了阿尔戈斯联军左翼的雅典人战线，但兵力稍呈劣势的阿尔戈斯联军并不打算向那里派遣部队以弥补这个缺陷。相反，他们将自己的右翼拉得很长，远远超出敌军左翼的斯基里提人。斯巴达人以惯常的缓慢速度开始推进，根据笛声的节奏来控制步伐以保持方阵秩序，但联军"热切地、鲁莽地向前冲"（5.70）。联军将领显然希望抢在己方左翼或中路败退之前，用自己右翼的最精锐部队发动决定性攻击并击溃敌人。

阿基斯二世看到自己的左翼有可能被包围，于是命令左翼的斯基里提人和伯拉西达老兵与其他部队脱离，向左前进，以便与曼丁尼亚人的战线齐平。这就在伯罗奔尼撒军队的战线上制造出了一个很危险的缺口，所以他命令军官希波诺伊达斯和阿里斯托克里斯带领他们的连队（可能一共有 1000 名斯巴达士兵）离开斯巴达主力的右端，去填补这个缺口。

在希腊战争史上还不曾有过类似的机动方法。在两军即将交锋之际改变作战阵型，刻意在己方战线上打开一个缺口，打开第二个缺口以便腾出兵力去填补第一个缺口：这些战术都是闻所未闻的。其实，令阿基斯二世警惕的敌军右翼超出己方的情况在所有军队中都是常见的，因为重步兵方阵有一个天然趋向，那就是向自己没有盾牌防护的方向运动。他应当预想到这一点，但他缺乏经验，所以才做出了上述决定。

阿基斯二世最好的办法是保持队形，然后派遣右翼去包抄和攻击敌军左翼，用自己强大的斯巴达陆军去打击敌军中路战斗力平平的普通阿尔戈斯部队，并寄希望于自己的左翼（他们承受着敌军的主要攻击）能够坚持足够长的时间，等待他去救援。此种战术的风险在于，伯罗奔尼撒军队的左翼可能很快就被敌人包抄和消灭掉。但在斯巴达人所处的意想不到的情况下，任何其他办法的风险都更大。在这种情况下，阿基斯二世需要具备一位经验丰富的统帅的判断力、自信和决心；但正如他之前的行为所表现的那样，他还没有获得这些品质。因此，他下达了上述不寻常的命令。

我们永远没有办法知道，如果阿基斯二世的命令得到了执行，战局将如何发展。左翼服从了他的命令，向左移动，以阻止敌人包抄，于是斯巴达部队的中路与左翼之间出现了一个缺口。但中路右端的士兵没有堵上这个缺口，因为负责指挥这个行动的军官希波诺伊达斯和阿里斯托克里斯拒绝执行命令。这种抗命不遵的行为和阿基斯二世的命令一样，都是前所未有的。这两位指挥官后来被以怯懦罪名定罪和流放，所以斯巴达法庭似乎相信阿基斯二世的战术是可行的。然而事实上，这两位指挥官虽然拒绝服从统帅的命令，但他们让自己的连队仍然留在方阵中的原位置（中路），事后也没有逃亡或寻求庇护，而是返回斯巴达接受审判。懦夫可不会这么做。

即便如此，仍然需要解释斯巴达军官为何在战场上拒绝服从上级的直接命令。他们这么做的部分原因是这些经验丰富的老兵相信，指挥他们的是一个无能之徒。自第一次遇见敌人以来，国王指挥部下发动了一次鲁莽的登山仰攻，又在距离敌人只有标枪射程那么远的时候率军撤退，最后被敌人打了个措手不及，而且战场和阵型都是由敌人决定的。两位指挥官抗命的另一个原因或许是，阿里斯托克里斯是普雷斯托阿纳克斯（阿基斯二世的同僚国王）的兄弟，他或许认为自己的兄弟能够有效保护自己，并说服希波诺伊达斯寄希望于普雷斯托阿纳克斯的保护。说到底，他们一定是认为阿基斯二世的命令太愚蠢，因此努力阻止他将斯巴达军队置于可怕的危险之中。

最后，尽管这两位指挥官拒绝服从阿基斯二世的命令，斯巴达人还是打赢了。或许正是因为他们的抗命不遵，斯巴达人才赢得了这场战役。他们坚守原阵地，斯巴达阵型中路的右端没有出现缺口。他们加强了斯巴达中路，胜利正是源于此处。斯巴达人得胜的另一个原因是敌人犯了错误。阿基斯二世得知自己无法运用中路右端的部队去填补左翼制造的缺口，于是撤回了先前的命令，指示左翼封闭缺口，但为时已晚。曼丁尼亚人击溃了斯巴达左翼，然后在阿尔戈斯精锐部队的支持下冲进了斯巴达左翼与中路之间的缺口。

对阿尔戈斯人及其盟军来说，这就是战役的关键时刻，也是得胜的大好机会。如果他们不管敌军左翼凌乱的斯基里提人、解放黑劳士和伯拉西达老兵，或者派遣一支小部队去牵制他们，然后用己方的主力左翼去打击斯巴达中路的侧翼和后方，那么几乎一定可以取胜，因为斯巴达中路还在与它面前的敌人厮杀。然而，阿尔戈斯联军转向右侧，歼灭了斯巴达左翼，所以与良机失之交臂，最后失败了。曼丁尼亚人和阿尔戈斯精锐部队杀入斯巴达战线的缺口后，做出了自然而轻松的决定：他们转向右侧而不是左侧，因为右侧是敌人没有盾牌防护的一边，而左侧是有着盾牌防护的斯巴达人，因此右侧肯定是更有诱惑力和更安全的目标。另外，阿尔戈斯联军在接近敌军方阵时看到出现了一个缺口，或许很吃惊，因为在他们开始推进的时候敌阵还没有这个缺口。联军将领一定是命令己方右翼集中力量攻打敌军左翼，迅速将其歼灭；因为只有吃掉了敌军左翼，他们才能转向敌军中路。对于斯巴达中路左端突然出现的缺口需要联军调整策略，但在步兵方阵已经冲杀出去之后，就很难（如果并非不可能的话）修改作战计划了。阿基斯二世自己也发现了这一点。如果是一位优秀的统帅，而且他的兵员来源相同、训练娴熟并且统帅与部队互相熟悉的话，也许能够完成这样的机动；但我们不知道阿尔戈斯联军将领的身份，而且他的士兵来自不同国家。因此，联军做了它最有可能做的事情，最终输掉了这场战役。

在联军无谓追击斯基里提人和解放黑劳士之时，阿基斯二世和斯巴达中路击退了他们面前战斗力平平的部队：年龄较大的"五个连队"阿尔戈斯人和来自克里奥奈与奥尼伊的重步兵。事实上，"大多数人在看到斯巴达人逼近时，根本没有停下来作战，而是抱头鼠窜；有些人甚至在敌人尚未接近时就匆忙逃跑、互相踩踏”（5.72.4）。

此时，斯巴达右翼已经开始包围联军左翼遭到侧翼包抄的雅典人。雅典骑兵奋力作战，阻止了己方的溃散，但形势仍然非常严峻，因为联军右翼未能利用优势，战局已定，到了无法挽回的地步。

战局扭转之后，阿基斯二世发布了一些命令，决定了这场胜利的性质。他没有允许自己的右翼歼灭正在败退的雅典人，而是命令全军去支援被击败而处境艰难的左翼，于是雅典人和一部分阿尔戈斯普通部队得以逃走。阿基斯二世的决定可以从纯粹的军事角度理解，因为斯巴达国王肯定希望避免更大的伤亡和歼灭敌军的骨干——曼丁尼亚人和精锐的阿尔戈斯部队，但这个决定也有政治上的价值。虽然说起来很奇怪，但从技术角度看，雅典和斯巴达此时仍然处于和平状态。如果他在曼丁尼亚歼灭了雅典军队，那么雅典敌视斯巴达的派系一定会势力大增；斯巴达的克制或许会说服雅典人采纳温和政策、维持和平，尽管斯巴达正在恢复元气和威望。

政治的干预

在战场的另一端，曼丁尼亚人和阿尔戈斯精锐部队看到己方溃败，于是逃跑了。曼丁尼亚人损失惨重，但“阿尔戈斯精锐部队的大部分得救了”（5.73.4）。我们很难理解这两支部队是并肩作战的，为什么其中一支几乎被全歼，而另一支几乎保全了实力。修昔底德记载说，阿尔戈斯精锐部队逃跑时没有遭到敌人的猛烈追击，敌人也没追多远，“因为斯巴达人的惯例是长时间战斗，岿然不动，直到敌军溃败；但敌人溃散之后，斯巴达人不会追多久，而且只追很短距离”（5.73.4）。但这仍然不能解释为什么曼丁尼亚人被屠戮，而阿尔戈斯人却得以逃跑。要解释这个问题，我们必须求助于狄奥多罗斯，一位生活在较晚近时代的史学家。他给出了不同于修昔底德的解释：

> 斯巴达人在击溃敌军的其他部分、杀死许多人之后，转向一千名精锐的阿尔戈斯人。斯巴达人以优势兵力将其包围，希望全歼。阿尔戈斯精锐部队虽然兵力逊于敌人，却非常勇敢。斯巴达人的国王在前排作战，不顾危险，他想把这些阿尔戈斯人斩尽杀绝，因为他急于兑现自己对同胞的诺言——成就伟大功业来补偿之前的耻辱。但是，他没有被允许实现自己的心愿。因为斯巴达人法拉克斯（国王的顾问之一）在斯巴达享有极高声望，他命令国王放阿尔戈斯精锐部队一条生路，不要冒险与这些已经穷途末路、被命运抛弃的亡命之徒厮杀。于是国王在压迫之下，遵照法拉克斯的判断，允许这些阿尔戈斯人逃跑。（12.79.6-7）

顾问法拉克斯显然已经着眼未来，考虑了此次战役的政治影响。大多数普通的民主派阿尔戈斯人逃跑了，如果斯巴达全歼阿尔戈斯贵族精英人士的话，阿尔戈斯将来一定会记恨在心，继续与其他民主制国家结盟。然而，如果阿尔戈斯贵族精英在反斯巴达政策破产后得以回国，他们就能控制城市，并将它拉到斯巴达联盟中，对敌人的联盟施加致命打击。一心报复、缺乏经验的阿基斯二世决心要恢复自己的荣誉，所以在激战正酣时无法预见这一点。事实证明，斯巴达人给他指派顾问的决定是非常明智的。

曼丁尼亚战役的意义

在曼丁尼亚战役中，斯巴达虽未能歼灭落败的对手，但这场战役仍然具有极其重大的意义。对斯巴达人来说，最重要的是他们没有输。如果阿尔戈斯精锐部队好好利用了斯巴达战线上的缺口，并击败斯巴达人及其盟军，那么斯巴达对伯罗奔尼撒半岛的主宰或许就此结束了。如果阿尔戈斯联军在曼丁尼亚取胜，就必然能占领泰吉亚，那么斯巴达的战略位置就被毁掉，它与所有盟邦和美塞尼亚的联系将被切断。斯巴达威望遭到的打击对维持它的霸权地位而言将是致命的。如果阿尔戈斯联军在曼丁尼亚取胜，那么几乎可以肯定雅典及其盟友将赢得整个战争。斯巴达的胜利恢复了它的自信和声望："由于斯法克特里亚岛上的灾难和其他一些事件，希腊人指控斯巴达人怯懦、判断错误和迟钝。而曼丁尼亚一役既成，这些指控被一扫而光。现在看来，斯巴达人之前受辱是因为运气不好，他们一如既往地坚定。"（5.75.3）

斯巴达的胜利也是寡头派的胜利。如果阿尔戈斯联军在曼丁尼亚获胜，阿尔戈斯、厄利斯和曼丁尼亚的民主派统治将得到巩固，使民主制威望大增，或许会鼓励伯罗奔尼撒半岛的其他民主派。而他们的战败使伯罗奔尼撒半岛的民主派对其国家的控制力减弱，并损害了民主派的普遍影响力。这次战役使整个希腊的政治潮流从民主制转向了寡头制。

直到战役结束后，3000 名厄利斯人和 1000 名雅典人组成的增援部队才赶到曼丁尼亚。如果他们及时赶到，加强联军的中路，那么战役结果会大不相同。现在，这些增援部队能做的仅仅是攻击埃皮达鲁斯，并应对曼丁尼亚战役期间埃皮达鲁斯人对阿尔戈斯的攻击，最后满足于在埃皮达鲁斯周围建造包围圈壁垒，并留下一支部队驻防。

民主联盟生存了下来，不过非常脆弱，因为他们士气低沉。11 月，在阿尔戈斯联军撤退后，斯巴达军队开赴泰吉亚，但他们打算用外交手段而不是武力来获得胜利。他们派遣利卡斯（阿尔戈斯人在斯巴达的荣誉领事）去阿尔戈斯提议和平。甚至在此之前就有一些阿尔戈斯人对斯巴达表示友好，并"希望消灭民主制"。一千人的精锐部队一定属于这些亲斯巴达分子。他们从曼丁尼亚逃脱后就成了阿尔戈斯唯一重要的武装力量，他们在战斗中的英勇行为也增加了他们的威望。与此同时，雅典人在曼丁尼亚三心二意的表现令阿尔戈斯民主派感到尴尬和丧气。"此次战役之后，斯巴达人的朋友们更容易劝说群众与斯巴达达成协议。"（5.76.2）

利卡斯来到阿尔戈斯公民大会提出和平条件的时候，发现亚西比德也在那里。后者此时还是雅典的普通公民，没有担任公职，他来劝说阿尔戈斯人继续与雅典合作。但即便他巧舌如簧，还是无法与曼丁尼亚战役造成的新现实以及斯巴达陆军顺利挺进泰吉亚的局面相抗衡。阿尔戈斯人接受了斯巴达提议的条约。条约要求阿尔戈斯人交还所有人质、放弃奥尔霍迈诺斯、撤离埃皮达鲁斯，并与斯巴达人一起迫使雅典人做同样的事情。此外，自信的寡头派还劝说阿尔戈斯人放弃了与厄利斯、曼丁尼亚和雅典的盟约，转而与斯巴达结盟。这是寡头派的重大胜利。

阿尔戈斯人的变节对民主联盟而言是一个致命打击。当阿尔戈斯人要求雅典人撤出埃皮达鲁斯时，他们不得不服从。曼丁尼亚虚弱不堪，于是也和斯巴达缔结了条约，放弃了对一些阿卡狄亚人城市的控制权。阿尔戈斯的千人精锐部队与1000名斯巴达人一起远征西锡安,在那里建立了一个值得信赖的寡头制政府。最后,这支联军返回并镇压了阿尔戈斯民主制政府,建立了寡头制政府。

　　到前417年3月,斯巴达人通过战争和颠覆粉碎了阿尔戈斯民主联盟。不过,尽管曼丁尼亚战役的胜利帮助斯巴达避免了灾难,却不能保证它未来的安全。雅典人仍然很强大,亚西比德继续主张积极而咄咄逼人的政策。雅典仍然控制着皮洛斯,这持续刺激着黑劳士逃亡或暴动。厄利斯也不在斯巴达的控制之下,而且后来的事件证明,阿尔戈斯寡头派政府的统治远远谈不上稳固。最后,关于政策路线,斯巴达人内部仍然没有一致意见。曼丁尼亚战役的最终意义还很难说。

第十九章
曼丁尼亚战役之后：
斯巴达和雅典的政治与政策
（前 418 ～ 前 416 年）

阿尔戈斯恢复民主制

在希腊人当中，只要民主制植根下来，人民就不会愿意接受寡头统治，而是努力恢复民主制。在阿尔戈斯，新近上台的寡头派对人民的压迫加快了这个进程："寡头派抓住那些惯于担任民众领袖的人，将他们处死；然后，他们威吓其他阿尔戈斯人，摧毁了法律，并开始独揽公共事务。"（Diodorus 12.80.3）前 417 年 8 月，在斯巴达庆祝吉姆诺排狄埃节期间，阿尔戈斯的民主派发动了起义，杀死和放逐了许多寡头派分子，重建民主政府。幸存的寡头派发疯似的向斯巴达求助，但斯巴达人没有终止自己的节庆活动。最后他们派遣了一支军队到阿尔戈斯，但没有采取任何决定性的行动。

在被斯巴达人抛弃之后，阿尔戈斯民主派采纳了亚西比德的建议，在厄利斯人的帮助下，修建了将阿尔戈斯与大海连接起来的长墙。他们还寻求与雅典结盟，长墙还将保障阿尔戈斯与雅典的海路畅通。到夏末，阿尔戈斯人完成了这项工程。斯巴达人对此大为警觉，派遣阿基斯二世率领一支军队去攻打阿尔戈斯，摧毁了长墙。阿基斯二世还占领了阿尔戈斯的城镇海西亚，杀死了俘获的所有男性自由民，最后结束了行动并返回斯巴达。这种暴行越来越司空见惯，修昔底德没有对此做任何评论。

在斯巴达人撤军之后，复辟的阿尔戈斯民主派采取措施防范内奸，他们攻打了弗利奥斯，绝大多数阿尔戈斯寡头派流亡者定居在那里。前416年，亚西比德又一次当选为雅典的将军，他率领一支舰队来到阿尔戈斯，逮捕了300名被怀疑亲近斯巴达的人士，将他们分散安置在各个岛屿上。当年晚些时候，阿尔戈斯人逮捕了更多的嫌疑分子，还有一些嫌疑分子在被捕之前就逃走了。尽管采取了这些措施，阿尔戈斯人在面对斯巴达人的攻击时还是很脆弱，于是他们敦促雅典人更积极地保护自己。对雅典来说，此时与阿尔戈斯的盟约只会带来更多危险，而不是机遇。

雅典的政治

前417年春季，尼基阿斯和亚西比德都当选为将军，这突出体现了雅典政治持续不断的分歧与混乱。亚西比德坚持不懈地鼓励他在阿尔戈斯的朋友，但失去了厄利斯和曼丁尼亚，便没有希望在伯罗奔尼撒半岛开展新的积极的军事行动。与此同时，尼基阿斯的政策是暂时搁置伯罗奔尼撒半岛，而去收复位于哈尔基季基半岛和马其顿的领土。该地区是金钱和木材的来源，对雅典来说非常关键，雅典也需要在附庸国的叛乱蔓延之前收复自己丧失的领土、臣民和威望。自前421年和约缔结以来，哈尔基季基半岛上越来越多的城镇叛离雅典阵营，如今马其顿国王也构成了新的威胁。

前418年，斯巴达人在阿尔戈斯寡头派的陪同下，说服柏第卡斯二世宣誓与他们结盟，尽管柏第卡斯二世仍然非常谨慎地避免与雅典彻底决裂。大约在前417年5月，雅典人筹备了一场针对哈尔基季基人和安菲波利斯的军事行动，由尼基阿斯指挥，这就迫使柏第卡斯二世采取行动。他拒绝配合，雅典人不得不放弃了此次行动。雅典人的回应是对马其顿海岸实施封锁，不过效果不佳。雅典人无法就任何政策达成一致，两位主要领导人努力推行不同的政策，因此只能造成失败和僵局。

希帕波鲁斯遭到陶片放逐

希帕波鲁斯打破了僵局，他使用了古老而被人遗忘的陶片放逐手段。陶片放逐似乎非常适合用来解决雅典在前416年面临的问题，因为它能让雅典人明确地在尼基阿斯与亚西比德的政策和领导之间做出选择。已经有二十五年不曾使用陶片放逐了，因为失败的代价太高（流亡十年），所以只有自信拥有绝大多数民众支持的人才会使用如此极端的措施。在伯里克利去世之后没有一个雅典人拥有这样的自信，而且在前416年尼基阿斯和亚西比德势均力敌，所以他们都不愿意采用这种赌博的策略。

希帕波鲁斯似乎不怕失败，输了对他也没什么损失。亚西比德成为主战派领导人其实使希帕波鲁斯"脱离了陶片放逐的适用范围"，因为在过去只有主要的政治人物才会遭到陶片放逐投票。希帕波鲁斯"希望尼基阿斯和亚西比德当中有一个人被放逐之后，他会成为剩下那个人的竞争对手"（Plutarch, *Nicias* 11.4）。古代作家对希帕波鲁斯口诛笔伐，但他这么做或许不只是为了追逐自己的利益，他也许真诚地相信陶片放逐能够给雅典带来更稳定的政策。不管他的动机是什么，希帕波鲁斯是说服雅典人启用陶片放逐的主要人物。在这个决定做出之后，尼基阿斯和亚西比德别无选择，只得准备应对它的危险。最后，亚西比德向尼基阿斯建议，他们联合起来反对希帕波鲁斯。于是，他们联手确保了成功。希帕波鲁斯遭到放逐，在流亡中死去。

前416年3月的陶片放逐揭示了雅典政治体制的一个致命缺陷：它可以确认得到大多数民众支持的领导人或政策；但民意不明确时，它就毫无用处。或许就是因为人民普遍认识到了这种缺陷，所以后来雅典再也没有执行过陶片放逐。现在看来，若是尼基阿斯和亚西比德当时做一番正当的竞争，雅典城或许会受益良多。但是，对希帕波鲁斯陶片放逐之后，雅典仍然没有连贯的政策或领导。不久之后，雅典人又一次将尼基阿斯和亚西比德选为将军，这反映了他们两人之间的政治斗争持续僵持不下。

雅典人在这些年里的行为体现了他们莫大的挫折感。斯巴达不肯履行和约义务，粉碎了尼基阿斯的希望（两个大国能够真诚和解）。亚西比德通过与伯罗奔尼撒国家结盟以打败斯巴达的计划已成为泡影；而尼基阿斯的规模较小的计划，即收复在色雷斯和哈尔基季基半岛的失地，还只停留在筹划阶段。但是，和平使雅典人恢复了他们的经济实力。到前415年，储备资金可能多达4000塔兰同。与此同时，新一代青年长大成人了，他们没有战争的苦痛经验，对斯巴达的入侵也没有深切的记忆。尽管雅典拥有无可匹敌的海军和强大的陆军，它却不能运用自己的力量去确保真正的和平，也无法打赢战争。前

416 年春季，针对米洛斯岛的一次军事行动给了雅典人一次发挥能量和发泄挫折感的机会。

雅典人征服米洛斯岛

在基克拉泽斯群岛①各国中，只有米洛斯人拒绝加入提洛同盟，所以他们能够享受雅典帝国的好处，而无须承担任何负担。米洛斯人属于多利亚民族，是斯巴达人的殖民者，在阿希达穆斯战争期间似乎曾援助过斯巴达人。他们在前 426 年打退了雅典人的一次进攻，并顽强地捍卫自己的独立，尽管雅典人在前 425 年征税评估时将他们也算在内。新的冲突是不可避免了，因为雅典人不可能长时间允许自己的意志和权威受到这样一个基克拉泽斯小岛国的挑战。米洛斯人的安全依赖于他们与斯巴达的特殊关系。具有讽刺意味的是，正是该因素促使了雅典人在这个时机发动进攻。

斯巴达在伯罗奔尼撒半岛的武力征伐和在北方的外交手段令雅典人备受挫折，他们或许急于证明至少在海上，斯巴达人对雅典无计可施。雅典人派遣了 30 艘战船、1200 名重步兵、300 名弓箭手和 20 名骑射手到米洛斯岛。他们的盟邦（可能大多数是岛国）则出动了 8 艘战船和 1500 名重步兵。盟军和岛民参与的比例如此之高，说明此次进攻并没有被认为是师出无名，我们也没听说雅典人在决定执行此次入侵时有过分歧。由于这次远征不是特别重要，所以没有让尼基阿斯或亚西比德参加。指挥联军的是提西亚斯和克里奥米德斯。他们先派遣使者去劝说米洛斯人投降，被拒绝后才开始蹂躏米洛斯岛的

---

① 位于希腊本土东南方，在希腊本土与小亚细亚之间。

田地。

米洛斯的行政长官不准雅典使者向米洛斯人民讲话（可能是害怕群众会愿意臣服于雅典），并安排雅典使者在行政长官以及寡头制议事会成员面前发言。雅典人的目的是劝说米洛斯人不战而降，或许他们认为威胁比其他任何手段都更容易达成这个目标。无论如何，威胁手段与他们近期在斯基奥涅的做法是一致的，他们在处置斯基奥涅时放弃了温和态度，转而施行恐怖统治。雅典人对米洛斯岛的直言不讳和严厉言辞在他们的政治对话中并非孤例。在公开演讲中，伯里克利和克里昂都很愿意将雅典帝国描述为"暴政"；前432年在斯巴达的雅典发言人也曾使用过严苛的措辞，与雅典人和米洛斯人对话时使用的措辞类似："如果我们接受了一个帝国，随后拒绝放弃它，这绝对不是令人震惊的事情，也不违背人类天性，因为我们屈服于最强有力的动机——荣誉、恐惧和私利。我们也不是第一个如此行事的民族，因为天意注定弱肉强食，历来如此。"（1. 76. 2）

但米洛斯人拒绝屈服，既是因为他们相信自己的事业是正义的，诸神一定会保佑他们，也是因为他们相信斯巴达人一定会来保护自己。雅典人轻松驳斥了斯巴达人援助米洛斯人的说法，也对神祇相助的说法嗤之以鼻。他们说："据我们所知，在所有民族中，斯巴达人相信符合自身利益的事情就是高贵的，对他们有利的事情就是正义的。"这对米洛斯人来说不是个好兆头。斯巴达人只有在己方力量占优势的时候才会行动，"所以，只要我们控制着大海，他们就不大可能会千里迢迢地到一个岛上来"（5. 109）。

雅典人继续攻打米洛斯城，直到饥饿、沮丧和对内奸的恐惧最终迫使米洛斯人举手投降。雅典人投票决定杀死米洛斯的所有男子，将妇女和儿童全部变卖为奴。据说亚西比德提出并支持了这道法令，但没有证据表明尼基阿斯或其他人反对它。到此时，雅典人已经完全放弃了伯里克利的温和帝国主义政策，而选择了克里昂的强硬路线，希望能够以此震慑其他国家潜在的抵抗和反叛。这是对他们新路线的理智的解释，但情感一定起到了至少与理智同样重要的作用。修昔底德说战争是"是一个凶暴的教师"时，一定也想到了米洛斯岛事件。

尼基阿斯对抗亚西比德

在雅典，尼基阿斯和亚西比德在民主政治中运用了新的高明手段和技巧，这让现代读者联想起我们时代的政治拉票：候选人的个性比他们的政治主张起到更大作用，每一位政治家都努力通过非同寻常的作秀来树立自己的良好"形象"。这样的新颖手段需要竞争者拥有并花费巨额金钱。前417年，尼基阿斯大打宗教虔诚牌，展示了他对诸神的虔敬。他利用雅典人对提洛岛的阿波罗神庙的虔诚，大肆作秀，举行奢华壮观的合唱游行活动。拂晓时，他带领雅典的队伍从附近的里尼亚岛通过由船只搭建的浮桥。这座浮桥就是他建造的，连接着里尼亚岛和提洛岛，并且装饰着富丽堂皇、多姿多彩的挂毯。衣着光鲜的合唱队一边歌唱，一边在浮桥上行进。在提洛岛上的人们看来，合唱队仿佛走在水面上，走向东升旭日。然后，尼基阿斯向阿波罗奉献了一株青铜棕榈（它很快变得人尽皆知），并向神祇奉献了一块价值高达1万德拉克马的土地，这块土地的收入将被用于举办献祭宴会，以便祈求诸神赐福于捐赠这块土地的人。普鲁塔克记载道："这一切当中，有许多庸俗的夸耀，旨在提高他的名望和满足他的野心。"（Nicias 4.1）但大多数雅典人对这种景观肃然起敬，相信诸神一定会宠幸如此虔诚的人、保佑他领导的城市。次年，亚西比德也举办了自己的表演，虽然不同，但同样辉煌壮丽。在前416年的奥林匹克运动会上，他赞助了七队选手参加赛车竞技，这比任何普通公民赞助的都要多，而且其中三队选手分别获得第一名、第二名和第四名。亚西比德后来毫不尴尬地解释了自己在一次宗教节日上如此靡费和浮夸的政治动机。他说，他希望展示雅典的权势。由于这次壮丽的财富展示，"希腊人相信我们的城市比过去更加强盛……尽管他们之前以为我们已经被战争拖垮了"（6.16.2）。他更直接的目标是吸引雅典的选民。尼基阿斯的形象是虔诚的成熟男子，而亚西比德展示的则是充满活力、勇敢和积极进取的年轻一代。这些奢靡的表演是持续的政治斗争的一部分，但目前两位竞争者还没有分出高低。

　　尼基阿斯和亚西比德都不渴求财富，他们也都不愿意将政权交给群众。他们都野心勃勃地想成为雅典的领导人，却都缺乏客蒙或伯里克利所具备的极高的政治才华。雅典的不幸在于，尽管两人都希望成为奥林匹亚大神一般的伯里克利，但他们能做的仅仅是干扰对方的计划而已。

第五部　西西里岛的灾难

有人曾将前415年雅典远征西西里岛的行动与1915年英国军队企图夺取达达尼尔海峡的战役，或者20世纪六七十年代美国在越南的战争相提并论。这些行动的目标和可行性都是有争议的，并且以不同程度的失败和灾难告终。雅典远征西西里岛的行动造成了最恐怖的结果：人员和船只损失惨重，引发了帝国内部的叛乱，以及强大的波斯帝国参战反对雅典。这都让世人感到，雅典人已经垮台了。这场灾难如此深重，以至于修昔底德惊异于雅典后来居然还能支撑差不多十年。这样的灾难性行动总会引发激烈的争论：为什么要采取这些行动，它们为什么失败，以及谁应当为失败负责。雅典远征西西里岛的行动也是这样。

第二十章
决策（前 416 ～前 415 年）

雅典与西西里岛的联系

前 416/前 415 年雅典第二次远征西西里岛的起因并非来自雅典，而是来自西西里岛。那里有两个世代友好的希腊城邦——塞杰斯塔和伦蒂尼——请求雅典人的援助，反对它们的邻国塞利农特及其保护者叙拉古。在前 424 年的杰拉会议上，叙拉古的赫莫克拉提斯提议拒绝外国干预西西里岛事务。自那以后，雅典就一直特别关注西西里岛局势。拒绝外国干预的政策对叙拉古人的好处很快就显而易见了：雅典人被排除在外，叙拉古人干预了伦蒂尼的内战，并发动一场战役，控制了这座城市。

前 422 年，雅典人对叙拉古的日渐强大深感不安，于是派遣埃拉西斯特拉图斯之子腓亚克斯去评估那里的形势。他的目标是敦促雅典在西西里岛的盟邦和其他西西里岛希腊人团结起来反对叙拉古，以保护伦蒂尼。尽管腓亚克斯在意大利南部和西西里岛的一些城市获得了支持，但杰拉会议的严词拒绝使他的努力都白费了。他只带了 2 艘船到西西里岛，于是刚刚得到负面回应就立刻放弃了自己的任务。但雅典人对西西里岛事务仍然兴趣浓厚，这可能促使叙拉古的对手在将来寻求雅典的帮助。

前416/前415年，塞杰斯塔在与塞利农特的战争中吃紧（塞利农特得到叙拉古的援助），于是向雅典求援。塞杰斯塔人的主要论点是："叙拉古人已经消灭了伦蒂尼，如果不惩罚他们，他们在消灭剩余的盟邦之后，会控制整个西西里岛。到那时，他们就可能与伯罗奔尼撒人联合，因为叙拉古人和伯罗奔尼撒人都是多利亚民族，而且叙拉古人是伯罗奔尼撒人的亲戚和殖民者。因此他们可能集结一支强大的力量，摧毁雅典势力。"（6.6.2）塞杰斯塔人还表示愿意承担军费，请求雅典人考虑他们与塞杰斯塔人的传统联系和对盟邦的义务，应该还强调了防备敌人未来侵略的重要性。但修昔底德相信雅典人对这些事情不是特别感兴趣，他们只是将此事作为出兵的借口而已。他解释说，雅典人迎合塞杰斯塔人的"真正动机"是"他们希望统治整个西西里岛"（6.6.1）。

修昔底德从第一次谈及西西里岛开始，就坚持认为雅典人一向打算征服和主宰它。他将雅典人民描绘为贪婪、渴求权力，并且对敌人很无知。他写道："广大群众对西西里岛的面积和居民，不管是希腊人还是蛮族，都一无所知。他们也不知道，自己投入这场战争的规模不亚于针对伯罗奔尼撒人的战争。"（6.6.1）

但在前427～前424年，多达1.2万雅典人曾在去往西西里岛的舰队服役，并且在西西里岛和周边地区活动。他们肯定对西西里岛的地理和人口有不少了解，也一定会将这些知识与亲友分享。另外，在前415年的时候，这些曾去过西西里岛的雅典人大多还在雅典。雅典人对塞杰斯塔的请求谨慎考虑，也很少表现出鲁莽的兴奋。他们小心地派遣使者"去看是否确实如塞杰斯塔人所说，他们的国库和神庙内储藏着金钱，还去考察针对塞利农特人的战争情况"（6.6.3）。塞杰斯塔人肯定使出了复杂的花招来欺骗雅典人，让他们相信塞杰斯塔人的确拥有很多财富，更令雅典人信服的是，塞杰斯塔人很快奉上了60 塔兰同银币，作为 60 艘战船一整个月的费用。雅典使者带着这笔钱返回之后，公民大会才又一次认真地考虑干预西西里岛局势。

雅典的辩论

前 415 年 3 月，雅典公民大会又一次讨论了是否答应塞杰斯塔的请求，这一次投票决定派遣 60 艘战船远征西西里岛，指挥官是亚西比德、尼基阿斯和拉马库斯。他们拥有全权去帮助塞杰斯塔反对塞利农特；若有可能，收复伦蒂尼，并"以最有利于雅典的方式处理西西里岛事务"（6.8.2）。尼基阿斯被选为远征总司令，"尽管他自己不愿意，因为他认为城邦做出的这个决定是错误的"（6.8.4）。

与他相比，甚至在此次公民大会召开之前，亚西比德就煽动了雅典人民的想象，他们"三五成群地坐着，绘制西西里岛及其周边海洋和港口的地图"（Plutarch，*Nicias* 12）。他是远征的主要倡导者，所以他理应是总司令的自然人选，但雅典有很多人猜忌、嫉妒和憎恶他。虽然没有办法把他完全排除，但让尼基阿斯参与指挥，可以用这位年长政治家的经验、谨慎、虔诚和好运气去平衡亚西比德的青春活力与雄心勃勃。尼基阿斯一定明确表达了自己不愿意担任总司令，但如果他拒绝接受任命，就会显得不爱国或怯懦。

两位将军对筹备中的军事行动的意见完全不一致，让他们两人联合指挥肯定是行不通的，于是公民大会指派了第三名指挥官——色诺芬尼之子拉马库斯。约五十岁的拉马库斯是一位经验丰富的军人。阿里斯托芬在《阿卡奈人》中将他描述为年轻的吹牛军人①，并嘲笑他的贫困。拉马库斯可以支持此次行动的目标，同时也尊重尼基阿斯的意见。

修昔底德论断，西西里远征的公开目标仅仅是幌子，真实目标更为野心勃勃，但参加远征的雅典军队规模却与他所谓的宏大目标不相称：舰队规模与前424年第一次远征西西里岛时相同。在前424年用60艘战船无法征服西西里岛，而且当时也没有这个打算。前415年3月派出了相同数量的战船，说明雅典人的目标仍然是有限的。

但自前424年以来叙拉古势力的增长可能会促使雅典人扩大目标。若不对叙拉古加以遏制，它可能会控制西西里岛的大部分地区，并使希腊世界的天平向有利于伯罗奔尼撒人的方向倾斜。第一次公民大会上的许多或者大多数雅典人或许都相信，按照符合雅典利益的方式解决西西里岛问题可能需要击败甚至征服叙拉古。仅用60艘战船从海上向叙拉古城发起奇袭，也许能成功；或者可以在西西里岛征募盟军，震慑或击败叙拉古人。不管怎样，雅典承受的风险会比较小。雅典人没有派遣陆军，所以可以让西西里岛士兵从陆路攻打叙拉古。即便是海路进攻也不一定会有很大危险，因为舰队若是觉得敌人严阵以待而且非常强大，完全可以撤退。在最糟糕的情况下，即使整个远征军全军覆灭，这也只能说是非常倒霉，而不算战略灾

---

① 吹牛军人（miles gloriosus）是古希腊喜剧中常见的一类人物，后世的典型例子有普劳图斯的喜剧《吹牛军人》中的主人公和莎士比亚《亨利四世》中的福斯塔夫等。

难。很多水手是盟军，不是雅典人，船只也可以补充。公民大会投票决定的远征规模无论如何都不会导致足以威胁雅典生存的灾难，然而后来竟然确实发生了这样的大祸。

重新考虑是否远征的辩论

第一次公民大会几天之后，又开了第二次会议，商讨"如何尽可能快速地装配舰队，并投票决定将军们此次远征需要的其他东西"（6.8.3）。尼基阿斯在此次会议上的目的是转换议题，不讨论执行战役的具体方法，而是迫使大家重新考虑是否真的要发动此次远征。所以，他一定是第一个发言的。提议撤销几天前刚刚由公民大会通过的法令，虽然并不违法，但似乎确实非同寻常，可能给尼基阿斯本人和大会主席带来一些法律上的麻烦。大会主席批准了他的请求。但尼基阿斯相信兹事体大，为它冒风险是值得的，于是敦促主席"像医生一样治疗这个做出糟糕决定的国家"（6.14）。

尼基阿斯对雅典当前的外交和军事形势做了非常消极的评估，这让人不禁质疑他与斯巴达议和并结盟的政策是否明智。他提出雅典人没有发动攻势的条件，因为他们在本土也有强大的敌人。和约名存实亡；斯巴达人是被迫接受和约的，现在仍然对条款提出争议，而斯巴达的一些盟邦干脆拒绝接受和约。若是远征西西里岛失败，不仅会削弱雅典，还可能将更多的西西里岛军队推向斯巴达阵营。斯巴达人正在等待最佳时机发动进攻以夺取胜利，而雅典人还在医治战争创伤。他说："在保障了我们目前的帝国安全之前，绝不能伸手去攫取一个新帝国。"（6.10.5）这句话很像当年伯里克利的警示。他还提醒听众，迦太基人尽管比雅典强大，却无法征服西西里岛。

　　远征的倡导者显然认真考虑了西西里岛盟邦的诉求，因为尼基阿斯花了很大力气去贬低和攻击这些盟邦，说他们是"野蛮民族"，把雅典人拉进了麻烦当中，却不能以提供帮助作为回报。但在上一次公民大会上，叙拉古的威胁肯定是主要议题，因为尼基阿斯在第二次公民大会上的大部分时间都在弱化叙拉古的威胁，但他能提出的仅仅是空洞无力、貌似有理实则不然的反驳，如："西西里岛……若是被叙拉古人控制了，危险性比现在还会降低。因为他们现在若是攻击我们，完全是出于对斯巴达人的感情，而当他们自己成为一个帝国之后，就不大可能会攻击另一个帝国。"（6.11.3）他的另一个错误观点是，雅典人根本不去西西里岛是威慑西西里岛上的希腊人的最好办法，因为如果发动了远征却失败，那么西西里人就会蔑视雅典的实力，于是加入斯巴达阵营。他的结论是，最好不要发动远征，但如果非去不可，雅典应当仅仅短暂地炫耀一下武力，然后立刻回家。

　　尼基阿斯演讲最值得注意的地方是他忽略了哪些东西，因为他没有明确提及任何征服或吞并该岛的提议，却向远征计划的主要设计者发动了一场人身攻击。他说亚西比德是野心勃勃、高度危险的年轻人，为了自己的荣耀和利益竟置国家于危险之中。

　　他攻击的对象做出了回应。修昔底德借此机会生动地描绘了他的形象："克雷尼亚斯之子亚西比德是最渴望远征的人……他渴望当上将军，希望占领西西里岛和迦太基。如果他成功的话，就能大大增加他的私人财富和威望。"（6.15.2）这样的欲望最终会产生致命的结果："主要就是这一点，后来摧毁了雅典国家。因为广大群众对他无法无天的自我放纵感到担忧，对他参与的每一件事情的目的感到害怕；他们敌视他，因为他企图成为僭主①。尽管在公共事务中，他尽其所能地履行军事职能，他的私生活却让所有人愤怒，于是他们将国家的领导权交给了其他人，没过多久就让国家垮台了。"（6.15.3 – 4）

亚西比德自豪地为自己奢靡的生活方式和导致了曼丁尼亚战役的政策辩护："我将伯罗奔尼撒半岛最强大的几个国家联合起来，既没有给你们造成很大威胁，也没让你们花费多少。我让这些国家在一天之内拿自己的全部去冒险。由于那一天的事件，它们直至今日仍然不能自信满怀地行事。"（6.16）

关于远征的实际前景，亚西比德和他的对手一样，充满了偏见。但是，他的论辩更有力。他说，西西里岛的希腊城邦极不稳定，而且缺乏爱国主义决心。他表达了自己的信念，即雅典的外交手段一定能将这些城邦以及仇恨叙拉古的西库尔蛮族争取过来。亚西比德分析希腊大陆局势，说斯巴达人毫无希望也缺乏主动性。斯巴达人没有舰队可以挑战雅典的庞大舰队，所以他们对阿提卡能够造成的伤害不会超过之前的历次入侵。除非在海上发生了天大的灾难，战略平衡绝不会向不利于雅典的方向倾斜，而目前他们拿去冒险的仅仅是 60 艘战船而已。

亚西比德强调了支持盟邦的必要性。"我们有什么说得过去的借口，可以让自己畏缩？我们如果不去援助西西里岛的盟邦，如何为自己辩护？我们必须援助他们，因为我们发过誓。"（6.18.1）随后他对雅典及其帝国的性质做了一个新颖的分析。他提出，即便仅仅为了维持自己现有的成果，雅典人

---

① 僭主（tyrant）是古希腊一种君主制的变体。他们不是通过世袭、传统或是合法民主选举程序，而是凭借个人声望与影响力获得权力，成为城邦的统治者的。此类统治者被称为僭主。

也需要为了自己的盟邦而采纳积极主动的政策。"我们就是这样建立了自己的帝国，其他拥有帝国的民族也是这样建立了他们的帝国，即总是积极援助那些向我们求救的人，不管他们是希腊人还是蛮族。"（6.18.2）采纳目标有限的和平政策和专断地对帝国边界设定限制，这样做的后果将是灾难性的。

亚西比德随后讲到了他设想的西西里远征的更大目标。他坚持认为，在西西里岛的胜利将有助于雅典人主宰整个希腊。在战争的第二年，伯里克利曾表达过类似的想法，但他这么说是为了恢复"灰心沮丧到了非理智地步"的雅典人的自信，以便鼓励他们去打一场他们输不起的战争，而不是为了发动远征、开疆拓土。

亚西比德结尾的论点带有诡辩学派的印迹。诡辩学派是修辞学和其他技艺的教师，向当时的富裕青年传授这些本领，他们将自然世界与人类社会习俗的差别看得很重。他说，雅典与其他一些国家（很显然，斯巴达是与雅典截然相反的例子）不同，天性活跃，因此不可能采纳消极政策。长时期的和平与无所事事会消磨那些令雅典如此伟大的技能和品质，但违背天性的结果会更加严重。"一座活跃的城市若是转变为消极和无所作为，就会很快被消灭掉。对这些人民来说最安全的做法是，与自己的性格和习俗保持和谐，如此行事。"（6.18.7）这是一种了不起的修辞巧计，给一项大胆的冒险事业涂上了保守的色彩。

尼基阿斯意识到，亚西比德的演讲增强了雅典人对远征的渴望，于是不再诚实地辩驳，而是直截了当地欺骗。他"知道自己再也不能用同样的论点劝阻他们参加远征，但他觉得如果他夸大远征所需的兵力，群众也许会知难而退"（6.19.2）。这让人联想起他在前 425 年的诡计，当时一群斯巴达士兵被围困在斯法克特里亚岛，尼基阿斯提议把将军职位让给克里昂，因为他相信克里昂会拒绝并丧失公信力。在前 415 年的公民大会上，他的目的是让雅典人清醒，手段则是让他们理解此次行动规模之巨大，以便打击亚西比德。尼基阿斯的两次花招都失败了，产生了意想不到的结果。

他用尖刻的嘲讽批判了亚西比德所描绘的羸弱而内斗不休的西西里岛形象，转而描绘了一个强盛、富裕、军力强大、敌视雅典且严阵以待的对手。敌人占据极大的兵力优势，本地有粮食可以供养军队，并且有充足的马匹可供骑兵使用；而雅典人投票决定派遣的小舰队没有粮食和马匹。他指出，敌人的骑兵可以轻松地将缺乏给养的雅典远征军困在海滩上。冬天到来之后，远征军与雅典城之间的通信联络可能需要四个月之久。雅典若想得胜，就需要数量庞大的战船和补给船、大量重步兵，以及许多轻装部队以便对付敌人的骑兵。他还坚持说，远征还需要巨额军费，因为塞杰斯塔人承担远征军费的承诺是不能完全相信的。

尼基阿斯继续说，即便雅典人确实投入了这么大的军力，胜利也不会轻松得来。派遣远征军就像是派人到遥远的敌境开辟殖民地一样。这样的冒险需要周密的计划和好运气，但既然运气不是凡人能掌控的，就需要依赖谨慎而仔细的筹划。"我认为，我提议的这些准备工作能够为国家和那些参加远征的人提供最大的安全保障。但如果有人不同意，我愿意把我的指挥权交给他。"（6.23.3）

尼基阿斯做出了如此悲观的分析和如此晦暗的预测，他或许是希望有人来反驳他，于是他就有借口辞去总司令职务。或许他相信，既然远征领导班子中经验最丰富、最虔诚和最幸运的指挥官员做出了这样的姿态，公民大会就能够谨慎起来。如果是这样的话，那么他又一次判断失误了。公民大会并没有知难而退，反而更加积极了，"结果与他所期望的恰恰相反"（6.24.2），因为人民坚信他给出的都是很好的建议。

一个叫德摩斯特拉图斯的人（他是贵族，但也是赞成远征和再开战端的激进派政治家之一）此时提出了一个令尼基阿斯窘迫的问题：具体需要增加多少兵力？尼基阿斯不得不回答，于是提议100艘三列桨座战船、5000名重步兵和相应的轻装部队。在辩论的激烈关头，他忘记了索要骑兵，尽管他刚刚讲过，敌人因拥有骑兵而占据重大优势。雅典人随后投票决定授予将军们全权去决定远征的规模，并"自行斟酌，以最有利于雅典的方式行事"（6.26.2）。

事与愿违，尼基阿斯在第二次公民大会上竟然把目标有限、风险不大的中等规模远征军扩大成了承载着雄心和期望的庞大舰队。若是失败，必将招致灾难。雅典的其他政治家都不敢提议如此庞大的军队，也没有其他人在两次公民大会上提出。尼基阿斯在第二次公民大会上讲话之后，雅典人才将一次谨慎而有限的冒险变成了风险极大、筹划不周、毫无约束的宏大事业。若不是他的干预，雅典人无疑在前415年就已经出征西西里岛了，那样的话他们也就不会遭遇弥天大祸。

第二十一章
本土战线和最初的战役（前 415 年）

渎　神

　　据修昔底德记载，前 415 年春季，雅典人对西西里岛战役翘首以盼："他们全都激情满怀，急于起航。年纪较大的人认为他们要么能胜利，要么这样庞大的一支军队也不可能受到什么伤害。正值壮年的人则渴望远方的景致，自信一定会安全无虞。广大群众和士兵希望能够发财致富，并为他们的帝国增添新的产业，从中获得永不枯竭的财源。"（6.24.3）

　　不过，远征并非没有争议。一些祭司发出了警告，其他人报告说发现了凶兆。但亚西比德和远征的支持者也搞出了吉利的征兆和神谕。即便是非常严重的凶兆也未能阻止准备工作，但在预定出发时间前不久，更糟糕的事发生了，引起了人们的普遍警觉。

　　前 415 年 6 月 7 日早上，雅典人一觉醒来之后，发现全城各处赫耳墨斯石像的面部都被捣毁了，它们突出的阳具也被砍掉了。这场可怕的渎神行为引起了人们的愤怒和恐惧，但有细节表明，此番渎神罪行还有着政治层面上的意义。渎神者是在一夜之间、在广大的地域范围内进行犯罪活动，这表明这些人不是一些醉醺醺的狂欢者，而是一个有相当规模、组织严密的群体。赫耳墨斯是旅行者的保护神，所以对神像的攻击显然是为了阻止西西里远征。雅典人"对此事非常重视，因为它似乎是关于远航的征兆，是一群密谋分子做的，目的是发动革命、颠覆民主制"（6.27.3）。

公民大会展开了调查，悬赏缉拿罪犯，并向能够对此次或任何渎神罪行提供证据的目击者授予豁免权。议事会组建了一个调查委员会，其中包括显赫的民主派政治家。在讨论远征的最后计划时，一个叫作皮索尼克斯的人做出了令公民大会目瞪口呆的指控：有人发现亚西比德及其朋友在戏仿嘲弄厄琉息斯秘仪①。一名奴隶在得到豁免保证之后作证，他和其他人曾看到普利提翁家中举行厄琉息斯秘仪，并指认亚西比德和另外九人参加了秘仪。

尽管此事与赫耳墨斯神像被毁没有关系，但雅典的气氛原本就高度紧张，再加上亚西比德被指认参与其中，于是它成了大众关心的主题。但很少有雅典人会怀疑，亚西比德和他那些狂野的朋友们能够做出嘲讽宗教仪式的事情来。他的政敌们兴高采烈地抓住这个机会，指控亚西比德不仅参与亵渎秘仪，还破坏了神像，并补充说他想要"消灭民主制"（6.28.2）。

亚西比德否认了所有指控，并要求接受审判。他希望可以避免在自己不在雅典城的时候举行听证会，因为如果支持他的

---

① 厄琉息斯是位于雅典西北约30公里的一个小镇，主产小麦和大麦。厄琉息斯秘仪是崇拜谷物女神得墨忒耳及其女珀耳塞福涅的一种宗教信仰和秘密仪式，可能属于一个与女神崇拜、极乐世界相对应的原始宗教体系。这个秘仪的崇拜内容和仪式过程处于严格的保密之中，全体信徒都参加的入会仪式则是一个信众与神直接沟通的重要渠道，以获得神力的佑护及来世的回报。

士兵和水手们远在征途，他的政敌就能恣意攻击他，不会遇到多少反抗。这些政敌为了同样的原因，也希望暂缓审判。"让他现在带着好运气起航吧，"他们说，"等战争结束了再让他回来为自己辩护。到那时法律也不会有什么变化。"（Plutarch，*Alcibiades* 19.6）公民大会同意了，于是亚西比德就这么离开了雅典，指控仍然悬在他头顶上。

6 月中下旬，雅典军队终于踏上了前往西西里岛的征途。他们计划先在克基拉停靠，在那里与盟军会合。这是"有史以来由单独一个城邦派出的完全由希腊人组成的代价最高昂和最光辉的军队"（6.31.1）。除了国家出资之外，三列桨座战船的船长们还自掏腰包，让他们的船只不仅迅捷和坚固，还非常美观，甚至重步兵们也争芳斗艳，看谁的装备最精美。舰队出航时，全体雅典人和在城内的外国人都去比雷埃夫斯观看这一壮丽景象。"这更像是在其他希腊人面前展示力量和财富，而不是出征讨伐敌人。"（6.31.4）喇叭吹响了，熙熙攘攘的人群按照惯例做了祷告，目送舰队出海。"他们唱完赞歌、结束奠酒之后，就出发了，开始呈纵队，行驶到外海后便争先恐后地赶往埃吉那岛。"（6.32.2）远征军被尼基阿斯的失策扩大至危险的规模，划着桨离去了，他们仿佛是去参加一次划船比赛，而不是一场遥远而危机四伏的冒险。

大搜捕

在远征舰队安全出海之后，调查委员会开始积极地研究近期的丑闻。泰乌克鲁斯——曾经逃往墨伽拉的常住雅典的外邦人——在得到豁免承诺之后返回了雅典，给出了轰动性的证词：他自称参加了亵渎秘仪的活动，并且能够指认破坏赫耳墨斯神像的人。他指认了 11 名亵渎秘仪的人和 18 名破坏神像的人。亚西比德并不在这两个名单上。委员会逮捕并处决了其中一名嫌疑犯，但其他人全都逃之夭夭。

随后有一个名叫迪奥克雷戴斯的人对破坏神像事件做了指证。他说在案发当晚，他在散步时看到约 300 名密谋者聚集在卫城南坡的狄俄倪索斯剧场主厅。次日早上，他确定这些人就是破坏神像的罪犯，于是去其中一个他能认得清的人家里，企图勒索钱财。这人承诺给他一笔封口费，但没有交付，于是迪奥克雷戴斯指认了其中 42 人，包括 2 名议事会成员和好几个富裕的贵族。这些指控令雅典民众更加害怕，担心城内寡头派在酝酿一个反对民主制的阴谋。随后群众的恐慌情绪愈演愈烈，以至于议事会暂时中止了一项禁止刑讯雅典公民的法律。派桑德是提议这项措施的人。他打算对嫌疑犯严刑拷打，以便尽快让他们招供。被指控的 2 名议事会成员承诺接受审判，因而逃脱了刑讯，但他们后来逃到了墨伽拉或玻俄提亚。随后一支玻俄提亚军队兵临雅典边界，于是雅典人民愈发警觉，他们除了害怕发生革命（不管革命的目的是建立寡头统治还是僭主统治）之外，现在还担心内奸出卖和外敌入侵。

当夜，雅典人枕戈达旦，彻夜无眠。为了安全起见，议事会搬到了卫城。雅典人感激迪奥克雷戴斯的告密，于是投票决定授予他英雄的花环和在圣火会堂免费用餐的权利（这种待遇一般是保留给奥林匹克运动会冠军的），然而他没有得意多久。安多吉德斯是被指控的犯人之一，后来成为雅典的一位著名演说家。他也同意作证。在获得议事会授予的豁免权之后，他揭露他所在的政治宴饮俱乐部①就是破坏神像的责任者。他供出了一个罪人名单，所有人都同时出现在泰乌克鲁斯供出的名单上；除了四个迅速逃跑的人之外，所有这些人要么已经死亡，要么流亡在外。议事会随后审讯了迪奥克雷戴斯，他承认自己的证词是假的，但声称自己是按照亚西比德的堂弟（菲格斯之子亚西比德）和另外一人的指示这么做的。这两个指使者已经逃跑了。那些被他的伪证牵连的人得以洗脱罪名，迪奥克雷戴斯被处决了。

雅典人松了一口气，相信赫耳墨斯神像事件现在已经令人满意地澄清了，他们逃脱了"许多灾祸与危险"（Andocides，*De Mysteriis* 66）。罪犯显然只是一小撮人，都是同一个俱乐部的成员，很少有重要的政治家。这不是一起严重的大阴谋。亵渎神圣秘仪的事情还没有解决，于是调查继续进行。

雅典社会最高层有人做出了新的指控，那就是阿尔克麦奥尼德斯的妻子阿佳丽斯特。这两人都与雅典最尊贵的名门望族之一有关联，雅典民主制的创始人克里斯提尼就属于这个家族，伯里克利也是。阿佳丽斯特报告称，亚西比德、他的叔叔阿克西库斯和他的朋友阿迪曼图斯在一位贵族家中亵渎了秘仪。亚西比德的政敌又一次利用这个证词来为自己的政治目的服务，声称亵渎神圣仪式是"反对民主制的阴谋"（6.61.1）的一部分。此时敌军蠢蠢欲动，大约一百人被指控犯下了这种或那种渎神罪行，而且就在远征遥远国度的前夜，还有政治家、贵族，尤其是亚西比德本人卷入其中，这一切都只会令群

---

① 政治宴饮俱乐部（Hetairia）：古希腊某些城邦的一些社会和宗教群体的男子，尤其是青年男子，由于一起用餐，逐渐形成联系纽带较强的团体。

众再次心惊肉跳，因阴谋、叛变和威胁而恐惧。"各个群体的人都怀疑亚西比德。"（6.61.4）正式指控他的人是伟大客蒙的儿子帖撒鲁斯，他血统高贵、家世显赫，所以他的指控特别有力。何况他的讼词特别详细具体。形势非常严峻，于是议事会派遣三列桨座战船"萨拉明尼亚"号接回亚西比德和远征军的其他几位成员。他们都受到了指控，必须回雅典受审。

在这个关头，我们有必要考虑一下，究竟是谁犯下了渎神罪行以及为什么。亵渎秘仪的罪行无疑是一个宴饮俱乐部做出的，这种俱乐部在雅典的富裕贵族青年当中很常见。但前415年的亵渎秘仪行为并没有任何政治意义，因为它是私下里进行的，不可能影响这群狂欢者之外的任何人，他们自己也没有这个打算。

破坏赫耳墨斯神像的行为更严重，不仅仅是醉汉的恶作剧。要在一夜之间破坏雅典各地的神像，需要组织、计划和相当多的人手。多方史料证明，安多吉德斯的叙述最为可信。据他说，他所在的俱乐部犯下了这个罪行，领导者是欧菲列图斯和梅列图斯。但我们没有理由相信，这种渎神行为是推翻民主政体、企图建立寡头或僭主统治的阴谋的一部分。所有告密者，不管诚实与否，都不曾给出这样的说法。古代史料也没有证据能支持这种说法。

但渎神行为发生的时间是西西里远征军即将开拔之前不久，这不是巧合。它无疑是有政治动机的。有的雅典人认为幕后黑手是科林斯人，他们希望阻止雅典进攻西西里岛。不管有没有外国人参与渎神罪行，我们完全可以相信，设计这个阴谋的雅典人肯定有阻止远征的企图。他们知道尼基阿斯已经被任命为远征的指挥官之一，他不仅是雅典最为人熟知的虔诚之人，而且以高度谨慎和反对远征而闻名。雅典人像绝大多数希腊人一样，也是非常迷信的，曾多次因为自然事件（如雷暴雨和地震）而停止公共会议。密谋者渎神行为的一个自然而然的结果就是，尼基阿斯看到在规模最大的远征前夜竟然发生了如此严重的侵犯旅行者保护神的罪行，一定会大为警觉。

密谋者应当不会预料到，亵渎秘仪案发之后竟会造成这样的混乱。他们只是希望破坏神像可以造成强烈的恐惧和震惊，使人们普遍质疑神像遭破坏的意义以及此事与远征的关联。两起渎神事件造成集体恐慌的一个意外后果是，尼基阿斯受到了很大的限制，他再也不能承担人们原本期待他承担的角色了。他的两个兄弟在被指认的罪人名单上，其中一人似乎确实有罪。他们的名字被公之于众后，尼基阿斯就不能以神像遭亵渎为由取消远征了，因为如果他这么做，人们就会立刻怀疑他是密谋者之一，自己的政策失败就使出渎神这一招。出人意料的第二起渎神事件消除了第一起诡异阴谋取得成功的可能性。

亚西比德参与秘仪事件的影响也与人们的期望相反。尽管他没有参与破坏赫耳墨斯神像的罪行，他的政敌却利用群众恐慌，在他正要起航的时候打击他的公信力。他的各方敌人后来将他召回雅典受审，他最有力的支持者当时都不在雅典，所以他不可能在审判中全身而退。反对西西里远征的人虽然无法阻止远征，但他们采取的行动以无法预见的方式，最终推动远征向灾难性失败的方向发展。

雅典的战略

从比雷埃夫斯起航的雅典舰队包括134艘三列桨座战船（其中60艘属于雅典）和数量不详的运兵船，运载着5100名重步兵（其中 1500 人是雅典人），这是战争期间除了蹂躏墨伽拉之外，雅典人投入重步兵数量最多的一次战斗。雅典还提供了 700 名雇工阶层公民①，他们在三列桨座战船上担任海军步兵。其余绝大部分兵员来自各附庸国，也有一些属于自由盟邦，如阿尔戈斯和曼丁尼亚。此外，还有约 1300 名形形色色的轻装部队士兵。1 艘马匹运输船运载着 30 人和他们的马匹，这是远征军中仅有的骑兵。还有 30 艘运输船载着粮草、给养、面包师、石匠、木匠和用于建造壁垒的工具。

在克基拉岛，每一位将军接过了舰队三分之一的指挥权，以便各自独立行动，并缓解补给困难。然后，整个舰队渡海前往意大利南部海岸，在那里遇到了意料之外的抵抗。他们原指望从那里的一些城市获得补给和基地，这些城市却紧闭大门，拒不接纳他们。具有关键意义的城市塔拉斯和洛克里斯甚至不允许他们停船补充饮用水。其中最重要的城市是瑞吉昂，这是一个战略要地，可以从那里向西西里岛北部和东部海岸登陆，并攻击西西里岛的主要港口——海峡对岸的墨西拿。在前 427 ~ 前 424 年雅典人第一次远征西西里岛的时候，瑞吉昂是他们的盟友，曾全力支持他们，然而瑞吉昂人这一次却宣布中立，并禁止雅典人进城，只允许他们靠岸停船、在城墙外扎营以及购买补给物资。瑞吉昂人的态度为什么发生了变化？最合理的解释是，瑞吉昂人发现雅典第二次远征的规模极其庞大，所以他们觉得雅典人这一次是为了征服西方而来的，就像他们已经征

---

① 民主制的雅典按照财产多少，将公民分成四个阶层，雇工阶层（Thetes）是财产最少的一类。前三类分别为五百桶户（Pentacosiomedimni）、骑士（Hippeis）、有轭牲阶层（Zeugitae）。不同阶层的人拥有不同的政治责任和权利。雇工阶层的人一般担任轻装部队士兵和战船桨手。

服了东方一样，而非像他们嘴上说的那样，是为了帮助盟友在区域性争端中不吃亏和遏制叙拉古的野心。如果远征舰队只有雅典人原先投票决定的 60 艘船，或许就不会给瑞吉昂人这样的印象了。雅典大舰队失去了预想的基地，这对远征来说无论如何都是一次打击。

塞杰斯塔传来的消息更是让雅典人灰心丧气。塞杰斯塔人只能拿出 30 塔兰同作为军费。尼基阿斯对此并不感到意外，但他的同僚们惊得目瞪口呆。形势的这些变化迫使他们重新考虑行动的目标和战略。于是，尼基阿斯提出了最低限度的路线：雅典人应当去塞利农特，并要求塞杰斯塔人为全军支付费用。如果塞杰斯塔人同意（尼基阿斯知道这是极不可能的），雅典人"就继续考虑下去"（6.47）。如果他们拒绝，雅典人就要求他们支付塞杰斯塔人原先要求的 60 艘船的费用，然后停留在那里，直到塞杰斯塔与塞利农特议和。两国缔结和约后，雅典舰队就沿着西西里岛海岸航行，展示雅典的力量，然后返航回家，"除非他们找到快捷而意想不到的办法去帮助伦蒂尼人，或者将若干城邦拉到雅典阵营。但他们不应当消耗自己的资源，因为那样就将国家置于危险之中了"（6.47）。援助伦蒂尼人和拉拢一些城邦到雅典阵营的计划纯粹是幻想，因为尼基阿斯的真实目的是以某种方式解决塞杰斯塔的问题，然后立刻返回雅典。

这样的计划对亚西比德来说是灾难性的，因为若是两手空空地返航，不仅会让他这个远征倡导者丢脸，还会对雅典的威望造成极大的负面影响，会让雅典在西西里岛的盟友任凭敌人摆布，并增加叙拉古人主宰全岛的可能性。亚西比德提议让雅典舰队努力与西西里岛的希腊城邦和土著西库尔人交好，这些人能够提供粮食和军队。得到这样的支持之后，雅典舰队就可以攻击叙拉古和塞利农特，"除非塞利农特与塞杰斯塔达成协议，并且叙拉古允许他们将伦蒂尼人的土地物归原主"（6.48）。

拉马库斯则希望径直驶向叙拉古，"趁着叙拉古城尚无防备，尽快在叙拉古城附近打一场战役"（6.49.1）。最理想的情况是，叙拉古人会不战而降；若他们不投降，拥有优势兵力的雅典人也可以在一场重步兵交锋中打败叙拉古人。最糟糕的情况是叙拉古人拒绝交战，退守城墙。但即便在这种情况下，雅典人也可以快速地在城市附近登陆，将很多叙拉古人及其财物拦截在城墙保护范围之外。雅典人随后便可以占领他们的农场，并从中获取补给。

拉马库斯的战略肯定不是最初的那种，因为最初的计划是只投入 60 艘三列桨座战船，那样是不可能进攻叙拉古的。拉马库斯可能是在瑞吉昂拒绝接纳雅典舰队和塞杰斯塔人的谎言被揭穿之后才制订了这个新计划。不管这个计划是怎样被制订出来的，它都有一些缺陷。拉马库斯知道，若要围攻叙拉古，肯定需要在附近有一个基地，于是他推荐占领墨伽拉希布利亚，这座城镇拥有一个良港，而且距离叙拉古不远（见地图20）。但这座城镇已经被废弃几十年了，既没有农庄也没有市场，因此无法提供任何补给物资。况且雅典人缺少骑兵（用于保护重步兵方阵的侧翼，或者保护建造围城壁垒的劳工），叙拉古人却有很多骑兵。如果对叙拉古城的攻击不能迅速取胜，那么这些问题就会变得很严重。

尽管拉马库斯的计划有缺陷，卓越的将领德摩斯梯尼仍然认为他的计划是最好的。修昔底德自己的评判则是，叙拉古人会抵抗雅典人对其城市的攻击，随后叙拉古会战败，那么他们

20. 西西里岛和意大利南部

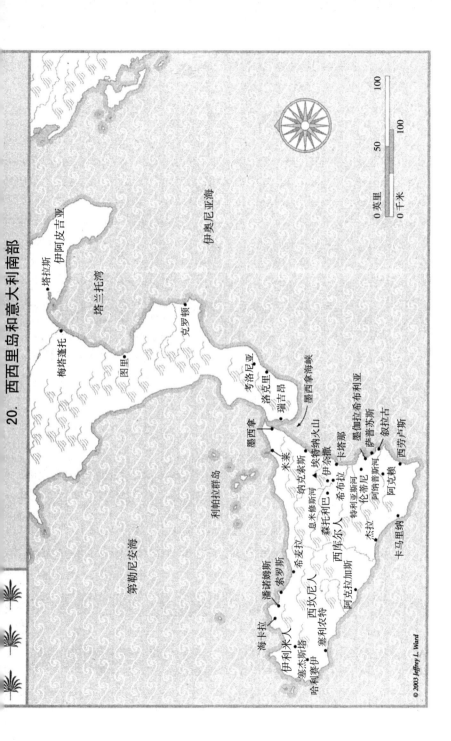

塔拉斯

伊阿皮吉亚

塔托湾

塔兰托湾

梅塔塞托

图里

克罗顿

伊奥尼亚海

考洛尼亚

墨西拿海峡

洛克里

瑞吉昂

埃特纳火山

墨伽拉希布利亚

第勒尼安海

利帕拉群岛

墨西拿

米莱

纳克索斯

萨普苏斯

伊奈撒

叙拉古

息米修斯河

伊塔那

卡塔那

西劳卢斯

森托利巴

希布拉

阿克拉

森麦拉

希帕那

特利亚斯河

卡马里纳

希卡拉

阿克拉加斯

西库尔人

伦蒂尼

杰拉

阿隆纳普斯河

海卡拉

潘诺姆斯

阿克拉盖

塞格斯塔

索罗斯

西玖尼人

塞利农特

哈利赛伊

伊利米人

伊奥尼亚海

0 英里   50   100

0 千米   100

© 2003 Jeffrey L. Ward

就无法阻止雅典人从海陆两路封锁他们的城市，只能投降。今天我们没有办法做出确凿的评估，但拉马库斯的战略是完全可能奏效的。不过他的建议不可能被采纳，因为他的意图与尼基阿斯的意愿相去甚远，而亚西比德固执己见，不肯听取别人的意见。拉马库斯不愿意接受尼基阿斯的消极策略，于是支持亚西比德的计划。就这样，雅典人采纳了亚西比德的战略。

前 415 年夏季的战役

雅典人现在需要一个规模较大、安全且便捷的基地，以便发起外交活动和海军远征。瑞吉昂不能为他们所用，于是墨西拿成为最有可能的选择，但墨西拿人也禁止亚西比德进入他们的城镇，仅允许雅典人使用他们的市场。于是他不得不从舰队（仍然停泊在瑞吉昂城外）中抽调了 60 艘战船，到沿着海岸较远处的纳克索斯碰碰运气。纳克索斯人是叙拉古的宿敌，于是他们接纳了雅典人。但纳克索斯以南的卡塔那处于亲叙拉古派别的统治下，拒绝接纳雅典人。

雅典人在伦蒂尼附近建立了一个营地，从那里派遣了 10 艘战船驶入叙拉古港，但发现那里没有任何舰队停泊。雅典人向叙拉古人发出了近似最后通牒的宣言，但没有得到任何答复。在对港口及其周边地区进行了详细勘察之后，他们安然无恙地驶出港口，但实际上已经正式向叙拉古宣战。叙拉古舰队之所以不在港口，是因为叙拉古人不愿意相信他们收到的情报，即雅典的庞大舰队即将向他们发起挑战。叙拉古富裕而强大，是一个温和的民主制城邦。他们对得到的警报高度重视。但直到雅典人到达克基拉岛，他们才进行公共讨论。在公民大会的冗长辩论中，赫尔蒙之子赫莫克拉提斯（就是前 424 年杰拉会议的主导人物，那次会议将雅典人逐出了西西里岛）坚持说，雅典庞大舰队的目标是征服叙拉古及整个西西里岛。他敦促叙拉古人向西西里岛、意大利甚至迦太基（西西里岛希腊人的传统敌人）求援，并请求科林斯和斯巴达帮助。与此同时，他们还应当派遣一支舰队到意大利南部，在雅典舰队抵达西西里岛之前与其对抗。

赫莫克拉提斯掌握的情报是准确的，但他的战略建议却值得商榷。叙拉古海军无论在数量还是技能上都不是雅典舰队的对手，而雅典舰队正在逼近西西里岛。无论如何，叙拉古人绝没有足够的时间建造一支足够强大的舰队，并为其配备人员，再将舰队派遣到意大利及时堵截雅典人。他一定知道这一点。他提出这种建议的目的可能是想用快速而轻松取胜的虚假希望来战胜同胞们的呆滞和消极。

叙拉古人仍然不愿意采取任何行动，所以他肯定需要耍一点花招。一位名叫雅典那哥拉的流氓政客坚持宣称，雅典人不会真的来攻打叙拉古，因为他们这么做就太愚蠢了。他说那些相信雅典人即将杀到的人其实是想制造混乱，趁机推翻民主政权。无论如何，叙拉古人的普遍共识是，他们可以轻松地打败进攻的雅典人。一位极其理智、务实和拥有极高个人权威的叙拉古将军（我们不知道他的名字）指出，准备防御总不是坏事，最好防备雅典人的确前来进攻；叙拉古人应当派遣使者到合适的国家求援。他承认，将军们已经采取了这个措施。他承诺将了解到的新情况汇报给公民大会，但对派遣远征军去意大利的想法只字不提。随后公民大会就休会了。

他们得知雅典人已经在瑞吉昂登陆之后，终于开始采取一定程度的防御措施，"他们推断战争正在迅速逼近，事实上已经快要兵临城下"(6.45)。这些措施并不包括准备一支舰队,雅典人驶入空荡荡的港口时便发现了这一点。

雅典人从叙拉古返回了卡塔那。这一次,他们与卡塔那城内的奸细里应外合,占领了卡塔那,将其拉到自己的阵营。现在他们有了一个基地,可以进攻叙拉古或执行亚西比德计划的外交策略。这时传来的虚假消息称,此刻是占领卡马里纳的好机会,以及叙拉古人建造了一支舰队。这些假消息促使他们选择进军这两座城市,却没有明确的目标。但为了不白跑一趟,他们袭掠了叙拉古领土。在他们撤退时,一些落单的轻装部队被叙拉古骑兵杀死。这不是一个好兆头。

亚西比德逃亡

三列桨座战船"萨拉明尼亚"号抵达了卡塔那,打算将亚西比德和其他被指控破坏神像或亵渎秘仪的人押回雅典受审。普鲁塔克相信只要他愿意这样做,亚西比德本可以煽动士兵哗变。然而到目前为止远征的成绩都令人失望,所以亚西比德的威望可能受到了损害,于是他安静地屈服了。他承诺搭乘自己的三列桨座战船跟着"萨拉明尼亚"号,但他一定从水手那里得知了雅典的真实形势,于是决定逃跑。在意大利的图里,他逃入内陆,随后去往伯罗奔尼撒半岛。

在雅典,他遭到缺席审判并被定罪。他和其他嫌疑犯都被判处死刑,财产被没收充公,名字被镌刻在卫城竖立的耻辱柱上。雅典城邦还悬赏1塔兰同,鼓励人们杀死逃亡者。另外一道法令要求厄琉息斯祭司诅咒亚西比德,也许还诅咒了其他罪犯。流亡中的亚西比德的反应据说是:"我会让他们看到,我活得好好的。"(Plutarch, *Alcibiades* 22.2)

亚西比德出局后，尼基阿斯便成了远征军事实上的领导人。他当然想执行自己原先的消极战略，尽快返回雅典。但已经无谓地损失了这么多时间、金钱和生命，现在怎么可能退出了。他的部队和雅典人民都不会对这样的结局满意，于是尼基阿斯将全军调往塞杰斯塔和塞利农特（正是这两国的纠纷将雅典人带到了西西里岛），看看如何应对那里的局势。

他渡过墨西拿海峡，前往西西里岛西北部，"尽可能远离叙拉古敌人"（Plutarch，*Nicias* 15.3）。希麦拉（这是主要由迦太基人控制的地区内唯一一个希腊城邦）不准雅典人登陆，雅典人攻击了海卡拉①（这是土著西库尔人的城镇，与塞杰斯塔为敌），并将其交给塞杰斯塔人，将"蛮族"居民变卖为奴。尼基阿斯亲自去塞杰斯塔，收缴塞杰斯塔人承诺给雅典的军费，并试图解决塞杰斯塔与塞利农特的纠纷。结果一定是彻底失败，因为他在塞杰斯塔只收缴到 30 塔兰同，这可能是他能找到的全部资金。然后，他回到卡塔那与大军会合。此时，雅典人已经与西西里岛上几乎所有的希腊城邦都取得了联系。据我们所知，雅典人没有去杰拉或阿克拉加斯②，可能因为觉得向它们示好也是白费力气。亚西比德的战略也失败了。雅典人随后向卡塔那附近的一座小城镇发起进攻却遭遇失败，这很能代表整个战役的局势。

在西西里岛的第一个作战季节令雅典人大失所望。亚西比德的离去使整个行动落入了一位根本不相信行动目标能成功的领导人手中，而且他也没有自己的战略去达成这些目标。普鲁

---

① 今称卡里尼，在西西里岛西北部沿海。
② 今称阿格里真托，在西西里岛南部沿海。

塔克对形势做了如下描述："尼基阿斯尽管在理论上是两位领导人之一，实际上独揽大权。他一直枯坐闲逛、四处航行、前思后想。士兵们的强烈希望已经变得软弱无力，而敌人最初目睹他的雄壮军力时的震惊与恐惧也渐渐消失了。"(*Nicias* 14.4)由于尼基阿斯还不敢离开西西里岛，他和他的部下们将不得不面对在叙拉古的主要敌人，尽管始终没有一个明确的行动计划。

第二十二章
第一次进攻叙拉古（前 415 年）

尼基阿斯左顾右盼，迟迟没有与叙拉古正面对抗，这让叙拉古人恢复了自信。他们坚持要求将军们率军在卡塔那与雅典人交锋。叙拉古骑兵冲到雅典军队阵前，辱骂地问道："你们是来我们的土地定居，还是帮助伦蒂尼人收复家园？"（6.63.3）尼基阿斯再也不能瞻前顾后了，但他面临的问题是如何将军队摆好阵势以准备进攻叙拉古。敌人已经全副武装地做好了战斗准备，所以雅典舰队不能直接登陆。虽然重步兵能够安全地向叙拉古开进，但雅典人还有许多轻装部队和一大群面包师、石匠、木匠和随军人员，而且没有骑兵保护他们。叙拉古却拥有强大的骑兵部队。

雅典人在叙拉古

于是雅典人诉诸诡计，利用一名双面间谍去欺骗叙拉古将军，将敌人全军诱骗到卡塔那。叙拉古人开往卡塔那的时候（从叙拉古到卡塔那的路程是 40 英里），雅典人在叙拉古港口登陆，没有遇到任何抵抗。登陆地点就在阿纳普斯河以南的海滩上，在奥林匹斯大神宙斯的神庙对面（见地图 21）。他们占据了一个有利阵地，房屋和天然障碍物能保护他们的两翼，所

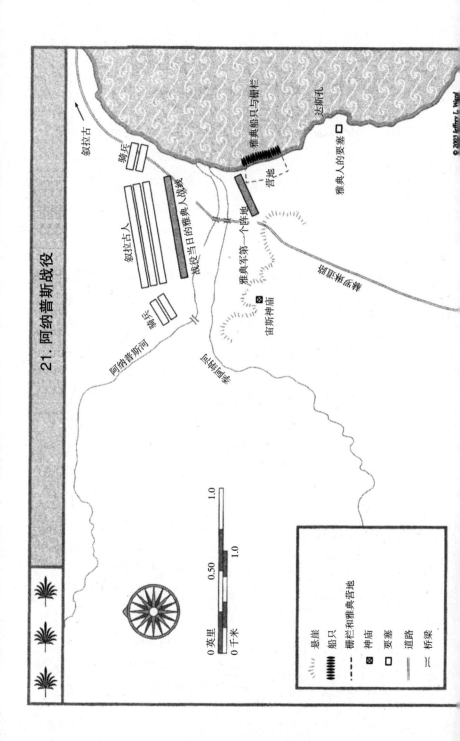

21. 阿纳普斯战役

叙拉古

骑兵

叙拉古人

战役当日的雅典人战线

阿纳普斯河

雅典军第一个营地

宙斯神庙

雅典船只与栅栏

营地

雅典人的要塞

达斯孔

索斯多斯堤

0 英里   0.50   1.0

0 千米   1.0

悬崖

船只

栅栏和雅典营地

神庙

要塞

道路

桥梁

© 2003 Jeffrey L. Ward

以不用害怕叙拉古骑兵的侧翼包抄。他们还建造了更多的防御工事，以抵御敌人的正面进攻或从海上发起的进攻。

上当受骗的叙拉古人怒气冲冲地返回之后，发现雅典人已经在叙拉古城前方盘踞下来，于是向他们发起挑战。但雅典人就是不上钩，于是叙拉古人别无他法，只能扎营过夜。次日清晨，雅典人发动了进攻。他们的一半军队排成八排，阿尔戈斯人和曼丁尼亚人在右翼，雅典人在中路；其他盟军在左翼，那里受到敌人骑兵的威胁最大。在这些部队的后方较远处，另外一群雅典士兵组成了一个中空方阵，将运载补给物资的平民保护在中间。他们留在雅典营地附近，担当预备队。雅典人渡过阿纳普斯河，出其不意地发动进攻。一些叙拉古士兵在前一晚回到城里过夜，现在匆匆赶回来，在己方阵线上尽可能地找到一个位置。叙拉古人及其盟军的战线与雅典战线的正面长度相当，但纵深是其两倍，此外他们还有 1500 名骑兵，而雅典人没有骑兵。为了弥补这样的劣势，雅典人一定是将自己的阵型部署在与河流成一个角度的地方，利用河流保护自己战线的左端，利用沼泽保护右端，所以能够有效地防止敌人包抄他们方阵的两翼。雅典人还将弹弓手、弓箭手和投石手①部署在两翼，他们有助于打退敌人骑兵。尽管叙拉古方阵的纵深很大，

---

① 投石手用的是一种叫作机弦（也叫投石带、摆抛子）的兵器，由一个兜子和两端连接的绳子构成。使用时，把石块或土块放在兜子里面，一根绳子末端固定在手上，另一根绳子末端用拇指和食指捏住，然后甩动兜子，在适当的时刻松开拇指和食指，石子或者土块就会沿切线飞出，这样可以比用手扔石头远得多。经过一定的训练，可以将石子或者土块准确地射向目标。历史上机弦被用于打猎、战斗、放牧等。在《圣经》里，大卫就是用机弦投石击倒巨人歌利亚。《圣经·撒母耳记上》17 章记载："大卫用机弦将石子击中歌利亚的额头，歌利亚就扑倒，面伏于地。大卫将歌利亚的刀从鞘中拔出来，用刀割了他的头，将他杀死。"

他们的一些士兵也很英勇，但雅典人及其盟军的纪律性更强，经验也更丰富，因此获得了胜利。

双方激战时，倾盆大雨和电闪雷鸣令叙拉古人恐惧万分，这可能也是他们士气瓦解的原因之一，但训练有素的雅典人安之若素。阿尔戈斯人很快将敌军左翼逐退，雅典人打退了敌军中路，于是敌军战线崩溃了。叙拉古人及其盟军抱头鼠窜。此刻对雅典人来说是一个获得决定性胜利的良机。如果他们积极追击并大力杀伤敌人，那么他们或许能粉碎叙拉古人的抵抗，或者至少让敌人丧失抵抗围困的斗志。然而要追击敌人，就需要骑兵，因为骑兵可以比重步兵追得更快和更远，但雅典人没有骑兵。叙拉古骑兵没有遇到任何抵抗，进而得以遏制住雅典人的追击，掩护己方部队重整旗鼓，并派遣一支队伍去宙斯神庙那里保护财宝，最后叙拉古军队安全地撤回了城墙之后。对雅典人来说，此役是一场战术胜利，却没有战略结果：叙拉古城岿然不动，做好了继续战斗的准备。雅典人必须想办法迫使敌人屈服。但雅典人没有立刻攻城，而是在战场上建造了纪念碑，与敌人停战，返还敌人的死者遗体，埋葬了己方的阵亡将士（雅典一方有 50 人死亡，而敌方有 260 人死亡），随后起航返回卡塔那。

修昔底德对尼基阿斯此番举动的解释是，此时作战季节已经快结束了，而且雅典军队需要补充粮食，并从雅典城和其他地方获取资金，尤其是"要求雅典送来骑兵，并在西西里岛征募一些盟军，以免己方完全被敌军骑兵压倒"（6.71.2）。尼基阿斯的同时代人责怪他优柔寡断，没有果断行事。在此役之后不久上演的喜剧《鸟》中，阿里斯托芬嘲弄了"尼基阿斯的耽搁"。普鲁塔克则记载了雅典的普遍民意："他盘算得过于精

细，延误太多，谨慎过头，浪费了行动时机。"（*Nicias* 16. 8）

尼基阿斯针对己方缺乏骑兵而做出的反应并非不合理，因为己方没有骑兵保护，就没有办法派人去叙拉古城外挖掘堑壕或者建造围城防线。但是，决定战争结局的往往是物质之外的东西。德摩斯梯尼是一位比尼基阿斯优秀得多的将军，他认为如果尼基阿斯在前 415 年冬季更勇敢一些，叙拉古人就会与其决战并失败，在向外界求援之前就会发现自己的城市被壁垒层层围住，于是不得不投降。不过，在没有骑兵保护的情况下，雅典人极不可能成功修建一道包围城市的壁垒。而只要这样的壁垒不存在，叙拉古人就可以自由地寻求外界援助，并充分利用这些援助。总而言之，尼基阿斯选择了正确的计划，并以纯熟的技艺执行。他是一位优秀的战术家，不应当受到责备。

但他不是一位优秀的战略家，他在战略上的一个错误是导致本次远征失败的主要原因之一。要想占领叙拉古，骑兵是必需的。如果雅典人从一开始就拥有骑兵，那么叙拉古人就会被迫投降，外界任何援助都救不了他们。尼基阿斯自己在远征前的一次雅典公民大会上曾强调骑兵的重要性："相对于我们，叙拉古人最大的优势是他们拥有许多马匹，而且他们的粮食是本地产的，不是进口的。"（6. 20. 4）既然已经知道这一点，雅典人却没有准备骑兵，这尤其令人震惊。尼基阿斯在列举远征需要的部队种类时单单忘了骑兵。尽管在起航之前他有充裕的时间，可以在随后的一次公民大会上弥补这个缺陷，他却始终没有这么做。即便在瑞吉昂的会议上，当时形势已经很明朗，有可能需要攻打叙拉古，他仍然有时间向本土索要骑兵。

或许，这种忽略是出于他的目的，而不是他的错误判断。我们已经看到，尼基阿斯始终不希望进攻西西里岛，他是被迫参与此次战役的，他的目标是尽可能少地作战，避免任何大规模冲突。他或许一直拒绝考虑进攻叙拉古这样的大规模战争，但形势发展迫使他不得不这么做。这时他又发现自己没有达成目标所需的骑兵。

　　尽管要等几个月，在从雅典获取金钱和骑兵之后再攻打叙拉古，但他们没有理由浪费前 415/前 414 年冬季的时间。于是雅典人前往墨西拿，希望借助当地内奸的力量控制这个深陷于派系斗争的城镇。但是，亚西比德在前往伯罗奔尼撒半岛的途中泄露了雅典人的这个计划。除此之外，亚西比德还做了许多事情来证明他还活着。在雅典舰队抵达墨西拿之后，反对雅典的派系阻止他们进城，于是他们撤到了纳克索斯，在那里建造了一个新基地。

叙拉古的抵抗

　　与此同时，赫莫克拉提斯在叙拉古实行了一系列重要的军事改革。为了扩充军力，他们向较贫穷男子发放武器，以便他们能作为重步兵作战；引入了义务军训制，这在当时的希腊是很不寻常的，因为希腊的绝大多数军队都是由作为业余军人的公民组成。叙拉古将军的人数从 15 人减少到 3 人，其中之一便是赫莫克拉提斯。将军们拥有自行决断的全权，无须征求公民大会的意见，这就保障了更有效的领导和计划的机密性。在极端危急时期，叙拉古人自愿限制了自己的民主制。

　　在外交战线上，他们不仅请求科林斯和斯巴达帮助他们保卫城市，还请求斯巴达人"更公开地持续与雅典人作战，那样雅典人也许会撤离西西里岛，或者无法向西西里岛输送大批援军"（6.73.2）。与此同时，他们还扩建了城墙，将更多领土纳入城墙之内，这将迫使雅典人建造更长的围困防线，以将叙拉古包围。叙拉古人还向墨伽拉希布利亚和宙斯神庙派驻军队，并在可能被雅典人用作登陆场的海岸地带建造了木栅栏。

赫莫克拉提斯得知雅典人在努力拉拢卡马里纳，于是去了那里；对卡马里纳人说，雅典人到西西里岛不是为了援助其盟友，而是为了征服全岛。雅典的代言人欧菲姆斯则辩称，叙拉古才是西西里岛各希腊城邦自由的真正威胁。卡马里纳人对雅典人有好感，"但觉得雅典人将要奴役西西里岛"。因此，他们的正式答复是"由于他们与交战双方都有盟约，所以最符合他们誓言的办法是保持中立，不支持任何一方"（6.88.1－2）。这种中立对叙拉古有帮助，对雅典人没有好处，因为雅典人需要尽快在西西里岛获得一些盟友。雅典舰队的庞大规模可能影响了卡马里纳人的决定，这又一次与雅典人原先的战略背道而驰。

雅典人在与非希腊血统的西库尔人结交时取得了好成绩。一些西库尔人自行来到雅典阵营，带来了粮食和金钱，而其他一些西库尔人则在雅典人的强迫之下为其效力。为了更好地与西库尔人联络，雅典人将基地迁往卡塔那，并向遥远意大利的伊特鲁里亚①和非洲的迦太基求援，这两个国家之前都曾与叙拉古为敌。前 413 年，一些伊特鲁里亚城邦向西西里岛派遣了一些船只去帮助雅典人，但雅典向迦太基的求助却完全失败了。不过，向迦太基求助的举动削弱了亚西比德、赫莫

---

① 伊特鲁里亚地区大致相当于现在意大利中部的托斯卡纳、拉齐奥和翁布里亚。前 9 世纪，伊特鲁里亚文明在这一地区兴起，出现许多城邦。前 650 年前后达到极盛，影响力超过意大利半岛上的其他各民族。罗马早期受到伊特鲁里亚文明的极大影响，前 509 年之前有多位伊特鲁里亚国王统治罗马。但是，伊特鲁里亚最终在罗马共和国时期完全被罗马同化。

克拉提斯和修昔底德的观点——雅典此次远征的目标包括征
服迦太基。

亚西比德在斯巴达

　　叙拉古人在寻找盟友时的运气较好。他们的母邦科林斯很
乐意支持这些殖民者，并派遣使者和叙拉古使者一起去劝说斯
巴达人。但斯巴达领导人并不打算在西西里岛投入大规模兵力，
于是决定不做实质援助，而只派遣一个使团去敦促叙拉古坚持
抵抗雅典人。不过，叙拉古人和科林斯人在斯巴达找到了一个
有价值的盟友——亚西比德。这个雅典变节者做了很大努力去
适应斯巴达的生活方式。他参加严苛的体育锻炼，洗冷水澡，
按照斯巴达的风尚留长发，和斯巴达人一样吃粗面包和黑粥。
但是，他不大可能打算一辈子都待在斯巴达。他决心返回雅典，
要么是以领导人和回归英雄的身份，要么是以复仇者的身份。

　　因为他目前还是一名逃犯，在雅典法令有效的所有地区都
被悬赏通缉，所以他的首要目标是在斯巴达人当中扬名立威，
获得足够的影响力和权力。要达成这些目标，他的手段是劝说
斯巴达人击败西西里岛的雅典人，然后继续在希腊本土作战。
他在斯巴达公民大会发表演讲的一个主要目的是减少斯巴达人
对他的不信任感和敌意。他曾经是得到雅典暴民支持的蛊惑人
心的政客，是斯巴达之友尼基阿斯的主要对手，是促使雅典与
阿尔戈斯、曼丁尼亚与厄利斯结盟的始作俑者，是曼丁尼亚战
役和西西里远征的间接推动者，还是背叛自己城邦的变节者。
显然，斯巴达人不会信任他能给他们奉上良策。

　　亚西比德轻描淡写地解释了自己的过去或否认自己过去的
言行，以此为自己辩护，并将自己逃离雅典的行为描绘为从民

主制中得到解放，还说民主制是"人所共知的愚行"
（6.89.6）。他揭穿了雅典人向西远征的"真实动机"：此次远
征绝不局限于援助盟友、攻击叙拉古，而是要将整个西西里岛
据为己有，甚至吞并更多的土地。除了西西里岛，雅典人还想
占领意大利南部、迦太基及其帝国，甚至遥远的伊比利亚①。
完成这一切之后，雅典人将利用从这些征服中获得的庞大资
源，去攻击伯罗奔尼撒半岛，"然后他们将统治整个希腊民族"
（6.90.3）。他坚持说，虽然他本人已经不在雅典，但雅典的将
军们将继续执行这个计划。

　　他指出，斯巴达人必须抢在叙拉古人投降之前尽快行动起
来。他说："你们不要认为这是在决定西西里岛事务，此事关
系到伯罗奔尼撒半岛的命运。"（6.91.4）他建议，斯巴达人
应当立刻派遣一支军队到西西里岛，由一名斯巴达人指挥，同
时还应当继续在希腊大陆作战，以鼓励叙拉古人和分散雅典人
的军事力量。为了达成这个目标，他们必须采取雅典人最害怕
的行动，即在阿提卡的狄凯里亚建造一座永久性要塞。从那
里，斯巴达人可以彻底将雅典人与其家园、庄稼和苏尼昂的银
矿切断，并煽动雅典帝国内部的抵抗和叛乱，进一步削弱雅典
的财力。

　　变节者亚西比德知道，他需要维护自己的公信力。"在不公
正地被家园抛弃之后而不攻击它的人，不是真正的爱国者。真
正的爱国者出于对家园的热爱，会想尽一切办法努力恢复它。"
（6.92.4）我们不知道这种诡辩是否打动了斯巴达人，但亚西比
德在演讲结束时敦促他们忘记过去，看重他在未来能给他们带

---

　　①　主要包括今天的西班牙和葡萄牙。

来的好处:"如果我作为你们的敌人,给你们造成了很大损害,那么作为你们的朋友,我可以给你们带来极大的好处,因为我对雅典人的计划很熟悉,对你们的计划却只能猜测。"(6.92.5)

亚西比德是个流亡的叛徒,被雅典悬赏通缉,并以狡黠和擅长欺诈而闻名。斯巴达人有充分的理由去怀疑他。他的一个说法理应让斯巴达人对他的所有话产生怀疑,因为这个说法是明目张胆的谎言:"雅典将军们会尽力执行原计划,不做任何改动。"(6.91.1) 斯巴达人熟悉和尊重尼基阿斯,他们绝不会相信尼基阿斯会继续执行亚西比德描述的那种宏大的征服计划。亚西比德在这一点是赤裸裸地扯谎,斯巴达人也有很好的理由怀疑他所揭露的雅典的所谓宏伟计划其实是他自己一手捏造的,为他自己的目的(用恐惧来促使斯巴达继续与雅典作战)服务。

要理解亚西比德在斯巴达的表演,我们需要审视他在前415/前414年时的经历和成就。那时他还没有成为一个传奇,无论在海上还是陆地都不曾指挥雅典人取得任何胜利,他的所有计划都只是导致了战略失败。他领导的军事行动有着鲜明的特色,通常依赖他个人的外交手腕和说服力,以及利用盟军来承担主要作战任务,因此雅典承担的风险很小。这种手段或许显得聪明和安全,但不能带来决定性成果。他的伯罗奔尼撒半岛战略最终导致了前418年的曼丁尼亚战役,要想在那里取胜,雅典人应当投入更大兵力,但真正参战的雅典人比实际需求要少得多。他一直不愿意在战斗中拿大量雅典军队冒险,所以他在当时也未必愿意投入足够的兵力,尽管他在那一年担任将军。

他没有亲自参加曼丁尼亚战役,这突出了他作为雅典领导人的另一个缺陷:一位将军要想执行连贯一致的政策,就需要得到民众的长期支持，连续多年当选为将军，而他做不到这一点。他在前 415 年设计的西西里岛战略不算新颖，大体上是前427～前 424 年那次失败远征的重演。无疑，他相信自己的个人领导力和说服力能够帮助他成功（尽管索福克勒斯和欧律墨冬在上一次远征西西里岛时失败），但他没有办法阻止尼基阿斯扩大远征的规模，于是庞大的雅典军队让西方的希腊城邦胆战心惊，纷纷保持中立或者反对雅典。在瑞吉昂，扩大远征规模的代价清楚地体现了出来，但他也没有修改自己的计划去适应新的现实。最后，同胞们对他的不信任使雅典政敌得以将他放逐。斯巴达人眼前的亚西比德就是这个样子：一个被挫败、被追捕的亡命徒。他急需让斯巴达人相信，他们面临巨大的危险，而如果他们接受他的辅佐和帮助，就能得到极大的好处。他的勇敢大胆、超强想象力和虚张声势，的确令人惊叹。

斯巴达人果然派遣了一位将军去西西里岛，不过他指挥的部队仅有 2 艘科林斯船只和 2 艘拉科尼亚船只。没有一名斯巴达士兵被派往西西里岛，而这位将军古利普斯也不是真正的斯巴达人。他的父亲克里安德里达斯是一个因为受贿而被判处死刑的流亡者，他的母亲据说是一个黑劳士，所以他是一个地位较低的莫萨克斯阶层成员①。因此，前往西西里岛的斯巴达远征军从兵到将都是死不足惜的。而且，雅典人若是做足了防范措施，就能阻止这样一支可怜兮兮的部队抵达西西里岛。

———————————

① 莫萨克斯（Mothax）是希腊语多利亚方言的一个词，字面意思是"继兄弟"，即继父或继母在另一段婚姻中所生的孩子。莫萨克斯在斯巴达是一个较低的阶层，其成员要么是斯巴达父亲与黑劳士母亲的孩子，要么是穷苦斯巴达人。莫萨克斯是自由人，但不算斯巴达公民。一般由斯巴达富户抚养长大，和斯巴达公民的孩子一起成长，并被允许和斯巴达公民并肩作战。一些莫萨克斯成员崛起成为有名望的人。

第二十三章
叙拉古攻防战（前 414 年）

在前 5 世纪，要想占领一座拥有牢固城墙和戒备森严的城市，就需要开展一场谨慎且执行得力的围城战，切断城市的补给线，用饥饿迫使它屈服，或者与城内的奸细里应外合。前 414 年春季，雅典人掌握制海权，有足够的部队可以从海陆两路包围叙拉古城。雅典送来资金和骑兵之后，便可以开始攻城。环绕叙拉古的围城防线竣工之后，保持警惕的雅典舰队便可拦截伯罗奔尼撒人为叙拉古送来的任何援助。

雅典骑兵抵达的消息促使叙拉古人在通往爱皮波莱的道路上部署了警卫。爱皮波莱是俯瞰叙拉古城的一块高地（见地图 22）。"他们认为，如果雅典人不能控制爱皮波莱，那么即便在战场上打败了叙拉古人，也不能轻松地将叙拉古城包围起来。"（6.96.1）但是，他们行动得太晚了。在叙拉古军队抵达爱皮波莱之前，尼基阿斯已经将雅典陆军用船运到列昂，那里距爱皮波莱北部的悬崖不远。在叙拉古人动手之前，雅典军队便登上了爱皮波莱高地，从那里可以轻松打退企图驱逐他们的叙拉古人。雅典人随后在拉布达隆（爱皮波莱北部的悬崖）建造了一座要塞，用来储存补给物资、装备和资金。

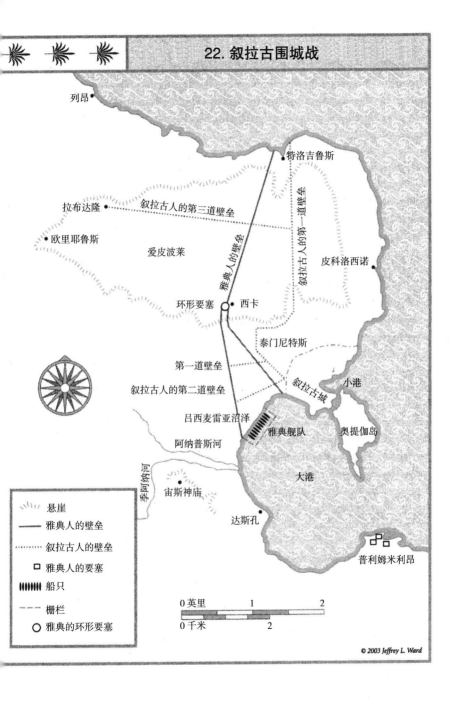

22. 叙拉古围城战

列昂

特洛吉鲁斯

拉布达隆

叙拉古人的第三道壁垒

欧里耶鲁斯

爱皮波莱

叙拉古人的第一道壁垒

皮科洛西诺

雅典人的壁垒

环形要塞 ● 西卡

泰门尼特斯

第一道壁垒

小港

叙拉古人的第二道壁垒

叙拉古城

吕西麦雷亚亚沼泽

阿纳普斯河

雅典舰队

奥提伽岛

季阿纳河

宙斯神庙

大港

达斯孔

图例

悬崖
雅典人的壁垒
叙拉古人的壁垒
□ 雅典人的要塞
船只
栅栏
○ 雅典的环形要塞

0 英里   1   2

0 千米   2

普利姆米利昂

© 2003 Jeffrey L. Ward

马匹很快被运抵前线，雅典的西西里岛盟军也送来了额外的骑兵。雅典人现在可以用重步兵和650名骑兵保护修建围城防线的人员。在一个叫作西卡的地方（在叙拉古城西北方，距爱皮波莱高地边缘不远），雅典人建造了一座要塞，修昔底德称之为"环形要塞"。这将是他们围城期间的行动中心。

叙拉古人出城挑战敌人，但叙拉古将军看到自己的部队纪律涣散、秩序紊乱，便很快撤回城墙之后，将部分骑兵留在城外，以阻止雅典人继续建造壁垒。雅典人用自己的骑兵和一队重步兵击溃了叙拉古人，成功保护了修建要塞的人员。次日，雅典人开始从环形要塞向特洛吉鲁斯延伸自己的壁垒。除非叙拉古人迅速行动，否则他们很快就会在陆路被封锁起来，但他们的将军仍然不敢出兵与雅典人交战。他们决定用石料和木材建造自己的壁垒，以切断雅典人即将建成的包围圈，并在己方壁垒沿线建造塔楼。雅典人继续在高地上建造壁垒，他们没有去攻击叙拉古人的壁垒，而是将注意力转向被围困的叙拉古城的饮水供应，摧毁了向叙拉古城输送淡水的地下管道。

很快，叙拉古人的粗心大意就给了雅典人一个表现勇气的机会。在正午骄阳下，叙拉古人懒洋洋地闲逛，壁垒守备兵力不多，而且人心非常涣散。300名雅典重步兵在一队轻装部队（为了这次作战换上了重型甲胄）的配合下，向壁垒发动猛攻。尼基阿斯和拉马库斯率领其余部队跟在后面，两人各指挥一翼。雅典的突击队将敌人壁垒上的哨兵驱赶到泰门尼特斯（叙拉古的一个郊区）周围的城墙处。随后追击的雅典军队冲进了城门，但无奈人数太少，守不住阵地。雅典人虽然没能占领泰门尼特斯，但摧毁了敌人的壁垒，并竖立起又一座纪念碑。

尼基阿斯患病，拉马库斯阵亡

大约在这个时期，尼基阿斯的肾病发作了，这种疾病将一直折磨他，直到他去世。上一节讲述的突袭还在筹划时，他可能就已经身体不适，因为此次突袭的大胆和勇猛带有拉马库斯的风格。次日，雅典人开始修建围城防线的南段，从爱皮波莱高地上的环形要塞向叙拉古城以南的大港延伸。这段防线完工后，叙拉古的一个关键部分将被包围，雅典人可以将舰队从萨普苏斯转移到大港的安全锚地。在此之前，雅典人必须将补给物资从萨普苏斯走陆路拖运到爱皮波莱。若没有壁垒的保护，停泊在大港的雅典舰队就需要一支陆军部队的掩护，那样就会分散陆军兵力，所以是很危险的事情。

雅典人的新工事令叙拉古人大为惊恐，他们立刻开始建造横亘吕西麦雷亚沼泽的又一道壁垒，企图截断雅典人的防线。与此同时，雅典人将他们的壁垒拓建到了悬崖边缘，并已经在准备发动新的攻势了，这一次将海陆并进。他们将舰队转移到大港，并从爱皮波莱高地下来。他们在沼泽中地面最坚实的部分铺上木板和门板，又一次打得叙拉古人措手不及。叙拉古人将军队分割成两个部分，右翼逃回城内，左翼则奔向阿纳普斯河。看到敌军左翼逃向桥梁，300 名雅典突击队员冲上去想切断他们，但叙拉古骑兵已经在河边等候。在重步兵的配合下，叙拉古骑兵击溃了这 300 人，并开始攻击雅典主力部队右翼。步兵方阵的右翼是它最脆弱的部分，尤其是在遭到骑步兵混编部队攻击时。雅典右翼最精锐的部队也陷入了恐慌。勇敢无畏的拉马库斯当时正在左翼，他立刻奔来支援右翼。他稳住了右翼战线，但被孤立到一条壕沟后，身边只有少量士兵。他英勇地战死了。叙拉古人渡过河向宙斯神庙要塞撤退，将拉马库斯的遗体也带走了。雅典人虽然得胜，却付出了巨大代价，因为他们只剩下一位患病的尼基阿斯司令，并且丧失了拉马库斯的军事技艺和勇猛精神。

叙拉古人看到雅典军队出现在城市前方的平原上，于是派遣一支部队牵制雅典人，派遣另一支部队去攻击高地上的环形要塞。他们占领并拆毁了从环形要塞向西南延伸、未竣工且无人把守的壁垒。尼基阿斯此时就在环形要塞内。虽然他身体有恙，但足够警醒，命令部下纵火，击退了敌人。大火还向平原上的雅典军队发出了警报，显示要塞处于危险之中。这个时机对雅典人来说很幸运，因为叙拉古城下的雅典人已经驱散敌人，雅典舰队也驶入了港口。现在他们可以安全地及时赶回爱皮波莱，去保护壁垒和他们的最后一位将军。叙拉古人逃回了城内。

现在没有任何力量能够阻止雅典人继续修建通向海边的壁垒了。如果他们再建造一道穿越爱皮波莱高地的北方壁垒，再加上他们舰队的制海权，就等于完成了对叙拉古的合围；他们只需要保持适当的警戒，就能迫使敌人投降或者饿死。叙拉古人陷入绝境的消息很快传开，于是之前那些保持中立的西库尔人加入了雅典一方，意大利的一些城邦给雅典军队送来补给物资，遥远的伊特鲁里亚也派来了3艘船。

叙拉古人"不再觉得自己能打赢战争，因为伯罗奔尼撒半岛没有派来任何援助"（6.103.3）。叙拉古人免去了将军们的职务，代之以三位新人。这是叙拉古人打算投降的诸多迹象之一。他们内部先讨论了投降条件，甚至与尼基阿斯也开始谈判。有谣言称，城内有奸细要开门献城。尼基阿斯和以往一样拥有极好的情报，雅典人有充分的理由相信叙拉古城很快将放弃战斗、举手投降。

然而在这个时候，尼基阿斯变得粗心和自负，忽视了对雅典人来说晴朗天空中一朵遥远的乌云：4艘来自伯罗奔尼撒半岛的船只，其中一艘载着斯巴达将军古利普斯。尽管尼基阿斯在一段时间以前就已经得知斯巴达人抵达了意大利，但由于这支斯巴达部队实力薄弱，他没有对其采取任何行动。正确的办法应当是尽快完成对叙拉古的合围；派遣一队战船去墨西拿海峡或意大利，阻止伯罗奔尼撒人通过；封锁叙拉古的两个港口，防止哪怕是一艘伯罗奔尼撒船只溜过了前一道封锁线；守卫通往爱皮波莱的道路，尤其是欧里耶鲁斯隘道，防止伯罗奔尼撒人抵达西西里岛并从陆路前往叙拉古。尼基阿斯没有做这些事情中的任何一件，于是导致了灾难性后果。

雅典违反和约

在这整个时期，《尼基阿斯和约》名义上仍然有效，但低烈度的武装冲突仍在继续。斯巴达和阿尔戈斯继续袭掠和侵犯对方领土。雅典经常从皮洛斯和伯罗奔尼撒半岛的其他地方出发，袭击美塞尼亚，但拒绝了阿尔戈斯人提出的进攻拉科尼亚的请求。根据双方默认的对《尼基阿斯和约》的解读，这些行动不算违反和约，但如果雅典人直接进攻拉科尼亚，那就算违约了。但到前414年，雅典人再也不能拒绝盟邦提出的更积极援助他们的请求了，因为有阿尔戈斯士兵在西西里岛为雅典的事业效力，于是雅典人派遣了30艘战船，向拉科尼亚沿海的几个地方发动了海上攻击。于是，西西里远征对整个战争产生了重大影响，因为雅典人"以最明目张胆的方式违反了与斯巴达人的和约"（6.105.1）。

与此同时，古利普斯和科林斯海军将领皮森各自指挥 2 艘伯罗奔尼撒战船前往西西里岛。他们以为雅典人已经完成了对叙拉古的合围，但到了意大利南部的洛克里之后，他们得知了真相，于是前去援救叙拉古。他们先驶往希麦拉，以避开雅典舰队。尼基阿斯得知伯罗奔尼撒人抵达洛克里之后，决定派遣 4 艘战船去拦截他们，但为时已晚。希麦拉人加入了伯罗奔尼撒远征军，为其船员提供了武器。塞利农特和杰拉提供了更多的援助。西库尔人也改换了阵营，因为他们的亲雅典国王驾崩了，而且古利普斯的热情说服了他们。古利普斯动身前往叙拉古的时候，已经手握一支有约 3000 名步兵和 200 名骑兵的部队了。

援军抵达叙拉古

更多援军已经出发。科林斯人及其盟友派出了 11 艘三列桨座战船。其中一艘战船在科林斯将军冈吉鲁斯的指挥下溜过了雅典人的封锁线，抵达了叙拉古。此时古利普斯还在陆路行军，尚未抵达。冈吉鲁斯来得正是时候，因为叙拉古人正打算投降。他说服他们不要举行决定投降的公民大会，告诉他们更多船只正赶来救援，而且斯巴达人古利普斯即将前来指挥作战。毫无疑问，这个消息振奋了叙拉古人，他们决定改变计划，派遣全军去迎接斯巴达将军。

古利普斯从西面进逼爱皮波莱，通过了欧里耶鲁斯隘道，也就是雅典人走的那条路线，所以我们很难理解雅典人为什么没有派兵驻守欧里耶鲁斯隘道。古利普斯在千钧一发之际赶到了，此时雅典人即将修好他们通往大港的两道壁垒，只需要完成靠近海边的一小段即可。"通向特洛吉鲁斯和其他海中礁岩的大部分壁垒已经完工了，有些部分完成了一半，而其他部分已经竣工。叙拉古距危险只有一步之遥。"（7.2.4）

在雅典人的围城防线之外，古利普斯傲慢地提出，如果雅典人在五天之内离开西西里岛，他就同意停战。雅典人懒得理他，但叙拉古人一定对古利普斯的大胆肃然起敬。但是，不管古利普斯多么虚张声势，他的部队纪律涣散、缺乏训练。两军排兵布阵的时候，古利普斯发现己方士兵稀里糊涂、秩序混乱，若雅典人发动突然袭击就大事不妙了。如果古利普斯在这个时刻失败，斯巴达新将军的声誉就完蛋了，叙拉古人会更加灰心丧气。但是，尼基阿斯不是能够把握住机会的人。古利普斯率军撤往乡间开阔地带时，尼基阿斯放过了追击他的机会，留在原地。

次日，古利普斯发动了攻势，佯攻雅典人的壁垒，同时派遣另一支部队去爱皮波莱（雅典人在那里还没有修建好壁垒）和拉布达隆的雅典要塞。他占领了这座要塞，缴获了其中的全部物资，并杀死了所有留在那里的雅典人。尼基阿斯竟然没有派兵保护好这座要塞、补给站和金库，这实在是个可怕的错误。古利普斯继续利用尼基阿斯的另一个错误。尼基阿斯理应尽快完成包围叙拉古的防线，因为仅仅海上封锁是不足以孤立这座城市的，但他在完成爱皮波莱的北段单层壁垒（从环形要塞通往特洛吉鲁斯）之前，竟然先去建造通往大海的南段双层壁垒。虽然在南段修建第二道壁垒能够提供更好的防护，但既然北段壁垒尚未竣工，尼基阿斯就不应当在南段投入这么多时间和人力。古利普斯开始建造自己的壁垒，切断了雅典北上通往特洛吉鲁斯的壁垒。

尼基阿斯转往普利姆米利昂

　　但到此时，尼基阿斯已经放弃了所有征服叙拉古的计划。他病痛缠身，并且首次遭遇英勇坚定且咄咄逼人的对手，他目前主要担心的是军队安全和撤离西西里岛。他没有及时阻止古利普斯建造壁垒并建好雅典通往特洛吉鲁斯的壁垒，反而决定在普利姆米利昂（位于大港入口以南）建造三座新要塞，作为自己新的海军基地和物资储存点，以取代拉布达隆。但普利姆米利昂这个地点有一些缺陷：水源和取暖木材离普利姆米利昂较远，因此被派去搜罗这些资源的雅典巡逻队很容易遭到叙拉古骑兵的袭击。叙拉古骑兵在宙斯神庙附近建立了一个基地，从那里袭击雅典人。"尤其是由于这些原因，从那时起，雅典船员们的处境开始恶化。"（7.4.6）

　　转移到普利姆米利昂也分散了尼基阿斯的兵力，这是非常危险的。爱皮波莱高地上的主力部队远离补给物资，敌人可以随时进攻普利姆米利昂的要塞，迫使爱皮波莱的主力部队不得不下来援救普利姆米利昂。尼基阿斯对他的新战术提不出有说服力的辩护，这反映了他的目标与战略发生了根本性变化。因为拉布达隆的丢失切断了雅典人走陆路向北撤退的路线，所以尼基阿斯将部队转往普利姆米利昂，将其作为最安全的基地，因为从那里可以走海路逃跑。直到雅典军队在普利姆米利昂安顿下来，他才派遣了 20 艘战船去拦截正从意大利逼近西西里岛的科林斯舰队。

　　与此同时，古利普斯继续建造壁垒，利用了雅典人为建造壁垒准备的石料。他定期向雅典人发起挑战，因为他深知决定战局的将是面对面交战，而不是建造壁垒的竞赛。他正确地判断出尼基阿斯不愿意卷入任何武装冲突。雅典将军的怯战打击了雅典士兵的斗志，而鼓舞了敌人。但古利普斯为第一场交战选择的地形不利于发挥他的骑兵优势，他被打败了，因此形势转为对他极为不利。他将此次失败的责任揽到自己身上，并向叙拉古人保证，他们绝对不比雅典人差。他很快将亲自带领他们作战，以证明这一点。就这样，他赢得了叙拉古人的尊重和忠诚。

古利普斯的壁垒与雅典通往特洛吉鲁斯的壁垒终于相交时，出现了一个新的机遇。尼基阿斯此时必须出战，否则包围叙拉古的全部工程就会前功尽弃。此次交战发生在开阔地上，古利普斯的骑兵和标枪兵对雅典重步兵有很大优势。骑兵起到了决定性作用，将位置暴露的雅典左翼逐退，导致雅典军队普遍溃败，雅典人拼命逃到环形要塞的安全处才避免了全军覆灭。此次战役给古利普斯带来了极大的战略胜利：叙拉古人的壁垒穿透了雅典人的围城防线。

当雅典人将注意力集中在爱皮波莱高地时，科林斯舰队在爱拉辛尼德斯的指挥下安然无恙地驶入叙拉古港口。这支舰队为古利普斯增加了2000多人，有助于完成壁垒，或许还能将壁垒扩建到围绕整个爱皮波莱，将爱皮波莱的雅典人孤立在那里，切断他们与平原和北面大海之间的联系。雅典人以现有兵力包围叙拉古并以饥饿迫使其投降的全部希望被彻底粉碎了。

有才干且干劲十足的古利普斯在欧里耶鲁斯隘道建造了一座要塞，在那里部署了600名叙拉古人，以守卫通往爱皮波莱的道路，并将叙拉古人及其盟军安置在爱皮波莱高地上的三座营地内。随后他乘胜巡视了西西里岛，征募中立群体并获取盟友的帮助，这些盟友在雅典人似乎必胜无疑的时候都退缩了回去。他还派人去斯巴达和科林斯要求增援船只和兵员。尽管雅典人仍然掌握制海权，但古利普斯的胜利给了叙拉古人在海上的斗志和勇气，他们开始训练水手，准备与强大的雅典舰队交战。

尼基阿斯给雅典的信

到夏末，尼基阿斯相信雅典远征军处于极大的危险之中，必须撤退或者得到大力增援。他当然更愿意撤退，因为他从一开始就不主张发动远征，对其前景也没有信心，况且近期的局势也令人沮丧。作为三位司令中仅存的一位，他拥有雅典公民大会授予三位司令的全部权力，所以他有权下令撤退，并且雅典海军主宰大海，一定能够安全返回。

但他仍然没有放弃远征，因为如果那样做，就会给他带来耻辱，甚至更糟糕的后果。在远征西西里岛之前，尼基阿斯的履历十分光彩，获得过许多胜利，未尝败绩，但若是两手空空地撤离西西里岛，就注定会被认为是一场失败。在整个战争期间，雅典人对辜负了他们期望的将军抱有严苛的态度，就连伟大的伯里克利也曾因政策和战略的结果令民众失望而遭到羞辱和惩罚。雅典人民审判了两位经历漫长且代价高昂的围城战后终于占领波提狄亚的将军，因为他们与波提狄亚缔结的和约被公民大会认为对雅典不利。前424年缔结《杰拉和约》（雅典人此后放弃了他们的第一次西西里远征）的将军索福克勒斯、皮索多鲁斯和欧律墨冬也被判犯有受贿罪。但修昔底德告诉我们，这三位将军实际上是因为表现不佳而被处罚的。欧律墨冬只判处罚金，但另外两人被流放了。同一年，修昔底德自己也因安菲波利斯陷落而被放逐。

尼基阿斯确信自己返回雅典之后一定会遭到严厉批评，因为斯巴达和科林斯军队在西西里岛发挥重要作用的消息一定会让雅典人大吃一惊；他们也不大可能会相信，尼基阿斯之所以撤军，是因为他们强大的远征军陷入了险境。此次远征中许多满腹怨气的老兵一定会抱怨，尽管他们的舰队并未战败，仍然掌握制海权，而且陆军仍然完好，尼基阿斯却下令撤退。尼基阿斯的错误、延误和粗心一定会被人们知晓，进而成为讨论的主要话题。在没有得到雅典公民大会事先批准的情况下命令撤退，尼基阿斯以毕生心血培植的声望就有毁于一旦的风险，更不要说他自己的财产甚至生命了。

于是他又一次尝试狡黠的欺骗手段。他的正式报告于前414年秋季送抵雅典，还附有一封致公民大会的信。信中讲到了雅典人遭受的挫折（但没有讨论原因），并描述了当前局势：雅典远征军已经停止攻打叙拉古，转入守势；古利普斯在招兵买马，打算海陆并进地攻击雅典人；雅典远征军的处境已经举步维艰。他没有批评自己的指挥表现，解释说由于作战时间太长和封锁战的要求，船只和水手始终待在海上，作战状态不佳。敌人不需要维持封锁线，所以可以轻松地将船只拖上岸检修保养，并训练水手。但如果雅典人放松了戒备，他们的补给线就会被切断，因为所有补给物资都必须走海路从意大利途经叙拉古运来。雅典人在西西里岛的运气发生逆转，还遭到了其他麻烦。离开营地去搜寻饮水、木柴和草料的水手常遭到敌人骑兵的攻击而丧命。奴隶、雇佣兵和志愿者纷纷逃离，因此缺乏有经验的桨手，导致雅典舰队丧失了它一贯的战术优势。尼基阿斯警告说，他们在意大利的盟友很快就会觉得叙拉古人可能得胜，进而停止为雅典舰队提供粮食，那样的话这次远征就彻底完蛋了。他强调说，所有这些问题都不是将军或部队的错。雅典人"必须允许军队撤离西西里岛，或者增援一支同样强大的军队，包括步兵和舰船，以及大量资金"（7. 15）。他还以患病为由请求辞职。他坚持说，不管公民大会如何打算，都必须在西西里岛敌人变得更强大之前尽早决断。

　　尼基阿斯的信将形势描绘得比实际情况更糟糕。雅典人实际上仍然掌握海上优势，也没有充分的证据表明他们很快就会缺乏补给。他将雅典人的挫败解释为命运作祟，这更不准确。形势恶劣的主要原因是尼基阿斯自己的懒散、自负和粗心。他竟放纵叙拉古从投降的边缘迅速恢复了斗志、抢夺了主动权并且看到胜利前景。他未能拦截古利普斯小得可怜的船队，让他们溜过了封锁线。他没有保护好通往爱皮波莱的道路，而且在北段壁垒尚未完工时，浪费了大量时间去建造高地以南通往海边的双道壁垒和普利姆米利昂的三座要塞。他没有保护好拉布达隆的补给站和金库，导致被敌人占领。他未能阻止科林斯舰队抵达叙拉古，还将自己的舰队转移到了普利姆米利昂无险可守的位置。雅典海军状态不佳不是不可避免的，是尼基阿斯的疏忽造成的：他完全可以在古利普斯抵达之前的几个月里将船只轮流拖上岸干燥保养。即便真的有雅典水手死亡和逃离，也是因为他们的船只被部署在普利姆米利昂这个糟糕地点。

　　尼基阿斯这封言辞乏力、自我辩解但欲盖弥彰的信的真实目的在于劝说公民大会下令远征军撤退。如果公民大会拒绝做这个决定，他也希望自己能够体面地辞职，由他人接替。如果他诚实地承认胜利的希望极其渺茫，那么雅典人或许会同意撤军。如果他仅仅解释说自己身体太糟糕，无法胜任，那么雅典人或许会将他召回，另择身体健康的将军去指挥作战。但是他没有这么做，反而给了雅典人两个选项。他过于关心自己的名誉和利益，于是要求雅典人要么按照他的建议撤军，要么派遣第二支远征军，并且要和第一支同样强大。尼基阿斯似乎在故伎重演，当初他为了阻止远征就用了类似的伎俩，误以为雅典人会不愿意投入如此巨大的资源。尼基阿斯显然没有从经验中吸取教训。

雅典人的回应

雅典人又一次与尼基阿斯的期望背道而驰，投票决定派遣第二支舰队和陆军，同时不准他辞职。他们还临时指派米南德和欧西德莫斯（他们此时已经在叙拉古前线）为尼基阿斯的同僚将军。第二支远征军的指挥官是德摩斯梯尼（斯法克特里亚岛战役的英雄）和欧律墨冬（他曾在前427～前424年指挥远征西西里岛的雅典军队）。这两人与尼基阿斯会师后将与他共同承担指挥责任。欧律墨冬率领10艘战船，携带120塔兰同白银立即动身前往西西里岛，并带去振奋人心的消息：德摩斯梯尼将率领更多部队随后赶到。

雅典人的这个决定只能让人惊愕。原先主张远征的人做出的承诺和期望大多被事实证明是没有根据的，而反对远征的人提出的意见则被证明是有道理的。意大利人和西西里人并没有欢呼雀跃地大批加入雅典阵营，伯罗奔尼撒人已经插手西西里岛战事，叙拉古人则士气大振并坚持抵抗。我们或许会期待雅典人应当已经觉得自己上了乐观者的当，应当认同那些质疑远征人士的智慧，并召回远征军及其悲观而疾病缠身的司令。

大多数历史学家同意修昔底德的意见，认为西西里岛战役之所以持续下去，是由于雅典直接民主制政权的贪婪、无知和愚蠢。历史学家常常认为雅典民主政权反复无常且优柔寡断，但雅典人这一次的表现却恰恰相反。尽管遇到了挫折和失望，他们仍然打算将已经开头的事情做到底，表现出了坚韧和决心。事实上，不仅是民主制国家，任何政体的强国都会犯这样的错误。强国在预计敌人虚弱且不堪一击，却出乎意料地被弱国挫败时，往往会犯下这样的错误。它们可能认为撤退会损害自己的威望，会让世人质疑它们的力量和决心，进而会威胁它们的安全。对类似西西里岛战役这般冒险的支持一般会维持很强的力度，直到胜利的希望彻底消失。

　　但雅典人为什么坚持让患病且灰心丧气的尼基阿斯继续指挥战斗？原因可能是雅典人对这位将军抱有独特的尊重。这种尊重不是对伯里克利的非凡想象力和雄辩天才的敬畏，伯里克利的聪明才智似乎总是能够设计出一个计划或者构建一种计谋，来应对任何挑战，然后非常有说服力地向群众解释。雅典人民在尼基阿斯身上看重的是他的性格、生活方式，以及始终与他相伴的成功和好运气。他非常有代表性的特点是，他努力效仿传统贵族政治家的尊贵仪态，但没有贵族令人生厌的傲慢。"他的尊严不是严峻而令人讨厌的那种，而是混合了一定程度的审慎；他赢得了群众的支持，因为他似乎畏惧他们。"奇怪的是，他拙劣的辩论技能却为他赢得了群众的同情："在政治生活中，他的怯懦……甚至使他像是一位广受爱戴的民主派人士。"（Plutarch，*Nicias* 2.3–4）

　　他曾在科林斯附近打赢了一场战役。战后，他发现自己没有注意到两名雅典士兵的遗体，未能将他们埋葬。请求敌人允许自己安葬死者是承认失败的象征，但尼基阿斯还是回去向敌人提出请求，而不是让己方将士的遗体无人照管，因为那将是渎神的恶行。普鲁塔克说："他宁愿放弃胜利的荣耀与光辉，也不愿意让两名公民暴尸荒野。"（*Nicias* 6.4）普鲁塔克批评尼基阿斯总是非常小心地选择耗时最短、最轻松、最容易成功和最安全的任务，他的这个批评或许是正确的，但雅典人只记得尼基阿斯从来没有战败过，他的合唱队在狄俄倪索斯节的戏剧竞赛中也不曾失败。甚至他的名字（Nicias）也与希腊语中的"胜利"（nike）有关联。

因此，不足为奇的是，在亵渎秘仪和破坏赫耳墨斯神像的渎神罪行发生不到两年之后，雅典人不肯让最受诸神恩宠的人离职，他就是雅典人的胜利吉祥物。他生病了，也会痊愈；在此期间，健康而活力充沛的同僚可以协助他。他凭借原先的远征军已经几乎成功占领了叙拉古；有了增援部队和精明强干的同僚之后，他的本领和好运气一定能够帮助他很快取胜。

第二十四章
围城者被围（前414～前413年）

斯巴达发动攻势

在雅典人被西西里岛事务缠身的同时，斯巴达人正在准备结束令人神经紧绷的虚假和平。当前局势中两个重大的实际变化促使他们继续开展战争，入侵阿提卡，并在雅典本土建造一座永久性要塞。第一个实际变化是西西里岛战略平衡的变化，雅典人此时已经快要输给叙拉古人了。雅典人没有立即让他们的大舰队撤退，以便回国作战，反而向西西里岛战役投入了更多资源和力量。第二个关键事件是雅典人决定向斯巴达领土发动报复性袭击。近段时间以来，雅典人在伯罗奔尼撒半岛周边发动了许多袭击，但他们一直避免进攻拉科尼亚本土。斯巴达人没有将这些恼人的袭击视为违反和约，但在前414年夏季，雅典人攻击了拉科尼亚沿海地区，极大地改变了局势。他们的这些行动"以最明目张胆的方式违反了与斯巴达人的和约"（6.105.1），并帮助斯巴达人摆脱了自战争爆发以来一直纠缠着他们的内疚。斯巴达人深知，战争的导火索是他们的盟友底比斯人违反停战协定并进攻普拉蒂亚，斯巴达人在前432～前431年拒绝接受仲裁也是不对的，而且他们还违背了自己的誓言，违反了《三十年和约》。"由

于这些原因，他们相信自己遇到厄运也是活该，这厄运指的是他们在皮洛斯遭遇的灾难和其他灾祸。"（7. 18. 2）

但如今是雅典人违反了和约，背弃了誓言。前几年，雅典人在伯罗奔尼撒半岛与盟友并肩作战时，斯巴达人请求以仲裁解决纠纷，是雅典人悍然拒绝。"因此，在这个时候，斯巴达人觉得虽然之前是他们自己违反了和约，但如今罪责在雅典人那边，所以他们热切希望开战。"（7. 18. 3）

狄凯里亚的要塞

前 413 年 3 月，阿基斯二世国王率军蹂躏了阿提卡，此时他还开始在狄凯里亚镇（位于雅典东北约 14 英里处，距玻俄提亚差不多也有 14 英里）附近居高临下的山丘上设防和驻军。此举对雅典人造成了前所未有的压力，因为斯巴达人之前的历次入侵均不超过四十天，最短的一次仅有十五天。但自此之后，雅典城与城外房舍和农田就被完全隔断了。"雅典不再是一座城市，而是一座驻军要塞。"（7. 28. 1）不分昼夜，各个年龄层的士兵轮流站岗，警戒斯巴达人的进攻。这种高度戒备状态一直持续到战争结束，不分寒暑。每天都有雅典骑兵出击遏制斯巴达人，这使雅典人困马乏。雅典需要骑兵保卫城市，因此无法向急需骑兵的西西里岛前线投入骑兵。

在多个方面，斯巴达人占领狄凯里亚的行动与雅典人占领皮洛斯颇有相似之处。例如，在斯巴达人占领狄凯里亚后的第一年，有约 2 万名奴隶从雅典逃亡，其中很多人是从劳里昂银矿逃走的，因此雅典人也丧失了这些银矿的收入。此外，牛群和役畜也被伯罗奔尼撒军队掳走。底比斯人与斯巴达人一同袭掠阿提卡。底比斯是斯巴达所有盟友中最擅长抓住机会也最热衷于掠夺雅典财产的一个。前 4 世纪的一位史学家告诉我们，底比斯人"以低价收购了战俘和所有其他战利品，而且因为他们居住在邻国，所以也将阿提卡的建筑材料，包括房屋的木料和砖瓦等，全都运到了自己国内"（*Hellenica Oxyrhynchia* 12.4）。

在狄凯里亚驻防的斯巴达人还封锁了途经奥罗浦斯去往优卑亚岛的陆路通道。自战争爆发以来，雅典的大多数牲畜都被赶到优卑亚岛放牧，雅典人还从优卑亚岛获得了一些关键的补给物资，此外优卑亚岛还是某些出口商品的重要集散地。狄凯里亚被占领后，雅典人不得不依靠较远的绕过苏尼昂海岬的海路接收和输送物资，这条路线的运输成本较高。这一切都对雅典造成了很大的压力。

资金短缺引发了整个战争期间最恐怖的一起暴行。雅典人在为西西里岛前线集结增援部队时，从色雷斯雇用了一些专业的轻装部队。但 1300 名手执刀剑的蛮族士兵抵达雅典的时候，为时已晚，无法参加西西里岛作战。为了节约金钱，雅典人让他们回国，并派遣一个名叫狄爱特雷菲斯的雅典指挥官担任他们的向导。狄爱特雷菲斯得到的命令是，利用这些部队在沿途尽可能地给敌人造成破坏。一天黎明，他们攻击了玻俄提亚的小镇米卡列苏斯，此地的居民手无寸铁。"色雷斯人冲进米卡列苏斯，洗劫了那里的房屋和神庙，屠戮那里的居民，不分老少，见人就杀，连妇孺也不放过，甚至杀死了牲畜，凡是活的东西都被他们杀掉了。"（7.29.4）他们还袭击了一所男童学校："孩子们刚刚进来，他们就将孩子们全部杀死。"（7.29.5）

双方的增援部队

在雅典人准备加强西西里岛军力的同时，古利普斯的成功也说服了伯罗奔尼撒人向西西里岛派遣更多部队。他们打算派去三支队伍。第一支由 600 名黑劳士和解放黑劳士组成，指挥官是斯巴达将军爱克里图斯。第二支包括 300 名玻俄提亚人，由他们自己的将军指挥，将从南方的泰纳鲁姆海岬①出发，一同渡海。第三支部队是 700 名重步兵，由科林斯人、西锡安人和阿卡狄亚雇佣兵组成，将渡过科林斯湾，从纳夫帕克托斯的雅典基地经过，由 25 艘科林斯三列桨座战船护航。

与此同时，在雅典，欧律墨冬带着资金和一支小部队出发了，而德摩斯梯尼则在准备增援部队的主力。前 413 年初春，两支舰队分别在卡里克利斯和德摩斯梯尼的领导下从比雷埃夫斯起航；他们没有直接驶向西西里岛，而是在阿尔戈斯人的配合下攻击了拉科尼亚。他们的主要目标是基西拉岛对岸的一个海角，他们在那里登陆，并在地峡处建造了防御工事。这个基地将承担皮洛斯在伯罗奔尼撒半岛西部扮演的角色，即接纳逃亡黑劳士的庇护所和袭掠拉科尼亚的出发阵地。但这个新基地离美塞尼亚太远，所以吸引不到多少逃亡黑劳士，而雅典人从未从那里发起过攻击，于是他们在次年放弃了这个基地。

卡里克利斯返回了雅典，但德摩斯梯尼沿着海岸航行去往西西里岛，给科林斯人制造了一些麻烦，并在沿途招兵买马。在阿卡纳尼亚，德摩斯梯尼遇见了欧律墨冬，后者告诉他雅典人受挫，需要尽快派去增援部队。但在他们起航之前，在纳夫

---

① 今称马塔潘角，是伯罗奔尼撒半岛和希腊本土的最南端。

帕克托斯的雅典海军将领科农来了，他抱怨称自己手里只有
18 艘三列桨座战船，因此没办法与科林斯 25 艘战船的护航舰
队对抗。科农后来证明自己是希腊最伟大的海军将领之一，所
以他此刻的犹豫说明纳夫帕克托斯船只的水手和桨手素质不
高，因为最优秀的人员已经被送往西西里岛了，或者在赶往西
西里岛的援军当中。为了帮助科农，德摩斯梯尼和欧律墨冬将
自己最好的船只留给了他，然后匆匆赶往西西里岛。

普利姆米利昂陷落

　　尽管古利普斯赢得了一系列重要胜利，但一支新的雅典大
军在西西里岛登陆还是很可能让他的成绩付之东流。叙拉古人
已经承担着多达 7000 名外籍士兵的军饷，因此缺乏资金，而
雅典人的封锁虽不严密，却也成功掐断了叙拉古公民的财源，
并阻断了为叙拉古国库提供重要关税收入的贸易。此外，建
造、装配战船并配备人员的开支对叙拉古人来说也是额外的负
担，因为没有海外殖民地为其提供维持舰队的资金，而且他们
的盟友也拿不出钱来。因此，雅典增援部队的到来很可能促使
叙拉古人又一次开始考虑投降。

　　于是，古利普斯迅速开始打击雅典人最薄弱的环节，即普
利姆米利昂。他计划发动一次海上佯攻，以掩护针对敌人基地
的陆地攻势。要让叙拉古人去对抗令人生畏的雅典海军（虽
然仅仅是为了调虎离山），古利普斯需要仰仗赫莫克拉提斯的
帮助。赫莫克拉提斯已经不再担任公职，但仍然是个有影响力
的人物。赫莫克拉提斯的雄辩说服了叙拉古人，他们热情地登
船准备作战。在夜色的掩护下，古利普斯率军开往普利姆米利
昂。与此同时，80 艘叙拉古三列桨座战船从海上逼近普利姆

米利昂的不同地点。

雅典舰队迅速做出反应，投入了 60 艘三列桨座战船，虽然数量不如敌人，但仍然与敌人打得难解难分。然而，陆地上的局势就不同了。因为雅典陆军不知道敌人在逼近，只是在岸上观看海战。破晓时分，古利普斯攻击了防守松懈的三座雅典要塞，将其全部占领，尽管有许多雅典士兵逃之夭夭。与此同时，雅典海军的优势体现了出来，叙拉古战船误击了友军，"将胜利拱手让给雅典人"（7.23.3）。雅典人击沉了 11 艘敌船，自己仅损失 3 艘，夺回了制海权。但他们蒙受了不少伤亡，而且他们在要塞内的粮食和海军补给物资（40 艘三列桨座战船的船帆和索具，以及 3 艘停放在岸上的三列桨座战船）全被敌人缴获了。对雅典人来说，普利姆米利昂失陷在战略上的代价甚至更为沉重。雅典人再也不能获取补给物资，"普利姆米利昂的失陷令雅典军队惊慌失措、灰心丧气"（7.24.3）。

叙拉古人将自己的胜利喜讯送到他们的伯罗奔尼撒朋友那里，请求他们加强对雅典的作战，并派遣一支舰队到意大利，以切断雅典的补给线。他们还在西西里全岛宣扬了普利姆米利昂的陷落，并利用来自科林斯、斯巴达和安布拉基亚的使者来增强宣传的公信力。他们的努力取得了极大成功，因为"几乎整个西西里岛……那些之前旁观的人，现在都加入他们，前来支持他们，共同反对雅典人"（7.33.1–2）。

大港的战斗

叙拉古人征募了一支由西西里岛希腊人组成的军队，去讨伐在叙拉古的雅典人。但他们没走多远就遭到了尼基阿斯的伏击，于是叙拉古人抢在雅典增援部队抵达之前从陆路袭击雅典人的希望破灭了。因此，叙拉古人需要在海上取得一场胜利。科林斯湾最近传来的消息增加了他们成功的希望。此时在纳夫帕克托斯的雅典人指挥官狄菲卢斯拥有 33 艘战船，而科林斯指挥官波利安提斯掌握着 30 艘。为了克服雅典人在经验和训练上的一贯优势，波利安提斯对他的三列桨座战船做了一个小而重要的修改，以便运用新战术。他在每艘三列桨座战船的船首安装了一块横木，从船首两侧突出，就像现代帆船上的吊锚架，可以从那里将船锚抛出去。在三列桨座战船上，吊锚架是舷外撑架的终端，舷外撑架被固定在船两侧的舷缘，而顶层桨手的木桨基座就固定在舷缘上。

　　在一般的海战中，三列桨座战船会避免迎头撞击对方，因为那样虽然能击伤敌船，但自己也会受损，己方未必能占到便宜。波利安提斯极大地加固了他的吊锚架，所以当雅典战船冲上来的时候，他的加固吊锚架能够击碎较为脆弱的雅典吊锚架，并将连接在己方吊锚架上的舷外撑架带出去，严重击伤雅典船只。在这场海战中，3 艘科林斯船只沉没，7 艘雅典船只被波利安提斯的新战术打得丧失战斗力。这场战斗没有产生决定性的结果，双方都建立了胜利纪念碑，但战略胜利属于伯罗奔尼撒人。雅典人未能歼灭敌军舰队，也未能彻底消灭敌军为西进商船和运兵船护航的能力。这是历史上第一次伯罗奔尼撒舰队与占据数量优势的雅典舰队对抗，最后打了个平手。如果在开阔的外海，并且雅典人有所防备的话，科林斯人的新战术未必能奏效。但在狭窄海域，而且雅典人毫无防备，于是新战术取得了成功。

　　科林斯湾的胜利鼓舞了叙拉古人，他们决定再一次挑战雅典舰队，这是一次复杂的海陆并进攻势的一部分。叙拉古战船也使用了加粗加厚的吊锚架，并在船内外都以梁木支撑。在叙拉古港口的狭窄空间里，雅典人既没有办法轻松突破叙拉古舰队的战线，也没有办法绕过它，所以叙拉古人的战术（用沉重的横梁撞击雅典船只较轻的木梁）应当能够取得成功。叙拉古人控制着大港周围的陆地（除了雅典要塞之间的一小段海岸线以及奥提伽岛①和普利姆米利昂之外），所以他们也控制着通往大港的道路（见地图 22）。正因如此，雅典人若是在那里落败，很可能就会大难临头，因为败退的船只无法靠岸，也无法从海路逃跑。雅典人此时已经得知伯罗奔尼撒人在科林斯湾迎头猛撞战术的功效，但他们对自己的海军优势十分自信，而且非常鄙视敌人的无能。因此，他们判断这种新战术不是敌人精心筹划的结果，只是偶然的无心之举，是素质低劣的伯罗奔尼撒舵手造成的。

在攻势的陆战方面，古利普斯率军进逼面向叙拉古城的雅典壁垒，而驻扎在宙斯神庙的叙拉古部队，包括重步兵、骑兵和轻装部队，则从相反方向逼近雅典壁垒。雅典人将注意力全部集中于防御壁垒，对叙拉古舰队的逼近毫无防备。有些雅典人奔向一段壁垒，有的冲向另一段，还有的匆匆赶往战船。他们最后成功投入了 75 艘战船，应付前来挑战的 80 艘敌船。第一天的战斗相持不下。次日没有发生交战，于是尼基阿斯利用这个间歇准备抵御新的进攻。雅典人在距岸边一段距离的水中

---

① 奥提伽岛是叙拉古的一个岛屿，又称为叙拉古老城，有许多历史建筑，尤其是精美的巴洛克建筑。奥提伽岛位于叙拉古的东端，由一条狭窄的水道与城市分开。荷马史诗在说到提洛的阿波罗时，说女神勒托停留在奥提伽岛，先生下了阿耳忒弥斯，然后阿耳忒弥斯帮助勒托穿过海洋，到达提洛岛，勒托在那里生下了阿波罗。

建造了木栅，插在水底沙子当中，用来保护被拖到岸上的船只。为了更好地保护撤出战斗的船只，尼基阿斯在木栅的每一个入口前停放了一艘商船，间隔200码。每艘商船载有一台吊车，其荷重物是沉重的金属块，形状像海豚。吊车可以将"海豚"投掷到追击过来的敌船上，将其击沉或使其丧失战斗力。

第三天，叙拉古人发动了进攻，这又演变成一场漫长的小规模冲突，直到最后叙拉古人撤退、上岸休息和用餐。商贩在岸上设立了食品市场，招待饥肠辘辘的水手。雅典人同样也上了岸，相信这一天的战斗应当是结束了。不料在雅典人吃饭的时候，叙拉古人突然又发动了一次袭击。疲惫、饥饿且措手不及的雅典人差点没能驾船出海。雅典指挥官确信，长期在海上机动和作战的压力将很快拖垮他们的水手，使其无力对抗养精蓄锐的叙拉古人。但在狭窄海域一字排开的敌军战船面前逃跑非常困难，也不安全。何况，雅典海军将领从来没有在遇到与己方兵力相当的敌人时拒绝应战，于是他们下令立即进攻。

叙拉古人使用了迎头猛击的战术和一些新招数。他们在甲板上载满了标枪兵，杀伤了许多雅典桨手。载着更多标枪兵的小船划到雅典三列桨座战船的桨座下方，杀死了更多桨手。这种不循常规的战术再加上双方水手身体状态的差距，使叙拉古人赢得了胜利。雅典人逃到商船和木栅之后的安全地带，才避免了灾祸。两艘追击得过于鲁莽和凶猛的叙拉古战船被"海豚"摧毁了。雅典人有7艘战船沉没，很多船只受损；许多雅典水手阵亡，还有很多人被俘。叙拉古人控制了大港，建立了胜利纪念碑。他们现在相信自己的海军实力已经超过了雅典人，很快在陆地上也能打败他们。于是叙拉古人开始为海陆两路攻势做准备。

第二支雅典舰队：德摩斯梯尼的计划

但是，叙拉古人没能高兴多久。因为大港战役过后不久，雅典的增援部队就在德摩斯梯尼和欧律墨冬的指挥下抵达了，军容十分威严齐整，这既有军事上的目的，也有心理意义。这支增援舰队"装饰布置得十分华丽壮美，武器的装点和三列桨座战船的旌旗……或许能震慑敌人"（Plutarch，*Nicias* 21.1）。这支舰队的规模和第一批远征军差不多，包括 73 艘战船，近5000 名重步兵，数量众多的标枪兵、投石手和弓箭手，以及为所有部队准备的补给物资。尽管斯巴达人在狄凯里亚要塞控制了阿提卡，雅典人还是派出了如此雄壮的增援部队，令叙拉古人震惊和胆寒，他们不知道自己城市的危险到何时才是头。

德摩斯梯尼对目前为止雅典人在西西里岛的行动做了研究，结论是只需一次突袭和围攻便能迫使叙拉古人在向伯罗奔尼撒半岛求援之前投降。他思路清晰、勇敢无畏，计划立刻弥补之前的错误。"他知道此时敌人最怕他，于是希望尽快利用敌人当前的恐慌"，立刻发动进攻（7.42.3）。

他坚信自己的舰队可以从海上封锁叙拉古城。最关键的任务是占领爱皮波莱高地上的叙拉古壁垒，正是这道壁垒使雅典人无法从陆路合围叙拉古城。虽然通往爱皮波莱的道路由令人生畏的斯巴达将军古利普斯把守，德摩斯梯尼仍然打算冒这个险，因为即便失败也比白白浪费雅典的资源和拿官兵的安全冒险要强。如果他能占领爱皮波莱，就能击败叙拉古，并有很大的胜算去控制西西里岛。即使他失败了，也可以率领远征军返航，来日再战。不管此役胜负，西西里岛战事都将结束，雅典远征军将大体完好地回国。

夜袭爱皮波莱

　　德摩斯梯尼对爱皮波莱高地上叙拉古壁垒的第一次正面进攻失败了，这表明白天的任何进攻都必然失败。他不受失败影响，依然头脑灵活，筹划了一次大胆的夜袭。8月初，他率领约1万名重装步兵和相同数量的轻装部队，在月亮升起之前的夜色掩护下，来到欧里耶鲁斯隘口，也就是高地西端。他们打得叙拉古驻军措手不及，占领了他们的要塞。逃脱的叙拉古士兵将消息传播出去：雅典人大举出动，到了高地上。但是，最先赶来救援的叙拉古精锐部队被迅速击溃。现在雅典人快速推进，扩大战果。先头部队开辟道路，第二支部队则快速奔向敌人的壁垒。守卫壁垒的叙拉古人抱头鼠窜，雅典人最终占领了壁垒，并将其部分拆毁。

　　古利普斯及其部队都被雅典人大胆而出其不意的战术惊呆了。他们尝试阻挡横冲直撞的雅典人，却被击退。雅典人继续在爱皮波莱高地上东进。雅典人过于急切地想要利用敌人的措手不及，不料自己的秩序却混乱起来，最后被一支玻俄提亚重步兵部队击溃了。这是整个战役的转折点，因为在一支雅典部队向西逃跑之后，全军都开始混乱起来。在昏暗的月光下，雅典人无法辨认向自己跑来的是敌是友。雪上加霜的是，将军们似乎没有在隘口安排任何人去指挥交通。不同的连队来到高地之后，发现有的雅典部队不受阻挡地向东猛冲，有的士兵则向欧里耶鲁斯方向败退，还有些人刚刚从隘口上到高地，没有开始行动。没有人告诉那些刚刚抵达高地的人，他们应当加入哪个群体。

　　叙拉古人高声呐喊和欢呼，更增添了混乱。叙拉古人渐渐感到胜利将属于他们，于是和盟友们（也属于多利亚部族）按照多利亚人的风俗，开始吟唱赞歌。从黑暗中呼啸而出的战斗口号令雅典人毛骨悚然。尽管雅典部队主要是伊奥尼亚人，但也包括重要的多利亚人队伍，如阿尔戈斯人和克基拉人；这些人也开始唱自己的赞歌，与敌人的赞歌无法区分，于是雅典人愈发恐惧，因此也更难辨敌友。"最后，他们陷入混乱，在战场的许多地方发生了误击友军的事情，朋友之间互相厮杀，公民同胞之间互相打斗；他们不仅张皇失措，甚至互相扭打起来，费了不少力气才分开。"（7.44.7）

雅典方面没有一个人像叙拉古人那样熟悉高地的地形地貌，那些最近才在德摩斯梯尼和欧律墨冬的指挥下抵达西西里岛的人对高地更是一无所知。在黑暗中，胜利变成了失败，前进变成了撤退，撤退变成了溃散。对地形的无知造成了灾难性后果。很多雅典士兵在逃跑时跳下了悬崖，粉身碎骨，且一定有很多人是意外坠落的。尼基阿斯部队的士兵较有经验，最终逃回了营地的安全处，但增援部队的新人则四处游荡，直到天亮后叙拉古骑兵将他们全部猎杀。此役是雅典人目前为止遭受的最严重灾难：2000 ~ 2500 人死亡。在叙拉古迅速取胜的希望破灭了。

撤退还是坚持？

为了攻打雅典人的要塞以获得最终胜利，春风得意的叙拉古人开始征募更多的西西里岛盟军。雅典人的士气则愈发低落。除了因为战败而沮丧之外，他们的营地位于沼泽地带，在西西里岛夏末暴发了疟疾和痢疾，使他们的精神更加委顿。"在他们看来，形势已经无比绝望。"（7.47.2）德摩斯梯尼主张趁着雅典人还掌握海军优势，尽快返航。"他说对雅典而言，打击已经在雅典领土建造要塞的敌人比打击叙拉古更有用，因为雅典再也不能轻松地制服叙拉古，而且继续攻城要消耗大量金钱，那也是无谓的。"（7.47.4）这是明智的建议，因为形势已经清楚地表明雅典人没有办法攻克爱皮波莱高地上的叙拉古壁垒，攻城也没有胜算，也不会有更多的增援部队。现在有必要止损，在令人失望的失败蜕变成灾难之前脱身。

尼基阿斯却不同意，这一定让德摩斯梯尼大吃一惊。尼基阿斯知道雅典人的处境不妙，但他自己还没有拿定主意，还不愿意坚决地选择撤退，因为他担心敌人在得知情况后会切断雅典人的退路。他还从自己的私人渠道获悉，敌人的处境或许比雅典人更艰难，因为掌握优势的雅典舰队仍然能够阻止敌人从海上向叙拉古输送补给物资。最让他心怀希望的是，据说叙拉古城内有一个群体仍然在鼓吹向雅典投降。尼基阿斯与这个群体有联系，他们持续敦促他坚持作战。

但这两个理由都不是很有说服力。即便海路被切断了，叙拉古还能从陆路获取补给物资，而希望叙拉古内奸与雅典里应外合更是异想天开。那些想要投降的叙拉古人没有得到充分的支持，而且在叙拉古近期的胜利之后，这些人不大可能得到更多人的支持。冈吉鲁斯和古利普斯的抵达已经终结了叙拉古投降的可能性。

在雅典将军们的辩论中，尼基阿斯克服了自己的踌躇不决，坚持留在西西里岛继续作战。他的论述旨在反驳德摩斯梯尼提出的强有力的经济考虑。尼基阿斯坚持认为，叙拉古人的处境比雅典人更糟糕；海军军费和数量众多的雇佣兵已经让叙拉古人耗费了 2000 塔兰同，他们不得不去借钱；为了给雇佣军支付军饷，他们的资金很快就会耗尽。

　　叙拉古人的确囊中羞涩，但他们的胜利一定能够使他们变得更值得信赖，让盟友和其他人愿意借钱给他们，帮助他们取得全胜。而且他们在本土拥有资金来源，在当前的紧急情况下可以增收税款。除非从海陆两路将叙拉古彻底封锁起来，否则它能够无限期地坚守下去，但雅典人已经没有机会将城市包围起来了。

　　尼基阿斯在演讲的剩余部分揭示了他的真实动机：他害怕回到雅典之后，他的士兵会转而反对他，让公民大会相信失败的责任全在他一人身上。士兵们会抱怨"他们的将军收了敌人的贿赂，背叛了官兵，不得不下令撤退。无论如何，他自己熟知雅典人的秉性，不愿意被雅典人以可耻的罪名处决。如果形势急迫，他更愿意冒险赌一把，死在敌人手里"（7.48.4）。

　　尽管德摩斯梯尼和欧律墨冬反对尼基阿斯继续留在西西里岛的意见，但米南德和欧西德莫斯（被选出来辅佐患病的尼基阿斯的两位军官）支持他们德高望重的司令，于是以多数票击败了德摩斯梯尼和欧律墨冬。在米南德和欧西德莫斯的支持下，尼基阿斯还驳回了德摩斯梯尼和欧律墨冬提出的妥协方案，即让雅典人至少撤离叙拉古城外的沼泽地，到萨普苏斯或卡塔那附近更卫生、更安全的地方扎营。从那里袭击西西里乡村，就地取食；离开叙拉古港口之后，他们还可以在开阔海域作战，那样的话叙拉古人的新战术就会失效，雅典人更丰富的海战技能和经验将给他们带来优势。尼基阿斯之所以拒绝这个提议，可能是因为他害怕一旦军队登船离开叙拉古港口之后，就再也没有办法把雅典人留在西西里岛了。

　　与此同时，古利普斯征募了一大群西西里人，并且得到了一支增援部队。这支增援部队包括600名伯罗奔尼撒重步兵、黑劳士和解放黑劳士。他们先前因为风暴而受阻，如今抵达了西西里岛，可以参加再次攻击雅典人的行动了。沼泽引发的疾病继续削减雅典军队的人数，消磨他们的斗志。尼基阿斯的态度也软化了，终于同意撤退。他唯一的要求是不举行公开投票以决定撤退，因为那样可能会走漏风声，让敌人知晓。雅典人逃生的道路此时仍然是敞开的。然而就在这时，命运、诸神或者偶然，干预了局势。

月　食

　　前 413 年 8 月 27 日夜间 9：41～10：30，发生了月全食。迷信的雅典人吓得魂飞魄散，士兵们认为这是神祇在警告他们，不要立刻起航。尼基阿斯咨询了一名占卜师，他建议雅典人等待"三九二十七天"再离开。但即便是轻信的人，对月食也可以做出不同的阐释。前 3 世纪的历史学家斐洛考鲁斯也是一位预言家，他给出的解释就截然不同："这个迹象对正在逃跑的人并非不吉，恰恰相反是大吉大利；因为恐惧时的行动需要隐秘，而光亮是隐秘行动的敌人。"（Plutarch, *Nicias* 23.8）指挥官若是希望逃跑，大可以设计和利用这种阐释，进而产生很好的效果。但是，尼基阿斯毫不质疑地接受了占卜师的说法，坚信这个征兆是不吉利的，众神要插手证实他的判断。他"拒绝继续讨论撤军事宜，而要按照占卜师的建议，先等三九二十七天"（7.50.4）。

　　雅典人的辩论和留在西西里岛的决定还是被泄露了。雅典逃兵告诉叙拉古人，雅典人正在计划起航回国，但因为月食耽搁了下来。为了阻止他们逃跑，叙拉古人决定立刻在叙拉古港口内迫使敌人再打一场海战。在雅典人耐心地遵从占卜师的指示等候之时，叙拉古人正在操练海军将士。不过他们的第一次攻击是在陆地上，他们从城内发起的突击将一队雅典重步兵和骑兵诱骗出了营地大门，进而将其击溃，迫使其撤退。主攻在次日发起。在叙拉古陆军攻击雅典要塞的同时，叙拉古海军派遣了76艘三列桨座战船去攻打雅典人的基地，雅典人派出了86艘战船迎战。

雅典人拥有数量优势，欧律墨冬的右翼战线比叙拉古的左翼要长，于是他下令机动包围敌人。他开始南下，奔向达斯孔外海的海湾，但似乎离岸边太近，无法全速前进。他还没来得及绕过敌军战线的一端，叙拉古人就突破了米南德指挥的雅典舰队中路战线。此时，科林斯海军将领皮森决定不追击在自己面前逃跑的雅典战船，而是向南加入对欧律墨冬的攻击。叙拉古人迫使雅典右翼退到岸边，摧毁了7艘战船，并杀死了欧律墨冬。这是此役的转折点，整个雅典舰队被击溃并向岸边败退，很多逃下船的人被困在己方防御栅栏之外，远离自己的壁垒保护范围。逃窜的雅典人将船停靠在岸边或者游上岸，遭到古利普斯的屠杀。叙拉古战船则将被抛弃的雅典三列桨座战船拖走。古利普斯部队企图攻克雅典营地时，遭到了雅典的伊特鲁里亚盟军出其不意的打击。伊特鲁里亚盟军得到雅典人的支援，成功地保住了大多数船只。即便如此，雅典人也损失了18艘三列桨座战船，船员全部遇难。

叙拉古人建立了纪念碑，宣扬自己在陆地和海洋的胜利。雅典人也建立了胜利纪念碑，纪念自己在海墙处成功击退古利普斯，但这是个可悲的姿态。雅典军队虽然得到了强大的增援部队，却仍然在陆地和海洋遭到重大失败。修昔底德相信雅典人犯了两个主要错误：他们不仅低估了叙拉古战船和骑兵的力量，还忽略了一个事实，即叙拉古是一个民主制国家，雅典很难打破叙拉古人的团结一致。如果要将雅典远征军的困境归咎于雅典公民大会（它投票决定派出庞大的远征军，后来又派出强大的增援部队），那就不太公平了，因为它的两次决定都是听从了尼基阿斯的建议。如果将雅典人的第二个错误归咎于公民大会，那同样也是错误的，因为没有证据表明公民大会曾寄希望于叙拉古发生革命或有内奸拱手将城池交给雅典人。只有尼基阿斯一个人抱有这样的想法，他未能及时封锁城市，而在与叙拉古内奸里应外合的希望破灭之后还对此痴痴幻想，因此给雅典人带来了不可避免的灾难。他们终于明白胜利是不可能的了。"即便此前不知道如何是好，他们也不曾想到自己的舰队居然也会战败。在此之后，他们就更迷惘了。"（7.55.2）他们现在唯一的希望就是逃跑。

第二十五章
战败与毁灭（前 413 年）

　　叙拉古人在港口取得的惊人胜利鼓舞了他们的斗志，他们决心不仅要保障自己城市的安全，还要彻底消灭雅典远征军，并解放所有被雅典统治的希腊人。他们相信这样的丰功伟业将给他们的城市带来荣耀和美誉："世界上其他人会无比仰慕他们，甚至后世也将敬仰他们。"（7.56.2）于是，他们开始将三列桨座战船和其他船只停泊在大港入口，将雅典舰队围堵在港内，并在己方船只上铺设木板，然后用铁链将船只锁起来。而雅典远征军要想逃回雅典，就需要他们自己的船只；唯一可行的逃跑路线是海路，所以雅典人决定努力从港口突围，不管这个任务有多么艰巨。

最后的海战

　　此时，准备为了自己的生存而奋力一搏的雅典舰队早已不是那支从比雷埃夫斯起航、仿佛去参加划船比赛的威武之师了，而变成一支凌乱涣散的队伍，看上去非常老式，船上装载了许多重步兵、标枪兵和弓箭手，打算用老旧的作战方式（依赖投射武器、用铁钩子抓住敌船和近距离肉搏战），而不是那种令雅典称霸四海的撞击战术。为了应付敌人用加强吊锚架迎头冲撞的战术，雅典人发明了"铁手"（抓钩）用来抓住正在攻击的敌船，使其撞击雅典船只的船首后无法后退。这样缠住敌船之后，雅典的许多步兵就可以在港口的封闭海域里占上风，而在这样的环境里，精妙的海战策略是没有用武之地的。但又有逃兵向敌人泄露了雅典人的策略，于是叙拉古人在船首和船体上方铺设了兽皮，使雅典人的抓钩不能发挥作用。

尼基阿斯负责指挥陆地部队，但他在向全军做了战前动员之后，又搭乘一艘小船，穿过雅典舰队，在每一艘三列桨座战船前停下，指名道姓地向每一位船长讲话，呼唤对方的名字、他父亲的名字和他所在部落的名字，并感召人们古老的家族观念。尼基阿斯讲完话之后，提醒大家是他们的家园为公民提供了自由；尼基阿斯并没有讲得特别高尚，而是"人们在每一个类似场合，用大体上相同的语言说到的东西，关于他们的妻儿和祖先神祇。但由于当前局势危急，这些话应当会有用"（7.69.2）。尼基阿斯虽然没有高贵的出身、聪颖的头脑和伯里克利的政治才干，但他凭借朴素而传统的风格与平易的态度仍然在民主制雅典有着自己的强大力量。

其他雅典将军率领舰队驶入海港，驶向港口的出口，他们希望从那里杀出一条血路。叙拉古人以一队战船守卫出口，并将其他船只部署在出口周边，摆开了阵势，时机成熟时就可以从各个方向一同攻击雅典舰队。西坎努斯和阿伽萨库斯指挥两翼，皮森统领中路。叙拉古步兵在港口岸边的大部分地段排兵布阵，而雅典人只占据着他们控制的一小块地盘。叙拉古战士们的亲眷已经占据了所有能看到战场的高处，就像一大群观众在楼座上观看体育竞赛一样。战斗就在这众目睽睽之下打响了。

雅典舰队驶向叙拉古人为了方便己方船只出入而在障碍物处留下的小缺口。雅典舰队的数量优势使它成功突破了这个缺口。当他们开始砍断封堵港口出口的船只之间的铁链时，剩余的叙拉古战船从各个方向发动了攻击，压迫着雅典人的侧翼和后方。在港口的封闭海面上，近 200 艘战船近距离厮杀起来，因为空间太小，无法使用冲撞战术。雅典人在多年的实践和海战中积攒了经验和技能，这是他们的优势。然而在这一天的战斗中，各种条件都阻止他们发挥出这些优势。雅典士兵向敌人射箭和投掷标枪，但他们之前总是在坚实的陆地上作战，而不是在快速移动、随波浪上下起伏的船上，因此射击和投掷的精准度很差。叙拉古人却在狡猾的科林斯指挥官阿里斯同（他在此役中阵亡）的建议下，向敌人投掷石块。对这场战斗而言，投掷石块更轻松，也更有效。战斗的大部分都是两军的海军士兵强行登上敌船，随后展开白刃战。由于空间狭小，有的船只正在攻击敌船的时候，自己的另一侧也遭到攻击或者登船。士兵们的呐喊声非常响亮，以至于桨手们听不清命令，也无法轻松地保持划桨的节拍，这使雅典人的另一项重要优势发挥不出来。过了一段时间之后，船长们的杀敌情绪越来越高涨，向部下呼喊鼓劲，这干扰了桨手们的划桨拍子。

双方士兵和叙拉古平民从岸上的不同地点目击了这场戏剧性的海战。随着战局变化，双方观众轮流欣喜或哀痛。这是一个扣人心弦且令人胆寒的场面，它的结果对观众们来说是至关重要的。最后叙拉古人击溃了雅典人，后者惊慌失措地逃到岸上，丢下了船只，逃回营地，寻找安全处。他们的秩序和士气已经瓦解，大多数人只想着保住自己的性命。他们甚至没有请求停战以掩埋己方死者，这个忽略着实令人震惊。他们不允许任何事情耽搁自己逃命，因为他们相信只有奇迹才能拯救他们。

　　有一个雅典人在这可怕的时刻保持了机智和冷静。德摩斯梯尼看到雅典人仍然拥有 60 艘可用的战船，而敌人只有不到 50 艘，于是建议收容残兵败将，第二天拂晓再次尝试突围。这个计划也许能成功，因为叙拉古人不会想到雅典人将再次突围；而且战斗人员的减少应当腾出了足够的空间，可以让雅典人发挥战术优势。尼基阿斯也被说服，同意做这样的努力。但这太晚了，因为士兵们的士气已经土崩瓦解。他们拒绝服从将军们发出的登船命令，坚持要求尝试从陆路逃跑。

最后的撤退

　　叙拉古人的纪律也瓦解了，不过是出于相反的原因：他们欢庆自己的胜利和得救，纵情豪饮狂欢，完全忘记了被击败的敌人。但是，还有一个叙拉古人在做战略上的思考。赫莫克拉提斯知道雅典人仍然是危险的对手，并认识到如果雅典人成功逃到西西里岛的另一个港口，就有可能恢复斗志，卷土重来，再次威胁叙拉古。他打算趁着自己还有机会，就在此时此地歼灭雅典军队，于是建议封锁叙拉古通往外界的道路和隘口。古利普斯表示同意，但他和其他将军认为，士兵们此刻正在狂欢，不大可能会服从命令。于是赫莫克拉提斯耍了一个花招。黄昏时分，他派了一些骑兵到雅典营地外。他们假装自己就是那些希望将城市交给尼基阿斯的叙拉古内奸，站在雅典营地一定距离之外，呼喊了几个事先选择的雅典人名字，敦促他们告诉尼基阿斯，在当夜撤退不安全，因为叙拉古人把守着道路。雅典人自己也害怕在夜间穿越敌境，所以他们可能已经得出了相同的结论，于是他们决定暂缓撤退。随后他们又停留了一天时间，让士兵们收拾行装，此时敌人已经有了充裕的时间来阻断雅典人的逃跑路线。

参加此次撤退的约有 4 万人，其中大约一半是军人，其他的则是非战斗人员。"这看上去像是整整一座城市的居民，而且还是一座相当大的城市，在遭到围攻之后偷偷溜走。"（7.75.4）雅典人因为没有掩埋战死的士兵，并且抛弃了伤病员（他们凄惨地呼唤亲友，在后者撤退时抱住他们的腿），而感到万般内疚和自责，这是严重的渎神行为。"军人们痛哭流涕、秩序混乱，没办法干脆利落地离去，尽管他们急需逃离敌境，而且他们已经忍受了令人悲恸的苦难，并且对将来未知的祸患忧心忡忡。"（7.75）

疲惫、患病且忍受着极大痛苦的尼基阿斯向士兵们讲话，希望鼓舞士气和化解他们的焦虑。他敦促他们不要因为失败和灾祸而自责，鼓励他们心存希望，他们的命运或许很快就会逆转。他提醒他们仍然是一支强大的军队："你们应当认识到不管你们在何处安顿下来，就会立刻形成一座城市，西西里岛没有任何一座城市能够轻松抵挡你们的进攻或者将你们驱逐出去，不管你们选择在哪里安营扎寨。"（7.77.4）因此，只要他们保持高昂的士气和良好的纪律，并秩序井然地快速行动，就还有得救的希望。"了解全部事实吧，士兵们，"尼基阿斯说道，"你们一定要勇敢，如果你们是懦夫，那么附近没有一个地方将是安全的避难所；如果你们现在从敌人手中逃走，那么你们所有人都有机会再一次看到你们最渴望的东西，而你们当中的雅典人将再一次振兴你们的城邦，不管它现在多么衰败。因为构成一座城邦的是人，而不是城墙或船只。"（7.77.7）

　　他们的第一个目的地是卡塔那，这座城市忠于雅典，将会欢迎雅典军队并为其提供补给物资，然后雅典人可以将卡塔那作为进一步行动的基地。去往卡塔那的道路通常需要绕过爱皮波莱，如果选择这条道路，雅典人将遭到叙拉古骑兵的攻击。于是雅典人计划沿着阿纳普斯河向西前进，在高地某处与友好的西库尔人会合，然后在某个合适地点转向北方的卡塔那。这样的行军路线在爱皮波莱以西很远的地方，能够远离叙拉古军队。尼基阿斯和德摩斯梯尼分别指挥一个空心方阵，将非战斗人员保护在方阵中间。在距叙拉古差不多 4 英里的地方，沿着阿纳普斯河的一个地点，他们突破了一支叙拉古人及其盟军的队伍，但叙拉古骑兵和轻装部队穷追不舍，不断袭击他们，并用雨点般的投射武器骚扰他们。次日上午，雅典人向西北方行进了约 2 英里，花了一整天寻找粮食和饮水。

　　克里米迪山阻挡了他们的去路，这是一片宽阔的高地，其末端是一座高高的悬崖，在叙拉古西北 8 英里处。雅典人希望通过一条大溪谷（今天的卡斯特卢乔采石场）翻越克里米迪山，然后前往卡塔那的安全地带。但这一次他们的耽搁又造成了恶果，因为叙拉古人有充足的时间在大溪谷上建造了一座壁垒，具体位置在当时所谓的阿克赖裸岩以东。在雅典人于次日上午出发时，叙拉古人及其盟军用骑兵和标枪兵发动进攻，迫使雅典人退回营地。随后的一天，他们企图强行攀登克里米迪山，攻击敌人的设防阵地和军队，但只前进到叙拉古人壁垒前方。标枪和箭矢从大溪谷两侧的高处如倾盆大雨一般向他们射来，雅典人再次被迫撤退。一场突如其来的暴风雨打乱了山地隘道上的雅典军队，这是一个危险而令人恐惧的事件，很多雅典人相信这是众神在对他们表示不满。在敌人投射武器的袭扰下，雅典人胆战心惊、精疲力竭，但没有办法休息，因为古利普斯已经在他们身后建造另一道壁垒。如果这道障碍完工，雅典人将被包围起来、当场歼灭，于是他们快速派遣了一支部队去阻止古利普斯完成壁垒，并将全军撤往平地上的营地，以远离叙拉古军队。

他们的新计划是沿着阿纳普斯河向西北方前进（克里米迪山在他们的右侧），然后前往卡塔那。在撤退的第五天，他们抵达了今天称为孔特拉达普利加的平地，叙拉古骑兵和标枪兵又一次冲到雅典军队的前方、侧翼和后方，避免与雅典重步兵直接交锋，在一段距离之外用投射武器攻击他们。叙拉古骑兵阻隔了雅典的一些落单士兵，并将他们杀死。如果雅典人发动进攻，叙拉古人就撤退；雅典人撤退的时候，叙拉古人就冲锋。他们集中力量攻击雅典人后方，希望使雅典部队的其余部分形成恐慌。雅典人打得很勇敢，纪律也不错，前进了超过半英里，随后被迫停下来扎营和休息。

尼基阿斯和德摩斯梯尼现在打算转向东南方的大海，沿着注入大海的河流之一，前往山区里的河流源头，在那里要么与西库尔人会合，要么选择一条更为迂回曲折的道路前往卡塔那。为了从叙拉古人身边溜走，雅典人点燃了尽可能多的营火，作为幌子，然后在夜色掩护下调头赶往海岸，奔向小镇卡西比莱。尼基阿斯率领先头部队穿过了令人胆寒的黑暗敌境，德摩斯梯尼率领剩余部队跟进。黎明时分，他们在海岸附近会合，前往卡基帕里斯河（今称卡西比莱河），打算沿着河岸进入内陆，与友好的西库尔人会合。叙拉古人再一次拦截了他们，但雅典人经过一番激战之后过了河，向南前往他们路途上的下一道河流——爱里纽斯河。

雅典人的命运

尼基阿斯在距爱里纽斯河不远处安营扎寨，德摩斯梯尼在他身后约 6 英里处。叙拉古人继续骚扰德摩斯梯尼的部队，拖慢了他的行军速度。来自克里米迪山营地的叙拉古主力部队，包括骑兵和轻装部队，于雅典人撤退的第六天中午前后抵达。他们在卡基帕里斯河以南不到 1 英里处切断了雅典人，将其包围在一座橄榄园内。橄榄园有围墙，两侧各有一条道路。叙拉古人可以从四面八方向雅典人射箭和投掷标枪。雅典人在整个下午蒙受了很大伤亡。古利普斯和叙拉古人企图分化敌人，于是准备劝降雅典人的盟军，许诺给他们自由。雅典的盟军中只有很少人投降，但当形势彻底无望之后，德摩斯梯尼终于按照如下条件投降了：如果雅典人交出武器，"就不会被暴力处死，也不会在战俘营里被折磨致死，更不会因为被剥夺生存必需品而死亡"（7. 82. 2）。叙拉古人俘虏了 6000 人，不到一周前开始撤退的 2 万名雅典军人现在只剩下这么多了。叙拉古人缴获的战利品铺满了四面盾牌。德摩斯梯尼企图拔剑自尽，但俘虏他的人阻止了他。

次日，叙拉古人追上了尼基阿斯，告诉他德摩斯梯尼已经投降，并命令他也举手投降。尼基阿斯提议让雅典支付这场战争的全部开支，而放他的军队一马，每 1 塔兰同军费以一名士兵为抵押。叙拉古人拒绝了，因为他们看到此时就是歼灭可憎敌人获得全胜的机会，不愿为了任何数量的金钱而丧失这个机会。他们包围了尼基阿斯的部队，用投射武器杀死了很多人，就像之前包围德摩斯梯尼部队那样。雅典人又一次企图在夜间逃跑，但这一次叙拉古人早有防备。不过，仍然有 300 名雅典人勇敢地成功突围，其他人则放弃了逃跑。

在撤退的第八天，尼基阿斯企图从重重包围他的敌人当中杀出一条血路，奔向下一道河流，即南面约 3 英里处的阿西纳鲁斯河。雅典人已经没有计划可言了，仅仅是盲目地横冲直撞，希望能够逃出一条性命，去河边喝水解渴。在投射武器肆虐、骑兵冲锋和重步兵攻击之下，他们抵达了阿西纳鲁斯河。每个人都狂奔过去，争先恐后地渡河，部队秩序早已土崩瓦解。军队变成了一群乱哄哄的乌合之众，堵塞了道路，使敌人能更轻松地阻止他们过河。"因为他们是一大群人，不得不拥挤着前进，不少人跌倒在地或者互相踩踏。有的人当场死亡，被己方的长矛刺死；其他人则被自己的装备和战友羁绊，被河水卷走。叙拉古人站在河对岸（河水很深），向下方的雅典人投掷标枪，大多数雅典人在浅水的河床处贪婪地喝水，乱七八糟地挤作一团。伯罗奔尼撒人也冲下来屠戮雅典人，尤其是那些在河里的人。河水立刻就被污染了，但雅典人仍然拼命喝水，尽管河水里夹杂着泥沙和血污。大多数人甚至为了争抢喝水而斗殴起来。"（7.84.3 - 5）

曾经雄壮的雅典大军在阿西纳鲁斯河遭到全歼。在整个战役中给雅典人造成极大麻烦的叙拉古骑兵杀死了少数成功渡河的人。尼基阿斯投降了，不过是向古利普斯投降的，因为他"更信任古利普斯，而不信任叙拉古人"（7.85.1）。直到这时，斯巴达指挥官才下令停止杀戮。尼基阿斯的部队只有约 1000 人幸存。其中有些人从阿西纳鲁斯河逃出，也有一些人在被俘之后逃脱，他们全都逃往了卡塔那。

得胜的叙拉古人抓获了大批俘虏，缴获了战利品，剥去了敌军死者身上的甲胄，将这些甲胄悬挂在河边最高最美的树上。他们为自己戴上了胜利花冠，装饰了战马。返回叙拉古之后，他们举行了公民大会，投票决定将雅典人的仆役及其帝国盟军卖为奴隶，而将雅典公民和他们的西西里岛希腊人同盟者关进叙拉古城的采石场。有人提议处死尼基阿斯和德摩斯梯尼，这引发了更多辩论。赫莫克拉提斯表示反对，他的理由很高尚，即对落败敌人开恩，但公民大会的呼喊声压过了他的声音。古利普斯的理由则更为务实：他想要获得将雅典将军们押回斯巴达的荣耀。德摩斯梯尼是他的死敌，因为德摩斯梯尼曾在皮洛斯和斯法克特里亚岛大败斯巴达人，而尼基阿斯是斯巴达的朋友，曾经主张释放斯法克特里亚岛的战俘，后来又和斯巴达议和结盟。但叙拉古人拒绝了他的请求，科林斯人也表示反对，最终公民大会投票决定将两名雅典将军处死。

对尼基阿斯的盖棺论定

修昔底德为尼基阿斯写了一份非同寻常的悼词："出于这个原因或者说与之非常类似的原因，他被杀死了；至少在我的时代，在所有希腊人当中，他最不应当落得这样极端的悲惨结局，因为他一生都奉行美德。"（7.86.5）雅典公民们的观点却不同。古文物研究者保萨尼亚斯①曾经在雅典公墓看到一座石碑，上面刻着所有在西西里岛战死的将军的名字，唯独没有尼基阿斯的名字。他从西西里岛史学家菲利斯托斯那里了解到

---

① 保萨尼亚斯，生活在公元 2 世纪罗马时代的希腊地理学家、旅行家，著有《希腊志》十卷，书中内容多为后世考古学发现所引证。生平不详，估计生于小亚细亚的一个城市。据学者推测，他到过希腊、马其顿、意大利、亚洲、非洲等地，约在 174 年定居于罗马，并在当地写成《希腊志》。书中详细记述多个希腊城市的环境、名胜、传说，以及城中所藏的艺术品，为后世研究者留下了珍贵的资料。

雅典人忽略尼基阿斯名字的原因："德摩斯梯尼为他的残余士兵缔结了停战协定，仅仅将自己排除在协定之外。他在企图自杀时被俘。尼基阿斯却是主动投降的。出于这个原因，尼基阿斯的名字没有被铭刻在石碑上：他被谴责为一个屈膝投降的人，是一个卑劣的军人。"（1.29.11－12）

目前，叙拉古人在他们的采石场里关押了超过7000名战俘，这些俘虏聚集在恶劣的环境中，白天被烈日炙烤，夜间被秋季冷风侵袭。每名战俘每天可以得到约半品脱①水和1品脱食物，这比斯法克特里亚岛上的斯巴达战俘得到的少得多。雅典战俘饱受饥渴之苦。他们因伤痛、疾病和风吹日晒而死，死尸被胡乱地撂在一起，产生了令人无法忍受的恶臭。七十天之后，除了雅典人、西西里岛希腊人和意大利希腊人之外，所有战俘都被变卖为奴。普鲁塔克讲了一个故事，有一些奴隶因为能够背诵欧里庇得斯的诗句而获得了自由，因为西西里人酷爱他的诗歌。但诗歌或其他任何东西都救不了仍然留在采石场的战俘，他们在那里被关押了八个月，直到全部死亡。我们推测没有人活得更久。

修昔底德称西西里远征为"战争期间最宏大的行动，而且至少据我所知，是希腊历史上前所未有的重大事件；此役对胜利者来说极其光荣，对失败者来说则是灭顶之灾。失败者方方面面都遭到惨败，他们遭受的苦难是非常可怕的。失败者被彻底歼灭，他们的军队、船只和一切都灰飞烟灭了，只有极少数人得以返乡"（7.87.5－6）。在大多数希腊人看来，战争差不多已经结束了。

---

① 1品脱约合568毫升。

　　对于这恐怖的灾难，谁是最终的罪魁祸首？亚西比德是西西里远征计划的始作俑者，但尼基阿斯起到了更为核心的作用。修昔底德认为，此次远征是缺乏指导和误入歧途的民主制的一大错误。他没有怪罪尼基阿斯，而是以最美好的语言赞颂他，尽管修昔底德的记述使读者对尼基阿斯产生了非常不好的印象。说到底，西西里远征最初只是一次小规模行动，风险很小，后来变成了大规模战役，让雅典人觉得征服西西里岛是完全办得到的，也是很安全的。之所以会发生这样的大转变，就是因为尼基阿斯失败的花招。他在列举战役所需兵力时，还犯了一个关键性的技术错误，即没有提及骑兵。

　　在西西里岛统率全军时，他昏着迭出，既有执迷不悟的主动犯错，也有因为粗心大意而酿成的错误，使远征陷入毁灭深渊。他耽搁了单层壁垒的建造，未能及时将叙拉古彻底包围。他与叙拉古的异见人士商谈，浪费了更多时间。他没有派遣一队战船去拦截驰援西西里岛的古利普斯；他没有维持有效的封锁线，以阻止冈吉鲁斯和科林斯舰队从海路抵达叙拉古；他也没有在爱皮波莱高地设防把守，以防备敌人的突然袭击。因此，他给了敌人恢复元气的喘息之机，于是敌人将雅典人逐出了易守难攻的有利阵地。然后他将雅典海军、补给站和金库全部转移到普利姆米利昂的无险可守之地，导致舰队将士的士气和状态迅速恶化。古利普斯成功地将雅典人从普利姆米利昂逐出，缴获了他们的金钱和物资。

　　在前414年夏季之后，尼基阿斯没有放弃注定失败的远征，而是拒绝撤退，因为他害怕自己的声望受损和丢掉性命。他请求雅典人在撤军和派遣庞大的增援部队之间选择，并解除他的职务。若他能对危险的局势和自己的无能做出直率和诚实的评估，或许雅典人就会选择撤军，进而避免后来发生的大灾祸。即便在爱皮波莱高地失败之后，尼基阿斯仍然拒绝撤军。为了挽救自己的名誉并避免受到惩罚，他抓住了月食的最后机会，努力逃避那不可逃避的结局，于是白白浪费了雅典人最后的逃生机会。

第六部　雅典帝国与雅典城的革命

前413年，希腊人普遍相信，在西西里岛战役之后，雅典很快就会垮台，但这些预测为时过早。不过，这样的预测并非没有道理，因为在随后的几年中，雅典帝国境内接二连三地发生了叛乱，雅典城也动荡不安，所以雅典的确很可能灭亡。只有凭借坚忍不拔和顽强努力，雅典才得以坚持下去，继续战斗。

战争的剩余阶段受到了波斯帝国的极大影响。雅典人的帝国和战争努力并没有像很多人预料的那样土崩瓦解，于是形势就明朗了：斯巴达人及其盟邦若是不能建造一支舰队并在海上击败雅典，就不可能彻底战胜雅典。而要获得舰队和在海上取胜，斯巴达就只能求助于波斯人。只有波斯人能够提供必需的财政和军事援助。尽管斯巴达人和波斯人都希望摧毁雅典势力，但波斯的目标与斯巴达的野心是相抵触的。雅典人也需要金钱来重建他们元气大伤的舰队，最重要的是还要阻止波斯人帮助雅典的敌人。因此，在西西里岛战役之后，人们的注意力转向了东方，聚焦到波斯国王和他西部各行省的总督们身上。

第二十六章

灾难之后（前 413～前 412 年）

西西里岛灾祸的噩耗可能是在前 413 年 9 月底传到雅典的。据说在比雷埃夫斯，一个外国人将这则消息告诉了他的理发师，理发师将消息送到雅典，但没有一个人相信他的话。后来有一些士兵从西西里岛逃回来，讲述了灾难的严重性。在一段时间之内，雅典人甚至连这些士兵的话也不相信。雅典群众最终接受了真相，怒火中烧并且胆战心惊。他们将怒火发泄到他们认为应当对西西里远征负责的政治家们身上，"就好像他们（群众）自己没有投票支持远征似的"（8.1.1），还向曾预言胜利的占卜师泄愤。

他们哀悼牺牲的同胞，计算了己方的损失和敌人的收益，非常担心自己的安全。他们估计帝国境内会爆发大规模叛乱，伯罗奔尼撒人还将攻击雅典；他们也知道雅典城的防御多么薄弱，难以应对这样的危险。首先，他们急缺能够作战的人员。瘟疫杀死了雅典约三分之一的人口，使剩余人口身体孱弱，而且西西里岛战役中还损失了至少 3000 名重步兵、9000 名雇工阶层公民以及数千名常住雅典的外邦人。到前 413 年，雅典各个年龄段的重步兵共计约 9000 人，或许有 11000 名雇工阶层公民和 3000 名常住外邦人，这比战争开始时的一半还少。他们还损失了 216 艘三列桨座战船，其中 160 艘是雅典自己的。雅典只剩下约 100 艘三列桨座战船，而且并非全部状态良好、可以出海。

雅典还缺乏资金来修理船只和建造新船。前 431 年可供动用的近 5000 塔兰同只剩下不到 500 塔兰同了。在狄凯里亚要塞的斯巴达军队帮助了 2 万多名雅典奴隶逃亡。狄凯里亚要塞对雅典而言是一个长期威胁，使雅典人无法耕作农田。玻俄提亚袭击者还掳掠了雅典人的房屋，夺走了他们的牲畜。很多雅典人不得不从乡村搬到城市。在城市里，人们对各种物资的需求飙升，促使物价猛涨。雅典需要更多进口物资，而且不得不从更远地方运来，运输成本也越来越高。慈善事业进一步给国库造成了压力，因为国家必须供养阵亡将士的遗孀和孤儿。

雅典人蒙受的损失也削弱了他们为国家提供船只的能力。在过去，富人们承担着这项公共义务；轮到他们效力的时候，一位富人可以独立装配一艘战船，如今，却需要两个人分担一艘战船的费用。而且，即便在这种紧急情况下，富裕的雅典人也无力承担许多直接税。

贤　哲

西西里远征还夺去了雅典人最优秀和最有经验的将军们：德摩斯梯尼、拉马库斯、尼基阿斯和欧律墨冬已经不在人世，亚西比德在流亡，而在前 413/前 412 年任职的另外四位我们知道的将军此前都没有指挥经验。在政治领导人当中，不仅尼基阿斯和亚西比德已经出局，希帕波鲁斯也在流亡。为了填补这个空缺，雅典人决定"选举一群年纪较长的男子担任'贤哲'，为应对当前局势提供建议和提出立法"（8.1.3）。他们选举了十位贤哲，每个部落选出一名年龄超过四十岁的男子。贤哲可能被授予了向公民大会提出方案的权力，因此在这一职能上取代了议事会。不管贤哲的正式权力是什么，也无论他们的资历如何，贤哲的任期都不受限制，而且职能也很模糊和笼统，因此他们获得了前所未有的影响力和权威。

我们只知道两位贤哲的名字：哈格农和索福克勒斯（那位伟大的悲剧诗人）。哈格农在前 440 年的萨摩斯战役中是与伯里克利平级的将军，所以在前 413 年他可能已经超过六十岁了。他曾为伯里克利辩护，是一位声望很高的公众人物。索福克勒斯当选为贤哲的时候可能已经八十多岁了，他也曾担任将军，还曾当选为雅典同盟司库的高位，但他最有名的还是连续五十多年来不断赢得悲剧大奖，所以他是希腊最有名和最受爱戴的人物之一。和哈格农一样，索福克勒斯也曾与伯里克利一起工作过。哈格农和索福克勒斯都很富裕，经验丰富、广受尊重，并且在前 413 年的环境下算是比较保守的，不过他们都曾与伯里克利交好，这能够保证他们既不是寡头派，也不是民主制的敌人。

修昔底德忍不住要挖苦一下后伯里克利时代的民主制："在危急时刻，雅典人民像往常一样，愿意纪律严明地去做任何事情。"（8.1.4）雅典公民大会的确表现出了伯里克利式的节制和谨慎，向一群受到尊重和信任的、符合伯里克利风格的温和派授予极大权力，从而对自己加以限制。贤哲的最早行动之一是"他们决定，只要形势允许，绝不投降；准备一支舰队，从各地获取木材和金钱；确保同盟的安全，尤其是优卑亚岛的安全；削减公共开支"（8.1.3）。

除了筹建新战船之外，雅典人还在阿提卡南端的苏尼昂建造了一座要塞，以保护从那里驶过的运粮船。他们放弃了在拉科尼亚的要塞，因为它的代价太大，效果不佳："如果他们判断某一行动支出没有效用，就对其加以削减，以节省开支。"（8.4）他们严密监视盟邦，"免得它们谋反生事"（8.4），并改革了税制。以往是对每个盟邦进行评估，然后征收贡赋，现在改为对一切从海路进口或出口的商品征收5%的统一关税。这项措施是为了尽可能从正处于叛乱边缘的臣属盟邦那里征收更多的金钱。新税制将纳税的负担从地主转移到了商人身上，商人从雅典帝国获益，也许更愿意缴纳税金，并且可能对雅典更友好。但是，"雅典的盟邦虽然力量不足，但依然打算反叛雅典"（8.2.2）。一年之内，主要的地区，如优卑亚岛、希俄斯岛、莱斯博斯岛、罗得岛、米利都和以弗所，全都揭竿而起；尽管若是没有斯巴达及其盟友的支持，它们是不可能获得自由的。

斯巴达的野心

雅典人在西西里岛的惨败给了斯巴达人新的自信，他们想出了一套更加野心勃勃的战争目标。按照他们自己的说法，他们投入这场战争，原先是为了"解放希腊人"，现在却相信在战胜雅典之后，"他们可以安全地控制全希腊的霸权"（8.2.4）。越来越多的斯巴达人开始希望"他们能够享有巨额财富，斯巴达会变得更伟大、更强盛，普通公民的家庭也能变得更富裕"（Diodorus 11.50）。

这个赞同武力扩张的派系之所以能够发展壮大，一是因为军事上的成功，二是因为斯巴达社会发生了变化。享有完整公民权的斯巴达人的数量在下降：前479年在普拉蒂亚作战的斯

巴达重步兵有约 5000 人，但前 371 年留克特拉战役①中的重
步兵就只有约 1000 人；前 418 年的曼丁尼亚战役中，参战的
斯巴达重步兵不超过 3500 人。斯巴达人的一些风俗习惯，如
在青壮年男女生育能力最旺盛时将男女分隔的做法和娈童恋，
持续遏制着后代数量的增长。而且斯巴达人为了使自己能够
得到的遗产最大化，也刻意节制生育。他们还努力获取尽可
能多的私有土地和其他财富，以便补充政府向公民发放的补
助金。

随着斯巴达公民数量的减少，拉科尼亚的非斯巴达公民的
自由人比例增高了。前 421 年，该地区有 1000 名解放黑劳士，
即曾经在斯巴达陆军中作战并获得自由和一块土地的黑劳士。
到前 396 年，至少有 2000 名解放黑劳士。他们和他们的后代
有希望获得完整的斯巴达公民权，因为"解放黑劳士"的称
呼暗含一定程度的公民权。另外一群非公民自由人是所谓的
"低等人"，他们似乎主要出身于斯巴达公民阶层，有资格获
得斯巴达公民权，但特别贫困，无法为公共餐食出资出力②，
于是他们被排除在公民团体之外，不能享有公民的荣誉。

还有一群被排除在斯巴达公民群体之外的自由人是所谓的
莫萨克斯。其中有些人似乎是斯巴达男子和黑劳士女子的私生
子，也有些人的父母都是斯巴达公民，但因为贫困，无法为公
共餐食出资出力。不同的是，莫萨克斯可以接受斯巴达人的训

---

① 前 371 年，在底比斯与斯巴达的战争中，前文讲到的底比斯名将伊巴密
浓达运用大纵深侧翼的斜线战术，决定性地击败斯巴达。

② 在斯巴达，所有公民男子都必须在一个公共食堂（Syssitia）用餐，国王
也不例外，没有充足的理由是不能不到场的。每个公民必须为公共食堂
出钱。这是为了加强亲属之间的纽带关系。在战斗中，同一个公共食堂
的人往往要并肩作战。

练，也会被选到某个公共食堂，他们的膳食由富裕的斯巴达恩主提供。这个阶层有三个人——古利普斯、卡利克拉提达斯和吕山德——在战争期间晋升到高级军事指挥职位。这些出身卑微的人能够攀升到这样荣耀和尊贵的地位，意味着其他人会努力效仿他们。效仿他们的人也许只能获得足够的财富，以便有资格进入一个公共食堂，从而获得完整公民权。那些没有办法获得公民权的人也可以通过战利品、征服和斯巴达霸权来获得财富和公民权。这些人自然会向国家施加巨大压力，要求执行比斯巴达惯常更具侵略性的政策。

前413年，斯巴达的野心家派系受到的抵制比战争期间任何时候都要小。阿基斯二世凭借在曼丁尼亚战役赢得的荣耀而备受尊重。他率军驻扎在狄凯里亚，拥有比斯巴达历代国王一般情况下大得多的权力，他也热切希望增加斯巴达和他自己的声望和力量。反对在伯罗奔尼撒半岛之外冒险的传统派那边没有一个同样强有力的人物。威望受损的国王普雷斯托阿纳克斯只能置身事外，默默地祈祷和平。

即便如此，迅速赢得战争对斯巴达人来说还是很困难的。除非在海上击败雅典人，否则就不可能彻底战胜他们，但斯巴达人仍然缺乏船只、训练有素的水手，以及建造船只和向水手发饷所需的资金。为了满足这些需求，他们极度依赖自己的盟友。尽管战争严重损害了各盟邦的经济，斯巴达人在前413年还是给它们下达了建造船只的具体任务指标：斯巴达人自己建造25艘，玻俄提亚人建造25艘，科林斯人负责15艘，洛克里斯人和福基斯人一起负责15艘，阿卡狄亚、培林尼和西锡安共同完成10艘，墨伽拉、特洛伊曾、埃皮达鲁斯和赫尔米奥尼一起建造10艘。与战前的造船能力相比，这是很低的数字，而且总计 100 艘三列桨座战船也远远不足以击败雅典人。不过这个任务指标也未能完成，到前 412 年春季时只有 39 艘战船整装待发。在战争余下的时间里，斯巴达的希腊大陆盟邦为它建造的战船数量仍然不多。尽管斯巴达人对西西里岛的盟邦寄予了很大期望，但到前 412 年叙拉古和塞利农特只派来了22 艘战船，前 409 年叙拉古又派来了 5 艘。

考虑到斯巴达联盟的经济现实，要想获得足够强大的海军，唯一的希望就是波斯，但要获得波斯的支持并不容易。因为斯巴达人打这场战争的口号就是"解放希腊人"，他们致力于消灭雅典帝国，并恢复其附庸国的自治权，然而其中很多国家也曾在不同时期被波斯控制过。

波斯人希望恢复对这些国家中的大部分（如果不是全部的话）的统治，因此这与斯巴达的目标相矛盾。使形势愈加复杂的是，一些有影响力的斯巴达人已经在打算将被"解放"的城邦占为己有。尽管在战争最初十年里波斯人和斯巴达人定期保持着联络，但他们的关系始终不是建设性的，毕竟他们的目标是互相矛盾的。前 425 年，雅典人截获了一名波斯信使，他携带着波斯国王的信，信中表达了对斯巴达发出的五花八门信息的困惑。

与此同时，雅典人也尝试与波斯人谈判，但还没有取得任何成绩，阿尔塔薛西斯一世国王就驾崩了。他死后，波斯爆发了争夺王位的斗争，最终的胜利者是大流士二世。他是前任国王的十七个私生子之一，因为另外十六个兄弟还活着，所以他的王位并不稳固。前 424/前 423 年，雅典人和波斯人缔结了《爱皮利库斯条约》，"确立了两国间的永久友谊"（Andocides, *On the Peace* 29）。伯拉西达在安菲波利斯周边作战对雅典构成了威胁，所以雅典急于阻止波斯向斯巴达提供援助。随后几年内，新国王大流士二世受到了一些叛乱的挑战，他很高兴自己与雅典人达成了上述协议。

《尼基阿斯和约》签订后，大流士二世没有理由改变自己的政策。因为雅典海军控制着大海，出资维护这些船只的雅典国库得到了更多的盟邦贡金，同时也没有其他大的军事开支，所以大流士二世没有理由去改变现状。西西里岛的灾难打破了这个平衡，但即便在波斯人觉得时机已经成熟，可以去收复之前丧失的希腊领地的时候，他们也很难与斯巴达人达成协议来实现这个目标。

阿基斯二世指挥大军

在西西里岛战役之后，"双方都在积极备战，就好像战争刚刚开始似的"（8.5.1）。斯巴达人又一次发动攻势，但这一次雅典人只有防御力量。在战前，阿希达穆斯二世曾警告说，斯巴达人会把这场战争传给他们的儿子。果然，在前413年，他的儿子阿基斯二世统领着在狄凯里亚的斯巴达军队。他拥有全权，"可以按照他的心愿，向任何地方调兵遣将，可以随意征募部队和资金。这一时期，盟军比在斯巴达城内的那些人更对他俯首帖耳。因为他拥有一支大军，可以迅速出现在任何地方，震慑世人"（8.5.3）。

现在，阿基斯二世的作战目标是扩张斯巴达的势力和为自己收获更多荣耀。他率军进入希腊中部，这个行动揭示了斯巴达的更具侵略性的新计划。秋末，他率军开进了马利斯湾附近的奥塔地区（见地图14），目的是收复附近特拉启斯地区的赫拉克利亚殖民地。斯巴达人在前426年建立了这个殖民地，但玻俄提亚人在前420/前419年以防止它落入雅典人手中为借口，占领了它。前413年，斯巴达人觉得它很有用，能够以它为基地，煽动爱琴海上的雅典附庸国反叛。到前409年，斯巴达又一次控制了赫拉克利亚。但阿基斯二世有着更宏大的计划，他开始从当地人那里勒索钱财，并扣押人质，希望借此迫使他们加入斯巴达联盟。这些行动代表了斯巴达势力在希腊中部的扩张，他们在战后继续执行此项政策，以建立现代学者所谓的"斯巴达霸权"。

波斯的行动

在返回狄凯里亚之后，阿基斯二世同意帮助优卑亚人反抗雅典，但在他开始行动之前，莱斯博斯岛派来了使团，请求斯巴达人帮助他们反抗雅典。阿基斯二世决定支持莱斯博斯岛，派遣了10艘战船和300名解放黑劳士，玻俄提亚人还提供了10艘三列桨座战船。这时，另外两个代表团（都有波斯在背后撑腰）直接来到斯巴达，也请求斯巴达人帮助他们反抗雅典。其中一个代表团来自希俄斯岛和爱利特莱①，萨第斯②的波斯总督提萨弗涅斯派了使者陪同他们；另一个代表团是波斯帝国的赫勒斯滂行省总督法那巴佐斯派来的。代表波斯人发言的希腊使者敦促斯巴达人支持赫勒斯滂海峡地区的希腊城邦反抗雅典。波斯的两位总督得到了波斯国王的授权，波斯也已经准备加入反对雅典的战争了。

近一段时间以来，大流士二世给他的行省总督们施加压

---

① 与希俄斯岛隔海相望的一座伊奥尼亚城市。
② 萨第斯是一座历史悠久的古城，在今天的土耳其西部，曾是古国吕底亚的首都，也是波斯帝国的重要城市之一。

力，要求他们对波斯于前 479 年丧失的那些希腊城邦收缴贡金
和欠账。这个举动不仅违反了他与雅典的条约（在不到十二
年前缔结的），还颠覆了波斯自前 5 世纪中期以来的一贯政
策，即与雅典保持和平。波斯国王为什么又一次愿意与雅典交
战呢？有学者指出，雅典与总督皮苏特尼斯的私生子阿摩基斯
结盟（具体时间不详），而阿摩基斯在卡里亚谋反，与波斯国
王分庭抗礼，令国王颇为不悦。但关于波斯政策发生变化的最
有说服力的解释是，雅典在西西里岛遭受的灾难预示着雅典的
灭亡。波斯国王现在有机会加入战争，去打倒一个元气大伤的
对手，并重获失地、金钱和荣誉。

　　到达斯巴达的两位波斯总督的使者实际上是竞争对手，他
们都努力说服斯巴达支持自己势力范围内的城邦叛乱，并借此
赢得促使斯巴达人与波斯国王结盟的功劳。斯巴达人在外交事
务上更是存在严重分歧。最明显的是，斯巴达城的人士与狄凯
里亚的阿基斯二世持不同意见。尽管阿基斯二世已经决定支持
莱斯博斯人，但斯巴达城内"意见不一，有的人努力说服公
民大会首先向伊奥尼亚和希俄斯岛派遣陆海军，而有的人则主
张出兵到赫勒斯滂海峡"（8.6.2）。实际上，上述四种建议
（分别是出兵到优卑亚岛、莱斯博斯岛、伊奥尼亚和希俄斯
岛、赫勒斯滂海峡）都有不错的理由。雅典人的牲畜都养在
优卑亚岛上，他们的补给物资依赖优卑亚岛。在优卑亚岛于前
411 年反叛时，雅典人甚至比经历西西里岛灾难之后更加恐
惧，因为"雅典人从优卑亚岛比从阿提卡获得更多收益"
（8.96.2）。莱斯博斯岛是一个面积较大、富饶且人口众多的
岛屿，地理位置具有战略意义，可以用作行动基地，切断雅
典与黑海之间的生命线。法那巴佐斯的建议也很有吸引力，

其不仅可以让斯巴达人去往赫勒斯滂海峡，还可以得到波斯
的财政支持，这是额外的诱惑。

斯巴达人选择希俄斯岛

但最后，斯巴达人选择答应希俄斯人和提萨弗涅斯的请求，
因为优卑亚岛和莱斯博斯岛不能为斯巴达提供一支希腊舰队，
也不能得到波斯人提供支援的承诺。法那巴佐斯的建议在表面
上似乎是最有吸引力的，因为若能在赫勒斯滂海峡取胜，就一
定能迅速打败雅典，而且法那巴佐斯的使者随身带来了25塔兰
同现金。但提萨弗涅斯在波斯帝国西部与雅典的战争中的地位
似乎更高，而且希俄斯人自己拥有一支相当强大的舰队。斯巴
达人的决定还得到了亚西比德的赞同，他需要向对他抱有猜忌
的东道主（这种猜忌有充分理由）证明自己的价值，而希俄斯
岛叛乱引发的伊奥尼亚战役对他来讲也是一个千载难逢的良机。
他在伊奥尼亚地区有一些位高权重的朋友，他或许能让斯巴达
人觉得，他在伊奥尼亚是一个不可或缺的重要人物。

斯巴达人小心地检查，看希俄斯海军是否真的像希俄斯人
宣称的那样强大，希俄斯城的实力是否真的像他们自夸的那样
雄厚。在得到满意的结果后，斯巴达人便投票决定让希俄斯人
和爱利特莱人（他们居住在与希俄斯岛隔海相望的地方）加
入自己的联盟。他们决定派遣40艘三列桨座战船（其中10艘
在海军将领麦兰克利达斯的指挥下立刻出发了）去与希俄斯
岛的60艘战船会合。但在他们起航之前，发生了地震。恐惧
之下，他们将第一批远征军缩减到了5艘战船，由卡尔基丢斯
指挥。即便如此，他们的动作依旧非常缓慢，直到前412年春
季仍然没有出征。

斯巴达人的确非常重视地震和征兆，但他们如此耽搁也有
战略和政治上的因素。阿基斯二世看到自己的计划被推翻，斯
巴达人选择了别的计划，一定不会开心。斯巴达人在发动任何
海军行动之前必须征询伯罗奔尼撒联盟的意见，因为大多数船
只属于盟邦，而且出于安全考虑，都停泊在科林斯湾。伯罗奔
尼撒联盟终于在科林斯开会的时候，决定派遣卡尔基丢斯去希
俄斯岛，但派遣另一支舰队去莱斯博斯岛（这满足了阿基斯
二世的意愿），由阿尔卡美涅斯指挥，"阿基斯二世看中的也
是他"（8.8.2）。第三场行动是在莱斯博斯岛战役开始之后，
克里阿库斯将率军攻入赫勒斯滂海峡。这个过于复杂的兵分三
路战略很可能也反映了斯巴达政治形势的复杂。

伯罗奔尼撒联盟投票决定，让各部队立即出发，不必遮掩
行踪，"因为他们鄙视雅典人的无能，而且海上还没有出现规
模较大的雅典舰队"（8.8.4）。但他们仍然非常谨慎，因为他
们对过去被雅典海军打得屁滚尿流的屈辱经历还记忆犹新。随
后，科林斯人又坚持要求等地峡运动会①开完之后再出动。尽
管阿基斯二世建议由他亲自指挥去往希俄斯岛的远征军，好让
科林斯人待在家里开完运动会，但科林斯人拒绝了他的建议，
并得到了很多盟国的支持，于是称心遂愿。

无疑，伯罗奔尼撒人的耽搁给了雅典人足够时间去发现对
方的阴谋。雅典人指控希俄斯人（雅典同盟中最后一个拥有
自己舰队的盟邦）犯上作乱，并要求他们将部分船只交给雅
典帝国舰队，作为守信的保证。希俄斯岛的寡头派害怕反叛计

---

① 地峡运动会是古希腊的四大泛希腊运动会（另外三个是奥林匹克运动会、
涅米亚运动会和皮提亚运动会）之一，由科林斯地峡得名，在科林斯举
办。时间是奥林匹克运动会的前一年和后一年。

划遭到希俄斯岛普通民众和亲雅典的民主派人士的反对，而且伯罗奔尼撒人的踌躇不决也让他们开始怀疑伯罗奔尼撒人的援助能否真正落实，于是他们服从了雅典人的命令，将7艘战船交给了雅典人。

伯罗奔尼撒人的耽搁还使雅典人参加了地峡运动会，他们在那里了解到了更多关于希俄斯岛反叛阴谋的情报，以及伯罗奔尼撒人计划的细节。前412年7月，当阿尔卡美涅斯终于率领第一批21艘伯罗奔尼撒战船出海时，已经有一支兵力相同的雅典舰队严阵以待。于是阿尔卡美涅斯立刻率军返回了港口，雅典人则撤往比雷埃夫斯以征募增援部队，将战船数量增加到37艘。阿尔卡美涅斯企图沿着伯罗奔尼撒半岛海岸线向南溜走，但雅典人紧追不舍。当看到雅典舰队时，阿尔卡美涅斯逃到了已经废弃的斯皮赖昂港（埃皮达鲁斯边境以北不远处），只损失了1艘掉队船只。其他船只虽然抵达了斯皮赖昂港，但依然没有逃出生天，因为雅典人从海陆两路进攻，将阿尔卡美涅斯的大部分船只摧毁在海滩上，并杀死了阿尔卡美涅斯本人。雅典人在附近建立了一个营地，并增援了舰队，以便监视敌人。他们决心不让任何伯罗奔尼撒船只驶入爱琴海。

在斯巴达，监察官们在等待消息。他们之前命令阿尔卡美涅斯起航之后立刻派人给他们送信，以便派遣卡尔基丢斯的5艘战船与他会合。斯巴达人斗志高昂，士兵们热切等待登船。这时消息传来，阿尔卡美涅斯兵败身死，斯皮赖昂港遭到封锁，于是斯巴达人的情绪立刻变了。"他们在伊奥尼亚战役中的第一场行动出师未捷，所以他们不打算再派出船只，甚至想把已经出海的船只召回。"（8.11.3）

亚西比德的干预

　　伯罗奔尼撒人的损失原本可能彻底断送希俄斯岛叛乱，但在这个关头，亚西比德似乎起到了关键作用，使斯巴达再次行动起来。他说服了监察官们在伯罗奔尼撒人战败的消息传到伊奥尼亚之前，将卡尔基丢斯的 5 艘战船直接派往伊奥尼亚，他本人也参加此次远征。亚西比德会告诉伊奥尼亚人，雅典的弱点是什么，并向他们保证斯巴达援助他们的热忱。因为他对雅典和斯巴达都了然于胸，而且对伊奥尼亚领导人也有很大的影响力，所以伊奥尼亚人会相信他的话。他给监察官恩狄乌斯的私人信件表明，争夺个人荣耀和派系利益的斗争在斯巴达决策中仍然起到很大作用。"让亚西比德煽动伊奥尼亚反叛雅典，并使波斯国王成为斯巴达人的盟友，而同时不让这成为阿基斯二世的功劳。这是一个很好的主意。"亚西比德有理由去扮演这个角色，"因为他碰巧与阿基斯二世不和"（8.12.2）。亚西比德与阿基斯二世不和的原因是斯巴达发生了一起非常有名的丑闻。大约在前 412 年 2 月底，斯巴达发生了地震，亚西比德从阿基斯二世妻子的卧室逃了出来，被世人看得一清二楚。到 7 月，阿基斯二世应当已经知道了此事，并且很快就要展开复仇。亚西比德的最好出路是取得一场辉煌的胜利，那样的话即便是阿基斯二世也不能动他一根汗毛。如果不成功，他就只能逃到他最后的避难所——波斯帝国。远征伊奥尼亚的行动无论成功与否都对他有利，成功了便不必害怕阿基斯二世，失败了也可以趁机逃往波斯。

　　为了保守机密，卡尔基丢斯指挥的小舰队在渡海前往希俄斯岛途中扣押了他们遇到的所有人。他们的寡头派盟友已经做了安排，让斯巴达人恰好在希俄斯岛议事会召开会议的时候抵达。与会者当中既有密谋反叛的少数派，也有对阴谋不知情的多数人。看到斯巴达舰队抵达，多数人"瞠目结舌、手足无措"（8.14.2）。亚西比德在斯巴达战船和士兵的支持下，告诉希俄斯人，更大规模的部队正在途中。这鼓舞了希俄斯人，于是他们发动了叛乱，把爱利特莱也拉了进来。亚西比德的政治手腕取得了巨大成功：他只有区区几艘船，却凭借令人眼花缭乱的诡计，夺得了60艘战船和一个安全的行动基地，并成功推动了雅典帝国境内第一起关键的叛变。在此事中，他对雅典造成的伤害甚至比以往更大，他又一次以戏剧性的方式告知雅典人，他还活着。

　　亚西比德和卡尔基丢斯在附近的几座城市迅速煽动了叛乱，很快希俄斯岛这一先例就鼓动大陆上的爱利特莱、克拉左门奈、海莱和列别多斯也揭竿而起，泰奥斯则成为一座开放城市。在更南方，大城邦以弗所也加入了叛乱，阿纳伊亚（一座小城邦，在萨摩斯岛对岸，毗邻米利都，地理位置有战略意义）也步其后尘。现在亚西比德准备把"伊奥尼亚的珠宝"——米利都——也拉拢过来。他将船上的伯罗奔尼撒水手换成希俄斯人，因为他"希望抢在伯罗奔尼撒船只抵达之前，拉拢米利都人；进而像他曾承诺的那样，让希俄斯人、他自己和派遣他们前来的恩狄乌斯，夺得争取到最多倒戈城邦的功劳"（8.17.2）。亚西比德与卡尔基丢斯来得时间正好，在雅典人阻止叛乱之前，煽动米利都加入了叛乱。变节的米利都成为一个将叛乱扩展至伊奥尼亚南部和卡里亚及沿海诸岛的基地。

提萨弗涅斯的条约草案

在斯巴达人控制米利都之后，提萨弗涅斯去了那里，与斯巴达人谈判，希望代表波斯国王与斯巴达缔结条约。这份一边倒的条约文本要求悉数归还大流士二世及其祖先曾经占据的希腊领地和城邦，并且波斯人和斯巴达人还同意合作，共同阻止这些地区继续向雅典纳贡。斯巴达人同意帮助波斯国王镇压谋反的臣民，波斯国王则承诺帮助斯巴达人镇压任何胆敢反对他们的盟邦。两国将共同作战，反对雅典，绝不单独与雅典媾和。事实上，当时斯巴达人并没有受到盟邦反叛的威胁，而波斯人正与阿摩基斯厮杀，并且有可能将他们自前480年以来丧失的所有希腊城邦均视为反贼。若从字面解读此条约，波斯人将收复他们在萨拉米斯岛战役之前曾经控制的所有希腊土地。然而，条约却没有规定，波斯人将为斯巴达提供何种支持，不管是经济上的还是其他形式的。后来，一位斯巴达显贵对条约的全部隐含意义表达了愤怒。"太可怕了，"他说道，"波斯国王居然现在仍然对他和他的祖先曾经占有过的土地提出主权要求，因为那样的话，所有岛屿、色萨利、洛克里斯和远至玻俄提亚的全部地区，都将被波斯奴役。斯巴达人给希腊人带来的不是自由，而是波斯的主宰。"（8.43.3）不足为奇的是，斯巴达人没有向其盟邦披露此条约的存在。

斯巴达人竟然愿意接受这样一份不平等条约，亚西比德无疑在背后起到了关键作用。作为身经百战的谈判老将，他是斯巴达在此次谈判中的主要代表，卡尔基丢斯遵从他的意见。亚西比德的论点一定是，快速缔结条约能够给卡尔基丢斯带来与波斯结盟的功劳；细节不重要，以后可以更改。亚西比德的主要目标是抢在其他斯巴达人（或许是阿基斯二世派系的一员）抵达并夺走功劳之前，获得波斯人的承诺。这些论点肯定符合亚西比德自己的意愿，因为他也需要立刻取得极大的成就。

不管它的最终命运如何，《卡尔基丢斯条约》在前412年被认为是一次极大的成功，尽管促成它的那个雅典流亡者被怀疑给一位斯巴达国王戴了绿帽子，因此无时无刻不是如履薄冰。伊奥尼亚的叛乱和与波斯国王的条约兑现了亚西比德对监察官恩狄乌斯和斯巴达做出的承诺。尽管时间会揭示此条约的缺陷，但亚西比德打消了斯巴达人的怯懦和怠惰，打开了通向胜利的大门。

第二十七章
爱琴海的战火（前 412～前 411 年）

雅典的反击

对雅典人来说，希俄斯岛的反叛是一个非常可怕而危险的事件，因为他们知道"最大的城邦反叛时，其他盟邦不会风平浪静"（8.15.1）。于是，在前 412 年夏季，雅典人投票决定动用 1000 塔兰同的预备资金，这是他们在战争初期拨出来仅在极端的紧急情况下使用的资金。他们召回了封锁伯罗奔尼撒半岛沿海的战船，将其派往希俄斯岛，并计划再派遣 30 艘。叛乱持续的每一天都吞噬着雅典的国库资金，每一天都增加了波斯人干预的可能性，敌人舰队也就多一天时间来操练。

19 艘雅典战船从萨摩斯岛驶往米利都，企图阻止那里的叛乱，但到得太晚。尽管数量不及敌人的 25 艘战船，它们却成功封锁了米利都城。雅典人的增援部队随时都可能赶到并抢夺优势，于是负责指挥伯罗奔尼撒舰队的卡尔基丢斯没有发动攻击，甚至拒绝了愿意为其效劳的希俄斯人的建议。和大多数斯巴达指挥官一样，他不愿意冒险在海上交战，尽管对面的雅典舰队兵力比他的少。如果他同意接受希俄斯人的帮助，斯巴达战船的数量就会增加至 35 艘，那时他就不好意思拒绝出战了。从后来的形势发展看，我们不应当指责他愚蠢或怯懦；后来在基诺塞马和库济库斯爆发的战役将有力证明，雅典人仍然掌握着海上优势。

但是，由于卡尔基丢斯拒绝出战，雅典人得以向爱琴海派遣增援部队，并将萨摩斯岛发展为他们在爱琴海的主要海军基地。在他们如此行动的时候，萨摩斯岛爆发了一场内战，被强烈的阶级仇恨激化。平民百姓在雅典水手的帮助下揭竿而起，反对寡头政权的贵族，杀死两百名萨摩斯贵族，放逐了四十人，分配了这些贵族的土地和房屋，剥夺了贵族的公民权，包括与较低阶层通婚的权利。

与此同时，希俄斯人驶向莱斯博斯岛，在米西姆纳和米蒂利尼（见地图23）煽动叛乱。在此期间，一支伯罗奔尼撒陆军沿着小亚细亚大陆海岸北上，通过克拉左门奈、弗凯亚和库麦，将这些重要城市拉到了他们那边。在伯罗奔尼撒半岛沿海，受困于斯皮赖昂的斯巴达舰队终于突破封锁，在新任海军司令阿斯泰奥库斯（他奉命接过整个伯罗奔尼撒舰队的指挥权）的率领下驶向希俄斯岛。他在莱斯博斯岛与希俄斯岛主力舰队会合，然后在皮拉登陆，次日开往爱里苏斯①。就在几个小时之前，25艘雅典战船在列昂和狄奥墨冬这两位将军的指挥下驶入了莱斯博斯岛，在港口内击败了希俄斯战船，在陆地上赢得一场胜利，并且一举夺得莱斯博斯岛上的主要城市。阿斯泰奥库斯煽动了爱里苏斯的叛乱，然后沿着莱斯博斯岛北岸航行，企图挽救米西姆纳的叛军，并鼓动安提萨②反叛，但是"莱斯博斯岛上的一切都和他对着干"（8.23.5），于是他

---

① 爱里苏斯是莱斯博斯岛西南部的一个村庄。
② 安提萨是莱斯博斯岛西端的一个港口城镇。

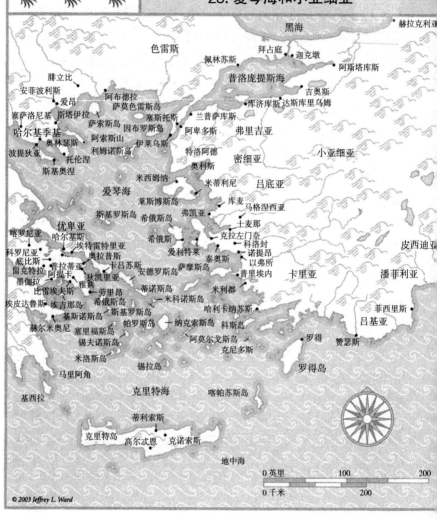

23. 爱琴海和小亚细亚

黑海
赫拉克利亚
色雷斯
拜占庭
迦克墩
佩林苏斯
阿斯塔库斯
腓立比
普洛庞提斯海
安菲波利斯
爱昂
阿布德拉
吉奥斯
萨莫色雷斯岛
库济库斯
达斯库里乌姆
塞萨洛尼基
斯塔伊拉
塞斯托斯
弗里吉亚
哈尔基季基
萨索斯岛
因布罗斯岛
兰普萨库斯
波提狄亚
奥林瑟斯
阿索斯山
伊莱乌斯
阿卑多斯
密细亚
小亚细亚
斯基奥涅
托伦涅
利姆诺斯岛
特洛阿德
奥利斯
米西姆纳
米蒂利尼
吕底亚
爱琴海
莱斯博斯岛
库麦
马格涅西亚
斯基罗斯岛
希俄斯岛
弗凯亚
士麦那
喀罗尼亚
优卑亚
哈尔基斯
希俄斯
克拉左门奈
皮西迪亚
科罗尼亚
埃特雷特里亚
科洛封
底比斯
奥拉普斯
爱利特莱
诺提昂
弗所
留克特拉
卡吕苏斯
普拉蒂亚
狄凯里亚
泰奥斯
墨伽拉
阿提卡
雅典
萨摩斯岛
普里埃内
卡里亚
潘菲利亚
比雷埃夫斯
劳里昂
米利都
埃皮达鲁斯
埃吉那
希俄斯岛
蒂诺斯岛
米科诺斯岛
赫尔米奥尼
基斯诺斯岛
斯basaj岛
哈利卡纳苏斯
菲西里斯
塞里福斯岛
帕罗斯岛
纳克索斯岛
科斯岛
吕基亚
锡夫诺斯岛
阿莫尔戈斯岛
克尼多斯
赞瑟斯
米洛斯岛
罗得
锡拉岛
罗得岛
马里阿角
基西拉
克里特海
喀帕苏斯岛
蒂利索斯
克里特岛
高尔忒恩
克诺索斯
地中海

0 英里   100   200
0 千米   200

© 2003 Jeffrey L. Ward

返回了米利都。没有舰队的支持，伯罗奔尼撒陆军不得不从去往赫勒斯滂海峡的道路上返回，每个盟邦的部队各自回家。伯罗奔尼撒人迅速结束战争的第一次努力宣告失败。

　　在牢牢控制了莱斯博斯岛之后，雅典人动身前往希俄斯岛，收复克拉佐门奈之后才离开。在列昂和狄奥墨冬的指挥下，雅典人占领了希俄斯岛东北角外海的一些岛屿和大陆上与希俄斯岛隔海相望的两座设防城镇，作为封锁希俄斯岛并从海上发动进攻的基地。雅典人现在主宰着这片海域，可以在任何地方登陆。他们还用重步兵（而不是通常的雇工阶层公民）担任海军步兵，所以他们在陆战中也有优势。雅典战船屡次击败希俄斯人，于是希俄斯人拒绝在海上交战，之后雅典人登上希俄斯岛，蹂躏了富饶兴旺、物产丰富的希俄斯岛土地。到此时，一些希俄斯人已经在企图推翻政府、恢复与雅典的盟约，以便结束战乱，但统治希俄斯岛的寡头派却寻求阿斯泰奥库斯的援助，并考虑"如何以最温和的手段结束这些亲雅典的阴谋"（8.24.6）。阿斯泰奥库斯扣押了希俄斯岛的一些人质，这使局势暂时安宁了一段时间。但希俄斯岛仍然处于雅典的包围之中，不断遭到攻击，并且这里已经不是伊奥尼亚叛乱的关键所在，而是濒临失败。

雅典人在米利都的决定

　　雅典人的下一个目标是米利都，即除了希俄斯岛之外仍然处于叛乱中的唯一一个伊奥尼亚城邦。10 月，普律尼科司、奥诺麦克利斯和斯基罗尼德斯三位将军率领 48 艘船只从萨摩斯岛起航。其中有一些是运兵船，载着 3500 名重步兵，其中1000 人来自雅典，1000 人来自雅典的爱琴海盟邦，还有 1500

人来自阿尔戈斯。这在西西里岛惨败不久之后，算得上一支相当强大的舰队。他们面对的敌人包括来自米利都的 800 名重步兵、数量不详的伯罗奔尼撒人、为总督提萨弗涅斯效力的雇佣兵以及提萨弗涅斯亲自指挥的骑兵部队。

阿尔戈斯人的冲锋过于鲁莽，打乱了雅典这边的秩序，为自己的鲁莽付出了战败和损失 300 人的代价。雅典人及其伊奥尼亚盟军表现较好，击溃了伯罗奔尼撒人，打退了波斯人及其雇佣军，此后米利都人明智地逃回城内。雅典人控制了大海和陆地，于是欢庆伟大的胜利。剩下的工作就是筑墙包围城市，迫使其投降，他们确信米利都的陷落将使叛乱彻底终结。

但就在他们的胜利之日，有消息称 55 艘战船在斯巴达人泰里蒙涅斯的指挥下正赶往米利都，其中有 22 艘西西里战船，指挥官是赫莫克拉提斯，即雅典人的那位叙拉古克星。当这支舰队驶入伊阿苏斯湾①并在推丘萨扎营时，亚西比德亲自骑马赶来，告诉他们雅典人在米利都取得了胜利，并说："如果他们（斯巴达人）不愿意毁掉自己在伊奥尼亚的地位和事业，就应当尽快援救米利都，而不是眼睁睁地看着它被雅典人筑墙包围起来。"（8.26.3）

尽管其他雅典将军希望留在米利都作战，普律尼科司却反对，他指出："在他们（雅典人）遭受灾难之后，除非绝对必须，否则没有道理主动采取任何攻势；而在并无形势逼迫的情况下自愿冲向危险，就更没有道理了。"（8.27.3）普律尼科司的观点被采纳，雅典人起航去往萨摩斯岛，"他们的胜利并不完整"（8.27.6），米利都既没有遭到围攻，也没有被封锁

---

①　在今天土耳其的西南角，当时属于卡里亚地区。

起来。阿尔戈斯人对此深感不满，一怒之下回家了，此后就退出了战争。

雅典人的撤退产生了另一个代价高昂的后果。提萨弗涅斯到了米利都，劝说伯罗奔尼撒人去伊阿苏斯攻击阿摩基斯。伊阿苏斯人不知道雅典人已经撤军，还以为驶来的舰队属于雅典人，因此没有任何防备。伯罗奔尼撒人活捉了阿摩基斯，将他交给提萨弗涅斯，收纳了阿摩基斯的伯罗奔尼撒雇佣兵，并洗劫了伊阿苏斯，将其居民卖给提萨弗涅斯，将城镇残余部分也交给他。结果雅典人又丧失了一个盟友，波斯人除掉了一个恼人的麻烦，斯巴达人与波斯人的第一次合作赢得了胜利。

有些人赞扬普律尼科司及其战略，"在这件事情当中，以及后来所有他参与的事情当中，他都显得相当聪明"（8.27.5），但他的大多数雅典同胞却不这么认为，他们在次年正式起诉他丢失伊阿苏斯和阿摩基斯的罪过。我们有理由同意雅典人对普律尼科司的裁决。有些现代学者为普律尼科司辩护，理由是在西西里岛惨败之后，雅典海军曾经的军威已经不复存在，丧失了战术优势，因此不能冒太大风险在海上与敌交锋。但是，这些判断与事实并不符。尽管弗尔米奥的光荣日子已经一去不复返，但西西里岛的灾难并未消除雅典海军的战术优势。之前在前412年，雅典人成功地迫使伯罗奔尼撒舰队在一个荒废的、不便利的基地①登陆。在希俄斯岛和莱斯博斯岛，他们风卷残云般地击溃了敌军战船。前411年春季，尽管雅典丧失了整个伊奥尼亚沿海地带，但斯巴达人仍然非常害怕雅典舰队，所以派遣一支军队经陆路去往赫勒斯滂海峡。同一年，在赫勒斯滂

---

① 斯皮赖昂。

海峡的基诺塞马，雅典人用 76 艘战船击溃了伯罗奔尼撒人的
86 艘战船。

　　普律尼科司观点的缺陷在于，雅典人遵从了他的建议，就
永远不能确认自己有无能力与敌交战。斯巴达人完全可以拒绝
海战，而派遣军队在陆路行动；即便他们选择走海路，也可以
避开雅典海军，煽动更多叛乱。雅典人迫使敌人在海上与其交
锋的最大希望在于，用一支表面上处于弱势的舰队引诱敌人进
攻。普律尼科司若是没有摈弃机遇，就有可能迫使泰里蒙涅斯
为了挽救米利都而在海上与雅典人交战。雅典人若是留在米利都
作战，整个战争的轨迹都可能发生变化。雅典人的撤退不仅给了
叛军喘息之机和新的希望，在国内还使十位贤哲的温和民主制政
权失去了一次胜利。若是有了这次胜利，民主制政权就能获得莫
大的威望和公信力，雅典也就能抵御正在酝酿的寡头派阴谋。

　　斯巴达人目前在海上占据数量优势，他们可以用舰队解除
雅典人对希俄斯岛的围困，而希俄斯岛是伊奥尼亚叛乱的关键
所在，也是通往赫勒斯滂海峡的战略要地。但是，斯巴达人动
作太慢了。他们仍然害怕在宽阔海域与雅典海军对抗，并且缺
乏有经验和有才干的领导人。他们承担的与波斯人合作的义务
也很有问题，因为他们与波斯人各自心怀鬼胎，目标不一致，
必然导致延误与迟滞。

亚西比德投奔波斯人

　　在伊阿苏斯攻击阿摩基斯之后，泰里蒙涅斯回到了米利
都。斯巴达海军司令阿斯泰奥库斯还在希俄斯岛，他和他的舰
队之间被萨摩斯岛的雅典舰队阻隔。大约在前 412 年 11 月初，
提萨弗涅斯来到米利都，带来了他承诺的军饷：每名水手日薪

1 阿提卡德拉克马，发放一个月的薪水。但他宣布，他将来只会付这个标准的一半。脾气火爆的叙拉古指挥官赫莫克拉提斯迫使他做了妥协，将未来的军饷标准提高了一点点。

亚西比德没有参加这些讨论，因为在米利都战役之后他又一次改换阵营，离开了斯巴达人，投奔提萨弗涅斯。"在卡尔基丢斯死亡和米利都战役之后"（8.45.1），伯罗奔尼撒人普遍对他产生了猜忌。这位雅典变节者曾与卡尔基丢斯紧密合作，但卡尔基丢斯在一次袭击中阵亡，于是亚西比德失去了一位重要的支持者。大约同一时期，恩狄乌斯的监察官任期结束了，于是亚西比德在最需要靠山的时候失去了另一位位高权重的朋友，此时"他是阿基斯二世的私敌，而且由于别的原因，得不到斯巴达人的信任"（8.45.1）。他的出身、个性和履历一直让斯巴达人对他抱有怀疑，但古代作家没有解释为什么在伊奥尼亚的伯罗奔尼撒人突然相信他参与了叛变阴谋，并敦促给海军司令阿斯泰奥库斯送信，让他杀掉亚西比德。

原因或许是亚西比德在斯巴达鼓吹的计划失败了。雅典人似乎很快就镇压了帝国境内的叛乱；希俄斯岛不再是叛乱的中心和策源地，而是遭到围困并消耗着伯罗奔尼撒联盟的资源。亚西比德似乎还说服了斯巴达人与波斯合作。波斯人承诺向斯巴达军队支付军饷，但拖了很久才支付，如今还打算削减军饷。在亚西比德的建议下，卡尔基丢斯与波斯人缔结了对斯巴达不利且似乎认可大流士二世奴役希腊人的条约。在米利都，雅典人在一场陆战中击败了伯罗奔尼撒人，提萨弗涅斯的雇佣兵在此役中没有给伯罗奔尼撒人带来多少益处。提萨弗涅斯利用泰里蒙涅斯指挥的伯罗奔尼撒军队，不是为了打败雅典人，而是为了攻击阿摩基斯和伊阿苏斯。

亚西比德可能是在得知要求处死他的信件之后改换阵营
的，所以当提萨弗涅斯于 11 月初到米利都时，亚西比德应当
已经在他麾下有几周了。修昔底德说，亚西比德成了总督"大
小事务的顾问"，提萨弗涅斯"对他十分信任"（8.45.2；
46.5）。但这个波斯人自己也是个非常精明世故的家伙，他接
纳了这个两次变节的逃亡者。

无论对提萨弗涅斯还是对斯巴达人，双方的合作都没有预
期的那么顺利。叛乱并没有在雅典帝国境内迅速蔓延并很快带
来胜利，所以战争还会继续下去，需要大量兵力和巨额资金，
至少一部分资金需要由提萨弗涅斯提供。亚西比德在雅典和斯
巴达两大阵营中都有价值很高的联系人，可以担当提萨弗涅斯
的代言人，有效地帮助他与两大阵营打交道。亚西比德则需要
波斯总督的保护，也需要他顾问身份的地位：波斯总督是有可
能决定战争结局的人，而他是深得总督信任、与其过从甚密的
人，总督非常需要他，所以他也许有一天能够重返雅典。在此
之前，他始终待在提萨弗涅斯身边，似乎能够影响后者的决
策，这对他十分有利。当然提萨弗涅斯之所以允许这种局面存
在，也是因为它对自己有利。

亚西比德能够为提萨弗涅斯提供战略意见。他建议提萨弗
涅斯"不要太急于结束战争，不要将陆地和海洋都交给同一
个国家，所以不要将他正在准备的腓尼基①船只调来，也不要

---

① 腓尼基文明的发源地在今天地中海东部，大致在今日黎巴嫩一带，是重
要的航海和商业文明，在地中海周边建立了许多殖民地和城邦。前 539
年，腓尼基本土被波斯帝国的居鲁士大帝征服，从此沦为波斯的附庸国。
许多腓尼基人逃往迦太基和其他腓尼基殖民地。在波斯统治下，腓尼基
本土发展繁荣，为波斯帝国提供船只和水手。

增加他雇佣并发饷的希腊人数量"。最好的办法是"让希腊人自相残杀，将他们全部拖垮"（8.46.1－2）。亚西比德这么说可能是在陈述显而易见的事实，因为波斯人在爱琴海没有海军，没有办法赢得战争。至于腓尼基舰队，这是我们第一次听到有关它的计划。提萨弗涅斯是否真的打算借力腓尼基舰队，我们不知道；但在前 412 年初冬，并没有一支腓尼基舰队可供他调用。

亚西比德还建议提萨弗涅斯与斯巴达决裂，与雅典拉近关系。他指出，雅典人是玩世不恭的帝国主义者，会轻易放弃在小亚细亚的希腊人，任凭他们被波斯人统治，并且"是波斯帝国更合适的伙伴"，而斯巴达人是希腊人的解放者，会继续支持在小亚细亚的希腊人。所以，提萨弗涅斯应当"首先拖垮斯巴达与雅典双方，然后尽可能削弱雅典人的力量，最后将伯罗奔尼撒人从他的领地驱逐出去"（8.46.3－4）。这个建议从根本上讲是荒唐的，严重歪曲了斯巴达与雅典双方的秉性，但它符合亚西比德的需求。目前，对他来说最大的危险来自斯巴达人。另外，如果他能使波斯人与斯巴达人分道扬镳，就能获得雅典人的感激，或许还能衣锦还乡、荣归故里。提萨弗涅斯没有上亚西比德的当，而是执行对他自己合适的政策。他给伯罗奔尼撒人的军饷比第一批少了一些，而且也不按时发放，并不断向他们许诺，腓尼基舰队很快就会抵达，以让伯罗奔尼撒人留在自己身边但无所作为。

斯巴达与波斯的新协定

在前 412 年的最后三个月，伯罗奔尼撒舰队停留在米利都，而雅典人在萨摩斯岛集结了 104 艘船只，继续控制着大海。他们派遣舰队执行了各种任务，但斯巴达人仍然拒绝在海上应战，即便是他们拥有数量优势的时候。只有在希俄斯岛的阿斯泰奥库斯比较有进取心。上文已经讲到，他扣押了一些希俄斯人作为人质，以防止岛上发生革命；他还在这个地区发动了攻势，但他对大陆上雅典要塞的攻击失败了，最后由于天气恶劣而终止了行动。莱斯博斯岛派来使者，请求他帮助他们反抗雅典。他打算与莱斯博斯人合作，但斯巴达的盟邦在科林斯人的领导下拒绝接受，因为他们之前在莱斯博斯岛吃过败仗。过了一段时间，莱斯博斯人再次发出请求，这一次阿斯泰奥库斯敦促佩达里图斯（希俄斯岛的斯巴达总督）与他一起发动远征，"他们要么能够得到更多盟友，要么虽然不能得到盟友，却能打击雅典人"（8.32.3）。但佩达里图斯在希俄斯人的支持下拒绝参与。阿斯泰奥库斯愤怒地放弃了自己的计划，在离开希俄斯岛的时候发誓说，如果希俄斯人将来需要他的帮助，他绝不会来援助他们。

随后阿斯泰奥库斯前往米利都，去接管斯巴达主力舰队的指挥权，但在他抵达之前，斯巴达人和波斯人开始修改他们的第一份条约草案。斯巴达人提出开展新的谈判，以修改之前的不平等条约，谈判由泰里蒙涅斯执行，随后签订的条约便以他的名字命名。在某些方面，他对条约做了修改。一个新条款按照通常习惯，规定两国互不侵犯，而不是像之前那样规定亚洲的希腊城邦"属于"波斯国王。要求两国互相帮助以镇压叛乱的条款只对波斯有利，因此被删除了。新条约具体规定了波斯国王的义务，即支付他召唤的希腊军队的军饷，并明确规定两国的盟约为"友好条约"（8.37.1）。但这些修改只能算是文字游戏，因为波斯已经达到了目的，即利用伯罗奔尼撒军队来俘获阿摩基斯、占领伊阿苏斯，它近期内不再需要伯罗奔尼撒人的帮助了。

斯巴达却又一次做出了重大让步。卡尔基丢斯谈出来的条约要求两国阻止雅典人从其附庸国那里收缴贡金，新条约却禁止斯巴达人收缴任何贡金，这等于禁止建立一个斯巴达帝国以取代雅典帝国。波斯人答应为希腊军队支付军饷，但仅限于波斯国王传唤的那些部队，然而其他部队也需要吃饭。条约没有讲到波斯人应当支付的酬金具体数额。条约的主要变化在第一条："对于大流士二世国王、国王父亲或其祖先曾拥有的任何领土和城市，斯巴达人或其盟邦都不得攻击和伤害。"（8.37.2）提萨弗涅斯近期害怕斯巴达会攻击他自己的领地，并试图从被波斯人视为自己领土的城市征集资金。泰里蒙涅斯谈出来的条约要求斯巴达人不得采取这些行动。

斯巴达领导人为什么又要缔结一份对自己不利的条约？泰里蒙涅斯既不是出类拔萃的人才，也不是经验丰富的谈判者，但即便是绝顶聪明、身经百战的老外交家在当时的环境中也很难做得比他更好，因为斯巴达人的处境很糟糕，没有资格讲条件。提萨弗涅斯已经得到了他想要的，如果斯巴达人对他不满，他也无所谓，因为是斯巴达人急需波斯的金钱和支持来对付恢复了元气的雅典人。与波斯人缔结条约之后，泰里蒙涅斯正式将他的舰队交给海军司令阿斯泰奥库斯，然后乘坐一艘小船离开了，从此就退出了历史舞台，我们对他后来的命运一无所知。

尽管在米利都的时候阿斯泰奥库斯占据数量优势，他有约90艘三列桨座战船，而雅典人在萨摩斯岛只有74艘，但他拒绝交战，即便雅典舰队多次出动袭扰他。他的水手们开始抱怨，他这种避免交战的政策会有损伯罗奔尼撒联盟的事业，他一定是收了敌人的贿赂，"他为了一己私利……听命于提萨弗涅斯"（8.50.3）。实际上很容易解释阿斯泰奥库斯的无所作为，这并非由于他腐化和叛变。和绝大多数斯巴达海军指挥官一样，他天性谨慎，不愿意与雅典人交锋。而且说不定他相信提萨弗涅斯的诺言，即提萨弗涅斯将借腓尼基舰队来击败敌人，所以他在耐心等待腓尼基舰队的到来。

雅典人转向希俄斯岛，在该岛的东海岸登陆，开始在德尔菲尼昂设防，这是希俄斯岛首府以北的一个战略要地，拥有良港。与此同时，佩达里图斯处决了那些被怀疑同情雅典的分子，将温和派政权换为一个由小团体执政的寡头政权，他的严厉措施似乎把岛内支持雅典的活动镇压下去了。希俄斯人人人自危、心惊胆战、互相猜忌，并对雅典人非常畏惧。在这种困境中，他们请求阿斯泰奥库斯的帮助，但他仍然拒绝帮助他们。佩达里图斯返回斯巴达去检举海军司令行为不端，但他的努力在当下还没有收到任何成效。在德尔菲尼昂的雅典要塞对希俄斯人的危害就像狄凯里亚的斯巴达要塞对雅典人的危害一样，在某些方面更甚。希俄斯人拥有数量非同一般的奴隶，且对他们非常严酷。许多奴隶逃到德尔菲尼昂的安全地带，他们愿意以任何方式帮助雅典人。由于雅典人仍然掌握制海权，所以希俄斯人无法进口任何生活必需品。绝望之下，他们又一次哀求阿斯泰奥库斯"不要坐视不管，不要眼睁睁地看着伊奥尼亚最伟大的盟邦在海上被切断、在陆地遭袭击"（8.40.1）。

但阿斯泰奥库斯仍然不为所动，而且他有很好的理由：他和希俄斯人之间隔着 101 艘雅典战船，其中 74 艘在萨摩斯岛，27 艘在希俄斯岛。不过，斯巴达盟邦被希俄斯岛的求救感动了，敦促阿斯泰奥库斯去援救他们。面对这种压力，同时或许还害怕遭到斯巴达国内的批评或甚至更糟糕的反应，他终于做出了让步，同意起航。

斯巴达的新战略

但在阿斯泰奥库斯出航之前，有消息称安提西尼正率领一支舰队前来，并带来了 11 名顾问，这些顾问奉命"分担指挥事务，斟酌最有利之途径"（8.39.2；41.1）。这群顾问的领导人是富裕、有名且颇具影响力的利卡斯，奥林匹克运动会赛车竞技的胜利者和经验丰富的外交家。他一个人就能压倒海军司令。利卡斯和其他顾问拥有一项史无前例的权力：如果他们认为有必要，可以罢免阿斯泰奥库斯，并以安提西尼取而代之。无疑是佩达里图斯的检举信促使斯巴达政府派出了这个顾问团，但也是由于斯巴达国内对阿斯泰奥库斯表现的不满。顾问们还有一项使命是集结尽可能多的船只，将其交给兰斐亚斯之子克里阿库斯指挥，并将这支舰队送到赫勒斯滂海峡的法那巴佐斯处，以封锁海峡、切断雅典的商路。

这是斯巴达战略的根本性转变，肯定受到了原计划失败的影响，也反映了政治上的新动态。原先支持远征希俄斯岛计划的是恩狄乌斯和亚西比德，如今监察官恩狄乌斯已经离职，而雅典变节者也已经跑到提萨弗涅斯麾下。希俄斯岛遭到围攻，雅典人卷土重来，伯罗奔尼撒军队表现不佳或无所作为，与波斯的谈判仅得到了无法令人满意的协议和不可靠的支持，所以现在斯巴达人相信应当改换战略了。佩达里图斯的检举信在很大程度上是催化剂，促使斯巴达人重新考虑正在执行的政策。

为了避开雅典舰队，安提西尼的船只选择了非常迂回曲折的路线，在小亚细亚南海岸的考努斯登陆。他们在那里要求阿斯泰奥库斯派船只护送他们到米利都（目前伯罗奔尼撒联盟在伊奥尼亚的主要基地），因为他们预计米利都将遭到雅典人的挑战。阿斯泰奥库斯立刻抛弃了驶往希俄斯岛的念头，"他觉得没有什么比护送这样一支大舰队更重要，他们合兵一处便可以主宰大海，将受命前来调查他的斯巴达人安全送过来"（8.41.1）。这意味着放弃希俄斯岛和那里的斯巴达军队，但来自考努斯的传唤给了他一个很好的借口去避免远征希俄斯岛，即便那些心急如焚的盟友也不得不接受现实。

雅典人在得知安提西尼抵达考努斯后，派遣了20艘战船南下去拦截他，而阿斯泰奥库斯率领64艘战船去为安提西尼护航。雅典人毫不犹豫地仅派遣了20艘战船去抵挡兵力远胜于己的敌人，在萨摩斯岛仅留下54艘战船对付米利都的90艘敌船。南下的20艘雅典三列桨座战船应当会途经米利都，但指挥官卡尔米努斯似乎对斯巴达人的攻击威胁不以为意。

阿斯泰奥库斯率军南下，希望尽快与安提西尼会合。途中，大雨和浓雾打散了他的舰队，混乱中他撞上了雅典舰队。尽管卡尔米努斯也吃了一惊（他对阿斯泰奥库斯的计划一无所知，以为自己只会遇上安提西尼的27艘战船，而不是阿斯泰奥库斯的64艘），但还是决定进攻。在大雾掩护下，雅典人重创阿斯泰奥库斯左翼，但令他们瞠目结舌的是，整个斯巴达舰队将他们包围了。他们成功突围，损失了6艘战船。阿斯泰奥库斯没有追击他们，而是去了克尼多斯，在那里与考努斯的部队会合。随后，合兵一处的大舰队才驶往西米岛①，在那里

---

① 在罗得岛北面不远处的一个小岛。

建造了纪念碑，以宣扬战胜卡尔米努斯20艘战船的胜利。

　　但雅典人没有让斯巴达人长时间地享受胜利。尽管他们在萨摩斯的舰队加上卡尔米努斯的船只一共不到70艘三列桨座战船，而阿斯泰奥库斯有90艘战船，但雅典人还是主动出击为自己的"失败"复仇。然而这不过是徒劳一番。阿斯泰奥库斯虽然占据了这样大的数量优势，却仍然不肯出战。伯罗奔尼撒舰队合兵一处之后，顾问们开始调查阿斯泰奥库斯受到的指控，最终将他无罪开释，并确认了他的职务。

　　现在舞台搭好了，斯巴达人可以将他们的满腹怨言倾诉给提萨弗涅斯了，为他们发言的是威望极高的利卡斯。尽管斯巴达指挥官们的所作所为似乎表明他们与波斯的两份条约是有约束力的，但实际上斯巴达政府始终没有正式批准条约。利卡斯现在对两份条约表达了蔑视。"这太不像话了，"他说道，"波斯国王居然仍然自称统治着他和他的祖先曾经占领的土地，因为这意味着所有岛屿、色萨利、洛克里斯和远至玻俄提亚的所有地方将再次被他奴役；斯巴达人给希腊人带来的不是自由，而是波斯帝国的桎梏。"他警告道，除非修改条约，否则"斯巴达人不会遵守条约，也不会以此为条件寻求支持"（8.43.3-4）。

　　利卡斯如此愤愤不平，很难说他是真的热爱希腊人的自由，以至于对波斯义愤填膺，因为不久之后他就参加了第三份条约的谈判。而根据此份条约，亚洲的希腊城邦将被交给波斯，并且倒霉的米利都人"和其他所有位于波斯疆域内的城市都将成为波斯国王的奴隶，不过是以一种温和的方式"（8.84.5）。或许利卡斯相信前两次条约的谈判者受到波斯的恫吓，过于温顺，所以采用更强硬的路线能够带来更好的结果。更好的结果包括：关于希腊城邦地位的措辞不要让"希腊的解放者"斯巴达那么尴尬，以及波斯对斯巴达的财政支持的具体条件应当得到明确和改善。如果利卡斯这么想，就要失望了，因为提萨弗涅斯听了他的话，大发雷霆，拂袖而去。他清楚地认识到，斯巴达人需要他胜过了他需要斯巴达人，所以他完全可以等待，直到斯巴达人理解这一点。

对利卡斯的举动，我们还有一个解释，即他从斯巴达政府那里收到的命令是要求斯巴达指挥官们将战场从伊奥尼亚转往赫勒斯滂海峡，离开提萨弗涅斯辖区，改到法那巴佐斯辖区，因为法那巴佐斯或许是一个更好相处的搭档。或许利卡斯希望法那巴佐斯知道他与提萨弗涅斯谈判的基调，这也许能够有效地警示法那巴佐斯，斯巴达人进入了一个新战区。

罗得岛的叛乱

但是，一个意想不到的机遇耽搁了斯巴达人北上的行动。罗得岛的一群寡头派来到克尼多斯，希望说服斯巴达领导人支持岛上民主制城邦反叛雅典、培植寡头政权，并将罗得岛的丰富资源和充沛人力交给伯罗奔尼撒联盟。

斯巴达人很快就同意了，希望这次强有力的财富和人力输入能够帮助他们维持舰队，而无须向提萨弗涅斯要钱。他们的94艘战船驶往罗得岛西岸的卡米鲁斯，打得这座城市措手不及。前411年1月，罗得城、林都斯①和伊阿里苏斯②投奔了伯罗奔尼撒人。

---

① 罗得岛东部滨海城镇。
② 罗得岛东北部城镇。

现在，雅典未能占领米利都的错误酿成了恶果。他们从萨摩斯岛抵达罗得岛时，为时已晚，已经无法阻止叛乱。普律尼科司声称雅典人"已经有充裕时间做妥善准备……可以择日再战"，但罗得岛形势证明了他的判断是多么荒谬。75艘雅典三列桨座战船停泊在罗得岛岸边，向94艘斯巴达战船发起挑战，要求到外海交战。斯巴达人拒绝应战，于1月中旬将他们的船只拖到了罗得岛岸上，直到春季才将船只再次入水。

雅典人终于认识到，前一年没有在米利都与伯罗奔尼撒舰队交战是多么严重的错误，于是罢免了普律尼科司和斯基罗尼德斯，代之以列昂和狄奥墨冬。两位新将军立刻攻击罗得岛（此时伯罗奔尼撒人的船只还停放在岸上），击败了一支罗得岛陆军，然后转向附近的哈尔基岛①，从那里继续袭击和监视伯罗奔尼撒人。

此时，佩达里图斯向罗得岛上无所事事的斯巴达人呼救，求他们支援希俄斯岛。他解释说，雅典人在希俄斯岛的防御工事已经竣工，除非伯罗奔尼撒舰队全体火速赶来援救，否则希俄斯岛必将失陷。在等待伯罗奔尼撒舰队的时候，佩达里图斯自己用雇佣兵和希俄斯人攻击了岛上的雅典要塞，缴获了几艘停在岸上的船只，但雅典人发动了一次成功的反击，将佩达里图斯杀死。希俄斯人"在海陆两面，受到比以往更严密的封锁，发生了严重的饥荒"（8.56.1）。

罗得岛上的斯巴达指挥官不能无视希俄斯岛的求援，准备起航去援救，尽管此时发生了另一件十万火急的事情。玻俄提亚人占领了与优卑亚岛仅隔一条狭窄海峡的奥罗浦斯，优卑亚

---

① 在罗得岛以西约6公里处。

人大受鼓舞，掀起了叛乱，并请求伯罗奔尼撒舰队援助。任何地方的叛乱对雅典形成的威胁都比不上优卑亚岛，然而罗得岛的伯罗奔尼撒舰队却忽视了优卑亚人的求救，于3月前往希俄斯岛。途中，他们发现了从哈尔基岛北上的雅典舰队，但雅典人并不寻求与之交战，而是"继续前往萨摩斯岛"。然而仅仅是瞥见了雅典人，就足以让斯巴达人胆战心惊地撤回米利都，"因为他们已经不可能完全避免交战而成功地救援希俄斯岛"（8.60.3）。

优卑亚岛的重要性

双方在此事中的行动都需要解释。斯巴达人因为害怕雅典舰队而将船只在罗得岛岸上停放了一整个冬天，现在却出航北上，朝着雅典舰队的方向前进，那样必然与之发生冲突。但在看到敌人之后，斯巴达人又逃回了港口。雅典人前往哈尔基岛就是专门为了在海上捕捉斯巴达人，迫使其与己方交战。但机会终于出现时，他们却将机会白白放过了。

了解双方这些怪异行为的关键是，优卑亚岛对各参战国的重要性。一方面，优卑亚岛对雅典是至关重要的。这一年晚些时候优卑亚岛发生叛乱，"雅典人比以往恐慌得多。不管是当时特别严重的西西里岛灾难还是其他事件，都不曾让他们如此魂飞魄散"（8.96.1）。由于优卑亚岛"对雅典人的价值超过阿提卡"（8.96.2），在爱琴海的雅典指挥官的首要任务一定是立刻起航去保卫优卑亚岛，尽管这样会使罗得岛的斯巴达舰队兴风作浪、掀起新叛乱、援救希俄斯岛、威胁萨摩斯岛和莱斯博斯岛，并前往赫勒斯滂海峡，威胁雅典人的生命线。但是，雅典人并没有去优卑亚岛，而是去了萨摩斯岛，因为从那里可以迅速行动，要么赶往优卑亚岛，要么切断斯巴达舰队。雅典人在北上途中并不寻求与斯巴达人交战的原因是，他们希望尽快抵达萨摩斯岛，以做好准备受命赶往优卑亚岛。

另一方面，斯巴达人在得知奥罗浦斯被占领和优卑亚岛的叛乱后，推断雅典人会立刻起航，使斯巴达人北上的路途畅通，于是斯巴达人就能去救援希俄斯岛。但当他们看到雅典舰队恰恰就在他们的必经之路上时，便放弃了希俄斯岛，选择返回米利都的主基地，因为那条道路是安全的。

与此同时，爱琴海发生的事情已经改变了提萨弗涅斯对局势的判断。他与斯巴达拉开距离，因为斯巴达看起来是两个大国中更强的那个，而他的战略是将两国都拖垮。利卡斯的强硬言辞或许使提萨弗涅斯觉得雅典人是更好的合作伙伴，但这年冬季的事件证明他的判断是错误的：雅典人虽然数量较少，却仍然控制着大海，而斯巴达舰队显然不敢与雅典人交战。提萨弗涅斯不再关心斯巴达能否取胜，而是关注斯巴达人的绝望可能促使他们做出什么事情来。斯巴达人从罗得岛征集的资金不足以维持伯罗奔尼撒舰队一个月的时间，更不用说他们在那里实际停留的八十天了。提萨弗涅斯担心斯巴达人在资金耗尽后，"会被迫打一场海战，并且一定会失败或者水手大量逃亡，使斯巴达船只空空荡荡，雅典人在不需要提萨弗涅斯帮助的情况下就能达到自己的目的；除此之外，他最害怕的是斯巴达人会为了寻找粮草和金钱而蹂躏（亚洲）大陆"（8.57.1）。他希望斯巴达舰队留在米利都，接受他的管制；舰队可以保卫这个具有战略意义的港口免遭雅典人攻击，他也可以监视舰队的一举一动。

与波斯的新条约

斯巴达人至少同样急切地希望与波斯人和解。波斯人与雅典人的谈判令斯巴达人越来越紧张，斯巴达人缺乏资金；这个冬季的事件也表明，他们若希望在海上击败雅典，就需要依赖波斯人的大规模援助。于是，斯巴达领导人于 2 月在考努斯与提萨弗涅斯谈判，缔结了一份新条约。和之前的条约一样，它当中包含一个互不侵犯的条款，提及波斯给斯巴达的经济援助，以及无论战争还是和平都共同进退的承诺，但这份最新条约与之前版本的差别具有关键意义。这将是一份正式条约，需要两国政府的批准。大流士二世国王一定批准了条约的第一条——"亚洲的全部属于波斯国王的领土将为波斯国王所有；波斯国王对如何处置其领土可以自行决断。"（8.58.2）虽然这种说法非常冠冕堂皇，却放弃了之前条约中涉及的关于欧洲土地的内容，这是对利卡斯做出的让步。但是，大流士二世对亚洲的绝对主宰是非常明确的。

这份条约与之前几次的最重要差别之一在于，它提到建议动用"国王的船只"。前几次条约的意思基本都是，斯巴达人及其盟邦将承担作战任务，波斯国王仅有经济义务。但根据新条约，大流士二世的海军将承担取得军事胜利的使命和重担。波斯代表现在同意，仅在国王的船只抵达之前，出资维持伯罗奔尼撒军队；国王的船只抵达之后，伯罗奔尼撒军队可以自费继续留在战区，或者从提萨弗涅斯那里接受金钱，但这不是无偿资助，而是要在战后偿还的贷款。波斯与斯巴达两国将并肩作战。

实际上，波斯战船对希腊战船的战例很不光彩，而且波斯人始终没有投入一支自己的舰队。不管波斯海军的战斗力究竟如何，波斯人投入增援部队的承诺促使利卡斯和其他斯巴达领导人批准了新条约，尽管它实质上比前几次条约好不了多少。

就连波斯人放弃亚洲之外领土的宣言也没有多少实际意义，因为波斯人在这一条上并无诚意。但是，斯巴达人正式放弃了在亚洲的希腊领土，还放弃了他们作为希腊民族解放者的身份，这是新条约中令斯巴达人非常窘迫的让步。自雅典在西西里岛的灾难以来，斯巴达人对雅典的屡次作战均告失败，所以他们相信要赢得这场战争，除了与波斯人合作之外，别无他法。

斯巴达人在赫勒斯滂海峡

尽管波斯人始终没有派来舰队，波斯的金钱的确帮助斯巴达人恢复了主动权，而波斯与斯巴达和解的消息甚至受到了一些小亚细亚希腊人的欢迎。因为斯巴达人没有能力在海上挑战雅典，他们现在选择了除此之外的唯一办法：派遣一支陆军，在德尔库利达斯将军的统领下，从陆路去往赫勒斯滂海峡。他们的第一个目标是米利都的殖民地阿卑多斯（在亚洲海岸），但他们抵达海峡之后，又希望在这整个地区煽动反对雅典的叛乱，并切断雅典的贸易路线和粮食补给线。伯罗奔尼撒军队出现在赫勒斯滂海峡至少能迫使雅典人将其舰队从爱琴海往北调动，使各附庸国有机会反叛。

前 411 年 5 月，德尔库利达斯抵达了赫勒斯滂海峡，很快就煽动了阿卑多斯及其附近的兰普萨库斯（见地图 24）的叛乱。雅典将军斯特罗姆比基德斯率领 24 艘船只（其中一些是载着重步兵的运兵船）收复了兰普萨库斯，但无法夺回阿卑多斯。在赫勒斯滂海峡欧洲一侧的塞斯托斯，他建立了"一

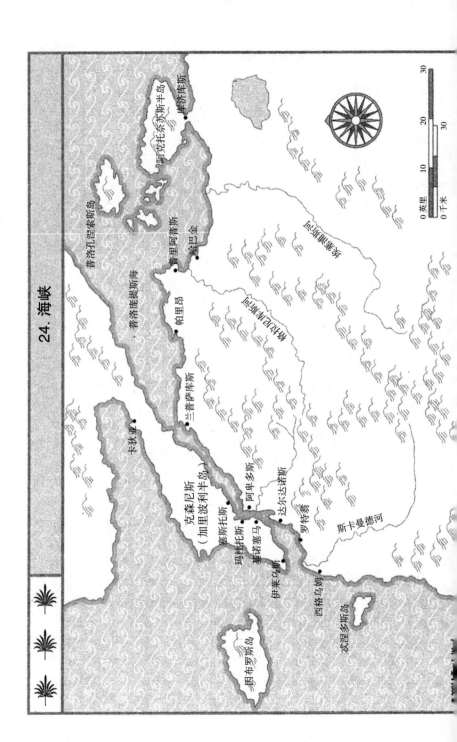

24. 海峡

座要塞和监视整个赫勒斯滂海峡的瞭望哨"（8.62.3），但他无法将斯巴达人从这个关键水道的据点逐出。

斯巴达的新战略很快就对爱琴海战区产生了影响。一段时间以前，斯巴达人派遣军官列昂去接替佩达里图斯的希俄斯岛总督职位。列昂带着 12 艘战船从米利都出发，与 24 艘希俄斯三列桨座战船会合，组成了一支 36 艘战船的舰队。雅典人派遣了 32 艘船只去拦截他，但其中一些是运兵船，它们在海战中没有用。尽管伯罗奔尼撒舰队占了上风，却无法在天黑之前赢得一次决定性胜利。雅典人对希俄斯岛的封锁仍在继续，但伯罗奔尼撒人及其盟友已经证明，他们在海战中完全可以打得很出色。

随后，斯特罗姆比基德斯被迫将雅典舰队的大部分调到赫勒斯滂海峡，只留下 8 艘战船守卫希俄斯岛周边海域。这让阿斯泰奥库斯鼓起勇气，从萨摩斯岛旁溜过，抵达希俄斯岛。然后，他率领从希俄斯岛和米利都征募的 100 多艘战船从希俄斯岛出发，前往萨摩斯岛，与雅典人争夺制海权。他鼓起勇气，而敌人却越来越怯懦，雅典人不肯应战。修昔底德解释说，雅典人没有出来与阿斯泰奥库斯交战，是因为"他们互相猜忌"。这指的是前不久雅典国内爆发的一场冲突，将雅典公民分成了互相敌对的派系，对雅典的生存构成了严重威胁。突然间，整个局势发生了逆转：雅典丧失了制海权和战争主动权，并且受到内斗的困扰。

第二十八章
革命运动（前 411 年）

　　自前 431 年战争爆发以来，雅典人民在二十年的热战和冷战中表现出了令人称赞的团结。他们无法自由使用乡村的农场和房屋，被迫挤进拥挤的城市中心，遭受严重的瘟疫，最后还在西西里岛蒙受了惨重损失，经历了可怕的苦难，但他们仍然团结一心。自一百年前雅典驱逐僭主以来，雅典人一直保持着这值得称道的团结统一。西西里岛灾难之后，雅典人出人意料地迅速夺回了制海权，似乎能消除那次蹩脚行动的恶果，收复帝国境内的失地，也似乎能重获胜利的希望。然而，波斯的参战使这些前景都暗淡下来。前 411 年，潜伏已久的敌视民主制的力量开始在雅典复苏，其利用波斯的严重威胁和亚西比德的野心，去攻击民主制政权。

　　颇具讽刺意味的是，前 411 年是雅典从僭主统治中获得解放（此后建立了世界上第一个民主制政权）的一百周年纪念。在这一百年里，雅典发展得繁荣强盛，雅典人民渐渐将民主制视为雅典理所应当的政体。不过，民主制在希腊各城邦当中还是很少见的，大多数城邦都由寡头政权统治，有的寡头统治集团人数较多，有的则较少。雅典的上层阶级也接受了民主制，参与争夺领导权的竞赛，或简单地置身事外，但在伯罗奔尼撒战争之前，雅典几乎所有的主要政治家都是贵族出身。

贵族传统

有些贵族从来没有抛弃对民众统治的鄙夷，这种偏见在希腊传统中根深蒂固。在荷马史诗里，贵族做出决策，发布命令；普通百姓安于自己的位置，服从贵族。前 6 世纪时的墨伽拉诗人泰奥格尼斯是贵族，但他的世界被政治和社会变革颠覆了，他的诗歌带有愤恨，他的思想一直到前 4 世纪仍然对反对民主制人士产生强有力的影响。泰奥格尼斯根据出身将人类分为两种：善良且高贵的人和恶劣且卑贱的人。只有贵族拥有判断力和虔敬，只有他们能做到温和、克制和公正。广大群众缺乏这些美德，因此是无耻而傲慢的。另外，好的品质是无法传授的："生养一个人容易，教他理智却很难。从来不曾有人找到一种办法，让一个蠢货变聪明，也不能让坏人变善良……如果能够炮制思想并将其灌输给一个人，那么一个好人的儿子永远不会变坏，因为他会听从好的建议。但永远没有办法通过教导让坏人变好。"（Theognis 429–438）

前 5 世纪中叶时底比斯诗人品达的观点受到雅典上层阶级的极大推崇。他的思想与泰奥格尼斯如出一辙：出身高贵的人天生就在智力和道德上比广大群众优越，而这种差距是不能通过教育来消除的。

> 光辉血统的意义重大。
> 一个人可以学习，却仍然昏聩无能，
> 东摇西晃，始终步履蹒跚，

他的头脑粗陋，

吸收了一千种美德的碎片。

(*Nemea* 3. 40 – 42)

只有天生睿智的人才能理解：

我臂弯下的

箭筒里

有许多锋利的箭。

它们对理智者发言；

大多数人需要译员。

睿智的人凭借血统便懂得许多事情；

粗陋的人需要被教导。

他们什么都说。他们无聊地喋喋不休，

像乌鸦，与宙斯的圣鸟形成对比。

(*Olympia* 2. 83 – 88)

在被这种思想塑造的人看来，即便说得好听些，民主制也是愚蠢的，它也可能变得不公正和不道德。前5世纪20年代一位佚名作者（常被称为"老寡头派"）写的小册子《雅典政制》① 揭示了一些雅典人在战争期间的不满情绪。"至于雅典人的政制，我不会赞扬他们选择了这种政制，因为他们这么做就是将大部分权力交给了粗鄙民众，而非善人。"（1.1）那些安全而有薪水的职位给了群众；那些危险

---

① 与亚里士多德的同题文章是截然不同的两部作品。（作者注）

的职位，如将军和骑兵指挥官，则由选举产生，给了"最有资格的人"（*Constitution of the Athenians* 1.3）。

"老寡头派"这样的人的愿望是，他们的国家能成为一个"欧诺弥亚"①。这是斯巴达人给他们的政体取的名字，品达也用这个说法来称呼科林斯的寡头政权。在这样的政体下，最优秀和最有资格的人制定法律，好人惩罚坏人；好人"不会允许疯子出席议事会或者在公民大会发言。但由于这些好的措施，人们当然会陷入奴役"（1.9）。作者希望群众通过奋斗来保持民主制这种"恶政"，因为这对他们有好处。"但任何更愿意居住在寡头制城市而不是民主制城市的人，就要做好变得不道德的准备，因为他们知道，坏人在民主制城市比在寡头制城市更容易潜伏、不引人注意"（2.19）。不足为奇的是，抱有这种信仰的人将把推翻民主制视为道德义务。

民主制与战争

在伯罗奔尼撒战争期间，对民主制的敌视不仅仅是哲学思考，还变成了实际问题。漫长的战争、苦难和匮乏，无法赢得决定性胜利的所有战略，以及西西里岛灾难，人们很容易将这些归罪于政权的性质和领导政府的人。雅典长期缺少像客蒙和伯里克利那样强势且受尊重的贵族领导人，也缺乏民主制和反对者之间的缓冲地带。前 411 年，领导权的真空似乎增加了政治俱乐部的权力，这些俱乐部在雅典政治中的作用越来越重

---

① 欧诺弥亚得名自希腊神话中司管明智法律与良好秩序的女神，是时序三女神荷赖之一。赫西俄德的著作《神谱》中记载，她是宙斯和忒弥斯的三个女儿之一，主要是维护社会的司法、纪律与安定。正义女神狄刻与和平女神厄瑞涅（另外两位荷赖）是她的姐妹。

要，尤其是增加了民主制敌人的力量。这些俱乐部的成员和其他有产阶级人士为了维持战争，承担了史无前例的沉重的经济负担。而且在战争期间，纳税人群体也萎缩了不少，从战前的大约2.5万名成年男子减少到战争后期的约9000人。

到前411年时，许多雅典人（不仅仅是寡头派）开始考虑对民主制进行一些改良，甚至改换政权。此项运动的肇始者是流亡海外的亚西比德。和以往一样，他这么做不是出于意识形态，而是出于个人私利。他非常精明地认识到，提萨弗涅斯对他的保护是转瞬即逝的，他们发生利益分歧只是时间问题。亚西比德不可能返回阿基斯二世统治下的斯巴达，所以他准备利用他对提萨弗涅斯的暂时影响力，赢得安全返回雅典的机会。

亚西比德的第一个步骤是与萨摩斯岛上"最重要的雅典人"（可能是将军、三列桨座战船船长和其他有影响力的人）取得联系，请求他们在"精英人士"（8.47.2）面前提到他的名字，并告诉他们如果"精英人士"愿意以寡头统治取代民主制，那么他将返回雅典，并带来提萨弗涅斯的支持。这个计谋奏效了，"因为在萨摩斯岛的雅典士兵感到，亚西比德确实能对提萨弗涅斯产生影响"（8.47.2），于是开始通过使者与亚西比德对话。修昔底德有一段非常重要但很少引起人们注意的话，他认为寡头派运动的始作俑者是雅典领导人："即便没有亚西比德的影响和诺言，在萨摩斯岛的三列桨座战船船长们和最显赫的雅典人也热切希望推翻民主制。"（8.47.2）

修昔底德此处说在萨摩斯岛的所有雅典领导人都抱有这样的动机，肯定是错的，因为有一位我们知晓名字的三列桨座战船船长——斯泰里亚的吕库斯之子色拉西布洛斯——从来就不是民主制的敌人。从一开始，萨摩斯人得知有寡头派图谋推翻

他们的民主制政权时，便来找色拉西布洛斯和其他人，这些人
"似乎始终特别敌视那些密谋者"（8.73.4）。色拉西布洛斯和
他的同僚集合起来，保卫萨摩斯民主制政权，镇压了寡头派叛
乱。他们迫使所有士兵宣誓忠于民主制。完全支持民主制的军
队罢免了将军们，选举了可靠的民主派人士为将军，其中就有
色拉西布洛斯。在战争的余下时间里，他一直是一位忠诚的民
主派领导人，在战后则是抵抗和最终推翻三十僭主寡头统治、
恢复雅典民主制的英雄。如果修昔底德在这个问题上犯了错误
或者得到的信息有误，那么他在其他地方可能同样是错误的。
因此，我们绝不能毫不怀疑地全盘接受他的观点，而需要对每
一个事件做出自己的分析。

色拉西布洛斯与温和派

　　令人惊讶的是，尽管色拉西布洛斯忠于民主制，他却是萨
摩斯岛上支持亚西比德重返雅典阵营的人之一。所以，其他人
欢迎这位变节者回来的原因也可能不是他对民主制政权的敌
视，而是另有缘由。从一开始，萨摩斯岛上的雅典领导人就分
成至少两个派系。其中之一是色拉西布洛斯的派系，修昔底德
说他的"观点始终一致，即应当召回亚西比德"（8.81.1）。
但这意味着在前 412 年年末，这位毕生忠于民主制的领导人愿
意对民主制加以限制，至少是暂时的限制，因为只要当前体制
还在运转，就不可能恢复亚西比德的地位。亚西比德本人起初
公开表明他对寡头统治的支持，但色拉西布洛斯和其他真正的
民主派可能迫使他淡化了自己的措辞。亚西比德在与萨摩斯岛
的一个代表团会晤时，已经使自己的立场温和了不少，承诺
"如果雅典人不处于民主制统治之下"（8.48.1），就可以将提

萨弗涅斯拉到雅典同盟当中。他措辞的微妙变化是对色拉西布洛斯等人的妥协，后者愿意修改政体（贤哲的出现就已经改变了政体），但不愿意走得更远——改为寡头制。

色拉西布洛斯在说服萨摩斯岛的雅典军队授予亚西比德豁免权并选举他为将军之后，便亲自乘船去往提萨弗涅斯营地，接回亚西比德。正如修昔底德解释称："他把亚西比德带回了萨摩斯岛，因为他认为对雅典来说唯一安全的办法就是让提萨弗涅斯离开伯罗奔尼撒人，将其拉拢到雅典阵营。"（8.81.1）色拉西布洛斯相信，如果波斯和斯巴达仍然保持盟友关系，那么雅典就完蛋了。要赢得战争，雅典就必须争取波斯的支持，而只有亚西比德能办到这一点。

前 411 年夏季，最死硬的寡头派排斥亚西比德，认为他"不适合"参加寡头制政府，此后亚西比德向在萨摩斯岛的雅典人做了一些提议，从中可以窥见色拉西布洛斯可以接受的对民主制的限制是什么。当时亚西比德的建议是在四百人议事会通过暴力建立寡头政权之后，将其解散，并恢复旧的五百人议事会；他还要求停止向为公共机构服务的人发饷，这意味着贫穷雅典人不能再担任官职；另外还要建立五千人的政治实体，将完整、积极的公民权仅限于重步兵阶层或地位更高的人。

因此，色拉西布洛斯在当前一定愿意接受这些条件，但不接受更狭隘的四百人议事会。最适合描述色拉西布洛斯立场的是"温和派"这一传统说法。这个词在前 411 年指的是将战争胜利视为高于一切的人，即便胜利需要雅典民主制做出让步。

真正的寡头派

但其他一些与亚西比德谈判的人就是真正的民主制之敌

了。他们也有很多种类，都希望以某种形式的寡头统治永久地取代民主制。这个阴谋集团的两位成员是普律尼科司和派桑德，他们都曾是蛊惑民心的流氓政客。战争结束几年后，一位雅典演说家指控这两人之所以协助建立寡头统治，是因为他们害怕自己因对雅典人民犯下的累累罪行而遭到惩罚。但我们不能确定，私人的考虑是否也是让这些先前取悦民众的民主制政客参与寡头派阴谋的原因之一。

无论如何，他们不愿意为了赢得战争而将亚西比德召回。普律尼科司始终反对他回国，"并且表现出他自己是最希望实行寡头统治的人……他开始工作后便表现出他是最可靠的人"（8.63.3）。派桑德很快开始反对亚西比德，并成为最凶暴、思想最狭隘的寡头派领导人之一。他提议建立四百人的寡头政府，并在推翻帝国境内各民主制城邦和雅典的过程中起到了主导作用。寡头统治倒台之后，他投奔了斯巴达人。

当在萨摩斯岛的"三列桨座战船船长和最重要人士"派代表去找亚西比德的时候，派桑德和色拉西布洛斯可能都是这个代表团的成员。在会议上，亚西比德承诺"如果他们不保留民主制，波斯国王会非常信任他们"（8.48.1），就可以将提萨弗涅斯和波斯国王拉到雅典阵营。亚西比德运用他的巧言善辩消除了温和派的犹豫不决。"不保留民主制"可以用既适合温和派也适合寡头派需求的方式来阐释，而"以寡头制代替民主制"则不能做这样弹性的解读。

领导人们下一步应当做的是让"合适之人"宣誓合作，组成一个可以正常运转的政治实体。这个群体可能包括参与米利都军事行动的重步兵，但色拉西布洛斯也在其中，说明这不仅仅是一个寡头派密谋。这个新群体将萨摩斯岛的雅典人召唤起来，"公开告诉大家，如果他们召回亚西比德，并不再由民主制政权统治，那么波斯国王将成为他们的朋友，为他们提供金钱"（8.48.2）。普通士兵不知道这个群体的某些成员在密谋建立一个狭隘而永久性的寡头政权，群体内部的色拉西布洛斯等人也不知情。

修昔底德将集结起来的士兵和水手称作"暴民"，这些"暴民尽管在当时对这样的局面有些恼怒，但还是陷入了沉默，因为从波斯国王那里得到报酬听起来很诱人"（8.48.3）。修昔底德对雅典士兵和水手做如此描述是不公平的。就像他对前415年群众普遍支持远征西西里岛的解释一样，他在这里也声称贪婪是雅典人的唯一动机，尽管事实上肯定有更复杂的情感和考虑在起作用。前412年和前411年，这些人和他们的家人以及他们的城市已经受到威胁；在随后的年月里，他们的行为也一再证明了他们的爱国主义精神和对雅典民主制的忠诚。

普律尼科司反对亚西比德

正式决定此事的时间到了之后，在领导人会议上，除了普律尼科司之外，大家都愿意接纳亚西比德。普律尼科司不赞同这样的观点，即亚西比德或其他任何人能够将波斯人拉拢到雅典阵营。他也不认可这样的说法，即放弃民主制有助于保全雅典帝国。他不认同阶级斗争和关于政体形式的内部争端的重要性，而认为自治权压倒一切。他警告说，雅典的任何盟邦"都不愿意被奴役，不管奴役它的是寡头政权还是民主制政权；而是希望得到自由，不管给它自由的是寡头政权还是民主制政权"（8.48.5）。

除了这些考虑之外，普律尼科司坚持主张亚西比德是不值得信任的。政体的安排对亚西比德来说没有任何意义，他关心的仅仅是安全返回而已。他回到雅典城之后会引发内战，导致雅典毁灭，因此绝不能允许他回国。即便遭到了这样的强烈反对，雅典领导人毕竟急于找到改变城邦命运的办法，因此这次会议还是决定接受亚西比德的建议。他们指派派桑德领导一个使团去雅典，在那里尝试就迎接亚西比德归国的问题进行谈判，并消灭现行的民主制政府，争取提萨弗涅斯的支持。

普律尼科司现在发现自己处于很大的危险当中，因为当他反对亚西比德归国的消息传到后者那里，亚西比德一定会很快寻求报复。绝望之下，普律尼科司设计了一个计划去阻止亚西比德归国以保全自己。随后发生的复杂事件令学者们长期为之困惑，虽然我们不能百分百确定，但下面是一种可能的事件还原：对于普律尼科司在此事中的行为，最好的解释是他长期对亚西比德抱有强烈敌意，因而孤军奋战地反对恢复亚西比德的地位。他未能左右萨摩斯岛上的会议，害怕自己的人身安全受到威胁，便写信给斯巴达海军司令阿斯泰奥库斯（此时在米利都），将自己知道的和盘托出，即雅典人打算将亚西比德接回来，以及这位变节者答应争取提萨弗涅斯和波斯人支持雅典人。普律尼科司此时不知道亚西比德已经不在斯巴达阵营，所以推断阿斯泰奥库斯收到此信后会立刻逮捕亚西比德，于是雅典人的计划就破产了。阿斯泰奥库斯虽然再也没有办法逮捕亚西比德，却不能无视这个警告而让雅典人得逞。

他的解决办法是写信给提萨弗涅斯（此时在马格涅西亚①），与他直接对质。总督一定大为震惊，因为他肯定没有

---

①　伊奥尼亚地区的一座城镇，在今天土耳其西海岸。

向亚西比德做出任何形式的承诺。亚西比德的计划被挫败了，他在总督那里当即垮台。

亚西比德怒火中烧，写信给萨摩斯岛，将普律尼科司的书信告知他的朋友们，要求处死普律尼科司。普律尼科司原以为阿斯泰奥库斯会杀死亚西比德，雅典人的计划会当即完蛋，却不曾料到阿斯泰奥库斯会将他的信件泄露出去，于是他在恐慌之下赶紧写信给阿斯泰奥库斯，为其打败萨摩斯岛的雅典人出谋划策。现代学者很难相信，在阿斯泰奥库斯泄露了第一封信之后，普律尼科司竟莽撞地写了第二封信，即便第二封信的情况与之前大不相同。第一封信无意中提出了一个不可能实现的请求，因为亚西比德已经离开斯巴达阵营，斯巴达人没办法逮捕他。而第二封信给了斯巴达海军司令一个机会，不仅是可行的，而且还有希望取得重大胜利，也许能一举结束战争。亚西比德不是唯一一个头脑灵活、擅长随机应变且野心勃勃的雅典政治家，也不是只有他一个人为了自身安全和晋升而甘愿出卖自己的城邦。

但阿斯泰奥库斯害怕这是雅典人的陷阱，而且为了挫败雅典人的阴谋（其目的是劝说波斯改换阵营），他将第二封信的内容告知了亚西比德和提萨弗涅斯。与此同时，普律尼科司已经得知阿斯泰奥库斯又一次泄露了他信中的内容，于是设下了阿斯泰奥库斯所害怕的那个陷阱。普律尼科司警告雅典人，阿斯泰奥库斯将要进攻萨摩斯岛。而这进攻恰恰就是普律尼科司自己煽动起来的。亚西比德后来写了一封信给萨摩斯岛的雅典人，告诉他们普律尼科司叛变通敌以及斯巴达人即将发动进攻，雅典人不再相信他，认为他是"不值得信赖的人"（8.51.3）。狡猾的雅典变节者被比他更聪明的骗子

打败了。亚西比德的信不仅没有对普律尼科司造成不利，还
让雅典人证实了普律尼科司警告的真实性，整个事件至少在
短期内加强了普律尼科司的地位，使雅典人对亚西比德越来
越不信任。此事还导致了提萨弗涅斯与亚西比德决裂，使他
没有机会兑现向萨摩斯岛的雅典领导人做出的承诺。雅典人
与提萨弗涅斯谈判的失败使寡头派密谋者不再对召回亚西比
德感兴趣，还导致斯巴达与波斯又缔结了一份新条约。反对
雅典民主制的第一次阴谋破产了。

第二十九章
政变（前 411 年）

派桑德前往雅典的使命

前 412 年 12 月底，萨摩斯岛上企图改变雅典民主制的人们派遣派桑德带领一个使团前往雅典。他们还不知道亚西比德已经失去了雅典人的信任，所以执行了原先的计划，即将亚西比德迎接回国，请他从中调停，帮助雅典与波斯结盟。因为像色拉西布洛斯那样的温和派仍然支持亚西比德建议的修改政体，并且努力在这当中起到重要作用，所以真正的寡头派需要淡化言辞，以遮掩自己的真实目的。

使者们向雅典公民大会传达的信息是，国家的生存和胜利取决于波斯的援助，而只有亚西比德能获得波斯援助，因此需要恢复他的地位。为了做到这一点，就需要对民主制加以限制。他们向公民大会保证，雅典人只需要"采纳另一种形式的民主政府"（8.53.1）。不管措辞多么巧妙，他们提议的两个方面都遭到了强烈反对。很多人反对以任何形式对民主制做任何改动，而亚西比德的各色敌人则反对将他召回。大会上群情激愤、吵吵嚷嚷，发言者不断地被抱怨声和嘘声打断。虽然这次群众大会混乱而不友好，派桑德的讲话还是取得了不错的效果。他的优势是他此前是一位激进的民主派政治家，因此被视为"左翼分子"，所以其比保守派政治家更容易得到群众的信任。他利用了自己的这个优势。他询问那些起哄的人，斯巴达的船只数量和雅典的一样多，但盟邦比雅典多，再加上从波斯获得的金钱，雅典人是否有办法解救雅典城？除了召回亚西比德、获得波斯援助之外，他们是否有其他的希望？没有人能回答他，喧嚣的人群沉默下来。随后派桑德给出了不可避免的结论，即对民主制加以限制：必须改变政体，才能召回亚西比德并得到波斯的支持。

他的两个问题都是骗人的。我们已经看到，亚西比德没有办法让波斯支持雅典，也没有证据表明波斯人关心雅典的政体究竟是什么。革命运动中的寡头派就只是希望改变政体而已，为了达到这个目的，也愿意接纳亚西比德。一些温和派希望对民主制加以某些特定的约束，其他人则希望保持民主制当前的模样。但他们全都相信亚西比德是赢得波斯支持的关键所在，而要让他回国就需要改变政体，他们愿意付出这个代价。

派桑德精心选择他的措辞，不仅要符合温和派同僚的意愿，还要满足听他发言的民主派群众。他警示道，"除非我们的统治更为理智，并在更大程度上将官职交给少数人"（8.53.3），否则雅典人不可能达成目标。这意味着民主制将会大体保持原样，只是对官职人选做一些限制。很多人可以接受这个，视其为温和与务实的举措，是不得已而为之。雅典国库空虚，没有办法支付官员的薪水，所以干脆将官职仅限于那些不需要薪水的人。他指出，危机时期不适合探讨政体的形式。他向大家保证，如果对新政体不满意，随时可以恢复旧政体。

尽管公民大会对派桑德"关于寡头统治"（8.54.1）的话颇为不悦，但他还是劝服了大多数人：要想得到安全，别无他

途。所以，出于恐惧以及相信他们的行动是可逆的，雅典民众
接受了他的论断。公民大会派遣派桑德和其他十人去与亚西比
德和提萨弗涅斯谈判，"自行斟酌最佳途径"（8.54.2）。

为了开辟道路，派桑德指控普律尼科司出卖了伊阿苏斯
和阿摩基斯，于是消灭了普律尼科司这个潜在的绊脚石。从
技术上讲，这个指控是诬陷，但人们对它的理解是普律尼科
司应当对在米利都逃避交战负责。如今人们都已经认识到，
在米利都逃避交战是一个灾难性的错误。在此事上他肯定有
罪，于是雅典人投票决定罢免普律尼科司和同僚斯基罗尼德
斯的将军职务，以狄奥墨冬和列昂代之。因此，派桑德利用
公众的愤恨情绪达到了自己的目的。

在离开雅典之前，他拜访了各俱乐部（其中大部分人都
是寡头派分子），以便"共谋大计，推翻民主制"（8.54.4）。
对于这些听众，他可以直抒胸臆，直言不讳地敦促大家建立狭
隘寡头制，不需要为了符合温和派盟友的意愿而再三思量自己
的用词。

寡头派与亚西比德决裂

派桑德和其他使者随后乘船前往提萨弗涅斯的宫廷，在那
里他们看到亚西比德坐在总督身旁，代表他发言。但亚西比德
表面上的自信和强大影响力是虚假的，因为此时"亚西比德
在提萨弗涅斯身边的地位已经不是很稳固"（8.56.2）。在此
之前，修昔底德一直将亚西比德描绘为得到总督真诚的尊重、
享有很大的影响力。所以当亚西比德写信给萨摩斯岛的朋友，
说他能够将波斯拉到雅典阵营时，他一定相信自己有这个能
耐。但是现在，修昔底德却告诉我们，提萨弗涅斯在继续执行

拖垮斯巴达与雅典双方的计划，于是亚西比德与他的关系也变得岌岌可危了。

普律尼科司和阿斯泰奥库斯之间的通信已经揭示，亚西比德在瞒着总督，为自己的利益而活动；他在秘密筹划返回雅典，丝毫没有考虑提萨弗涅斯的意愿。在此事被揭穿之后，总督对这位奸诈顾问的信任一定动摇了，于是不再打算支持雅典（如果提萨弗涅斯真的曾有过这个打算的话）。目前提萨弗涅斯将恢复中立政策，他一定在接见派桑德及其同僚之前将这个决定告知了亚西比德，所以才让这个雅典流亡者担任他的代言人。

因此，在这次会议上，亚西比德清楚地知道自己没有办法兑现诺言，提萨弗涅斯的要求是雅典人不可能接受的。所以，他所能做的仅仅是继续假装自己得到总督的宠信，并让大家觉得雅典与波斯谈判失败是因为雅典人不讲道理，而非亚西比德无能。会议拖得很长，中间休会两次，提萨弗涅斯要求将小亚细亚西海岸的所有城邦、"邻近岛屿及其他土地"（8.56.4）全部交还波斯。这包括罗得岛、萨摩斯岛、希俄斯岛和莱斯博斯岛等富饶且重要的地点。雅典使者同意将这些地方割让给波斯。但在最后一段讨论中，亚西比德传达了总督的要求，即雅典人必须允许"波斯国王在任何地方建造任何数量的船只，并在他自己的海岸沿线航行"（8.56.4）。

事实上，自波斯人于前 479 年被希腊人击败以来，波斯人就被禁止派遣战船进入爱琴海或赫勒斯滂海峡，因为雅典及其帝国的安全需要将波斯舰队排除在这些海域之外。现在，波斯国王的总督却坚持要求恢复希波战争之前的局面。自由的雅典公民大会绝不会接受这一点，于是派桑德及其同僚拒绝了这个要求。愤怒的雅典使者相信亚西比德欺骗了他们，并且与提萨弗涅斯沆瀣一气。但亚西比德在一个方面取得了成功：雅典人没有想到他其实没有能力兑现诺言，而是相信他出于某种原因，故意不兑现诺言。于是，关于亚西比德权势和影响力的神话得以继续传扬下去。

修改雅典民主政体的运动此刻出现了危机。亚西比德不愿或不能将波斯拉到雅典阵营，于是他的计划对色拉西布洛斯等温和派的吸引力就消失了。色拉西布洛斯与修改政体运动下一次发生接触时，就成了它的不共戴天之敌，不过他一定将该运动的一些成员拉到了反对派。那些仍然赞成修改政体的人从来就没有喜欢过亚西比德，此后就决定"放弃亚西比德，因为他拒绝加入他们，另外他也不适合参与寡头制政府"（8.63.4）。他们放弃了获取波斯支持的打算，但他们比以往更坚定地希望消灭民主制，因为他们为这个目标而采取的行动开始让自己处于危险境地。

密谋集团内部的分歧

此时，修改政体运动的成员已经公开宣布，他们打算改变政体。他们若在此时以亚西比德欺骗了他们，或者亚西比德没有能力兑现诺言为由放弃计划，还是安全的。三列桨座战船船长色拉西布洛斯和其他温和派在与亚西比德和提萨弗涅斯的谈判失败之后，就是这么做的。

在仍然赞成修改政体的人当中，有一些是真正的寡头派，他们想要的是革命本身，而不是为了争取波斯支持而发动革命。也有一些人的立场不是这么极端，但可能已经对充满弊病的激进民主制不抱希望，并且害怕民主制会犯下更多错误。他们也可能意识到国家需要开源节流，而这与现行体制（继续向官员和公共服务支付薪水）是不相符的。

但是，留在修改政体运动中的这两个群体都处于岌岌可危的位置。他们再也不能宣称自己的目标是获得波斯的支持。色拉西布洛斯脱离运动也一定会让他们的敌人逐渐认清他们的真实面目；色拉西布洛斯将会成为这些反对派的优秀领导人，因为他对运动内情很了解，也非常有才干。在得到波斯援助的希望完全破灭之后，仍然继续坚持改变政体的人会逐渐被视为民主制的敌人和潜在的僭主。但他们仍然决心保持运动的生命力，自掏腰包，并绝不向斯巴达屈服。

运动现在必须转入地下，变成一个密谋集团。他们明确了取得彻底胜利所需的三个目标：控制萨摩斯岛的海军基地；在帝国各地煽动寡头派革命；在雅典建立寡头制政权。于是，他们开始在萨摩斯岛争取重步兵和农民的支持，这些人不像舰队桨手那样热忱地支持激进民主制；他们还与岛上的"显贵要人"合谋在岛上建立寡头政权。

与此同时，派桑德带着曾参与提萨弗涅斯谈判的一半使团成员，乘船前往雅典，以便在帝国境内建立寡头政权。另外五名使者则分散到爱琴海各地，去做同样的事情，但在这一过程中遇到了麻烦。密谋者之一狄爱特雷菲斯将军起初成功推翻了萨索斯岛的民主制政权，建立了寡头统治。但不久之后，尽管雅典也建立了寡头统治，萨索斯寡头派却与其他流亡的寡头派联手，在岛上设防，抵御雅典人可能的进攻，并召来了科林斯将军提莫劳斯率领的一支舰队。萨索斯岛的寡头派不再需要雅典人强加给他们的"贵族统治"，因为他们可以与斯巴达人结盟，从而享有"自由"。

萨索斯岛事件支持了普律尼科司的论点，即用寡头制代替民主制未必能让各附庸国接受雅典的统治。修昔底德指出："各城邦有了温和政府和自由之后，就自行其是，转为绝对的自由化，根本不管雅典所谓的寡头政权。"（8.64.5）

民主制被推翻

尽管经历了这次失望，派桑德仍然对自己的使命充满希望。在雅典，他征募的那些极端派贵族青年已经刺杀了一些民主派领导人，其中包括安德罗克利斯，他是当时受民众欢迎的主要政治家，寡头派杀他不仅因为他是擅长煽动民众的政客，还是为了取悦亚西比德。这些寡头派显然还不知道局势已经发生了变化，不晓得密谋集团领导人的目标也发生了变化，所以他们仍然鼓吹温和派的纲领，公开提议不再为服兵役的人支付军饷，并将公民权仅限于重步兵阶层或地位更高的五千人。

与此同时，这些贵族青年还在刺杀其他一些被选定的政敌，这不是温和派能够赞同的做法。除安德罗克利斯之外，他们"以同样的方式，秘密杀死了其他一些对他们造成不便的人"（8.65.2）。这些谋杀事件是恐怖政策的一部分，目的在于削弱反对派，以便更轻松地推翻民主制。公民大会和议事会仍然召开会议，但现在寡头派运动的成员控制了会议议程，也只有他们发言，因为他们的对手都因为恐惧而陷入沉默。"若有人胆敢反对他们，他们便立刻以某种方便的手段杀害他。"（8.66.2）谋杀犯得到容忍，不曾受到调查、逮捕、指控和审判。民主派成员不敢公开地互相交流，互不信任，因为即便是有名的民众煽动家派桑德和普律尼科司也曾摇身一变，成了寡头派领导人。

密谋者就这样制造了恐怖气氛，在合法性、正当程序和民众认同的假象掩护下控制了国家，而无须直截了当地动用武力。在公民大会的一次会议上，他们建议任命一个三十人委员会（包括十名贤哲），委员会拥有全权，将在"指定日期"起草"治国良方"。这简直就是授权他们起草新宪法。受到恫吓的公民大会未提出质疑便通过了这个建议。

三十人委员会在指定日子做了报告，但不是按照惯例在雅典的普尼克斯山，而是在城外约 1 英里处一座叫克罗诺斯西比乌斯的山上。选择这个地点，可能是为了让下层阶级更加畏惧；虽然一队武装重步兵出现在会场，可以理解为对城墙之外的集会提供保护，但将开会地点转移到一个不寻常的地方，这本身就是一个令人不安的现象。三十人委员会没有为国家安全或管理国家提出建议，而仅提出一项动议："允许任何雅典人提出任何建议，而不对其施加惩罚。"（8.67.2）这意味着，宪法中禁止提出非法动议的条例被暂时搁置了。

在此次会议的紧张气氛（群众受到恫吓，会议受到严格控制）下，这样的措施不是为了允许大家自由发表意见，而仅仅是为那些筹划革命的人提供法律保护。只有派桑德一个人发言，阐述了密谋者的计划。与战争无关的公共服务人员将不再得到报酬，但九位执政官①和五百人议事会的执行官员除

---

① 执政官（Archon）的字面意思是统治者或领主，是古希腊许多城邦最高长官的职衔。雅典早期的共和国体制中，每年有九位执政官，掌管政治、军事和宗教事务，分别为名年执政官（Eponymos Archon，他掌权的那一年以他的名字命名）、军事执政官（Polemarch）、宗教执政官（Archon Basileus）及六名立法者。执政官从富裕阶层选举产生，起先任期十年，前 683 年后改为一年。前 487 年后，执政官在公民当中抽签产生，军事执政官的职责被每年十位将军（Strategos）的制度取代，十位将军每天轮流担任军事执政官，军事执政官仅在名义上是十将军的上级。名年执政官在名义上是民主制雅典的国家元首，但政治意义已经弱化很多。

外，他们的薪水是每人每天半个德拉克马。派桑德提出的计划的核心部分是组建一个四百人议事会，"拥有全权，按照他们认为最好的方式治国理政"（8. 67. 3）。四百人议事会成员将通过一种复杂而间接的方式选出。在如此杀气腾腾的环境下，四百人议事会的成员无疑是密谋者内定的人选。此外，计划还指定了一个包括重步兵阶级及以上人员在内的五千人名单。四百人议事会得到授权，在自己认为必要时召集五千人会议。

公民大会通过了这些措施，没有反对意见，随后便解散了。政变成功了。在雅典统治了近一个世纪的民主制政府被一个新政权取代了。新政权将下层阶级排除在政治生活之外，将统治权交给了一个狭隘的寡头制集团。

尽管规定五千人的条款是骗人的，但对前411年的雅典人而言，这些建议大体上与温和派的计划相一致。为了打仗，必须节约经费，所以削减公务人员的薪水；在战争期间，激进民主制必须让位于一个更受限制、温和的政权。因此，四百人议事会也可算作一个临时性的执政团体，仅仅在五千人大会接管权力之前有效。

余下要做的就是处理亚西比德和他的诺言（将提萨弗涅斯和波斯人拉到雅典阵营）。尽管派桑德知道这已经不可能办到，但我们不知道温和派此时有没有得知与提萨弗涅斯的谈判已经破裂。雅典的温和派继续支持政变，或许是因为他们还没有听说与提萨弗涅斯谈判破裂的消息，但即便听说了，他们仍然有理由保持原路线。萨摩斯岛上的温和派即便在得知关于亚西比德和波斯的希望破灭之后，仍然支持政变；和他们一样，雅典的温和派也继续坚持下去，这可能是"因为他们已经身处险境"，因此更安全的办法就是继续前进。或许，他们仍然真诚地希望节约国家资金以便投入作战，并且相信将公民权局限于有产阶级是帮助雅典生存下去并赢得战争的最好办法。

寡头派领导人

　　推翻民主制运动的领导人是派桑德、普律尼科司、安提丰和塞拉门尼斯。前两位，像"四百人"中的大多数一样，仅仅是自私自利的机会主义者，为了个人野心而行动。但安提丰的谋划却不同。普律尼科司和派桑德是高度活跃和为人民熟知的政治家，安提丰却在幕后活动。他可能是雅典最早的一位专业的演讲稿撰写人，赢得了修昔底德的仰慕，被誉为"最有才干帮助别人在法庭或公民大会斗争的人"。但他不是民主制的朋友，并且"由于他危险的聪明，而成为群众怀疑的对象"。正是他"设计了整个计划，并确定了此事发展到当前阶段的方法"（8.68.1）。我们有充分的理由相信，安提丰认为雅典最好的前途就是推翻民主制和建立一个真正的狭隘寡头政权。他愿意为了实现这个前途而努力工作，也愿意为了达成目标而不择手段。修昔底德说"在他所处的时代，安提丰的勇气和美德不逊于任何人，他最擅长构建一种思想，并用演讲将其表达出来"（8.68.1）。

　　但在前 411 年起到最大作用的却是塞拉门尼斯。他也是四个人当中最有争议的一位，有些人指控他是寡头派，是民主制的敌人，他的敌人称他为"对左右脚都合适的悲剧靴子"。但他的整个政治生涯表明，他是一位爱国者和真正的温和派，真诚地忠于将权力交给重步兵阶级的政体，不管是受限制的民主制，还是执政基础较宽泛的寡头制。

　　出于各自不同的原因，受到不同哲学思想和目标的驱动，这四个人"开始剥夺一个民族的自由。这个民族不仅自己不曾臣服于其他人，并且在半个世纪以来习惯于统治其他人"（8.68.4）。

派桑德没有为新政权接管政府定下确定的日期，许多雅典人一定认为，他们的掌权会推迟到大约一个月之后，那时本届议事会年度就结束了。但密谋者行动迅捷，在前411年6月9日，也就是克罗诺斯会议结束仅仅几天之后，就夺取了政权。当雅典人去往他们在城墙和操练场的军事哨所时，密谋者们采取了行动。他们之前为了政变特地从蒂诺斯岛、安德罗斯岛、卡利斯图①和埃吉那岛征募了四五百名武装人员，这次将其派上了用场。

"四百人"的长袍下藏着匕首，在120名令雅典心惊胆战的年轻贵族的帮助下，冲进了议事会大厅。他们向议事会的民主派成员支付了当年余下时间的薪水，然后命令他们出去。议员们拿了钱，不加抗议地乖乖离去了，没有其他人施加干预。"四百人"抽签任命了议事会执行人员和主持会议的官员（这是旧时议事会的惯例），然后举行了就职仪式上惯常的祈祷和献祭。他们尽一切努力保全体面，让大家觉得他们是延续前一届议事会的正常的、合法的机构，但很少有人上当。自前510年庇西特拉图僭主家族被驱逐以来，雅典国家第一次被威胁和暴力手段控制了。

---

① 优卑亚岛上的一座城镇。

第三十章

"四百人" 掌权（前 411 年）

　　最积极地建立"四百人"政权的人并非温和派，但由于他们需要温和派的支持，便隐藏了自己的真实目的，承诺将来会走温和派路线。为了这个目的，克罗诺斯西比乌斯山上的会议指定了一个登记委员会，以确定"五千人"的名单（这个名单始终未能完成），并组建了另一个委员会，起草未来的永久性宪法。这些措施是为了说服温和派，"四百人"的统治是临时性的，危机结束后便会让位于"五千人"的新政体。

　　因为极端寡头派的目的是让"四百人"仅仅暂时掌权，最终建立一个统治基础更狭隘的寡头政权，所以他们被迫采用了一些欺骗手段。于是，草拟宪法的委员会达成了"妥协"，提议了两种新宪法，其中一种被立刻采纳，另一种则将在未来采纳。即刻生效的宪法是对极端寡头派的正式授权，给予"四百人"议事会合法地位，允许它"自行决断，便宜行事"（Aristotle, *Constitution of the Athenians* 31.2）。雅典人必须接受"四百人"议事会在宪法问题上颁布的任何法律，同意不对其做任何修改，并赞成不再引入新法律。这些措施实际上就是允许"四百人"随心所欲，想掌权多久就掌权多久。

　　为了维持温和派的效忠，"四百人"还为将来制定了一部宪法草案。它从根本上讲是不完整的，因为它没有涉及司法，但它提议了一个没有薪水的议事会，其成员来自"五千人"里年龄超过三十岁的人，分成四个群体，轮流代表整个议事会执政一年。将军和其他主要官员将从正在任职的议事会中选拔，所以他们在每四年中只能任职一年。这种安排是为了阻止民众领袖的崛起。然而，这部草案的可行性和文件细节实际上都无关紧要，因为寡头派根本不打算让这部宪法生效，它也始终不曾生效。目前，温和派对将来有一部温和宪法的前景感到满意，觉得具体细节可以慢慢敲定。

夺权八天之后，"四百人"正式建立了新政权。宪法起草委员会颁布了两部新宪法，声称它们已经得到"五千人"的批准。这个说法是觍颜的扯谎，因为"五千人"的名单根本不存在。但大多数雅典人太害怕、太糊涂也太无知，所以没有提出任何问题。在这个公共事件之前与之后，大多数人相信"五千人"可能已经选好了。"四百人"当中的温和派知道真相，但他们不声张，相信这样的欺骗手段是他们所期望的转型的一个必要部分。他们的目标是得到萨摩斯岛上雅典军队的忠诚，新政权的合法建立与将来广泛而温和政府的前景都是达成这个目标的步骤。

寡头势力的崛起是因为战争中的一次危机，而它的革命性诞生却导致了国内的另一场危机，所以它从一开始就遇到了强有力的挑战。当务之急是保障雅典城的安全。"四百人"随后要争取萨摩斯岛雅典军队的忠诚，并将雅典人民团结在他们的统治下。此外，"四百人"还要做出决策，决定如何处置雅典的各附庸国，以及如何将战争继续打下去。他们应当继续作战吗？如果是这样，应当采纳何种战略？如果不继续作战，应当寻求怎样的和平条件？雅典政府在长远的未来应当采取何种形式？对于这些问题，"四百人"从一开始就有很大的分歧。

为了给民众留下温和、合法与延续的印象，"四百人"通过抽签选拔议事会的主席，就像在民主制中一样。为了恢复对雅典武装力量的直接控制权，他们匆匆任命了一些新将军、一名骑兵指挥官和十名部落领袖，而没有遵循宪法所要求的合法程序。我们知道名字的将军当中有四位是极端寡头派，塞拉门尼斯和另外一人是温和派，这个比例可能与"四百人"中极端寡头派与温和派的比例相似。"四百人"中的极端寡头派希望召回被民主制政府放逐的那些人，其中大部分是民主制的死敌。如果将流亡者一概召回，就会包括亚西比德，而他们不信任他、畏惧他。但如果大赦单单排除亚西比德一人，就会疏远温和派（其与亚西比德仍有紧密联系），所以他们没有实施大赦。

从一开始，政变的表面目的就是为了赢得战争，但"四百人"上台之后很快就开始与斯巴达议和。尽管新的寡头政权一再保证将继续作战，但是人们应当很清楚地认识到，消灭民主制和继续战争是不能并行的。雅典人获得胜利的唯一希望是舰队的强大，这意味着必须和下层阶级及其民主派领袖合作。只要城市的安全依靠他们来维护，对民主政府的攻击就不可能长期不受阻挠。然而，与斯巴达达成和约，哪怕只是短期和约，就能让大多数船只停放在码头，让水手们分散开。在这种情况下，寡头派就能够通过恐怖手段和争取重步兵的支持来强行建立一个新政权。到那时，他们就可以通过谈判缔结永久性和约，并让雅典处于寡头统治之下。

但这条路线也不会走得轻松，因为温和派完全有可能坚持要求继续作战，或者提出斯巴达人不大可能接受的条件。虽然大多数极端寡头派也希望得到比较合理的条件，但他们愿意"以任何可以忍受的条件"接受和平，即便那意味着放弃雅典的城墙、舰队和自治权。正是为了防止这种结局出现，塞拉门尼斯不久之后便领导了一场运动，推翻了"四百人"的统治。他和温和派愿意与斯巴达缔结和约，条件是雅典保持独立，保留其帝国和权力，哪怕维持现状（一些附庸国已经反叛）也可以，但不愿意放弃更多。虽然极端派愿意做出更多让步，但至少在谈判的最初阶段他们与温和派是一致的。

于是，"四百人"派遣使者去狄凯里亚拜见阿基斯二世国王，提出和平建议：双方保留当前控制的土地。阿基斯二世立刻拒绝了，表示"除非雅典人放弃海洋帝国"（Aristotle, *Constitution of the Athenians* 32.3），否则绝不议和。斯巴达国王认为雅典人的议和建议表明他们很虚弱，于是从伯罗奔尼撒半岛调集一支大军，派到雅典城墙附近与他在狄凯里亚的部队会合。但是，雅典人还没有准备屈服。在斯巴达军队逼近城墙时，来自社会各阶层的武装力量——骑兵、重步兵、轻步兵和弓箭手——发动袭击，将斯巴达军队打退了。

雅典人的坚决使阿基斯二世明白，胜利不会那么轻易地获得。此役之后，"四百人"继续寻求和谈，而清醒过来的阿基斯二世敦促雅典人派遣使者直接去斯巴达。他不愿意让别人觉得他阻碍和平，但也不愿意亲自参与和谈，免得他谈出来的条件不被斯巴达政府接受。

萨摩斯岛的民主制政权

现在，"四百人"将注意力转向萨摩斯岛上正在恶化的问题。他们的原计划是让该岛成为寡头制国家，但这个计划很快遇到了麻烦。派桑德说服一些机会主义的萨摩斯政治家组建一个"三百人"密谋集团，这个集团使用了与"四百人"在雅典的恐怖策略相类似的手段。"三百人"谋杀了希帕波鲁斯（他自前416年遭到陶片放逐以后便生活在这个岛上），作为效忠于雅典寡头派的证据，但这样的暴力活动在萨摩斯岛没有收到先前在雅典的效果。作为回应，萨摩斯民主派寻求最受信赖的雅典民主制支持者的支持，包括将军列昂和狄奥墨冬、三列桨座战船船长色拉西布洛斯和斯拉苏卢斯（此时只是一名普通重步兵），这些人"似乎始终反对寡头派密谋者"（8.73.4）。

萨摩斯岛局势也足以证明，变革雅典政府的密谋从一开始就成分复杂，包括好几个不同的群体。列昂和狄奥墨冬既不是寡头派也不是激进民主派，他们看到国家大祸将至。尽管他们对这个计划并不满意，但也一定接受了这样的主张，即召回亚西比德、修改雅典的民主政体。他们是将军，因此密谋者不能将他们排除出"四百人"核心圈子，这个圈子还包括派桑德这样货真价实的寡头派。因此，在外人看来，列昂和狄奥墨冬似乎也是寡头派成员，这就能解释为什么萨摩斯岛的雅典民主派后来驱逐了他们，另外还驱逐了被认为不可靠的将军和三列桨座战船船长。

更令人惊异的是，民主派信任三列桨座战船船长色拉西布洛斯，他是亚西比德的强烈支持者，也是寻求波斯援助计划的创始人之一。他被选为四名受命拯救萨摩斯民主制政权的雅典领导人之一，说明参与此事的人已经认识到，"四百人"并不都是一路货色，其中也有民主制的真正朋友。

被选中的四位雅典人开始向可靠的雅典士兵发出警报，尤其是向雅典的通信船"帕拉鲁斯"号发警报，这艘船的船员以支持民主制和仇恨寡头制而闻名。列昂和狄奥墨冬在出航执行任务时总是谨慎地留一些船只守卫萨摩斯岛，并确保"帕拉鲁斯"号是留下的船只之一。因此，萨摩斯寡头派发动政变时，雅典水手得以阻止他们，尤其是"帕拉鲁斯"号的船员。得胜的萨摩斯民主派将政变的三十名主谋处死，将另外三人放逐，但大赦了其他人。按照当时的标准，这算是了不起的自我克制，而且这个努力很快得到了报偿。"从此以后，萨摩斯人作为公民同胞，生活在民主制之下。"（8.73.6）

因为这些事情发生在雅典政变不久之后，所以萨摩斯岛上的人还不知道雅典城已经建立了寡头统治。因此，当"帕拉鲁斯"号抵达雅典，宣布萨摩斯岛民主派得胜的重大消息时，船员们立即遭到逮捕。只有一位特别热忱的民主派人士凯利亚斯孤身逃脱，匆匆返回萨摩斯岛。他对雅典形势的描述比实际情况更恶劣：人民遭到鞭笞的惩罚；寡头制政府不容许任何批评的声音；妇女和儿童遭到虐待；寡头派企图监禁萨摩斯岛上不支持他们事业的人的亲属，并威胁将他们杀死。据修昔底德记载，"他还撒了许多谎"（8.74.3）。凯利亚斯的话令雅典士兵大为光火，"他们抓住了寡头统治的主谋分子"以及"其他参与其中的人"，打算将他们乱石打死，但"立场比较温和的人"制止了士兵们（8.75.1）。"寡头统治的主谋分子"应当是派桑德和普律尼科司的亲信，而"其他参与其中的人"一定包括列昂和狄奥墨冬这样的温和民主派，因为士兵在群情激愤之下将他们的将军职位罢免了。"立场比较温和的人"肯定包括色拉西布洛斯和斯拉苏卢斯，因为他们成了这些民主派事件的领头人物。他们还阻止了暴力活动，赦免了那些参与寡头派运动早期阶段的人，前提是这些人向雅典和萨摩斯武装部队宣誓："接受民主制，和谐地生活，努力奋战反对伯罗奔尼撒人，敌视'四百人'，绝不与其议和。"（8.75.2）此后，岛上的雅典人和萨摩斯人将并肩作战，共同反对雅典的"四百人"以及伯罗奔尼撒敌人。

萨摩斯岛的雅典士兵推选色拉西布洛斯和斯拉苏卢斯等人来取代被罢免的将军。这个选举将军的举措相当于宣布主权，即宣布自己的合法性，拒绝承认雅典国内寡头制政府的合法性。新领导人宣布，代表大多数人的不是雅典城的寡头派，而是广大将士和海军，只有他们才能控制帝国及其收入。这么说鼓舞了士兵们的斗志，是雅典城造反并背叛了他们，不是他们背叛了雅典城。以萨摩斯岛为基地，他们可以打退敌人，并迫使寡头派恢复雅典的民主制。无论如何，只要仍然拥有强大的舰队，他们就是安全的。

与此同时，在距离萨摩斯岛不远的米利都，伯罗奔尼撒人自己也遇到了一些麻烦。在怒气冲冲的叙拉古人的带领下，很多士兵公开反对他们的领导人。他们抱怨称，雅典人内乱时，伯罗奔尼撒联盟的领导人却无所事事、错失良机。他们指责海军司令阿斯泰奥库斯消极避战、错误地信任提萨弗涅斯。他们对总督本人也很愤怒，因为他许诺带腓尼基舰队来，却始终不见舰队的影子；他给伯罗奔尼撒人的军饷数量不足，还经常拖欠。他们还指控他故意耽搁，企图消磨他们的力量。在士兵们的攻击下，阿斯泰奥库斯不得不召开会议，决定迫使雅典人与他们打一场大规模战役。在得知萨摩斯民主派对寡头派的攻击之后，他们希望趁敌人深陷内战之时发动攻击。

于是，他们于6月中旬率领整个舰队（112艘战船）前往萨摩斯岛。萨摩斯岛上的雅典人只有82艘战船，但他们及时得知了敌人的动向，向正在赫勒斯滂海峡的斯特罗姆比基德斯发布命令，要他赶回来参战。伯罗奔尼撒人出现的时候，雅典舰队在萨摩斯岛隐蔽起来，等待斯特罗姆比基德斯返回。伯罗奔尼撒人则在米卡列（在大陆上，与萨摩斯岛隔海相望）扎营，准备于次日出航。但他们得知斯特罗姆比基德斯已经回来了，雅典战船的数量增加到108艘，于是阿斯泰奥库斯下令撤回了米利都。雅典人追击敌人，希望能够打一场决定性战役，但阿斯泰奥库斯拒绝出港。尽管雅典人内部出现纷争，他们还是将力量对比恢复到上一年冬季时的状态：雅典战船虽然数量略少一些，却又一次掌握了制海权。

法那巴佐斯与赫勒斯滂海峡

从萨摩斯岛撤退使伯罗奔尼撒士兵和水手愈发恼火，他们加大了对阿斯泰奥库斯施加的压力，要求他采取有效的行动，但提萨弗涅斯未能兑现诺言、支付军饷，所以海军司令很难继续维持舰队。而另一方面，安纳托利亚北部的波斯总督法那巴佐斯答应，如果阿斯泰奥库斯将伯罗奔尼撒舰队转移到赫勒斯滂海峡，他就支持他们。博斯普鲁斯海峡岸边的拜占庭的公民也请求阿斯泰奥库斯去帮助他们反抗雅典人。此外，阿斯泰奥库斯还没有执行斯巴达政府给他的命令，即派遣一支部队在克里阿库斯将军的指挥下去援助法那巴佐斯。他的政策——留在伊奥尼亚、努力与提萨弗涅斯合作——显然已经破产，他再也不能耽搁了。

7月底，克里阿库斯率领40艘战船向赫勒斯滂海峡挺进。他害怕萨摩斯岛的雅典舰队，于是向西偏离直接路线很远，进入了更开阔的海域，但在那里遭遇了爱琴海上常见的突如其来

的风暴，这种风暴对三列桨座战船的打击是致命的。他放弃了
自己的目标，溜回米利都，那边的大海比较平静。与此同时，
10艘战船在更勇敢或者说更幸运的墨伽拉将军希里克苏斯的
指挥下，进入了博斯普鲁斯海峡，成功煽动了拜占庭的叛乱。
不久之后，博斯普鲁斯海峡另一岸的迦克墩，以及库济库斯和
塞利姆布里亚①也加入了叛乱。

这些事件极大地改变了战略局势，因为叛乱分子和斯巴达
舰队进入了两条海峡（博斯普鲁斯海峡和赫勒斯滂海峡），威
胁着雅典的粮食供应，同样也威胁着它继续作战的能力。伯罗
奔尼撒人进入法那巴佐斯的势力范围也是个重大事件，因为在
此之前，他们只能依赖于提萨弗涅斯零星而不可靠的支持，并
且受制于他的阴谋诡计。现在法那巴佐斯成了盟友和金主，他
们可以期望得到更大的成功，尤其是他们现在横跨在雅典至关
重要的补给线上。

亚西比德的回归

萨摩斯岛上的雅典人迅速认识到伯罗奔尼撒人与法那巴佐
斯结盟对雅典构成了严重威胁，于是积极采取措施来应对。色
拉西布洛斯从来没有放弃敦促召回亚西比德（他认为这是赢
得战争的关键），最后终于得到了大多数士兵的支持。于是颁
布了法令，召回亚西比德，并授予其不受起诉的豁免权。色拉
西布洛斯本人则乘船陪同亚西比德到萨摩斯岛，"他认为唯一
能救雅典的办法，就是将提萨弗涅斯从伯罗奔尼撒阵营拉到雅
典这边"（8.81.1）。

---

① 拜占庭以西的一座城镇，今称锡利夫里（Silivri）。

　　但亚西比德得以回国的条件却不是他想要的那样。雅典人普遍不信任他，有些人则憎恨他。他不能返回雅典，只能来到萨摩斯岛；豁免权能暂时保护他，但未来仍然可能遭到清算。他想要的理想情况是，作为一个广泛联盟的领导人，光荣地返回雅典城，成为不可或缺的核心人物。然而，只有一个温和民主派的派系，在其领导人色拉西布洛斯的坚持下，将他带到了萨摩斯岛，而且萨摩斯岛还与雅典城不和。他的成功依赖于和色拉西布洛斯维持良好的关系，更不用说他的未来了。色拉西布洛斯虽然是一位忠实的朋友，但也是一个有独立思想的强势人物，绝不会受任何人操纵。因此，亚西比德抵达雅典营地后必须服从他的领导。

　　亚西比德在抵达萨摩斯岛之后，向那里的雅典公民大会讲了话，他的话也是说给雅典寡头制领导人和伯罗奔尼撒人听的。修昔底德将他的意图描绘为：希望赢得萨摩斯岛上雅典军队的尊重，恢复他们的自信心；增加伯罗奔尼撒人对提萨弗涅斯的猜忌，进而让伯罗奔尼撒人失去胜利的希望；让控制雅典的寡头派人士畏惧他的卷土重来，最终削弱极端寡头派的影响力。在演讲的核心部分，他继续撒谎，假装他仍然对提萨弗涅斯有很大影响力，而且总督也愿意帮助雅典人。提萨弗涅斯将把曾承诺给伯罗奔尼撒人的腓尼基舰队带给雅典人，但条件是雅典人必须恢复亚西比德的地位，以示诚意。雅典士兵们热切地相信安全与胜利终于要降临了，于是立刻选举他为将军，"将他们的全部事务都交给他管理"（8.82.1）。

　　事实上，亚西比德的演讲实在是太成功了，以至于热情洋溢的雅典军队希望直接驶向比雷埃夫斯，攻击"四百人"。但亚西比德还需要时间与提萨弗涅斯会晤，让他知道自己再也不是没有祖国的亡命徒，不是依赖总督的保护才能苟活，而是萨摩斯岛雅典军队的新将军，一个不容小觑的人。修昔底德告诉我们，他"利用雅典人去吓唬提萨弗涅斯，利用提萨弗涅斯去吓唬雅典人"（8.82.2）。但要达成目标，他必须在雅典人采取任何行动之前先抵达总督那里。

与此同时，在米利都，伯罗奔尼撒人与提萨弗涅斯之间的关系越来越糟。他以伯罗奔尼撒人无所事事为借口，扣住他们更多军饷。此时连军官们也表示不满，他们攻击的对象主要是消极避战的海军司令阿斯泰奥库斯。他们觉得阿斯泰奥库斯对提萨弗涅斯太纵容，怀疑他收了总督的贿赂。图里人和叙拉古人激发了部队的不满情绪，向阿斯泰奥库斯索要军饷。指挥外国军队的斯巴达指挥官素来非常居高自傲，他傲慢而严厉地回答他们，甚至举起手杖威胁多利尤斯（指挥图里人的伟大运动员）。阿斯泰奥库斯若不是逃到祭坛前避难，多利尤斯的水手们会用乱石打死他。米利都人利用伯罗奔尼撒人的内斗，占领了提萨弗涅斯之前在城内建造的要塞，将其驻军驱逐出去，并且得到了盟军，尤其是叙拉古人的赞许。就在这个关头，8月，新任海军司令明达鲁斯前来接替了阿斯泰奥库斯。

这样的动荡一定让亚西比德很高兴。在动荡的部分时间里，他在米利都和提萨弗涅斯待在一起。他返回萨摩斯岛不久之后，雅典的"四百人"派来一个使团，尝试处理萨摩斯岛的局势。当使者们企图在大会上发言时，愤怒的士兵们高声咆哮，压倒他们的声音，甚至威胁杀死那些推翻了民主制的人。但过了一会儿，士兵们温和了一些，使者们传达了讯息。他们解释道，革命的目的是挽救雅典城，而不是出卖它。新政府不会是一个永久性的狭隘寡头制政权，"四百人"最终会让位于

"五千人"。凯利亚斯的指控是假的，士兵们在雅典的亲属很安全。但这些说法依然没能让听众平静下来。立刻攻击比雷埃夫斯和雅典城寡头派的建议得到了强有力的支持。修昔底德指出："在这个关头，除了亚西比德，没有人能够控制这群暴民。他做到了。"（8.86.5）修昔底德在此处和在许多其他地方一样，夸大了亚西比德的影响力（亚西比德可能是修昔底德史书的主要资料来源），因为色拉西布洛斯也在一定程度上约束了士兵，"参与其中，大声呼喊，因为据说他是雅典人当中嗓门最大的"（Plutarch，*Alcibiades* 26.6）。

亚西比德在答复使者们时，坚持要求采纳色拉西布洛斯及温和派的施政方针。"他不反对'五千人'的统治，但要求他们罢免'四百人'，并恢复五百人议事会。"（8.86.6）他赞同为了支持武装部队而节约经费的措施，并鼓励他们不要屈服于敌人，因为只要雅典城还安全地掌握在雅典人手里，和解的希望就存在。广大士兵和水手无疑更希望恢复完全的民主制，但他们的领袖仍然希望建立他们从一开始就想要的温和派政权，于是士兵和水手们服从了他们的意愿。

亚西比德演讲的主要靶子可能是雅典的执政团体。他的话是为了加强温和派的决心，去抵抗极端派正在筹划的任何过激行为，或许还能让温和派掌握政权。亚西比德演讲的更重要目标是威慑"四百人"，让他们不敢单独与敌人媾和并将城市出卖给敌人。这种威胁是真实存在的，因为在萨摩斯岛的军队很快就拿到证据，证明"四百人"又一次企图与斯巴达人议和，尽管"四百人"的使者始终未能抵达斯巴达。运载这些使者的船只的水手们起来反抗他们，将这些"对颠覆民主制负有主要责任"（8.86.9）的人交给了阿尔戈斯人，阿尔戈斯人则将这些人押解到萨摩斯岛。

前 411 年夏季快结束了，希望在雅典建立永久性寡头统治的人未能达成任何目标。他们原想通过建立寡头制来增强帝国的安全，不料却引发了更多叛乱。他们未能在萨摩斯岛扶植一个友好的寡头政权，却激怒了广大雅典军人，后者差一点就起航去攻击雅典城的寡头派。寡头派还疏远了色拉西布洛斯——改变政体运动的创始人之一——使他变成了寡头派的危险敌人；他们的朋友亚西比德曾经是寡头派计划成功的主要因素，如今也反对他们。色拉西布洛斯和亚西比德现在都要求解散"四百人"，他们还对雅典"四百人"内部的一些温和派朋友施加影响。寡头派与斯巴达议和的努力也失败了，他们唯一的希望就是说服斯巴达人在一切太迟之前挽救他们。

第三十一章
"五千人"（前411年）

寨头派的使者从萨摩斯岛返回雅典后，只将亚西比德的部分信息传达给了"四百人"。使者们告诉"四百人"，亚西比德坚持要求雅典人继续作战，不要屈服于斯巴达人；他希望与寨头派和解并赢得战争胜利。但使者们隐瞒了这些事实：亚西比德支持"五千人"，反对"四百人"继续统治，并且要求恢复旧的五百人议事会。如果使者们把这些情况如实相告，必然会加深运动内部的裂痕，但即便是这个经过修改的版本也令温和派颇受鼓舞，他们"是参与寨头统治的大多数，在此之前就已经很不满了，非常乐意用任何办法摆脱此事，只要办法是安全的"（8.89.1）。

"四百人"内部的分歧

"四百人"内部异见人士的领导者是塞拉门尼斯和斯基利里斯之子阿里斯托克拉特斯。塞拉门尼斯在这段时间的行为预示着他未来代表雅典温和派政权的大胆而活跃的政治生涯。阿里斯托克拉特斯是一位雅典显贵，曾经是一位重要的将军，有资格在《尼基阿斯和约》和与斯巴达的盟约上签字，并且还是前414年阿里斯托芬的喜剧《鸟》嘲讽的对象。和塞拉门尼斯与色拉西布洛斯一样，阿里斯托克拉特斯曾支持遏制雅典民主制的运动，后来又反对"四百人"；他也作为亚西比德的同党，在复苏民主制政权中发挥了很大作用。

在"四百人"内部心怀不满人士的讨论中，塞拉门尼斯和阿里斯托克拉特斯宣布，他们不仅害怕亚西比德和萨摩斯岛的军队，还畏惧"那些向斯巴达派遣使者的人，担心这些人不与大多数人磋商，就做出危害城邦的事情来"。但塞拉门尼斯和阿里斯托克拉特斯等人小心地避免使用反革命言辞，免得引发更多恐怖镇压和公开内乱，那样会使雅典城被斯巴达轻松征服。于是，他们坚持要求"四百人"兑现诺言，"切实指定'五千人'（而不是仅仅拉出一个名单来），并建立更平等的政体"（8.89.2）。

除了特定个人的野心外，塞拉门尼斯和阿里斯托克拉特斯等人受到了恐惧和爱国主义的驱动。随着局势恶化，极端派完全可能转而反对"四百人"内部的异见分子，而且极端派已经表现出铲除对手的意愿。另外，如果萨摩斯岛上的雅典民主派控制了局面，他们就不大可能对"四百人"的创始人宽大为怀。时间一天天过去，极端派为了挽救寡头统治和自己的性命而将城市出卖给斯巴达的可能性越来越大。但雅典的温和派决心保卫城市独立，坚持作战直到胜利。后来的事实证明，民主派公民同胞认可他们的贡献，多次任命他们为军事指挥官。所有这些因素都促使温和派尽快行动起来。

寡头派出卖雅典的阴谋

尽管使者们小心翼翼地没有把亚西比德的全部信息都传达给"四百人"，萨摩斯岛传来的消息还是让极端派领导人大为

警惕，以至于他们开始在比雷埃夫斯港口附近的爱提奥尼亚
（这是一块海岬，从港口入口处向南延伸）建造一座要塞。建
造新要塞的公开目的是让一支小部队控制港口，抵御内部敌人
从陆地一面发起袭击。但塞拉门尼斯和温和派立刻认识到，这
是一个潜在的危险。他们抗议道，新要塞的真实目的是"在
任意时间从海陆两路接纳敌人"（8.90.3）。亚西比德归国的
消息也让极端派更加害怕。他们"看到大多数公民和他们内
部一些之前被认为可靠的人，都在改变主意"（8.91.1）。虽
然他们更愿意保有自治权、在雅典建立寡头统治、保卫帝国的
领土完整，但如果丧失了帝国，他们就会寻求自治，而不是接
受民主制复辟。"为了挽救自己的性命，他们愿意引入敌人，
放弃船只和城墙，代表他们的城市以任何条件与敌人讲和。"
（8.91.3）于是他们加快了爱提奥尼亚的建设，并派遣十几个
人，包括安提丰和普律尼科司，"以任何可以忍受的条件"
（8.90.2）向斯巴达人求和。

对于这些谈判的具体情况，我们只能做一番猜测。这些雅
典人可能要求维持现状，就此议和，但斯巴达人拒绝了。于是
雅典使团从斯巴达返回，未能缔结协定，但他们与斯巴达人谈
了帮助极端派逃亡的问题：安提丰及其同僚做了安排，为了保
证自身安全，他们将出卖城市。

新要塞的护墙一天天升高，塞拉门尼斯也越来越公开、强
烈和勇敢地对此表示不满，尽管反对极端派非常危险，随时都
可能被告发或被暗杀。但一起性质完全不同的暗杀，终于促使
"反革命"爆发了。普律尼科司离开议事会大厅后，在拥挤的
阿哥拉被人杀死。杀手逃跑了，一个曾陪同杀手的阿尔戈斯人
即便遭受毒刑拷打，也不肯揭发暗杀密谋者。与此同时，消息

传到雅典，一支伯罗奔尼撒舰队打算援助优卑亚人的叛乱，在埃皮达鲁斯登陆了，随后袭击了埃吉那岛。这不是去往优卑亚岛途中的停留，而是径直开往比雷埃夫斯。塞拉门尼斯、阿里斯托克拉特斯和"四百人"内外的其他温和派，召开了紧急会议。塞拉门尼斯近期一直在发警报，伯罗奔尼撒舰队的真实目标不是优卑亚岛，而是雅典的港口。他现在要求采取行动。

阿里斯托克拉特斯指挥着比雷埃夫斯的一个重步兵团，他立刻逮捕了亚利西克利斯——"寡头派的一位将军，与俱乐部成员特别亲近"（8.92.4）。一位温和派下令铲除一名极端派将军，这受到了重步兵部队的欢迎。重步兵是武装部队的核心，如果极端派想要执行卖国求荣的计划，就必须先控制重步兵。当起义的消息传到雅典时，"四百人"正在议事会大厅内开会。极端派迅速反对显而易见的嫌疑犯——塞拉门尼斯。但他做出了令他们吃惊的事情，提议愿意参加援救亚利西克利斯的行动。极端派大吃一惊，不清楚塞拉门尼斯在此事中扮演的角色，也不愿意在关键时刻撕破脸皮，于是接受了他的提议，允许他带走了一位与他观点相同的将军。极端派能够采取的唯一反制措施就是，派遣极端派分子阿里斯塔库斯作为第三位将军陪同他们。

一支军队从雅典出发，去应对比雷埃夫斯的另一支军队，内战似乎是不可避免了。但比雷埃夫斯的军队指挥官是温和派，而从雅典出发的三名将军中有两名也是温和派，所以随后出现的不是一场决定性战役，而是一场滑稽表演。阿里斯塔库斯愤怒地要求重步兵奋力作战时，塞拉门尼斯假装训斥这些士兵。大多数重步兵犹豫地问塞拉门尼斯："正在建造的防御工事是对我们有利，还是应当被拆毁？"他答道，如果他们觉得最好把它拆掉，他就同意他们的意见。重步兵们立刻开始拆除防御工事，呼喊着："谁想要'五千人'统治，不要'四百人'，就来拆吧！"（8.92.10－11）

怂恿肯定是温和派计划的一部分，这是对"群众"的呼唤，鼓舞他们拆毁防御工事、挫败极端派向斯巴达人出卖城市的阴谋；也是向"群众"保证，新政权将依法治理国家。呼喊口号的士兵们若是有时间思考，或许会更希望直接恢复完全的民主制；但在塞拉门尼斯及其同僚的领导下，他们满足于推翻"四百人"的寡头统治，阻止极端派叛国投敌。

领导此次活动的温和派领导人不希望发生内战，所以他们的目标是迫使极端派屈服，而不是交战。次日，在军队彻底拆毁了防御工事并释放亚利西克利斯之后，他们便向雅典开进，但在一个操练场停了下来。"四百人"派的代表到达这里，与他们会面。这些代表承诺公布"五千人"名单，并允许以它决定的任何方式从"五千人"中选拔"四百人"议事会成员。代表们敦促士兵保持冷静，不要危害国家和人民，并说服他们在某个指定日子在狄俄倪索斯剧场举行一次公民大会，以讨论恢复和平的问题。

至少极端派对这个建议不是诚心实意的，因为他们相信"让这么多人参与政府事务，就等于是民主制了"（8.92.11）。他们的目标是争取时间，等待斯巴达人来救他们。几天后，消息传来，斯巴达舰队正向萨拉米斯岛前进，打算进入比雷埃夫斯的防御工事，却不知道这些工事已经被拆毁了。斯巴达人的此次远征可能是和雅典寡头派串通好的计划的一部分，目标是在比雷埃夫斯登陆：如果他们发现爱提奥尼亚落在友好人士手中，就能夺取港口或封锁其入口，用饥饿迫使雅典人屈服。如果幸运的话，他们抵达时雅典人说不定正陷入内战、港口无人把守。如果敌对势力控制着爱提奥尼亚，斯巴达人总可以撤退，驶往优卑亚岛。

由于爱提奥尼亚的防御工事已经被毁，斯巴达人的处境很棘手。在得知敌人舰队逼近后，雅典人奔去保卫港口。斯巴达指挥官阿吉山德里达斯和他的 42 艘战船从雅典城旁经过，南下去往苏尼昂，进而驶向优卑亚岛。在温和派与民众的努力下，雅典得救了。

优卑亚岛受到威胁

对困守雅典城、比雷埃夫斯和两地之间长墙封闭区域的人们来说，优卑亚岛"至关重要"，于是雅典人临时拼凑了一支舰队，令其在泰摩卡里斯（一位温和派将军）的指挥下匆匆去保护防御薄弱的优卑亚岛。在 7 英里之外、海峡对岸的奥罗浦斯，阿吉山德里达斯的舰队拥有 42 艘战船，雅典人只有 36 艘。此外，阿吉山德里达斯的船员更有经验，事先演练过作战计划，并且得到了埃雷特里亚人①的支持。他们战略的一部分是在登陆之后剥夺雅典人的一个市场，迫使雅典人分散开，到内陆腹地去寻找粮食。当雅典人果然这么做的时候，埃雷特里亚人发出了讯号，阿吉山德里达斯开始发动进攻。雅典人不得不逃回他们的船只，立刻起航，因为没有时间整装列队，所以很快被驱赶回岸边。优卑亚人杀死了许多逃命的雅典人，但有些人逃到了哈尔基斯②的安全地带，也有一些人逃到了优卑亚

---

①　埃雷特里亚是优卑亚岛上的一个城镇。

②　哈尔基斯是优卑亚岛的首府。

岛上的雅典要塞。雅典人最终损失了 22 艘战船及其船员，伯罗奔尼撒人建造了胜利纪念碑。除了优卑亚岛北端的希斯提亚之外，全岛都加入了叛乱。

雅典人在此次失败后比西西里岛灾难之后更加惊慌失措。他们囊中羞涩，船只不多，并且丧失了通往城墙之外阿提卡的道路，一直作为被占领土替代品的优卑亚岛也丢失了。城市内部分歧严重，随时可能被内奸出卖。内战一触即发，萨摩斯岛的雅典舰队可能进攻城市。民众最害怕的是，伯罗奔尼撒人会回来进攻比雷埃夫斯，那里缺少足够强大的舰队的保护。修昔底德相信，斯巴达人可以封锁或攻打比雷埃夫斯港，促使萨摩斯岛的雅典舰队回来救援亲属和城市，于是从赫勒斯滂海峡到优卑亚岛的所有附庸国就会全都丢失。按照他的说法，斯巴达人是"所有民族中雅典人打起来最方便的一个"（8.96.5），因为斯巴达人此次和之前许多次一样，白白丧失了良机。

不过后来的事件表明，即便伯罗奔尼撒人这一次更大胆地行动，也未必有好果子吃。斯巴达攻击的威胁并没有在雅典城引发内战，而是导致了"四百人"的垮台和雅典在温和派的领导下团结起来；斯巴达若是发动了进攻，恐怕只会加快这个进程。在外部，斯巴达人若是封锁或攻打比雷埃夫斯，一定会招致萨摩斯岛雅典舰队的进攻，那么阿吉山德里达斯麾下数量较少的舰队很可能会被歼灭，进而让雅典的附庸国不敢叛变。结果必然是在色拉西布洛斯等温和派的指挥下，雅典舰队合兵一处；雅典则由塞拉门尼斯和阿里斯托克拉特斯等温和派领导。新统一的雅典之后便可以寻求与伯罗奔尼撒舰队决战，并大有希望击败敌人、收复失地。因此，斯巴达人有理由不去冒险攻击雅典的港口。

"四百人"垮台

雅典人当然不知道前景究竟如何，于是采取了必要的行动来自卫。他们为 20 艘战船配备了人员，以便尽可能地保卫港口；然后在普尼克斯山上开会，这是民主制下召开公民大会的常规地点。这传达了一个明确的讯息，即寡头统治已经结束了。他们正式罢免了"四百人"，"将国家大事交给'五千人'"（8.97.1），并禁止向任何公职人员发放薪水。

这实际上是批准了温和派的计划，因为舰队主力（桨手主要是下层阶级的人）仍在萨摩斯岛，参会的大部分人是重步兵阶级，他们投票赞同这个举措，并对此感到十分满意。有些人认可这样的政体，也有些人认为它是恢复完全民主制的一个步骤，因此对其表示支持。温和派领导人的警觉和勇敢挽救了城市，使之免遭出卖和内战，并阻止了倒向寡头统治的运动。塞拉门尼斯和阿里斯托克拉特斯凭借在此次危机中的行动，或许比萨摩斯岛上那位魅力十足的变节者更有资格享受这样的赞誉：他们"对国家的价值超过其他任何人"（8.86.4）。

"五千人"政体

新政权统治下，在公民大会投票、担任陪审员和担任公职的权力仅限于重步兵阶层及以上的人享有。权力中心由"四百人"议事会变为公民大会，但这个大会实际上有多大呢？"五千人"实际上只具有象征意义，不是具体的数字，因为它包括了所有能够自费配备重步兵武器装备或在骑兵部队服役的人。前411 年9 月，这个数字可能高达一万人。

另外还有一个议事会，大约有五百名成员，他们可能是由选举产生的，而不是被任命的，其权力比旧时民主制议事会要大。在其他方面，新政体似乎和旧时的民主制一模一样。法庭系统似乎仍然按照传统方式运作，尽管现在的陪审团不包括下层阶级成员。总的来讲，除了阶级限制之外，"五千人"政府与之前的民主制非常相似。

最后，"五千人"政府维持了不到十个月，就和平地被完全民主制取代，因为"人民迅速从'五千人'手里夺走了国家控制权"（Aristotle, *Constitution of the Athenians* 34.1）。虽然"五千人"政体的延续时间不长，但修昔底德将其描述为"精英的少数与广大群众的温和混合"（8.97.2），并认为这是他一生中最好的雅典政府。亚里士多德指出，雅典人"当时似乎得到了很好的治理，因为战争还在继续，国家被那些手执兵器的人掌控"（*Constitution of the Athenians* 33.2）。

新政体的主要缺陷是它拒绝赋予下层阶级（他们是舰队的主力）常规的公民权利，而在以海战为主要形式的战争时期，这样的举措必然使政府遭到强有力的挑战。要想成功，新近掌握政权的温和派必须将城内的重步兵、骑兵和更重要的萨摩斯岛舰队团结起来；一旦他们这样做了，桨手坚持要求恢复其完整公民权利就只是个时间问题。因此，温和派面对着一个两难处境：他们的未来和城邦的未来均取决于各阶层的团结，而这种团结必然使他们赞许的政体走向终结。

"五千人"的运作

作为促使雅典城与舰队这两个阵营和解的第一步，"五千人"投票决定召回亚西比德和陪伴他的那群流亡者。塞拉门尼斯和其他温和派一直想让亚西比德回到雅典，并利用他无与伦比的外交和军事才干。作为雅典的敌人，亚西比德险些给它带来毁灭；如今得以回归，他也许能力挽狂澜。亚西比德接到召回令之后的行动表明，这道法令既没有申明他无罪，也没有完全赦免他。法令确认了舰队官兵选举亚西比德为将军的决定，所以一定废止了他作为不法之徒的旧身份，解除了缉拿和惩罚他的威胁。然而，法令可能让他处于前415年秋季的境地，即遭到指控但未受审：他必须返回雅典，才能获得完全赦免和恢复地位。尽管他的主要政敌要么死了，要么失势，他却没有像一个完全洗脱了罪名、不再受到任何威胁的人那样，立刻返回雅典并接受群众的欢迎；他又等了将近四年，直到前407年夏季才返回雅典。普鲁塔克解释道："他觉得自己不应当两手空空、没有任何成绩，仅凭群众的虔诚和恩德而回国，应当要带着光荣归来。"（*Alcibiades* 27.1）更有可能的情况是，他之所以迟迟不回国，是因为害怕遭到起诉。

　　新政权远远谈不上稳固。尽管一些极端寡头派立刻逃离了城市，城内局势依然不稳定，很多极端寡头派分子选择了留在城内，甚至希望重新夺权。温和派必须谨慎行事，因为尽管他们在推翻"四百人"的行动中起了领导作用，但他们中的很多人都曾是"四百人"成员。他们不仅需要防备极端派恢复寡头统治或出卖国家，还必须与他们的前"四百人"同僚划清界限。但是，温和派最初的官方举措之一却很奇怪：公民大会对已经死去的普律尼科司颁布了一道法令，指控他叛国。被定罪之后，他的遗骸被从地下挖掘出来，运到阿提卡边界之外；他的住宅被摧毁，财产被充公，对他的判决和惩罚被刻在青铜碑上。这道法令之所以攻击一个树敌甚多但已经死去、不会再惹麻烦的人，显然是要试试水，了解民意。即便如此，阿里斯塔库斯和亚利西克利斯都有为普律尼科司辩护，说明这两个极端分子仍然感到很安全，能够为其同党辩护。

在这个试水的控诉成功之后，温和派开始攻击在世的极端派。派桑德在遭到审判之前逃走了，但三位寡头派领导人——阿耳刻普托勒摩斯、奥诺麦克利斯和安提丰——遭到了起诉，被指控为勾结斯巴达人"危害国家"。之后奥诺麦克利斯逃之夭夭，但阿耳刻普托勒摩斯和安提丰却留下为自己辩护；因为"四百人"的一位成员波利斯特拉仅仅被处以罚金，已经获释，另外很多人也被无罪释放。但阿耳刻普托勒摩斯和安提丰被判死刑，身败名裂，死后也遭到了普律尼科司那样的羞辱处置。他们遭到的判决和处罚被刻在青铜碑上，碑则竖立在普律尼科司的青铜碑附近；他们的宅邸也树立了石碑，上面写着："两个卖国贼阿耳刻普托勒摩斯和安提丰的土地。"（Plutarch, *Moralia* 834A）

阿耳刻普托勒摩斯和安提丰的命运一定促使剩下的极端派分子逃亡，于是国家被内奸出卖的威胁消除了。这两人的处决或许为温和派赢得了公众支持，并增强了自信心。泰摩卡里斯保留了他的海军指挥权，塞拉门尼斯则胸有成竹地驶往赫勒斯滂海峡，与色拉西布洛斯和亚西比德会合。温和派现在可以将注意力转向如何打赢战争了。

第三十二章
赫勒斯滂海峡的战火
（前 411 ~ 前 410 年）

一支小规模的伯罗奔尼撒舰队抵达了博斯普鲁斯海峡上的兵家必争之地——拜占庭，煽动那里和邻近城镇加入叛乱，威胁了雅典的粮食供应和城市生存。这对雅典的新政权来说是致命的挑战。小亚细亚北部总督法那巴佐斯敦促斯巴达人立刻派遣一支更大规模的舰队，抓住这个机遇，但明达鲁斯没有迅速做出反应。

幽灵般的腓尼基舰队

斯巴达仍然受到条约的约束，有义务在伊奥尼亚地区与提萨弗涅斯合作。这位总督依旧断断续续地为斯巴达人提供少量海上军饷，他曾承诺将腓尼基舰队带入爱琴海，和伯罗奔尼撒舰队联合起来就足以帮助斯巴达人打赢海上战争。所以，尽管提萨弗涅斯的诺言仍然没有兑现，斯巴达人还是谨慎地对他保持耐心。拥有 147 艘战船的腓尼基舰队实际上已经抵达了小亚细亚南岸的阿斯蓬都斯，但没有继续前进，因为总督仍然决心将两个阵营的希腊人都拖垮。

明达鲁斯在米利都等了一个多月，最后得知提萨弗涅斯实际上是在欺骗斯巴达人，腓尼基船只已经在回国途中了。斯巴达人的期望破灭了，他们也不必再遵守与提萨弗涅斯的条约，可以自由地到赫勒斯滂海峡与法那巴佐斯合作了。

要抵达那里，斯巴达海军司令必须率领他的 73 艘船只从萨摩斯岛旁溜过，而萨摩斯岛的 75 艘雅典三列桨座战船阻拦着他的去路。明达鲁斯更愿意在赫勒斯滂海峡的狭窄海域与敌交战，因为那里始终离陆地很近，舰队可以得到波斯军队的支持。萨摩斯岛地区雅典舰队的指挥权被交给了经验不足的斯拉苏卢斯，他似乎从来没有指挥过一艘战船或一个团的步兵。他从普通重步兵擢升为将军，主要是因为他在平定萨摩斯岛寡头派叛乱的事件中起到了重要作用。在成功平定那次叛乱之后，他很快就遇到了另一个挑战：莱斯博斯岛上的两个城镇——米西姆纳和爱里苏斯——叛变了。莱斯博斯岛上的雅典军队不足以应对米西姆纳，而色拉西布洛斯已经率领一支小舰队去处置爱里苏斯了。尽管斯拉苏卢斯理应立刻起航去希俄斯岛，以阻止明达鲁斯前往赫勒斯滂海峡，他却率领 55 艘战船匆匆赶往莱斯博斯岛，将余下的船只留在萨摩斯岛守卫基地。他的战略是攻击爱里苏斯，在莱斯博斯岛的两端和大陆上设置瞭望哨，以确保明达鲁斯仍然在希俄斯岛。他打算在莱斯博斯岛停留较长时间，以这个岛为基地，打击希俄斯岛上的斯巴达人。

斯拉苏卢斯太急于求成，导致他的主要任务失败了。明达鲁斯在希俄斯岛只停留了两天，以便装载补给物资，然后狡猾地奔向莱斯博斯岛与大陆之间的狭窄水道；雅典人没想到他会选择这条路线。他安全地通过了这条水道，于午夜时分抵达了赫勒斯滂海峡入口。他在近 20 小时内航行了约 110 英里。他不仅转移了战区，还改变了战争进程，因为雅典人未能阻止他大胆而充满想象力的行动，犯下了严重的错误，对雅典的生存构成了威胁。

基诺塞马战役

雅典人匆忙追击，但到得太迟，未能阻止明达鲁斯与阿卑多斯（这是伯罗奔尼撒舰队在赫勒斯滂海峡的基地，见地图24）的伯罗奔尼撒舰队会合。在色拉西布洛斯的指挥下，雅典人随后花了五天时间制订作战计划和军事部署，然后将75艘战船摆开一字长蛇阵，在靠近加里波利半岛海岸的地方进入赫勒斯滂海峡。色拉西布洛斯没有多少选择，只能发动攻势，因为至关重要的粮食供应路线如今已经受到了威胁。斯巴达人不会进入开阔海域，雅典人不得不迫使敌人在赫勒斯滂海峡的狭窄海域交战。

斯巴达人拥有86艘战船，占据数量优势，而且他们可以停留在自己基地附近，自由选择出战的时间和地点。凭借这些优势，明达鲁斯将他的船只部署在阿卑多斯和达耳达诺斯之间7.5英里宽的海面上，将叙拉古船只安排在右翼，也就是最深入赫勒斯滂海峡的那一翼，而他自己指挥左翼，最靠近海峡的入口。当雅典舰队中路抵达基诺塞马（意思是"母狗的坟墓"，此地海峡最窄）海岬正前方时，明达鲁斯发动了进攻，希望将雅典人驱赶到岸边，那样他的海军步兵的战斗力优势就能发挥出来。他本人承担了艰巨的任务，即包抄敌人以切断其退路，打算将雅典舰队一举全歼。如果斯巴达中路顺利完成任务，那么雅典右翼就要迅速援救处境困难的雅典中路，这样明达鲁斯就能插入他们和赫勒斯滂海峡入口之间，有效地将雅典人堵在海峡内。雅典中路的余下兵力和注意力被转移的右翼将被夹在斯巴达中路和明达鲁斯之间。如此一来就很容易消灭位于赫勒斯滂海峡更北面的雅典左翼。

斯拉苏卢斯指挥着雅典舰队的前锋，在左翼对付叙拉古人，而色拉西布洛斯统领右翼，面对着明达鲁斯。主动权在斯巴达人那边，所以雅典人必须做好准备、随机应变。色拉西布洛斯或许是猜到了明达鲁斯的战略，他做出了精彩的回应。雅典中路抵达海峡最狭窄处时，伯罗奔尼撒人发动进攻，取得了很大成功。斯拉苏卢斯的左翼与叙拉古人交战，由于一块海岬阻断了他的视线，所以他看不到己方中路发生了什么事情。因此，雅典人是胜利还是失败，取决于他们的右翼，即色拉西布洛斯的部队。如果他像斯巴达人预估的那样冲过去援救自己的中路，就会不得不面对占据绝对优势的敌人，被敌军中路和左翼困住，那么整个雅典舰队就会像明达鲁斯计划的那样全军覆灭。

但色拉西布洛斯发现了敌人的圈套，意识到明达鲁斯正在切断他的退路，于是利用雅典船只更快的航速，将己方战线延伸得比敌方更长。然而，他这么做就使己方遭到沉重打击的中路更加薄弱，使伯罗奔尼撒人将很多雅典船只驱赶到岸边搁浅，并将自己的部队送上岸。伯罗奔尼撒人既缺乏海战经验，纪律也很涣散，这使他们丢失了眼看就要到手的胜利。如果他们重整己方战线并加入明达鲁斯的左翼，追击色拉西布洛斯的船只，就可能击沉或俘虏许多雅典船只，至少能歼灭斯拉苏卢斯的部队并牢牢控制赫勒斯滂海峡。然而，有一些船只脱离了战线，去追击落单的雅典三列桨座战船，最后伯罗奔尼撒舰队的战线自动打乱。色拉西布洛斯抓住最佳时机发动了进攻，调转船头去面对正在逼近的明达鲁斯船只，将其击溃。然后他猛击混乱的敌军中路，伯罗奔尼撒舰队未加抵抗便逃往塞斯托斯。当他们绕过基诺塞马的弯曲处时，叙拉古人看到战友在逃跑后，也匆匆败退，于是整个伯罗奔尼撒舰队争先恐后地逃往阿卑多斯的避难所。

在这一时期的史书里，对希腊海战的描写通常选取海军将领的视角，从指挥官高高在上的位置俯视整个战场，调遣两翼、中路和整个舰队。但在赫勒斯滂海峡的这些战役中，史学家狄奥多罗斯给了我们非常罕见的观察战船甲板的机会，从个别三列桨座战船船长的视角来描写战局。因为伯罗奔尼撒人的海军步兵更强，所以他们在中路较为成功；中路的战斗主要是近距离白刃战，用抓钩咬住敌船并登船近战是更为人们青睐的战术。当雅典战船被驱赶到岸边的时候，海战就变成了陆战，伯罗奔尼撒人占了上风。但到最后，雅典的舵手"由于经验远远比敌人丰富，对胜利做出了巨大贡献"（Diodorus 13.39.5）。这个因素也能解释，起初被敌人三列桨座战船打得很窘迫的色拉西布洛斯为什么后来却能击溃同一群敌船。伯罗奔尼撒中路的混乱使他改变了战略。他不再努力防止被封锁，而是迅速寻求与明达鲁斯决战，以便利用敌人的混乱，避免被敌人两道有组织的战线夹住。当伯罗奔尼撒人企图以整个舰队发起攻击时，技艺娴熟的雅典水手便驾驶船只与敌人迎头相撞，冲角对着冲角。受挫之后，明达鲁斯将他的战船组织成若干小群，发动若干次小规模攻击，但雅典舵手仍然能够凭借更高超的技术和更丰富的经验挫败这些攻击，撞击敌船，剥夺其战斗力。（Diodorus 13.40.2）

尽管雅典人只俘获了21艘敌船，自己损失了15艘，但色拉西布洛斯的水手们赢得了在基诺塞马海岬建立胜利纪念碑的资格。国内的雅典人得到捷报，认为这是"意想不到的好运气"，这次胜利来得正是时候。在丧失优卑亚岛和经历推翻"四百人"所带来的冲突之后，此次胜利鼓舞了雅典人："他们受到了莫大鼓励，觉得只要努力奋斗，他们的事业仍然有希望成功。"（8.106）

此次胜利对战争的余下部分有着重大意义。在基诺塞马，色拉西布洛斯原本可能在一个下午输掉整个战争，因为如果明达鲁斯在前411年10月初的这一天击败了雅典舰队，雅典人可能很快就会被迫投降。他们没有资金去建造一支新舰队，而且优卑亚岛失败之后，再次战败就会引发更多的附庸国叛变。基诺塞马的胜利阻止了这种局面，使雅典有能力继续打下去，并且还有希望荣耀体面地结束战争。

基诺塞马战役之后，双方都把握机遇，发动了一些小规模袭击。双方都努力扩大舰队规模，以便迎接下一次重要冲突。明达鲁斯深知下一次战役就可能决定整个战争的胜负，于是命令叙拉古指挥官多利尤斯（他正在镇压罗得岛的一次叛乱）调动舰队北上，去往赫勒斯滂海峡。

大约在同一时间，亚西比德从小亚细亚南海岸（提萨弗涅斯去阿斯蓬都斯与腓尼基舰队会合后，亚西比德便去了小亚细亚南海岸）返回了萨摩斯岛。尽管他对总督已经没有什么影响力，他仍然吹嘘是他阻止了腓尼基人来援助斯巴达人，这是他的功劳；事实上，他只是从卡里亚各城市及周边地区征募了一些资金，于9月底将这些资金交给萨摩斯岛的雅典部队，赢得了他们的赞许。

色拉西布洛斯在基诺塞马为生存而奋斗，双方都在寻求增援以备战下一回合；与此同时，亚西比德留在萨摩斯岛，监视着多利尤斯舰队，后者仍然威胁着雅典人的南方领地。但如果说这就是亚西比德的任务，那么他最终并没有完成任务。因为在他率领舰队去增援赫勒斯滂海峡的雅典人时，多利尤斯早已溜过他的监视，到了他前头。

此时海峡已经成为该地区的焦点，就连提萨弗涅斯也开始从阿斯蓬都斯赶往海峡。伯罗奔尼撒舰队已经驶离他管辖的海域，并与法那巴佐斯达成合作，因此提萨弗涅斯担心他的竞争对手法那巴佐斯会完成自己没有完成的任务，即击败雅典人，并因此赢得荣耀和大流士二世的恩宠。但是，他也有其他动机。克尼多斯和米利都这两个希腊城邦起来反抗他，并且取得了成功，而安坦德鲁斯①在斯巴达的帮助下也背叛了他。斯巴达人向其国内政府抱怨提萨弗涅斯，而且不再依赖他并开始反对他。"盟友"斯巴达人不知道将来还能对他造成什么伤害。

多利尤斯的抵达引发了下一轮冲突。11 月初一天的黎明前，多利尤斯企图在黑暗掩护下，让他的 14 艘战船溜过雅典人的瞭望哨，进入赫勒斯滂海峡。但一名警卫向在塞斯托斯的雅典将军发送了警报，这位将军将多利尤斯的船只驱赶到罗艾特昂附近海岸。在等待了一段时间之后，多利尤斯得以向位于阿卑多斯的斯巴达基地进发，但在达耳达诺斯又被一支雅典舰队驱赶到岸边。明达鲁斯在得知多利尤斯遇险后，匆匆从特洛伊②赶回他在阿卑多斯的基地，并向法那巴佐斯发送消息。明达鲁斯率领 84 艘船只奔去援救多利尤斯，而法那巴佐斯带来

---

① 位于小亚细亚西北部的特洛阿德地区，距赫勒斯滂海峡不远。

② 这一时期的特洛伊城原为雅典同盟成员，雅典发生寡头派革命后，丧失了对特洛伊的控制力。此后被波斯总督法那巴佐斯的附庸控制。

一支陆军，从陆地上支援多利尤斯。雅典人登上战船，准备开启一场海战。

阿卑多斯战役

明达鲁斯的 97 艘战船从达耳达诺斯一直排到阿卑多斯。他亲自指挥右翼，部署在阿卑多斯附近；叙拉古人在左翼。明达鲁斯的对面是指挥雅典左翼的斯拉苏卢斯，色拉西布洛斯则指挥雅典右翼。双方指挥官发出视觉信号后，号手吹响冲锋号，战斗便打响了。战斗很激烈，在很长一段时间内双方都势均力敌，直到傍晚时分海平线上出现了 18 艘船只。双方都觉得这是自己的增援部队，因此大受鼓舞；直到增援舰队的指挥官亚西比德升起了红旗，这相当于告诉雅典人，他们的援兵到了。

这不是运气问题，这个信号一定是事先约定的，雅典人早就知道亚西比德会来支援他们。不过他赶到的时机很幸运。虽然他没能参加此役的战前筹划，并且到得太晚，没有出多少力气，但他的到来决定了战局。

明达鲁斯意识到正在靠近的船只属于雅典人后，便率领自己的船只奔向阿卑多斯。伯罗奔尼撒舰队前后拉得很长，许多船只被迫在岸边停靠，船员们努力在陆地上进行自卫。法那巴佐斯将骑兵和步兵调来支援，总督本人亲自纵马奔入海边浅水，抵挡敌人。总督的干预和夜幕的降临阻止了斯巴达人的彻底失败，但雅典人仍然俘获了 30 艘伯罗奔尼撒船只，并收复了他们在基诺塞马丢掉的 15 艘船。明达鲁斯带着剩下的舰队，在夜色掩护下逃到了阿卑多斯，雅典人则撤到塞斯托斯。次日，雅典人悠闲地返回前一天的战场，收回自己的受损船只，并建立了又一座胜利纪念碑，距离在基诺塞马的第一座纪念碑不远。雅典人再一次主宰了赫勒斯滂海峡。

在明达鲁斯修理船只、向国内求援并与法那巴佐斯筹备下一次行动的同时，雅典人理应调来增援部队，并尝试逼迫敌人决战，以歼灭赫勒斯滂海峡的伯罗奔尼撒舰队余部。如果明达鲁斯拒绝出战，雅典人就应当安排一支舰队封锁海路，阻止敌人的海军援兵抵达，同时收复赫勒斯滂海峡、普洛庞提斯海①和博斯普鲁斯海峡地区反叛雅典的各个城市。但雅典人没有办法完成这些行动中的任何一项，因为他们的国库已经空虚，甚至没有足够的资金让整个舰队在赫勒斯滂海峡过冬。另外，在基诺塞马和阿卑多斯战役中，由于赫勒斯滂海峡十分狭窄，伯罗奔尼撒人的三列桨座战船若是不敌雅典舰队，便可以靠岸以避免失败，但雅典舰队缺少重步兵，没有办法应对敌人的这种策略。最后，雅典在更靠近本土的地方也需要海军支持，因为优卑亚岛的叛乱还没有平定。

为了应对优卑亚岛的挑战，塞拉门尼斯率领 30 艘战船去镇压叛军。这些叛军在新盟友玻俄提亚人的支持下，正在哈尔基斯和奥利斯②之间建造一座堤道，将优卑亚岛与大陆连为一体。塞拉门尼斯的舰队太小，无力击败保护修建堤道工人的敌军，于是塞拉门尼斯蹂躏了优卑亚岛和玻俄提亚海岸的敌境，搜罗了不少战利品。然后他继续绕过基克拉泽斯群岛，镇压了"四百人"在那里建立的寡头政权，收集了急需的资金，并为"五千人"新政权赢得了威望。

塞拉门尼斯在爱琴海取得了他能力范围之内的最大战果之

---

①　马尔马拉海，北端是博斯普鲁斯海峡，南端是赫勒斯滂海峡。

②　玻俄提亚的一座城镇，与优卑亚岛之间隔着尤里普斯海峡。根据希腊神话传说，希腊人就是从奥利斯出发，去远征特洛伊的。

后，便驶向马其顿，帮助新国王阿基劳斯攻打皮德纳。马其顿仍然是希腊造船业的主要木材来源地，阿基劳斯似乎为雅典提供了木材，也许还提供了资金。随后塞拉门尼斯与色拉西布洛斯会合，后者之前在劫掠寡头统治下的萨索斯岛和色雷斯的其他地方，以便收集资金。两支舰队在色雷斯会合，若出现紧急情况，便可迅速赶往赫勒斯滂海峡。

与此同时，亚西比德正在塞斯托斯的舰队中，这时提萨弗涅斯抵达了赫勒斯滂海峡。亚西比德以密友和恩主的姿态欢迎了总督。雅典人仍然相信这两人的关系很融洽，而且亚西比德说服提萨弗涅斯将腓尼基舰队遣返回国了。亚西比德隐瞒了真相，带着礼物乘船去见提萨弗涅斯，但他对形势的判断是错误的，总督并无与雅典交好的意思。斯巴达人将自己的失败归咎于提萨弗涅斯，他们的抱怨一定传到了波斯国王耳里。波斯国王一定对提萨弗涅斯感到不满，因为提萨弗涅斯将腓尼基舰队停在阿斯蓬都斯，开销很大，却无所作为；结果雅典人仍然在赫勒斯滂海峡，波斯国王收复失地的计划没有任何进展。

提萨弗涅斯有理由害怕"国王因为当前的局势而怪罪他"（Plutarch，*Alcibiades* 27.7）。于是他逮捕了亚西比德，将他送到萨第斯羁押，但不到一个月，这个聪明的雅典人便逃走了。这个事件让雅典人看清了，亚西比德对提萨弗涅斯再也没有任何影响力。从今以后，亚西比德的权威将取决于他的实际成就，而不是他许诺利用他与波斯的关系能够带来的利益。

库济库斯战役

到前 410 年春季，明达鲁斯集结了 80 艘三列桨座战船。雅典指挥官仅率领 40 艘战船，趁夜色从塞斯托斯出发，驶往加里波利北岸的卡狄亚。在色雷斯的色拉西布洛斯和塞拉门尼斯，以及在莱斯博斯岛的亚西比德匆匆赶去与这支舰队会合。卡狄亚的雅典舰队船只增加到了 86 艘，"将军们急切地希望决战"（Diodorus 13.39.4）。与此同时，明达鲁斯和法那巴佐斯围攻了普洛庞提斯海南岸的库济库斯（见地图 25），并将其占领。雅典将军们出发去收复这座城市，为了躲避敌人的视线而选择在夜间行动，来到了普洛孔涅索斯岛①。这个岛屿就在库济库斯所在的阿尔塔基半岛西北方不远处。

在普洛孔涅索斯岛，亚西比德告诫士兵和水手，"在海上作战，在陆地上作战，攻打敌人的防御工事，因为敌人从波斯国王那里得到了很多金钱。雅典人除非赢得一场全胜，否则就什么都没有"（Xenophon, *Hellenica* 1.1.14；Plutarch, *Alcibiades*, 28.2）。舰队在瓢泼大雨中向库济库斯开进，波涛汹涌的大海虽然对舰队有一定威胁，但也可以掩护他们接近，让敌人无法看清他们的实际规模。舰队沿着阿尔塔基半岛西海岸南下，半岛位于大陆与哈洛尼岛之间。在阿尔塔基半岛和离海岸不远的同名岛屿，他们兵分四路：凯利亚斯和他的重步兵上岸向库济库斯前进；塞拉门尼斯和色拉西布洛斯分别率领一支队伍（共计 46 艘战船），隐藏在阿尔塔基半岛以北的小港内；亚西比德带领剩余的 40 艘战船径直奔向库济库斯。明达鲁斯一定觉得雅典人只有 40 艘战船（就是在赫勒斯滂海峡的那支），而不知道雅典人的兵力究竟有多大，于是急切地率领全部 80 艘三列桨座战船去迎战亚西比德。他认为自己占据二比一的兵力优势，必胜无疑。雅典战船佯作恐慌，向西逃窜（朝阿尔塔

---

① 位于马尔马拉海中，今称马尔马拉岛（Marmara），属于土耳其。

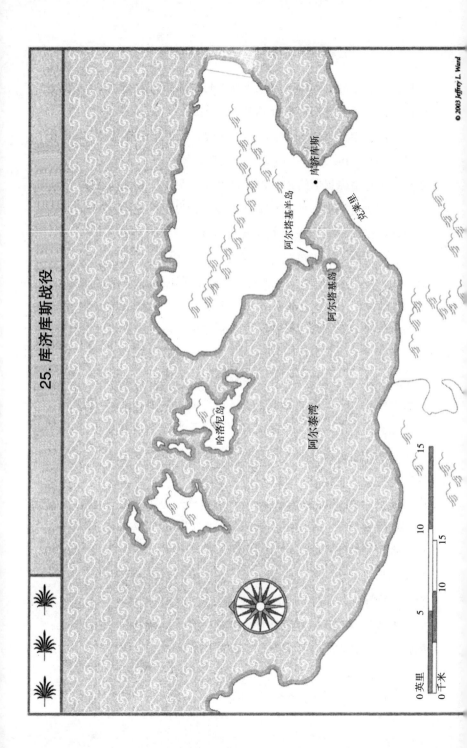

25. 库济库斯战役

库济库斯
克莱里
阿尔塔基半岛
阿尔塔基岛
哈洛尼岛
阿尔泰湾

0 英里   5   10   15
0 千米   10   15

© 2003 Jeffrey L. Ward

基岛的方向），但在明达鲁斯的船只追进港口后，亚西比德调转船头，直面追击敌人。与此同时，塞拉门尼斯将队伍从半岛北面调出来，开向库济库斯，以阻止伯罗奔尼撒人返回城市或抵达城市附近的海滩。色拉西布洛斯率领他的队伍南下，切断敌人从西向东的退路。

明达鲁斯很快就发现敌人设下的陷阱，及时调头，阻止色拉西布洛斯和塞拉门尼斯封闭包围圈。明达鲁斯向唯一对他敞开的方向逃跑，也就是朝向克莱里（库济库斯城西南的一处海滩），法那巴佐斯的陆军就驻扎在那里。伯罗奔尼撒人将他们的三列桨座战船拖到了岸上，亚西比德则用抓钩企图将它们重新拖回海里。法那巴佐斯率军前来救援，他们人多势众，站在陆地上对付在浅滩中蹒跚蹚水的雅典人。雅典人打得很好，但没有得到援助，因此前景不妙。在海上，色拉西布洛斯看到了这个场景，于是传令给塞拉门尼斯，让他与库济库斯附近的凯利亚斯陆军会合，前来支援陷入激战的雅典人，而他率领海军步兵则从西面援助他们。看到色拉西布洛斯接近，明达鲁斯派遣克里阿库斯带领部分兵力和一队属于法那巴佐斯的雇佣兵前去阻击。色拉西布洛斯手里只有不超过 25 艘战船及船上的重步兵和弓箭手，兵力远逊于敌人；正要被包围和歼灭的时候，塞拉门尼斯连同凯利亚斯的部队及时赶到。这支援军接替了色拉西布洛斯精疲力竭的士兵，随后展开了一场激战，直到法那巴佐斯的雇佣兵和斯巴达人最终逃离战场。

色拉西布洛斯的部队安全之后，塞拉门尼斯就去援助亚西比德，后者仍然在岸上为争夺船只而奋战。明达鲁斯发现自己被夹在了亚西比德和塞拉门尼斯的部队之间，这两支部队相向而行，直逼明达鲁斯。斯巴达指挥官镇定自若，派遣一半部队去迎战塞拉门尼斯；他自己则率领另一半部队排成战线，抵抗亚西比德。明达鲁斯在舰船之间奋勇作战，直至阵亡。他的士兵和盟军手足无措，四散逃跑，后来依靠法那巴佐斯的骑兵才抵挡住了雅典人的追击。

雅典人撤回普洛孔涅索斯岛，伯罗奔尼撒残军逃到了法那巴佐斯营地的安全处。他们后来放弃了库济库斯，于是这座城市回到雅典人手中。雅典人抓获了众多俘虏，缴获大量战利品和除了叙拉古船只之外的所有敌船。叙拉古水手为了防止自己的船只落入敌手，纵火焚毁了。雅典人建立了两座胜利纪念碑，以宣扬他们在海洋和陆地的两场胜利。

亚西比德在库济库斯待了二十天，征集资金，然后前往普洛庞提斯海北岸，即博斯普鲁斯海峡的方向，袭掠沿途城市，掳夺金钱。在与拜占庭隔海相望的克里索波利斯，他建造了一座要塞作为基地和海关。从此之后，雅典人就在那里，向通过博斯普鲁斯海峡的商船征收十分之一的关税。

据普鲁塔克分析，库济库斯战役的主要结果是"雅典人不仅牢牢控制了赫勒斯滂海峡，还将斯巴达人从大海的其余部分驱逐了出去"（*Alcibiades* 28.6）。同样重要的结果或许是斯巴达人士气受到了沉重打击。此役之后，雅典人截获了明达鲁斯的秘书希波克拉底的一封信，信里以拉科尼亚式的简练描述了伯罗奔尼撒人的困境："船损失了。明达鲁斯阵亡。官兵挨饿。我等不知如何是好。"（Xenophon，*Hellenica* 1.1.23）

库济库斯战役的胜利还暂时解除了雅典粮食供应受到的威胁，恢复了雅典胜利的希望。色诺芬和普鲁塔克都将此次胜利归为亚西比德的功劳，但塞拉门尼斯和色拉西布洛斯至少有同等的功绩。我们不知道库济库斯的绝妙海战策略是谁设计出来的，但我们可以确定亚西比德没有参与基诺塞马和阿卑多斯战役的战前筹划，因为他没有参加基诺塞马战役，而在阿卑多斯战役快结束时才姗姗来迟。亚西比德在库济库斯表现出色，完美地完成了任务；塞拉门尼斯的表现也非常突出，正是他率领援军赶到，才最终保证了雅典人的胜利。

对这些事件做一番仔细审视，我们就能发现色拉西布洛斯又一次起到了决定性作用。狄奥多罗斯告诉我们，色拉西布洛斯既是整个舰队的领导人，也是基诺塞马战役中发挥决定性作用的指挥官；他或许就是制订了阿卑多斯作战计划的人，在库济库斯战役中也是主要的策略设计师。不管库济库斯战役的海战部分多么精彩，决定战局的其实是陆战。亚西比德遭到明达鲁斯和法那巴佐斯军队攻击的时刻就是关键时刻。若是没人援救亚西比德，他肯定会被打退，并不得不放弃他企图拖走的大部分斯巴达船只，法那巴佐斯的步兵和骑兵就能够控制和保护这些船只。但在千钧一发之际，色拉西布洛斯率领一支小部队登陆，牵制住敌人的部分兵力，挽救了亚西比德。他给塞拉门尼斯下达的命令同样是至关重要的，确保了雅典人的胜利。作为一位战略家、战术家和优秀的一线指挥官，色拉西布洛斯理应被视为库济库斯战役的英雄。我们应当尊重罗马传记家科尔内利乌斯·尼波斯对他的评价："在伯罗奔尼撒战争中，色拉西布洛斯在没有亚西比德的情况下取得了许多重要的胜利；亚西比德在没有色拉西布洛斯的情况下却毫无建树，然而他凭借某种天生的本领，夺取了所有胜利的功劳。"（Cornelius Nepos, *Thrasybulus*, 1.3）

第七部　雅典的陷落

在西西里岛之后，前411年肆虐雅典城的内乱原本可能是压断雅典脊背的最后一根稻草，但复苏的雅典民主制凭借顽强的意志，继续坚持奋战了七年。即便在敌人得到波斯帝国的支持之后，雅典人仍然掌握制海权，并迫使斯巴达人又一次求和。复苏的民主制政权从"五千人"赢得的胜利中获益不少，解决了城邦的实际问题，并使民众的忠诚和能量发挥了作用，而正是这种忠诚和能量使雅典如此伟大。

第三十三章
民主制的恢复
(前 410 ~ 前 409 年)

　　库济库斯战役结束时，伯罗奔尼撒人在几个月内损失了135 ~ 155 艘船只。雅典控制着各处海域，以及连接黑海周边重要产粮区的通道。波斯的金钱和狄凯里亚的要塞似乎都不能给斯巴达人带来胜利，他们也没有其他战略可用。而且，雅典人抓获了大批俘虏，迫使敌人就像在前 425 年那样急于求和，以便救回这些俘虏。

斯巴达的和平建议

　　于是，斯巴达人违背了他们与波斯的条约，向雅典求和。他们的主要谈判者恩狄乌斯（他曾是亚西比德的密友）提出了斯巴达的建议："雅典人，我们希望与你们议和，双方各自保留现在实际控制的城市，但放弃在对方领土上驻防的据点，并交换俘虏，一名雅典人交换一名拉科尼亚人。"(Diodorus 13. 52. 3)

　　停止战事、用皮洛斯交换狄凯里亚和交换俘虏，这些对雅典人而言肯定是值得欢迎的条件，但维持帝国现状就是另外一回事了。斯巴达人仍然控制着爱琴海上的罗得岛、米利都、以弗所、希俄斯岛、萨索斯岛、优卑亚岛、色雷斯的一些地方和赫勒斯滂海峡的阿卑多斯，以及博斯普鲁斯海峡两岸的拜占庭和迦克墩。一般的观点认为，"最理智的雅典人"主张接受这些条件，但公民大会"受到一群好战分子的蛊惑，这些人大发国难财"（Diodorus 13.53），因此拒绝接受。

　　根据这种观点，雅典人拒绝和平的原因是他们愚蠢地让鲁莽的民主领袖操控自己，其中最主要的是克里奥丰，"当时最大的煽动家"（Diodorus 13.53.2）。克里奥丰是讽刺诗人最喜欢攻击的目标，也是受到严肃作家鄙夷和憎恨的人。喜剧家说他是制作里拉琴的工匠（就像他们污蔑克里昂是鞣革工、吕西克利斯是牛贩子、攸克拉底斯是亚麻贩子、希帕波鲁斯是制作灯的工匠一样），一名低贱的手工匠人，没有任何家世背景。据说他的母亲是蛮族，他自己则是一个贪婪的外邦人。严肃作家描述他为醉鬼、杀人犯和在公共场合疯疯癫癫的狂人。尽管他的行为举止可能确实比较激烈和不文雅，但这样的描述既不公正，也不准确。克里奥丰是雅典人，他的父亲曾在前428/前427年担任将军。他自己也可能担任过将军，而且还是一名财政官员。他死后，一位演说家公正地评价道，克里奥丰"多年来处理国家的各种事务"（Lysias 19.48）。他一定拥有一座作坊或工厂，所以他是一个富人，他的父亲也很富裕。

　　斯巴达的和平建议是在"五千人"掌权时提出的，而克里奥丰参与了辩论，所以他至少属于重步兵阶层，不过地位可能还要更高。有人指责他反对议和的动机是私利，但我们不知道有任何指控他侵吞公款或贪腐的控诉。在当时，政治家遭到这样的指控是司空见惯的事情。不过有证据表明，他死时已经很潦倒。

克里奥丰的确对雅典的战争前景抱有比较乐观的看法，并主张坚持战斗，直到完全胜利。他一定很有说服力。很多雅典人受到库济库斯战役辉煌胜利的鼓舞，热情洋溢地将功劳归给亚西比德，相信在他的领导下"一定能很快恢复他们的海外帝国"（Diodorus 13.53.4）。但除了陶醉于胜利并对未来非常乐观之外，雅典人也有更理智的理由去拒绝斯巴达的和平建议：如果这次和平再次破裂，就像前421年那样，雅典人的处境会比上一次更加危险。

目前，雅典人在库济库斯成功歼灭了斯巴达舰队，保障了海峡畅通，使商船能够从黑海向雅典城输送至关重要的粮食。

但是，法那巴佐斯完全可能给伯罗奔尼撒人建造一支新舰队，甚至比之前更强大。他们控制着拜占庭和迦克墩，扼住了雅典人的运粮通道，可以用饥饿来威胁雅典人。雅典人仍然缺少资金，海外领地的很多财源都控制在斯巴达手中，所以敌人可以用更高的价钱从雅典帝国各地征募经验丰富的桨手。雅典将不得不再次派遣一支舰队去赫勒斯滂海峡击败敌人，但雅典很难筹措到足够的资金来维持这样一支舰队并为其配备人员。何况他们未必能再次打赢，而一旦失败，就可能输掉整个战争。

然而，若是迅速采取行动，就能夺取敌人在去往黑海沿途的基地，并保障海峡的安全。雅典人也会有很大的把握去收复爱琴海的失地，并利用库济库斯大捷鼓舞朋友，震慑敌人。在收复了之前丧失的附庸国并再次控制大海之后，雅典人的财政就能恢复到之前的水平，进而有财力提高舰队的战斗力，并促使有经验的桨手不选择投敌。

　　雅典人也有理由去希望，斯巴达与波斯的盟约维持不了多久。首先，提萨弗涅斯激怒了斯巴达人，失去了他们的信任。法那巴佐斯则为库济库斯惨败而震惊，若雅典人继续进攻他的土地，就可能促使这位波斯总督以及波斯国王放弃干预希腊事务。其次，波斯国王统治的是一个庞大且经常受到叛乱骚扰的帝国。如果其他地方发生严重叛乱，波斯国王也许会被迫放弃西部边疆的战争。最后，斯巴达人与雅典人单独媾和的提议违背了他们与波斯的条约，这本身就可能导致斯巴达与波斯决裂。考虑到这些现实和可能性，雅典人拒绝议和的决定不能算是愚蠢，而是完全可以理解的。

民主制恢复

　　在雅典人拒绝接受和平建议不到两个月之后，"五千人"让位于纯粹的民主制，即前413年雅典设立"贤哲"制度以前的那种民主制。这个过渡可能是逐步进行的，但肯定有一个决定性的时刻，"五千人"的专有权力被废止，全体公民重新获得完整的政治权利。这个决定性时刻可能发生在拒绝斯巴达的和平建议之后。不管库济库斯战役的胜利给雅典带来了多么大的凝聚力量，斯巴达的和平建议却让雅典人内部产生了严重的分歧。温和派一定属于主张接受和平建议的"最理智的雅典人"，但大多数人并不这么认为。关于和平的辩论是我们知道的库济库斯战役之后、民主制恢复之前这段时间发生的唯一重要事件。这场辩论可能是促使"五千人"政权垮台的重要因素之一。在做出继续作战的决定之后，雅典人就很轻易地得出了这样的结论：那些希望和平的人不再值得信赖，不再适合领导国家取得全胜。因此，拒绝斯巴达的和平建议就等于

"五千人"政府丧失了民众的信任。

在最终导致民主制恢复的争议当中，民主派也占据了许多优势。他们拥有一位有才干且效率高的领导人，即克里奥丰；而温和派的最佳发言人塞拉门尼斯正在克里索波利斯执行公务，具有催眠般魔力的亚西比德当然也不在雅典城。更为根本的是，任何在雅典赞同民主制的人自动占据了道德高地。民主制已经有一百多年历史，得到了大多数人的热情支持，他们视其为自然而然、符合传统的政体。任何形式的寡头统治都是革新，雅典仅仅在其历史上最黑暗的时刻、无路可走之时才屈从于寡头统治。于是，民主派政治家迅速抓住机会，努力恢复传统政体。到前410年6月，有人提议废除"五千人"，恢复传统的民主政体；7月底，旧式民主制已经稳固，颁布了严厉的法律以捍卫自身。

新近恢复的民主制政权的政策是连续、协调和全面的，要求在一个完全民主和高效政权的领导下，把战争打下去。前410/前409年颁布的法律涉及政体、司法、财政、社会和思想等方面，指引这样一座刚刚从失败和绝望中恢复的城邦，完成事业、取得成功。

民主制政权恢复后的第一份为我们所知的公文以民主制惯常的格式开始："由议事会和人民制定。"（Andocides, *On the Mysteries* 96）"人民"指的是公民大会，"议事会"则是旧时的五百人议事会，参会名额分配给各阶层公民。在体验过寡头制的议事会之后，民主派对非常民主的五百人议事会也施加了限制。五百人议事会似乎失去了判处死刑的权力，以及未经公民大会或民众法庭同意处以500德拉克马以上罚金的权力。另一项新法律要求议事会成员抽签决定座次，这是为了防止朋党分子坐在一起，进而产生很大的影响力。

　　从"四百人"到"五千人"再到完全民主制的快速变化，对法律造成了相当程度的混乱。"四百人"和"五千人"这两个短命政权都指定了一些理事会来检查、修改和颁布新法律，这让民主派十分警觉，所以热切希望确认传统法令。他们指定了一个登记理事会去发表梭伦法律和德拉古处置杀人犯的法律的权威版本。

　　但旧的规则未能保护民主制免遭颠覆，于是雅典人制定了一些新法律，规定任何参与推翻民主制或者在敌视民主制的政权内任职的人，在敌视民主制的政权被推翻后，都将被视为雅典的公敌；对这样的人，财产充公，人人皆可诛之。人民被要求宣誓遵守此项法律，其条文被镌刻在议事会大厅入口处的石碑上，一直到前4世纪都有效。

　　前409年，雅典人向两年前杀死普律尼科司的人授予公民权，奖励他们金冠和其他福利。在随后几年内，涌现了许多对"四百人"前成员、曾在"四百人"政权当官和曾为其效力的人的控诉，尽管身为"四百人"成员并不违法。这样的人若被定罪，处罚将包括放逐、罚款和剥夺公民权。有些指控无疑是贪赃枉法、敲诈勒索，因此引起上层阶级的一些成员对民主派的严厉批评。但与其他国家的内战胜利者（他们常将失败的派系成员处死或大批放逐，哪怕这些人唯一的罪过就是曾属于被击败的团体）相比，雅典民主制政权表现出了相对克制。新民主制政权没有镇压"四百人"成员，其中一些人在新政府中担任很高的职务，甚至成为将军。新政府没有颁布任何溯及既往的法令，采取的行动也是针对具体个人和具体罪行的。新政府统治下的雅典没有发生大规模处决或流放现象，处罚一般也是根据罪行的严重程度而决定的。

民主制恢复之后，在议事会任职或担任陪审员的人，以及其他提供公共服务的人，可以再次领到薪水。战争给穷人带来了巨大苦难，让许多战前生活水平尚可的人坠入贫困线之下，于是克里奥丰发放了一种新的公共补贴，称为"两奥波勒斯补贴"，因为补贴的接收者每人每天可获得 2 奥波勒斯（相当于三分之一德拉克马）。如果政府手中有可动用的资金，这些补助可能会被发放给贫困公民。

后来有批评者谴责"两奥波勒斯补贴"是一种贿赂和腐败手段，它怂恿了人类低贱的胃口，因为人们开始满足于少量金钱，但胃口必然会越来越大。然而，"两奥波勒斯补贴"政策开始实行时是很有必要的，而且开支也不算大。

即便如此，雅典人仍然需要大量金钱，才能把战争打下去。虽然国库几乎已经空空如也，但雅典势力的复兴和库济库斯大捷之后的威望或许能给他们带来新的收入。尽管各附庸国已经在拖欠税款，但新近变得自信满怀的雅典人依旧恢复了旧的贡金制度，取代贸易税，希望能够借此收到欠款和当前的贡金。民主制政权还打算征收另一种直接战争税，这个税种是在前 428 年开始征收的，但似乎在战争结束之前只征收了一次。穷人不需要缴纳这些税，但大多数希腊人，包括雅典人，觉得任何形式的直接税都很讨厌，尽管民主政权仅仅是在形势所迫的时候才不得不恢复直接税的征收。

自西西里远征以来，雅典卫城的建设工程就被暂时中止了。这时政府重启了工程，这是一个新的财政负担。重启工程或许可以被理解为一种为穷人提供工作和口粮的慈善活动，但新工程与战前的伟大工程相比其实规模很小，仅仅包括雅典娜尼刻①神庙的一堵新胸墙，以及城邦守护者雅典娜的神庙（今称厄瑞克忒翁神庙）。工程不需要多少工人，工期也很短。记录此工程的碑铭表明，71 名工人中只有 20 人是公民，其他人是奴隶和常住外邦人。这绝不是那种民主派政治家为了给选民工作机会而开展的建筑工程。我们应当推想，此工程有着更广泛的目标，即努力恢复伯里克利辉煌时期蓬勃向上的精神。新的宏伟建筑可以给人民带来自信、希望和勇气，帮助他们在遭受了可怕灾难之后战胜强大的敌人、赢得最终的胜利。

修建胸墙可能是为了纪念库济库斯战役的伟大胜利，但建造厄瑞克忒翁神庙似乎是一种表现公民虔诚的姿态。伯里克利时期是启蒙和质疑传统的时代，而战争苦难、瘟疫和失败使雅典人回归源自国外的神秘主义的、狂欢式的宗教崇拜。虽然崇尚理想和科学的希波克拉底医学学派正处于巅峰，雅典人却从埃皮达鲁斯引入了阿斯克勒庇俄斯崇拜，这位神祇的象征物是一条蛇，能够通过神迹来医治人们的伤病。

正是在这样的气氛下，恢复民主制之后的政府决定动用宝贵资金，去完成城邦守护者雅典娜的神庙，这是雅典城的守护女神和卫城保护者的最古老神庙。厄瑞克忒翁神庙区还包括卫城最古老的圣所。这些圣所与生育崇拜、土地神祇和英雄崇拜有关联，这些崇拜的起源可以上溯到青铜时代。传说中的上古君王陵寝、雅典娜的神奇橄榄树、波塞冬留下的三叉戟印迹和咸水泉、孩童神厄里克托尼俄斯以蛇的形象捍卫卫城时置身的

---

① 尼刻是希腊神话中的胜利女神。在传统的描述中，尼刻常带有翅膀，拥有惊人的速度。她不仅象征战争的胜利，而且代表着希腊人日常生活许多领域的胜利，尤其是竞技体育的胜利。尼刻经常与雅典娜一起受到崇拜，雅典的帕特农神庙中供奉的雅典娜神像据信也刻画了尼刻。

裂缝，以及其他一些名胜古迹，都位于厄瑞克忒翁神庙区。

因此，修建厄瑞克忒翁神庙的目的是很传统的，就像公布德拉古和梭伦的古代法律一样。这两项措施都是为了赢得诸神的恩宠，并赋予雅典人民自信和勇气，以帮助他们面对未来的任务。

战争继续

7 月时，阿基斯二世企图利用雅典的政权更迭来攻击雅典城。但是，团结一心的雅典人已经严阵以待。阿基斯二世看到雅典军队在城墙外操练的景象，便撤回了狄凯里亚。但在他撤退之前，雅典人消灭了一些掉队的敌兵。这些成功的小规模袭击增强了雅典新政权的信心。同一年夏季，反斯巴达势力控制了希俄斯岛，色雷斯海岸的尼阿波利斯城打退了萨索斯人和一些伯罗奔尼撒军队的攻击，仍然忠于雅典。前 410/前 409 年冬季，斯巴达人还遭受了一次挫折。他们在特拉启斯的赫拉克利亚殖民地被其邻国击败，约 700 名斯巴达殖民者和当地的斯巴达总督死亡。更大的危机是，迦太基于前 409 年夏季加入战争，反对叙拉古。他们的入侵迫使叙拉古人将其舰队从爱琴海和赫勒斯滂海峡撤走，于是斯巴达人失去了最能干、最勇敢和最坚决的海上盟军。

虽然发生了这些事情，但雅典人在前 410/前 409 年的损失多于收获。在前 411/前 410 年冬季，即恢复民主制之前，克基拉岛爆发了一场新内战，使这个岛屿退出了战争，这对雅典而言是一个沉重打击。更严重的损失是，斯巴达人占领了皮洛斯的雅典要塞，拔去了斯巴达的眼中钉，使雅典失去了一个有价值的筹码。

　　第二年夏季，墨伽拉人从雅典手中夺走了尼萨亚。尽管决定性的战场在海上，雅典人在爱琴海和两条海峡也遭到了一些挫折。一支斯巴达舰队在新任海军司令克拉特西皮达斯的指挥下夺回了希俄斯岛；对雅典人来说更严重的是，他们未能在海峡妥善利用库济库斯战役的辉煌胜利。那次胜利固然了不起，却让一些关键城市，如塞斯托斯、拜占庭和迦克墩，仍然处于敌人手中。库济库斯战役之后，法那巴佐斯给斯巴达人资金建造了一支与先前同等规模的舰队，所以雅典人不得不再次去争夺赫勒斯滂海峡的制海权，除非他们能阻止敌人占领关键港口。在爱琴海，雅典人如果想收复叛乱城市和财源，也需要快速行动。但从前411年12月到前409年4月或5月，回国收拢援兵的将军斯拉苏卢斯却一直待在雅典。从前410年春季到前409/前408年冬季，在赫勒斯滂海峡的雅典将军也没有发动任何重要的军事行动。

　　雅典人直到前409年才向赫勒斯滂海峡派遣新部队，其实雅典有合理的理由来解释这次拖延。这支新部队包括50艘三列桨座战船，其中5000名桨手获得了轻盾兵和轻步兵的装备，再加上1000名重步兵和100名骑兵，共计1.2万人。西西里岛战败之后军饷下降了一些，每人每天领取3奥波勒斯，因此这样一支远征军一个月的军饷高达近30塔兰同。所以，在准备好几个月的军饷之前，舰队不能出动。运兵船和运载马匹的船只也会产生额外的开销，而且国家必须为轻盾兵提供武器。但国库空虚，多处资金收入未能送抵国库，而且雅典人在前409年之前似乎也没有足够数量的三列桨座战船。

　　斯拉苏卢斯终于在这年夏季出发，不过他取道萨摩斯岛去了伊奥尼亚，而非赫勒斯滂海峡。尽管雅典人此时已经丧失了库济库斯大捷所带来的优势，但短期内也没有危险。伊奥尼亚能够带来极好的机遇。没有一支斯巴达舰队保护着伊奥尼亚地区，提萨弗涅斯的势力被米利都、克尼多斯和安坦德鲁斯（后者属于他的总督辖区）的叛乱削弱了；大多数伊奥尼亚城邦内都潜伏着雅典的朋友，等待时机将城邦献给雅典。在伊奥尼亚取得胜利便能获得威望和急缺的金钱，为赫勒斯滂海峡的更重要行动搭好舞台。斯拉苏卢斯奉命在完成伊奥尼亚的任务后，前往赫勒斯滂海峡。

斯拉苏卢斯于前 409 年 6 月抵达萨摩斯岛，随后迅速在伊奥尼亚大陆登陆，收复之前丧失的附庸国，骚扰提萨弗涅斯的领地，搜集战利品。在取得了一些小规模胜利（包括收复科洛封）之后，他在以弗所吃了一次败仗，于是不得不放弃在伊奥尼亚的军事行动。他沿着海岸北上，在冬天到来之前抵达了赫勒斯滂海峡。

斯拉苏卢斯在伊奥尼亚的失败表现出他作为一位将军的缺陷。他曾两次因为蹂躏乡村而浪费了时间，使敌人有机会准备进攻。如果他迅速进攻以弗所，雅典人或许能像占领科洛封那样轻松地占领以弗所。在争夺以弗所的战斗中，他的战术有误，分散了己方兵力，造成了严重后果。尽管新民主制政权的第一次军事行动失败了，但斯拉苏卢斯的主力部队完好无损。假以时日，这支主力部队在更有经验、水平更高的将军的指挥下，还有机会赢得重要胜利。

第三十四章

亚西比德归来
（前 409～前 408 年）

雅典尝试肃清海峡

当斯拉苏卢斯指挥的雅典援军于前 409 年年末抵达赫勒斯滂海峡之时，已经驻扎在那里的部队并没有迅速接纳斯拉苏卢斯。亚西比德努力将这两支部队合二为一，但在海峡作战的老兵却不肯接纳斯拉苏卢斯的人马，因为他们刚刚吃了败仗，正是丢脸丧气的时候。尽管如此，两位将军还是将他们的全部兵力转移到赫勒斯滂海峡亚洲一侧的兰普萨库斯，从这个基地出发很适合向法那巴佐斯发动袭击，以及进攻位于阿卑多斯的斯巴达主基地。雅典海军处于无可匹敌的领先地位，再加上他们的陆军，因此其可以沿着海岸南下，从海陆两路威胁敌人。前409/前 408 年冬季，雅典人在兰普萨库斯建造防御工事，并向阿卑多斯发动了一次袭击。

斯拉苏卢斯率领 30 艘战船在阿卑多斯附近登陆。法那巴佐斯率领步骑兵前来援救，但此时亚西比德已经率领雅典骑兵和 120 名重步兵从陆路逼近阿卑多斯了。在总督与斯拉苏卢斯部队交战的同时，亚西比德正好也对他发动了攻击。雅典人击溃了波斯人，建立了胜利纪念碑，并袭掠了法那巴佐斯的领地，掳走了不少战利品。法那巴佐斯的快速反应挽救了阿卑多斯，它仍然在斯巴达手中，所以雅典人的胜利在战略上其实是一次失败。不过，这次胜利弥合了雅典陆军内部的裂痕："两支部队联合了起来，互相带着善意和喜悦，一同回营。"（Plutarch, *Alcibiades* 29.4）

前408年春季，团结一致的雅典人开始将敌人逐出博斯普鲁斯海峡，并控制通往黑海的海路，先是攻打亚洲一侧的迦克墩（见地图26）。克里阿库斯在差不多两年前对迦克墩的防御做了一些改良。迦克墩的斯巴达驻军指挥官是总督希波克拉底。塞拉门尼斯以克里索波利斯为基地，开始蹂躏迦克墩土地，很快亚西比德和斯拉苏卢斯率领约190艘战船前来支援。

为了攻打高墙环绕的迦克墩城，雅典人建造了自己的木墙，从博斯普鲁斯海峡一直延伸到马尔马拉海。这就将迦克墩包围在了一个三角形地域之内，雅典军队和木墙阻隔着迦克墩人和波斯人。雅典舰队控制着大海，所以迦克墩被围得水泄不通。斯巴达陆军出来迎战，斯拉苏卢斯率领重步兵与其交锋。木墙阻挡着法那巴佐斯的步骑兵，使他们无法前来交战。在战斗打响一段时间之后，亚西比德率领他的骑兵和一小队重步兵投入作战，终于打垮了斯巴达人的抵抗。希波克拉底阵亡，但他的部队逃进城中，紧闭城门，继续坚守。除了围困战术之外，攻克一座城市总是很困难的任务，雅典人又一次失败了。亚西比德离开迦克墩，去赫勒斯滂海峡沿海搜寻金钱，让他的同僚主持战役。

尽管海陆两路都被包围，迦克墩守军并非全无希望，因为法那巴佐斯的大队人马就在不远处，他们仍然有希望突破木墙，袭击雅典人的后方。或许就是出于这个原因，雅典将军们

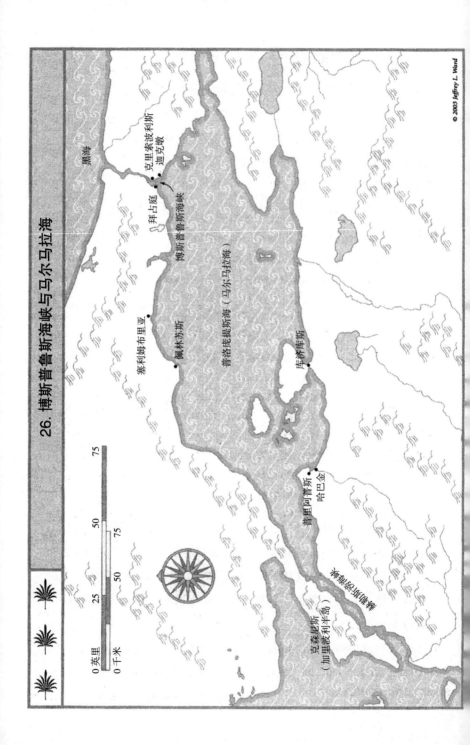

26. 博斯普鲁斯海峡与马尔马拉海

黑海

克里索波利斯
迦克墩

拜占庭

博斯普鲁斯海峡

塞利姆布里亚

佩林苏斯

普洛庞提斯海（马尔马拉海）

库济库斯

普里阿普斯
哈巴金

克森尼斯
（加里波利半岛）

达达尼尔海峡（赫勒斯滂）

0 英里   25   50   75
0 千米   50   75

© 2003 Jeffrey L. Ward

与法那巴佐斯按照以下条件缔结了一项条约：迦克墩人按照之前的标准向雅典缴纳贡金，并缴纳之前积累下来的欠款；法那巴佐斯向雅典人支付20塔兰同，并向波斯国王引见雅典使者；雅典人则宣誓在使者返回之前，不攻击迦克墩人或法那巴佐斯的领地。

　　与收复叛乱附庸国的一般安排不同，雅典人这次不能进入迦克墩，但可以得到贡金和欠款，以及法那巴佐斯代表迦克墩支付的一笔赔款。这为雅典人提供了急需的资金，并且未来也有希望在此地获得收入，不仅节省了围城战的开销，还使他们可以自由地攻击拜占庭。然而，此项条约是临时性的，仅仅在与波斯国王的谈判结束前有效。它使法那巴佐斯保住了迦克墩，而无须守城和野战，他自己也希望能避免交战。与波斯国王的谈判或许能让战争没有必要继续打下去，或者其他事件能阻止雅典人取胜。与此同时，他仍然控制着迦克墩，这座城市的价值肯定超过20塔兰同和一个奇怪的妥协。

　　尽管这份特别条约让迦克墩依然处于敌人手中，但雅典的战略要求他们最终收复两条海峡上的所有沿海城市。于是亚西比德从加里波利半岛征集了资金和色雷斯部队，攻击了普洛庞提斯海北岸的塞利姆布里亚。他避免了围城或者强攻，而是与城内的亲雅典派系勾结，后者在夜间为他打开了城门。他向塞利姆布里亚提出了合理的条件，并严格管束部队。塞利姆布里亚城及其公民都没有受到任何伤害；雅典人仅仅在那里派驻了一支部队并征收了一些金钱。亚西比德的这些行动节省了时间、资源和生命，并且达成了目标。亚西比德最擅长的作战方式就是这样。

　　塞利姆布里亚以东就是拜占庭，这是能够打开博斯普鲁斯海峡和黑海连接之门的最后一把钥匙。亚西比德快速行动，与塞拉门尼斯和斯拉苏卢斯会合，后两位已经离开了迦克墩，去往拜占庭。尽管雅典人掌握制海权，并且拥有相当强大的陆军和维持这些陆军的充足资金，但他们又一次发现，攻打拜占庭这样的设防城市很不容易。雅典人故伎重演，建造壁垒以便从陆路包围城市，同时用舰队在海上封锁城市。指挥拜占庭防务的是克里阿库斯，一位坚韧不拔的斯巴达总督。他手里有一队庇里阿西人、一些解放黑劳士、来自墨伽拉和玻俄提亚的队伍，以及一群雇佣兵。他是守军中唯一一个斯巴达人。

由于雅典人攻打拜占庭未果，克里阿库斯便将拜占庭防务交给部下，自己到亚洲海岸寻找法那巴佐斯，以为其部队获取军饷。他还想集结一支舰队，攻击海峡上的雅典盟邦，以便将雅典舰队诱离拜占庭。但拜占庭城内的情况比克里阿库斯了解到的差得多。市民们饥肠辘辘，而克里阿库斯是一位典型的斯巴达式总督，严酷而傲慢。他的行为最后激怒了一些有影响力的拜占庭人，他们开始与亚西比德共谋起事。亚西比德承诺像对待塞利姆布里亚那样，对拜占庭人宽大为怀，说服他们在指定的某个夜间放雅典人入城。在散播雅典人去往伊奥尼亚的假消息后，他在预定入城的当天下午率领雅典全军离开了拜占庭，似乎真的要去伊奥尼亚。

当夜幕降临之后，雅典人溜了回来，奔向拜占庭的城墙；舰队也回到港口，攻击在那里停泊的伯罗奔尼撒船只。守军放弃了自己的岗位去救援船只，让城市的大部分地方无人把守。于是拜占庭密谋者在无人防守的城墙地段搭设梯子，让在城外等待的亚西比德和塞拉门尼斯部队进了城。但忠于斯巴达的拜占庭人打得很勇敢也很有效，亚西比德于是宣布将保障他们的安全。这个保证说服了拜占庭公民们，他们转而反对伯罗奔尼撒军队，后者大部分死战到底。雅典人又一次遵守了承诺，没有杀害或流放任何拜占庭人，将拜占庭恢复为雅典盟邦。城市恢复了自治权，伯罗奔尼撒驻军和总督都被驱逐，但雅典人没有设置自己的驻军和总督。伯罗奔尼撒战俘没有被杀，而是被解除了武装，押往雅典受审。这些措施体现了一种公正和解的新政策，旨在收复帝国的失地。

雅典与波斯的谈判

雅典人在迦克墩问题上愿意做出很大让步，这表明他们打赢战争的计划里出现了一个新元素。他们之所以拒绝了斯巴达的和平建议，是因为希望离间斯巴达与波斯，而他们此次率军重返海峡，便获得了一个机会去实现这个目标。现在机会来了，雅典人可以直接与波斯国王会谈，试探波斯的意图。波斯人屡战屡败，损失了大量船只，没有取得任何积极的成绩。这或许能让国王认识到实施其当前政策的高昂代价和徒劳无功。另外，斯巴达人单方面与雅典议和，也违反了斯巴达与波斯的条约。如果雅典与波斯的谈判成功，国王会同意停止对斯巴达人的援助，那么斯巴达人就无力维持海上战争，只能以更加不利于自己的条件议和。

这个战略的问题在于，雅典和波斯的目标是相互抵触的。双方都想控制小亚细亚的城市及其财源。迦克墩的临时安排不能作为永久性解决方案的模板，也很难设想双方都能接受的条件是什么样子的。不过，雅典人还是觉得试一试总是值得的。他们还听说，有一个斯巴达代表团在比奥提乌斯的领导下去了苏萨①，所以他们或许也希望能够挫败比奥提乌斯代表团。无论如何，尝试与波斯谈判并不会对雅典人造成任何损失。

　　在迦克墩战役之后，法那巴佐斯邀请雅典人派遣使者，并且他亲自陪同使者去苏萨觐见波斯国王。总督和雅典使者以缓慢的速度向内陆进发，到初冬时只走到了弗里吉亚②的戈尔狄翁，并在那里停留到第二年春季。随后他们继续向苏萨前进，但很快就遇到了比奥提乌斯的斯巴达代表团。斯巴达代表团已经与大流士二世国王进行了成功的会谈，正在返回的途中。斯巴达人宣布，他们已经从国王那里得到了自己想要的一切。证据是国王的儿子小居鲁士和他们在一起，"前来统治海岸上的所有人民，并与斯巴达人并肩作战"（Xenophon，*Hellenica* 1.4.3）。雅典与波斯达成协议的希望破灭了，因此雅典人不得不设计新的方案。

亚西比德归国

　　前407年春季，得胜的雅典将军们已经驶离赫勒斯滂海峡，正准备返回雅典，这时却收到了波斯传来的坏消息。在征服拜占庭之后，海峡上就只剩阿卑多斯港口还在敌人手中。尽管大多数雅典士兵和水手已经在外征战多年，但没有人比亚西比德更急切地希望返回雅典，因为这是他长久以来为之奋斗的时刻。自前415年他投奔斯巴达以来使用的复杂手段，使斯巴

---

① 苏萨是位于今天伊朗西部的古城，可能建于前4000年，是古代埃兰王国、波斯、帕提亚的重要都城。除了是现代考古的重要地点之外，此地也因什叶派穆斯林与犹太人先知但以理而闻名。

② 位于小亚细亚中西部地区。

达和其盟邦以及波斯帝国都不再欢迎他。为了确保安全和实现野心，他必须返回雅典，在军政方面成就一番事业。

虽然他率领着一支得胜的舰队返回，却仍然不会感到完全的安全。他是因为一场政变才来到萨摩斯岛的，他的第一个军职也是驻扎在那里的舰队授予的，而不是通过雅典的正常选举得来的。他结束流亡归国得到了"五千人"的批准，但新的民主制政权未必同意。在雅典，他仍然有形形色色的敌人：民主派怨恨他对民主政府的污蔑，对他的野心保持警惕；宗教保守派；没有忘记他叛变通敌的爱国者；害怕他与自己竞争的其他野心勃勃的政治家。亚西比德还需要始终保持警惕，对付他可能遭到的攻击与指控，以免被判处死刑或者再次流放。对他来讲，最好的保护就是军事胜利，那样的话他就能赢得政治上的广泛拥护。但即便在阿卑多斯胜利和库济库斯大捷（他被誉为此役的主要功臣）之后，他仍然没有决定回国。他或许是想确保自己不在前线期间，自己的光辉不会被其他将军遮盖。虽然在塞利姆布里亚和拜占庭的突出成就增加了他的名望，但让他足够自信地回国的决定性事件可能是在迦克墩签订协议。将军们和法那巴佐斯在那里宣誓，但法那巴佐斯坚持要求亚西比德也宣誓，才肯承认条约有效。于是亚西比德得到了一个很好的机会，向雅典人强调自己仍然受到波斯人的特别敬仰。他要求总督再一次只和他本人立誓遵守同样的条约，借此突出了自己的地位，而此时雅典人也正在寻求法那巴佐斯支持他们即将开始的与大流士二世的谈判。前 407 年春季，从各方面看，亚西比德都不仅是一位恢复了雅典人好运气的伟大将军，还又一次成为唯一有能力使斯巴达人失去波斯援助以此促使雅典赢得战争的人。现在是他返回雅典的好时机。

　　雅典人留下了一支舰队守卫两条海峡，于是斯拉苏卢斯和
塞拉门尼斯也回国了。雅典军队在回国途中利用自己的制海
权，收复了更多的失地。色拉西布洛斯肃清了色雷斯沿海地
带，该地带最重要的地区是面积较大的萨索斯岛和强大的阿布
德拉城。与此同时，亚西比德第一个启程，先去往萨摩斯岛，
然后南下去卡里亚，在那里搜集了100塔兰同，然后返回萨摩
斯岛。之后他又去了基赛阿姆①，即斯巴达在拉科尼亚的主要
海军基地。他在那里看到斯巴达人正在建造船只，但没有采取
任何行动。他为什么要耽搁这么久，绕这么多路，而不是直接
凯旋雅典呢？

　　亚西比德在基赛阿姆停留的原因是为了"观察雅典城对
他和他的回归的态度如何"（Xenophon, *Hellenica* 1.4.11）。
他离开赫勒斯滂海峡之后的所有行为都可以这样解释。他希望
等到前407年夏季将军选举的结果出来。选举结果对他一定是
很大的鼓舞，因为新将军当中有他最有力的支持者——色拉西
布洛斯——和其他朋友，而不包括他的政敌。

　　尽管如此，亚西比德还是保持了谨慎。在法律上，他仍然
没有洗脱罪名，而且被指控侵犯了最庄严神圣的宗教仪式，卫
城上还立着谴责和诅咒他的碑。甚至在比雷埃夫斯落锚之后，
他仍然在船上徘徊。"他害怕他的敌人。他爬上甲板，去看他
的朋友在不在。他看到自己的堂兄弟——培西阿纳克斯之子欧
里普托勒摩斯——和其他亲友，于是上了岸，在一队保镖的护
卫下进城，这些保镖随时准备保护他抵抗任何可能发生的袭
击。"（Xenophon, *Hellenica* 1.4.18 – 19）但他不需要这些保

――――――――――

　　①　今称吉雄（Gytheio）。

护，因为聚集在岸边的人群，欢呼着祝贺他。他上岸之后，群众跟在他身旁奔跑，为他欢呼，为他戴上桂冠以庆祝他的胜利。很多人谈到亚西比德远离雅典，给雅典造成了多么大的损失；也有许多人认为如果是亚西比德指挥西西里远征，雅典人就能胜利了。他将雅典从绝望的状态中抽离了出来，"不仅恢复了雅典的制海权，甚至在陆战中击败各地敌人"（Plutarch, *Alcibiades* 32.4）。

虽然受到了群众的热烈欢迎，但他还是前往议事会和公民大会，正式地为自己辩护，反驳过去受到的指控。他宣称自己是无辜的，并未犯下渎神罪行，并抱怨自己命途多舛。他很有技巧，没有指责任何个人或广大民众，只怪罪自己的坏运气和纠缠他的恶灵。他讲到了未来的美好前景，贬低和蔑视敌人，就像过去一样，为雅典人鼓足了信心。

他取得了极大成功。没有一个人追溯他过去的麻烦，也没有人反驳他和他的朋友们提出的任何意见。雅典人撤销了对他的所有指控，归还了他被没收充公的财产，命令祭司撤销对他的诅咒，并将记载他受到的判决和处罚的碑投入大海。人民投票决定授予他金冠，并任命他为总司令，统领陆海军。

但即便在这个春风得意的时刻，在他最受群众欢迎的时期，亚西比德也并非万事如意。秘仪的总祭司西奥多罗斯非常不情愿地撤销了对他的诅咒，并说道："如果他没有危害城邦，那么我就没有诅咒他。"（Plutarch, *Alcibiades* 33.3）他的保留意见无疑说明，一些雅典人仍然对亚西比德充满猜忌和敌意。在前407年，这些人是少数派，但他们能够提醒亚西比德：仅仅在成功的时候，他才能维持自己的地位。亚西比德是在举行普林特里亚仪式（城邦守护者雅典娜木制神像的袍子被取下来清洗，神像则被藏起来，不让公众看到）的那天返回雅典的，有些人甚至认为这是一个凶兆。这一天被认为是不吉利的，是一年中最不适合采取重大行动的日子。普鲁塔克告诉我们，有些人觉得，似乎女神不愿意用友好的姿态欢迎亚西比德，而是躲起来，拒绝见他。色诺芬说一些雅典人认为，亚西比德回国的时机对他自己和对国家都是不吉利的。尽管只有少数雅典人注意到了这个时间巧合，亚西比德的政敌却牢记此事，以便将来以此为由反对他。我们应该注意到，这是一个很有讽刺意味的事实：亚西比德那么谨慎小心地安排自己的回归，却忘记了这个神圣日子。他的老对手尼基阿斯是绝对不会犯这种错误的。

　　亚西比德回归后的第一个重要举措可能就是为了消除这种负面印象。与厄琉息斯秘仪相关的节日可能是雅典宗教日历中最庄严的典礼了。根据传统，每年这个节日时会有神圣的游行队伍徒步 14 英里，从雅典城前往阿提卡西北边疆附近的厄琉息斯。新入教的教徒扛着得墨忒耳的圣物和伊阿科斯神像。伊阿科斯是一位年轻的男性神祇，手持火炬，侍奉着得墨忒耳和珀耳塞福涅。新教徒佩戴香桃木花冠，祭司们穿着华丽的长袍，成群的笛手和里拉琴演奏者以及唱着圣歌的歌手也会参加仪式。但近些年里，由于狄凯里亚出现了斯巴达要塞和驻军，所以不可能再举行这种游行活动了。前 413 年，新教徒们不得不乘船去往厄琉息斯，而放弃对这种仪式来说非常重要的盛大排场。

　　亚西比德特别敏感，他认识到这是一个机会，可以凭借一次大胆的行动，彻底终结他在宗教上遇到的难题。在向相关祭司征询意见之后，他准备按照传统方式参加盛大游行。在哨兵和武装士兵的保护下，他护送庆祝节日的人群沿着圣道前进。他们安然无恙地抵达了厄琉息斯，并从原路徒步返回。这景象有助于虔诚人士解除对亚西比德的怀疑。作为军事上勇敢和强势的展示，它证明政府授予他超乎寻常的权力是多么合理，并鼓舞了雅典军队的士气。在政治上，这也是一出精彩表演。亚西比德与尼基阿斯的宣传竞争中不曾有一次表演是这样的及时和富有成效。亚西比德重返雅典就是这般高调和强势。

第三十五章

亚西比德的垮台，小居鲁士和吕山德（前408~前406年）

　　雅典人在赫勒斯滂海峡的胜利使他们得以将注意力转向伊奥尼亚和爱琴海战区，战争的最后阶段可能在那里展开。光荣地在厄琉息斯游行之后，公民大会投票决定将100艘三列桨座战船、1500名重步兵和150名骑兵的军队交给亚西比德指挥。他的同僚将军为阿里斯托克拉特斯、阿迪曼图斯和科农，这三人都是他亲自挑选的。10月，他们率领这支强大的军队进入爱琴海，去收复仍然在敌人手中的地区。这些地区包括米利都和以弗所这样重要的伊奥尼亚城市，希俄斯岛等重要岛屿，以及蒂诺斯岛等地理位置具有战略意义的岛屿。在这一过程中，他们能够恢复帝国基业，增加财政收入，或许还能击溃蒂诺斯人，说服波斯退出战争。

小居鲁士王子取代提萨弗涅斯

　　在雅典人无所作为的几个月里，斯巴达人忙碌地重建舰队，他们的三列桨座战船恢复到了70艘。敌人领导层的变化也很重要。大流士二世国王罢免了提萨弗涅斯（他因为与斯巴达人决裂和政策失败而丧失了国王的信任），代之以他的次子小居鲁士，将提萨弗涅斯改任为较小的卡里亚行省的总督。

这是个很值得一说的决定，因为小居鲁士还不到十七岁，而国王完全可以任用更有经验的人，包括小居鲁士的哥哥。波斯国王派遣这个未曾经受战火考验的少年去萨第斯，并任命他为安纳托利亚西部行省的统治者，除了在伊奥尼亚的指挥权之外，吕底亚、大弗里吉亚也都由他管理。大流士二世之所以做出这个令人意外的任命，是受了妻子帕丽萨提斯的影响，帕丽萨提斯不喜欢她的长子阿萨息斯。

年轻的王子和他母亲的目标是取代阿萨息斯，登上波斯王位。早至前406年，小居鲁士就表现出了傲慢与野心。他处死了两名王亲国戚，仅仅因为他们不肯像尊崇国王一样尊崇他。但即便得到母亲的帮助，小居鲁士要想登基也很困难。他在国内有强大的政敌，在国外有恢复了元气的雅典人与他为敌。他需要有效的帮助，以便在时机成熟时打赢争夺继承权的战争。

他的头等大事是击败雅典人，但只有和斯巴达人及其伯罗奔尼撒盟邦合作，他才能成功；然而不管波斯人为斯巴达及其伯罗奔尼撒盟邦提供多少船只和资金，他们就是没有办法在海上打赢。要想胜利，就需要一位优秀的海军将领。小居鲁士还需要在斯巴达为他的私人野心找到军事支持，这将是一个艰难的任务，因为斯巴达人和波斯人的利益仍然是相互冲突的。小居鲁士不能指望斯巴达国王、监察官、元老院和公民大会运用权力扶植他登上波斯王座，即便他们能找到打赢战争的办法。因此，他需要找到一个具有罕见军事才华的派系或者个人，而这个派系或个人必须有理由与他合作，并且有足够的权威将整个斯巴达拉到他麾下。小居鲁士的运气特别好。当他于前407年夏季前往萨第斯的时候，已经有这样一个军事奇才在等待他了。

吕山德的崛起

前 407 年的新任斯巴达海军司令是吕山德，他是一个莫萨克斯人，也就是说他的父亲是斯巴达人，母亲是黑劳士，或者他的父亲是一个因为贫困而丧失公民地位的斯巴达人。不管是哪一种情况，吕山德都应当是由一位家境殷实的斯巴达公民抚养长大，和这位恩主的儿子一起成长，接受斯巴达式教育，并得到了非常罕见的土地赏赐，因而有资格获得完整的公民权。

这样一个边缘人能够攀升到这样高的职位，需要解释一番。吕山德的父亲虽然穷，却拥有贵族血统，所以年轻的吕山德在莫萨克斯人当中是很不寻常的。另外，在战争末期，斯巴达人任命了三个莫萨克斯人为海军司令：叙拉古的英雄古利普斯、吕山德及其继任者卡利克拉提达斯。在整个战争期间，斯巴达的海军指挥官面对雅典人的表现都很差。随着海战变得越来越重要，斯巴达人愿意采取任何措施去打赢海战，甚至可以将斯巴达合法公民圈子之外的有军事才干的人任命为海军最高指挥官。

吕山德无疑在作战中表现出了非同一般的才干，可惜我们没有关于他的那些战绩的文献资料，不过他的崛起可能也在很大程度上取决于位高权重者的恩宠照拂。斯巴达少年一般在十二岁时会接受一位年龄在二十岁到三十岁之间的男子作为自己的导师和情人。古代作家一般强调这种关系的教育、道德和精神方面，但其中无疑也包括肉体关系。吕山德是年轻的阿格西莱的情人，而阿格西莱是阿基斯二世国王的同父异母兄弟。

这种关系也可能具有政治意义，因为成年男子和少年之间的爱恋关系是注定要结束的，但在许多年中，这种关系会在两人间产生一种强有力的纽带。吕山德后来在阿格西莱登上斯巴达王位的过程中起到了关键作用，并且在前 396 年说服这位年轻国王发动了一次针对波斯的大规模战役。

吕山德与阿基斯二世似乎也保持着亲密关系，他们两人都希望消灭雅典帝国并代之以斯巴达霸权，但很多斯巴达人并不这么想。两人还在战争末期的战略设计中有过合作。我们有理由支持这种观点，即吕山德在获得显著地位之后，便与阿基斯二世成了政治盟友。我们很容易相信，吕山德从这种关系中获得了很大的好处，因为他为了满足个人的政治野心，孜孜不倦地加强自己与有影响力的斯巴达人的私人关系。"他似乎天性热衷于关注有权势的人，这超过了一般斯巴达人的习惯。并且他为了获得好处，很乐意忍受有权势者的过分行为。"（Plutarch，*Lysander* 2.3）即便在斯巴达人当中，他的竞争意识和野心勃勃也很突出。

吕山德想要的是荣耀，但他的动机也包括追逐权力。根据一种可信的传统说法，他在自己政治生涯的后期曾企图改变斯巴达宪法，以便称王。前 407 年他接过海军指挥权时，无疑就已经有了这样的野心。他强烈的个人愿景驱动着他，让他表现出独特才华，使斯巴达人觉得他是个不可或缺的奇才；但如果他的个人利益与国家利益相抵触，那他是不会顾及后者的。

前 407 年春季，吕山德率军穿过爱琴海，开赴伊奥尼亚，沿途收拢战船，在抵达小亚细亚时已经拥有了 70 艘三列桨座战船。他没有像之前的海军司令那样将基地设在米利都，而是在更北方的以弗所。米利都作为基地的缺点现在已经很明显了：它位于萨摩斯岛以南，这意味着任何前往海峡的斯巴达舰队都会被雅典人拦截。以弗所位于萨摩斯岛以北，所以不存在这个问题，而且它还有其他优点：它离波斯行省的首府萨第斯更近。以弗所深受波斯文化影响，带有波斯风情；波斯官员喜欢这个地方，所以吕山德可以更方便地运用个人才华去影响盟友和出资人。吕山德还觉得以弗所的贵族"既友好也热忱地支持斯巴达的事业"（Plutarch，*Lysander* 3.2）。

与他的几位前任不同，吕山德懂得一个合适港口的重要性。这个港口必须有适宜的规模、条件、人口和地理位置，足以维持一支舰队和一支陆军。以弗所符合这些要求，所以他立刻着手将它转变为一个商业中心和重要的船坞。但完成这些事情需要一些时间，吕山德利用了雅典人的耽搁，改良了伯罗奔尼撒人在三列桨座战船战争中的战术和技能。他很乐意让时间这么流逝，不寻求交战，而是准备自己的舰队，建造自己的基地，训练自己的水手。他需要水手的军饷，而小居鲁士的到来解决了这个问题。

野心勃勃的年轻王子与同样野心勃勃的斯巴达指挥官会面，是历史的关键时刻之一，在这一时刻个人对重大事件的走向起到了决定性作用。吕山德是小居鲁士的完美人选，他也非常擅长赢得野心勃勃的青年王室成员的信任。他擅长不露声色和玩弄诡计，并因此而闻名。他"用距骨①欺骗孩童，用誓言耍弄成年男子"（Plutarch，*Lysander* 8.4）。吕山德是斯巴达人当中唯一一个能和小居鲁士愉快相处并从他那里获得胜利所需的支持的人。

---

① 掷距骨或称掷羊拐骨、掷髀石，用羊的后胫距骨作为玩具，是历史悠久的儿童游戏，也有的用其他动物的距骨。古埃及人、古希腊人与古罗马人都会用距骨玩抛掷游戏。玩法通常是将距骨上抛，用手接下，同抓布包游戏一样考验小孩的反应能力。距骨因能掷出四面，可作为骰子游戏，也被认为是六面骰的前身。

小居鲁士与吕山德的合作

从一开始，两位领导人的相处就特别融洽。吕山德将之前的失败和误会都归咎于提萨弗涅斯（他是帕丽萨提斯的死敌），并请求王子改变波斯的政策，全面支持斯巴达人，反对共同的敌人。小居鲁士答道，他愿意为了胜利尽一切努力。他带来了 500 塔兰同，并许诺自掏腰包帮助斯巴达人，如果这还不够，就打碎他的宝座（用金银制成）。小居鲁士只是在故作姿态，并非真心诚意。因为当吕山德要求小居鲁士将桨手的军饷翻倍以诱使雅典舰队的桨手投诚时，年轻的王子不得不承认，他只能按照条约规定，支付每人每天 3 奥波勒斯的军饷。

但吕山德发挥了他作为廷臣的本领，"通过谈话时奴颜婢膝的尊崇"（Plutarch, *Lysander* 4.2）赢得了年轻王子的欢心。两人告别时，小居鲁士询问怎么做才会让吕山德最高兴。吕山德答道："如果你给每一位桨手的军饷增加 1 奥波勒斯。"（Xenophon, *Hellenica* 1.5.6）小居鲁士不仅同意了，还偿付了军饷欠款，并给了吕山德一个月的军饷作为预付金。只有王室王子和王后宠儿才能无须向上级申请，就提高斯巴达人的军饷。

不过，吕山德还是完全依赖波斯王子的善意。为了增强他自己的势力，他在以弗所召集伊奥尼亚各城邦最有权势的人开会，敦促他们组成政治团体，并向他们保证，如果他打赢了战争，会将城市的控制权移交给当地贵族。这个承诺为他赢得了强有力的支持和大量的财政援助。他这么做当然是让这些富人效忠于他本人，将来就可以利用他们达到自己的目的。如普鲁塔克所说，他卖人情给他们，"在他们当中播下了斯巴达霸权的种子，后来他真的将种子培植为参天大树"（*Lysander* 6.3 –4）。

雅典人对小居鲁士与吕山德会晤的结果很担忧，于是企图利用提萨弗涅斯做外交中间人。尽管这位前任总督显然不适合扮演这个角色，因为他招致了王室的敌意，并且受到斯巴达与雅典双方的憎恨与不信任，但他还是敦促王子奉行旧的政策，即游离于两个希腊对手之间，将它们都拖垮。小居鲁士最后选择了不同的路线，不仅排斥他的建议，还拒绝接见雅典使者。雅典人企图与波斯缔结外交协定而结束战争的努力，在大流士二世和小居鲁士那里都失败了，于是战争将继续下去。

诺提昂战役

战略形势让雅典人尝试在以弗所迫使吕山德与其交手，因为在那里取胜能使雅典人主宰爱琴海和海峡，不受任何阻挠，并能收复叛乱的附庸国及其财政收入。消灭敌人又一支舰队也许能说服斯巴达人按照可以接受的条件议和；如果不行，至少波斯人会更愿意考虑停止对斯巴达的支持。不过，雅典人必须快速采取行动，因为伯罗奔尼撒人开出的军饷标准比他们高，每一天都可能有水手叛变投敌。

但是，亚西比德没有直接驶往位于以弗所的斯巴达基地。优卑亚岛此时还在敌人手中，亚西比德打算先拿下安德罗斯岛，这是从赫勒斯滂海峡来的运粮船必经的一个岛屿。尽管他在陆地上击败了敌人，却无法占领这个岛，于是留下一支部队继续攻打，然后离开了。他在雅典的政敌后来会利用这个失败去攻击他。

他从安德罗斯岛去往东南方的科斯岛和罗得岛，寻找金钱和战利品来给他的水手发饷。雅典国库仍然空虚，如果吕山德选择留在港内，亚西比德可能没有足够的资源将他的舰队长时间留在海上。在对抗斯巴达舰队之前积攒尽可能多的金钱固然有道理，但这个耽搁却给了敌人更多时间来改善舰队并刻苦训练。

亚西比德随后驶往萨摩斯岛，然后是诺提昂，即科洛封的港口，其位于以弗所西北方的沿海地带。虽然诺提昂不是主要的海军基地，却是进攻以弗所不错的出发阵地，雅典人从那里可以切断以弗所和希俄斯岛之间的斯巴达航线，并阻止他们逃往赫勒斯滂海峡。在诺提昂，亚西比德指挥着 80 艘战船（他之前把 20 艘留在了安德罗斯岛），而吕山德的兵力增加到了90 艘战船。吕山德虽然占据优势，却没有出来应战，因为他相信自己有足够多的时间，拖延下去对他有利。他的舰队接受操练之后战斗力有所提高，而小居鲁士提供的更高军饷"使雅典船只的人员锐减。因为大多数水手都投奔到出钱更多的一方，那些没有逃亡的水手则士气低落、心怀不轨，每天都给他们的指挥官制造麻烦"（Plutarch，*Lysander* 4.4）。

任何一位雅典指挥官都会认识到，必须快速行动。出于同样的原因，吕山德可以慢悠悠地等待时机。另外，亚西比德也有个人原因迫使他快速行动。普鲁塔克对他个人动机的分析是很到位的："如果曾有人被自己的声望毁掉，那就是亚西比德。因为他看上去如此英勇无畏、绝顶聪明，似乎常胜不败，所以当他失败时，大家就怀疑他没有努力，不肯相信世界上竟然有他办不到的事情。大家觉得，只要他努力，就没有干不成的事。"（*Alcibiades* 35.2）尽管他得到了特别大的权力和雄厚的兵力，在安德罗斯岛却失败了，而且现在也没有办法诱使吕山德冒险出来打一场海战。除非他很快取得成功，否则有可能会招致雅典人的猜疑，让他的政敌得到更多口实。

亚西比德在诺提昂待了大约一个月，但到前 406 年 2 月，他将舰队主力留在那里，自己乘船加入色拉西布洛斯攻打弗凯亚的战役。这可能是诱使吕山德出来交战的计策的一部分：如果雅典人成功占领了伊奥尼亚各城邦，吕山德就不能长期闲坐，必须与雅典人交战。对这个计策而言，弗凯亚是一个很好的攻击目标，因为它的地理位置很适合向库麦、克拉左门奈甚至希俄斯岛发动新的进攻。亚西比德此次只带了运兵船，将他的三列桨座战船留在以弗所，以便监视力量不断增长的斯巴达舰队。他留在以弗所代他指挥的人是安条克斯，一名士官和舵手，而且是亚西比德旗舰的舵手。这项任命在雅典海军历史上是独一无二的，从古代到现代一直遭到批评。一般来讲，一支如此庞大的舰队应当被交给一名或多名将军指挥，但亚西比德的同僚似乎都在外执行其他任务。如果是这样，常规的做法是指派一位有海战经验和立过战功的三列桨座战船船长。在诺提昂有很多船长，其中肯定能找到这样一位人选。但亚西比德的做法也有一定的道理，因为舵手一般是经验特别丰富、在海战策略上特别有才干的人，并且参加过许多战役，往往比船长更有经验。这样的舵手对于保持雅典海军的优势地位起到了至关重要的作用。但亚西比德这一次并不认为他外出期间会发生交战，甚至也不希望发生交战，于是给了安条克斯一条简单明确的命令："不要攻击吕山德的船只。"（Xenophon, *Hellenica* 1. 5. 11）与级别更高、有独立头脑的军官相比，一位士官更有可能坚定不移地服从这道命令。在当时的情况下，亚西比德需要的是一个他能信任的人，而安条克斯是他多年的下属，看上去似乎是完美人选。

但亚西比德看错了他的部下：安条克斯渴求荣耀，于是设计了一项策略，发动了进攻。他的计划可能参照了库济库斯战役中让雅典人赢得辉煌胜利（这可能是三列桨座战船时代最伟大的海战胜利）的那个计划。但库济库斯战役的策略依赖隐蔽和欺敌，充分利用了地形、地貌和天气来掩藏舰队的抵达、规模和位置。这些元素在诺提昂都是没有的；雅典人在诺提昂不可能隐藏自己，也没有必要去尝试类似的计谋。另外，吕山德已经研究雅典舰队一个多月，通过逃兵的口供已经对雅典舰队的规模和行动有充分的了解。他对库济库斯战役和雅典人的战术也很熟悉。

然而，安条克斯还是在开局模仿了亚西比德在库济库斯的计谋。安条克斯以自己的战船打头阵，率领 10 艘三列桨座战船径直奔向以弗所，并指示其他战船在诺提昂严阵以待，“直到敌人离开陆地很远”（*Hellenica Oxyrhynchia* 4.1）。他的想法是诱骗吕山德追击他的小队伍，进入朝向诺提昂的开阔海域。当吕山德舰队离开陆地足够远的时候，雅典舰队将努力切断其退回港口的路线，迫使其打一场大规模海战，或者追击逃回港口的敌人。

吕山德知道亚西比德已经远离以弗所，而雅典舰队被一个此前从未有过大舰队指挥经验的人掌控着。这是一个千载难逢的良机，于是吕山德决定“做一件足以让斯巴达骄傲的事情”（Diodorus 13.71.3）。他以自己的 3 艘三列桨座战船追击雅典人最前方的那艘船，将其击沉，杀死了安条克斯。剩下的 9 艘雅典战船立刻逃跑，遭到整个斯巴达舰队的追击。吕山德认识到他让雅典人大吃一惊，并打乱了他们的计划，于是匆匆利用雅典人的混乱。诺提昂的雅典舰队主力还在等待，直到看到己方前锋向自己奔来，后面较远处跟着敌人的追兵，于是也起航了。他们看到小股雅典先头部队在慌乱逃跑，而整个斯巴达舰队在猛烈追击。雅典人没有时间排好作战阵型，也没有一位将领指挥全军，于是每一位三列桨座战船船长各自尽快起航。因此，前去援救先头部队的雅典主力舰队"毫无秩序可言"（Diodorus 13.71.4）。他们被打得落花流水，最终损失了 22 艘战船，而吕山德控制了大海，在诺提昂建立了纪念碑以庆祝这意料之外的胜利。

三天之后，亚西比德带着色拉西布洛斯的 30 艘三列桨座战船抵达，将诺提昂的雅典战船数量提高到 88 艘（不包括已经损失的 22 艘）。他急于转败为胜，于是奔向以弗所，希望将吕山德再一次引诱出来。但这一次吕山德觉得没有理由冒险，因为双方兵力相当，而且雅典人由一位威名赫赫的骁将指挥。亚西比德没有办法，只能返回萨摩斯岛，前一次失败的耻辱未能洗雪。

尽管吕山德在此役中表现出了极高才华，并且完全配得上他得到的赞誉，但他取胜的主要原因还是雅典人犯下了可怕的错误。雅典人愤怒地将此次失败归咎于亚西比德，他们有充分的理由这样做。不管他去弗凯亚的目的是什么，他都不应当将全部三列桨座战船留在一个没有指挥经验的人手里，去面对优势敌人。尽管雅典人在诺提昂的伤亡不多，而且在爱琴海仍然有 108 艘三列桨座战船，还占据数量优势，但诺提昂战役在战略上是一次重大失败，逆转了自库济库斯战役以来一直对雅典人非常有利的战局。雅典人在短期内无法恢复在伊奥尼亚的地位，也无法占领安德罗斯岛。萨摩斯岛基地中的雅典士兵和水手的士气受到了负面影响，逃兵肯定会增多。

亚西比德之后夺回主动权的努力也没有成功。这一次，他

率领全军前往库麦，开始蹂躏库麦城周边的土地。但整个库麦
陆军突然出现，将雅典人赶回了船上。这离诺提昂的失败没过
多久，使亚西比德的政敌有了更多理由去指控他。

亚西比德垮台

亚西比德不在雅典城期间，城内发生的事情给他造成了
很大的麻烦。阿基斯二世利用大量雅典重步兵和骑兵远离本
土的机会，率领一支由伯罗奔尼撒和玻俄提亚重步兵、轻装
部队和骑兵组成的大军，在一个月黑风高的夜晚杀到雅典城
下。虽然他们被击退了，但在退却之前蹂躏了阿提卡，这让
雅典人在得知诺提昂和库麦的失败后更加恼火。亚西比德的
政敌看到，攻击他的时机已经成熟。与此同时，亚西比德的
一位死敌——特拉索之子色拉西布洛斯——从萨摩斯岛的营
地返回了，带回了军中的极大怨气。他在雅典公民大会宣布，
亚西比德指挥作战就像在进行豪华旅游观光一样，将舰队托
付给一个只会喝酒和吹牛的人，"好让他自己自由地到处转
悠、搜罗金钱，以便在阿卑多斯和伊奥尼亚酗酒嫖娼，尽管
敌军舰队就在咫尺之外"（Plutarch, *Alcibiades* 36.2）。随后，
库麦的使者指控亚西比德攻击"一个没有任何过错的盟邦"
（Diodorus 13.73.6）。与此同时，一些雅典人指责他没有努力
占领库麦，并声称他收了波斯国王的贿赂。也有人指责他过
去的不端行为，谴责他帮助斯巴达人，与波斯人合作，据说
波斯人在战后将扶植他成为雅典僭主。新仇旧恨和真假指控
全部向亚西比德袭来，直到有一个人，可能是克里奥丰，提
议罢免他的职务。这个提议被通过了。

雅典人任命科农接替亚西比德来指挥在萨摩斯岛的舰队，

而亚西比德再一次被放逐了。他知道自己不能回雅典，因为他的诸多敌人正在那里等着用一大堆私人申诉和公共指控来对付他。他也必须离开萨摩斯岛，因为那里的部队也开始敌视他了。同样，他在斯巴达和波斯领土上也都不会受到欢迎。但他已经料到自己可能会遭到什么样的命运，早在赫勒斯滂海峡服役的几年间就已经在加里波利半岛建造了一座设防城堡当作避风港，于是他就去了那里。

很多人认为，亚西比德的最后离去和他最终被解除雅典军队的指挥职务，是战争最后阶段的一个转折点；对雅典来说，是个灾难。在前411年和前408年时，虽然海洋和陆地上的最初成功确立了他的地位——一位优秀的骑兵指挥官和能干的海军指挥官，但在海峡历次战役中表现最优秀的指挥官不是他，而是吕库斯之子色拉西布洛斯。和以往一样，亚西比德的个人野心对他自己而言也是一个严重的障碍。他树敌过多，令敌人对他的憎恨与日俱增。他们热切等待机会攻击他，这迫使他去努力取得超乎寻常的功绩，并做出无法兑现的承诺，以便获得和维持群众的爱戴，而只有群众的爱戴才能保护他。因此，他选择去冒险，而这必然会给雅典带来灾难。

亚西比德在政治上也是个争议极大的人物。有人非常仰慕他，有人非常讨厌他，他始终不能赢得一大群公民的稳定支持。他不能争取到一个可靠的大多数来支持自己的政策，他也不愿意为了国家利益而听从其他人发号施令。与此同时，他能够阻止其他人取得领导地位，因为在大祸临头之时，雅典人依然会寻求他的帮助，认为他的魅力和诺言能够挽救他们。在诺提昂战役不到一年之后，一部喜剧中的一个人物说道："他们渴求他，他们憎恨他，但他们希望他回来。"（Aristophanes，

Frogs 1425）他的倒台也拖累了色拉西布洛斯和塞拉门尼斯这样有才干的朋友，使雅典在最需要这些将才的时刻失去了最精明强干的将领。这可能是斯巴达在诺提昂的胜利给雅典造成的最严重后果。

第三十六章

阿吉纽西战役（前 406 年）

亚西比德的垮台把他的朋友们也拖垮了，其中最重要的是色拉西布洛斯和塞拉门尼斯，他们在前 406 年春季的选举中没有当选为将军。但在选拔新将军时，派系利益倒不是最主要的因素：选民主要选择与亚西比德没有亲密联系的有经验的海军指挥官，不管他们属于什么派系。

前 406 年年初，科农取代亚西比德，成为萨摩斯岛上雅典舰队的总司令。吕山德开出的更高军饷和雅典舰队在诺提昂的损失使科农手下的水手数量不足，只能满足 100 艘战船中能有效地操作 70 艘的人员需求，所以他没有能力执行任何重大行动。此时，吕山德的情况与雅典人截然相反。他的资金很充裕，舰队实力在不断增强，水手斗志高昂。他的道路上只有一个障碍：斯巴达法律规定，海军司令任期仅一年，不能连任。吕山德不得不将舰队交给他的继任者——卡利克拉提达斯。

新的海军司令

新任司令也是个莫萨克斯人，但与他的前任在多个方面存在不同之处。他获得这个高位时十分年轻，可能不超过三十岁，尽管勇敢无畏，却缺少吕山德的个人雄心。狄奥多罗斯说

他"没有诡诈、性格直率"，"对和外国人打交道没有经验"，
是"最公正的斯巴达人"（13.76.2）。我们有理由相信，他认
同前任国王普雷斯托阿纳克斯及其继位的儿子保萨尼亚斯的观
点。普雷斯托阿纳克斯主张和平、与雅典修好；保萨尼亚斯则
成了吕山德强有力的对手，领导着一个被某位学者称为"温
和的、传统的"派系，反对斯巴达建立海外帝国。他们害怕
海外帝国所带来的经济利益和奢靡的生活方式会腐蚀斯巴达，
因此希望重返吕库古①宪法严苛朴素的原则。我们推测，吕山
德与小居鲁士的亲密友谊和在亚洲各城邦结党营私的做法，引
起了保萨尼亚斯派系的猜疑，因此保萨尼亚斯以卡利克拉提达
斯取代了吕山德。

前406年4月前后，新任海军司令抵达以弗所之后，很快
与吕山德产生了摩擦。吕山德移交舰队时自诩为"大海的统
治者，在海战中旗开得胜者"（Xenophon, *Hellenica* 1.6.2）。
卡利克拉提达斯立刻挑战这些吹嘘之词，敦促吕山德率军从萨
摩斯岛的雅典人那里驶过，并将舰队派往米利都，以证实他的
自吹自擂。这个举动强调了吕山德战功的局限性，定下了两人
互相竞争的基调，并为年轻司令设定了取得更大胜利的目标。

吕山德没有上钩，而是直接乘船回国了，将这刺痛抛在脑
后。吕山德在部队里的支持者立刻开始和卡利克拉提达斯作
对，说他无能和缺乏经验。年轻的海军司令直面这些嘲讽，以
斯巴达式的朴素和直率向集合起来的官兵讲话。他宣布，"如
果吕山德或其他任何人相信自己更精通海军事务"，他愿意交

---

① 吕库古是传说中为斯巴达立法的英雄和领导人，大约生活在前8世纪，
据说是斯巴达政治改革、教育制度以及军事培训制度的创始人。他建立
的社会制度强调斯巴达公民的平等、军事技能和严苛简朴的生活方式。

出自己的指挥权。但既然政府已经命令他领导舰队，他就必须尽其所能。他要求舰队官兵自行判断，调查他的目标，评估他受到的批评以及斯巴达政府因任命他为司令而受到的指摘，然后告诉他"应当留下，还是乘船回国将这里的情况汇报上去"（Xenophon, *Hellenica* 1.6.4）。这次讲话让反对他的议论都平息了，因为没有人敢要求他违抗政府的命令，也不愿意看到他回国将他们的哗变行为报告上去。

　　但是，吕山德还是给他的继任者留下了更严重的麻烦。他离岗的时候手中还有小居鲁士给的一笔金钱，他理应将这笔钱交给继任者，然而他却将钱还给了小居鲁士。因此，卡利克拉提达斯就缺乏维持舰队所需的资金，而吕山德仍然拥有波斯王子的欢心，能够羞辱和阻碍他的竞争对手。卡利克拉提达斯不得不去找小居鲁士索要金钱以便支付军饷，但王子刻意羞辱了这位年轻的海军司令，迫使他等了两天才接见他。会议很不顺利，因为小居鲁士拒绝了他的要求。斯巴达司令怒气冲冲地离去了，对吕山德的政策更加敌视。"他说希腊人处于最凄惨的境地，因为他们为了金钱，竟向蛮族阿谀奉承；如果他能安全回国，会尽最大努力让雅典人与斯巴达人和解。"（Xenophon, *Hellenica* 1.6.7）这是传统派斯巴达人的声音；这番话是斯巴达脱离波斯控制的宣言，表达了他的决心，即拒绝波斯支持，奉行与之前不同的政策。

　　于是，卡利克拉提达斯将斯巴达基地从以弗所调回米利都，放弃了地理上的战略优势，以便执行新计划。米利都曾经反对波斯人，所以是他为舰队征集资金的更好地点。在米利都的一次公民大会上，他表明了自己的新计划，要求当地人提供资金以便继续作战。"在诸神佑护下，让我们告诉蛮族，不用

向他们卑躬屈膝，我们也能惩罚自己的敌人。"（Xenophon，
Hellenica 1.6.11）当地希腊人的反应非常积极热烈，就连吕山
德的朋友也不敢不出钱。

卡利克拉提达斯拥有 140 艘战船，兵力是科农的两倍，但
他知道雅典人已经准备调来大量援兵。因为他曾经批评吕山德
在诺提昂战役之后无所作为和不敢直面萨摩斯岛的雅典舰队，
所以他现在需要证明自己敢于这么做。另外，若赢得一次重大
胜利，会鼓励小亚细亚和各岛屿的希腊人拿出更多钱来支持
他。因此，他急于与敌人交锋。他攻击并占领了位于德尔菲尼
昂（在希俄斯岛上）和泰奥斯的雅典要塞，以此向科农的舰
队（此时在萨摩斯岛以北）发出讯号。随后卡利克拉提达斯
占领了莱斯博斯岛上的米西姆纳，抓了很多俘虏，但拒绝将这
些俘虏全部卖为奴隶以获得现金。他回想斯巴达曾宣称的开战
理由（解放希腊人），于是宣布："只要是我指挥，在我权限
范围之内，绝不容许有希腊人被奴役。"（Xenophon，*Hellenica*
1.6.14）这样的政策和口号既是鼓励仍然在雅典人桎梏下的
城邦起来反抗，也是为了赢得那些已经解放的城邦的支持。这
是斯巴达在没有波斯的帮助下打赢战争的唯一办法，也是兑现
"解放希腊人"承诺的唯一办法。

科农受困于米蒂利尼

卡利克拉提达斯传话给科农，说他打算结束他的敌人
"与大海的奸情"（Xenophon，*Hellenica* 1.6.15）。他的意思是
雅典的海洋帝国是不合法的，他要向其发起挑战。尽管科农利
用两次冲突之间的间歇将他的舰队恢复到最佳状态，"为备战
付出的努力超过了之前的任何一位将军"（Diodorus 13.77.1），

他的兵力仍然远逊于敌人，所以他不肯出港应战。但莱斯博斯岛受到了威胁，它是阻挡伯罗奔尼撒舰队重返赫勒斯滂海峡的主要屏障，于是科农不得不将舰队调到米西姆纳以东的赫卡托奈西群岛。卡利克拉提达斯率领 170 艘战船（而且水手素质也是一流的）追了上来，科农立即逃往米蒂利尼，但穷追不舍的伯罗奔尼撒人在米蒂利尼港口入口处咬住了雅典人，俘获了 30 艘雅典三列桨座战船。科农勉强把剩余 40 艘战船带到了安全地带，但这些战船很快就遭到了封锁，因为卡利克拉提达斯从海陆两路围攻米蒂利尼城。科农被包围得水泄不通，面临断粮的危险，而且城内有很多亲斯巴达分子，有可能与敌人里应外合。科农费了很大力气才将 1 艘船送出港口，向雅典报告他的处境。

　　不过，他逃到米蒂利尼使卡利克拉提达斯失去了一次完胜的机会，不然后者可能就打赢整个战争了。如果雅典舰队遭到全歼（它几乎全军覆没），斯巴达人就可以不受阻挡地占领莱斯博斯岛和萨摩斯岛（雅典基地，且无人把守），然后进入同样没有防守的赫勒斯滂海峡，封锁雅典的粮食供应路线。但卡利克拉提达斯缺乏资金，不得不打一场耗时甚久的围城战，于是雅典人有时间派出增援部队，与他争夺制海权。不过对他来说幸运的是，小居鲁士看到了他的成功，相信他正处于全胜的边缘。如果斯巴达人在一位敌视波斯的指挥官的领导下，在没有波斯帮助的情况下取得了胜利，那么这对小居鲁士来说将是一场灾难。于是他便宜行事，改变了自己的策略，向斯巴达舰队送去了资金，包括给司令本人的礼物。卡利克拉提达斯出于形势所迫，接受了小居鲁士送来的军饷。但与吕山德截然不同的是，他个人对波斯仍然保持冷淡和超然的态度。他解释道，

"他本人与小居鲁士之间没有必要存在私人友谊，波斯与全体斯巴达人缔结的条约对他来说已经足够了"（Plutarch，*Moralia* 222E）。这位海军司令希望得到的那种胜利需要一场速战速决的战役，而这样的战役必须发生在雅典人恢复元气和波斯的金钱发挥决定性作用之前。

雅典重建海军

科农派去求援的船只于前406年6月中旬抵达雅典。雅典人此时可动用的船只有约40艘，但经过努力，在一个月内就将他们的舰队实力恢复到110艘三列桨座战船。缺少船只还不是全部问题，因为此时国库已经空空如也。为了支付造船费用和水手的薪金，雅典人不得不熔化卫城的胜利女神尼刻的金像，用这些黄金铸币。他们用这些钱币和储藏在圣山上的金银，筹集了2000多塔兰同，解决了军事开支问题。人力是另外一个问题。最好的水手已经驻扎在米蒂利尼，因为科农之前为自己的任务精心挑选了水手。即便征召那些素质略逊一筹但还算有经验的桨手，也只能为一小部分船只配齐人员。因此，雅典人不得不让缺乏经验的人担当桨手，包括农民、可以在骑兵部队服役的有产者，甚至奴隶（他们将得到自由和雅典公民权）。"他们让所有达到服兵役年龄的人上了船，既有自由人也有奴隶。"（Xenophon，*Hellenica* 1.6.24）这是整个战争中第一次出现这种情况：在海战中，雅典人的战术素质逊于敌人；雅典军中倒戈的技艺娴熟、经验丰富的水手增强了敌人的实力。

与战争中其他任何一支雅典舰队都不同的是，这支舰队有八位将军。但据我们所知，八位将军中没有一位是凌驾于其他

人的最高指挥官。这样的安排应当不算理想，因为他们要面对
的是一位年轻勇敢的斯巴达指挥官，并且他已经击败了雅典最
好的海军将领科农。这支雅典舰队于 7 月驶往萨摩斯岛，从盟
军获取了另外 45 艘战船，因此一共拥有 155 艘三列桨座战船。
卡利克拉提达斯担心被夹在科农舰队（在米蒂利尼港口）和
逼近的雅典增援舰队之间，于是留下 50 艘战船监视科农，自
己则率领余下的 120 艘战船前往莱斯博斯岛东南端的马里阿
角，准备切断敌人。在那里，他可以看到雅典增援舰队抵达了
阿吉纽西群岛，距离大陆不远，在自己位置以东约 2 英里处
（见地图 27）。不管他是否知道自己的兵力少于对方，他都坚
信己方水手的战术素质更高，因此必胜无疑。

阿吉纽西战役

卡利克拉提达斯打算再一次运用帮助他打败了科农的奇袭
战术，即在夜间进攻，但遇到了风暴，因此未果。拂晓时分，
他迎着旭日，奔向阿吉纽西群岛。斯巴达舰队齐头并进地攻击
雅典战线。斯巴达人的 120 艘战船排成一线，战线长度约
2400 码（见地图 28）。每两艘相邻的三列桨座战船之间间隔
约 20 码。他们摆好了阵型，准备运用包抄战术（雅典人使这
种战术日臻完美，并因此占据海上优势），即己方航速更快，
因此可以绕过敌军战线的一端，从侧翼或后方攻击敌人；或者
突破战术，即一艘战船迅速行驶到两艘敌船之间，然后迅速转
头去攻击其中一艘的侧翼。

雅典人也知道自己在战术素质上处于劣势，于是相应地调
整了阵型，并且是以希腊海战历史上独一无二的方式。他们将
己方战船分为三队，即两翼和中路。两翼各有 60 艘战船，分

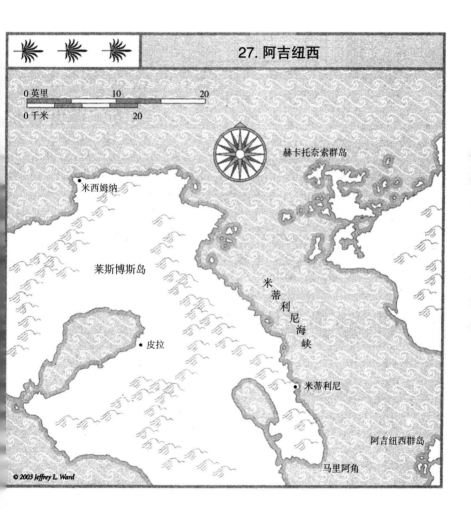

27. 阿吉纽西

0 英里　　　10　　　20

0 千米　　　　　20

赫卡托奈索群岛

米西姆纳

莱斯博斯岛

皮拉

米蒂利尼海峡

米蒂利尼

阿吉纽西群岛

马里阿角

© 2003 Jeffrey L. Ward

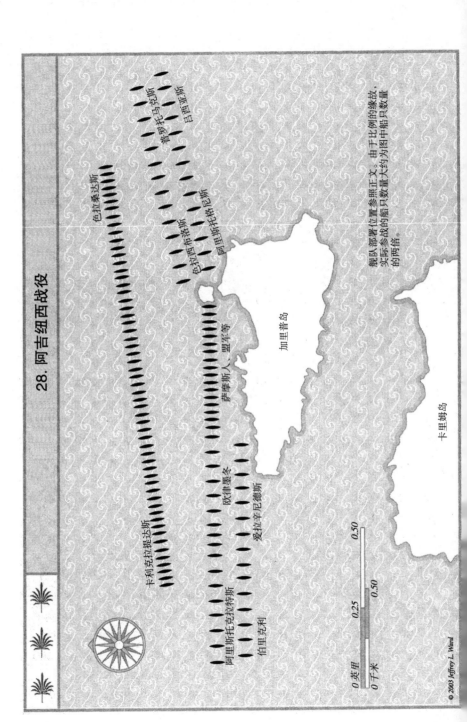

28. 阿吉纽西战役

色拉桑达斯

卡利克拉提达斯

普罗托马齐斯

吕西亚斯

色拉西布洛斯

阿里斯托格尼斯

萨摩斯人、盟军等

欧律墨冬

爱拉辛尼德斯

阿里斯托克拉特斯

伯里克利

加里普岛

卡里姆岛

0.25   0.50

0 英里   0.50

0 千米

舰队部署位置参照正文。由于比例的缘故，实际参战的船只数量大约为图中船只数量的两倍。

© 2003 Jeffrey L. Ward

成前后两排，后一排的每艘船对应前一排两艘船之前的缺口。中路有 35 艘战船，仅排成一排，但中路的位置在加里普岛（阿吉纽西群岛两个主岛中偏西的那个）前方不远处。加里普岛的地理位置使斯巴达舰队无法对雅典中路实施突破战术，而雅典两翼犬牙交错的双排阵型也使斯巴达人无法对其实施突破战术。雅典两翼相邻两艘战船的间距是常规的两倍，因此，如果前排较大的缺口诱使一艘斯巴达战船尝试突破战术，后排的战船就可以上前阻止敌船，并允许敌船两侧的己方战船冲撞它。两倍的间距使雅典人的战线更长，既能帮助他们对付敌人的包抄战术，也能让他们包抄敌人的侧翼。雅典人对阵型还做了一个改进，即将两翼分为八个独立单位，每个单位由一名将军指挥。这种安排在进攻时特别有利；进攻将在更开阔的海域进行，每个单位的独立行动能力会带来益处。

卡利克拉提达斯开始前进的时候，"雅典人出来迎战，将左翼向开阔海域的方向展开"（Xenophon，*Hellenica* 1. 6. 29）。雅典左翼已经包抄了斯巴达右翼，并继续向南（对雅典人来说是向左）运动，威胁要包围斯巴达右翼。这样的策略会将一支分队从己方战线分离出去，进而在战线上制造一个缺口，容易被敌人利用。但雅典人在阿吉纽西群岛运用的双排战线使最左端前排分队的将军伯里克利[①]（伟大政治家伯里克利和情妇阿斯帕齐娅的儿子）转了一个大弧线，让左翼后排的指挥官阿里斯托克拉特斯能够封闭缺口。不管卡利克拉提达斯在这个海域打算运用何种进攻动作，都会面临被包围的危险（这

[①]　根据图 28，最左端前排分队的指挥官是阿里斯托克拉特斯，后排才是伯里克利。

是个非常严重且显而易见的危险），斯巴达人将被迫转入守势。雅典右翼可能采取了同样的动作，但我们不知道它具体是怎样的动作。但即便雅典右翼只是径直前进，也已经处于可以包抄敌人侧翼的位置。雅典中路似乎没有采取任何行动，只是停留在原地，即加里普岛前方。

卡利克拉提达斯亲自指挥右翼，他看到的景象非常令人担忧。旗舰舵手墨伽拉的赫尔蒙敦促他停止战斗，"因为雅典三列桨座战船比斯巴达多得多"。然而，年轻的海军司令不肯退缩："如果他死了，对斯巴达不算什么损失，但如果临阵脱逃，就太耻辱了。"（Xenophon, *Hellenica* 1.6.32）他的坚定勇敢符合斯巴达的伟大传统，也体现了他的大无畏品格，但在当前这个战略环境下，却显得不审慎。无论如何，己方处于战术劣势的时候与兵力强于自己的敌人交战，总是不明智的，何况斯巴达人此次没有理由非打不可。拖延时间对他们有利；雅典人没有资金，不可能让舰队长期留在海上。只要拖延下去，雅典人那边可能会出现更多逃兵。一位谨慎的指挥官会在兵力对比有利于斯巴达人的时候，让雅典人在斯巴达人选择的地点主动进攻。

然而，拖延对卡利克拉提达斯自己不利。他希望在更加依赖波斯资金之前和在作战季节结束之前，尽快赢得一场胜利，免得丧失得胜的机会。而且，如果他听从赫尔蒙的建议而取消战斗，会发生什么情况呢？他将不得不去米蒂利尼，努力消灭科农，而雅典舰队也肯定会追击到米蒂利尼。他会以170艘战船去面对雅典人的155艘，而科农的40艘战船将处于他的后方。这样的话，他的战船数量会比雅典人少25艘，而在阿吉纽西群岛则比雅典人少35艘。不过，在米蒂利尼，他在兵力

上的些许改善很可能会被腹背受敌的窘境抵消。不管他有没有
考虑到这些因素，我们都不能说，卡利克拉提达斯的决定仅仅
是因为一个血气方刚的年轻人太鲁莽、没经验。

面对侧翼受到的威胁，卡利克拉提达斯尽其所能地去应
对。因为他没有办法将自己的战线延伸去挫败敌人的策略，
"于是他将舰队分为两支，两翼各自为战"（Diodorus
13.98.4）。这样他就没了中路，容易遭到停在加里普岛前方的
那一排雅典战船的攻击。但在形势逼迫下，他不得不在战术上
做一些妥协，毕竟受到的主要威胁（可能被敌人包围）实在
是太严峻了，不能忽视。事实上，雅典中路在战役的第一阶段
（时间很长，也很激烈）停留在原地。"起先作战井然有序，
后来就乱七八糟了。"（Xenophon, *Hellenica* 1.6.33）雅典人
对斯巴达侧翼的袭击起初集中在中路，让斯巴达人几乎没有机
会去尝试他们如今更具优势的机动动作。随着战斗继续，未参
战且毫发未伤的雅典中路，对疲惫的斯巴达人的威胁越来越
大。卡利克拉提达斯的战船撞上一艘敌船，他阵亡了。此后，
斯巴达左翼败退了，企图逃跑。斯巴达阵型终于被打乱，雅典
中路投入杀戮和追击，摧毁了许多逃跑的敌船，自己却没有任
何损失。在斯巴达右翼，战斗持续了很久，非常残酷，最后与
海军司令一起作战的拉科尼亚战船损失了十分之九，其他船只
则全部逃走。雅典右翼阻止了对方向北逃跑，侥幸逃出的少数
船只南下去了希俄斯岛、库麦和弗凯亚等地。米蒂利尼的斯巴
达指挥官在得知此役结局后也逃走了，于是科农得以与雅典主
舰队会合。

据狄奥多罗斯说，阿吉纽西战役"是希腊人对抗希腊人
历史上最伟大的海战"（13.98.5）。斯巴达人损失了 77 艘战

船，即全军战船的 64%，这是一个惊人的数字。在基诺塞马、
阿卑多斯和诺提昂三次战役中，失败一方的平均损失为 28%。
在库济库斯，雅典人运用欺骗、奇袭和多个单位独立指挥将敌
人诱骗到开阔海域并将其包围，最后击溃整个斯巴达舰队。阿
吉纽西发生了一场可以与库济库斯战役相提并论的溃败，由于
雅典人的出色谋略，斯巴达人又一次遭到包围，与附近陆地的
联系被切断。仅仅因为雅典左翼无法封闭缺口，才有一些斯巴
达船只得以逃脱。

　　雅典人的 155 艘战船只损失了 25 艘，这是一次辉煌的胜
利。他们若是在这场战役中失败，就必然会输掉整个战争，但
凭借一支匆匆拼凑而成的舰队，他们歼灭了由吕山德准备和训
练的优势敌人，并杀死了接替吕山德的勇敢的年轻海军司令。
雅典又一次统领大海，雅典人有理由期望自己在这场战争中生
存下去，甚至赢得最终胜利。

搜寻幸存者和遇难者

　　阿吉纽西大捷挽救了雅典人，但他们没有高兴多久，因为
他们很快就为了这场战役的结局而大吵起来。战役结束后，雅
典舰队分散在越来越汹涌的大海上，大约是 4 平方英里的海
域。他们在战役中损失的 25 艘船当中有 12 艘的残骸还漂浮
着，可能有 1000 人在挣扎求生，其中很多人抓着船只残骸，
大量死尸也附着在残骸上或漂浮在周围的海面上。三列桨座战
船的船长们在得胜后没有停下来营救幸存者，也没有收回死者
遗体以便安葬，而是迅速返回了阿吉纽西，商讨下一步策略。

　　对希腊人来说，收回死者遗体几乎和营救幸存者一样重
要。在史诗中，奥德修斯来到冥界，妥善安排一位阵亡战友的

葬礼。在古典悲剧中，安提戈涅①拒绝服从国王的命令，宁愿自己丧命，也不愿意让她死去的兄弟暴尸荒野。雅典人为何忽视了这么神圣的义务？

部分原因是这场战役出乎雅典人的预料，舰队比通常情况更加深入开阔海域，并且分散在面积很大的海面上（前 411 年以来的其他海战都发生在靠近陆地的狭窄海域）。按照标准程序，战斗结束后，胜利者的舰队会靠岸，然后决定如何营救幸存者和收回死者遗体，以及谁具体负责这些事情。在正常情况下，每次战役后都会有足够的时间来完成这项任务。无疑这也是雅典人预期的战役结果，因为雅典人两面包围敌人的计划会使己方的全部船只进入离阿吉纽西群岛不远的较小海域。但最后很多敌船逃到了很远之外，雅典人不得不追击敌船，这样一来通常的做法就无法实现了。

船长们最终将舰队撤回阿吉纽西群岛时，出现了第二个问题。科农还在 12 英里之外，被斯巴达人封堵在米蒂利尼港口。米蒂利尼的斯巴达指挥官爱特奥尼库斯得知战役结局之后，肯定会逃跑并与希俄斯岛的斯巴达舰队会合。那么，斯巴达舰队就有超过 90 艘战船，这会成为一支新舰队的骨干力量，以便

---

① 安提戈涅是希腊神话中俄狄浦斯与其母乱伦后生下的女儿。当俄狄浦斯因弑父娶母的罪行而被迫出走（一说是被他的两个儿子放逐时），安提戈涅自愿陪在父亲身边，随他四处流浪。安提戈涅的两个哥哥波吕尼刻斯与厄忒俄克勒斯为争夺底比斯统治权而发生冲突，双双死去。安提戈涅的舅父克瑞翁继承了忒拜王位。克瑞翁用对待英雄的方式安葬了厄忒俄克勒斯，而宣布攻打忒拜的波吕尼刻斯是叛徒，将他的尸体抛弃在野外，任其腐烂和被野兽吃掉。安提戈涅认为这不公正、不道德，违反了神意。因此，她不顾克瑞翁的禁令，埋葬了哥哥的尸体。根据索福克勒斯的传说版本，克瑞翁下令将安提戈涅用围墙困在波吕尼刻斯的墓中，安提戈涅在墓中自杀。

将来再次挑战雅典人。这些战略考虑迫使雅典人将舰队调往米蒂利尼，以切断斯巴达人的退路；尽管雅典人肯定是左右为难，不知道是先截断斯巴达人的退路，还是先履行对幸存者与死难者的义务。最终他们选择了妥协：舰队三分之二的船只及全部 8 位将军匆匆赶往米蒂利尼，而 47 艘战船则被留下实施搜救，由三列桨座战船船长塞拉门尼斯和色拉西布洛斯指挥。

这个决定受到了很多批评，但它很有道理。去往米蒂利尼的舰队如果成功切断了爱特奥尼库斯部队的退路，肯定要发生交战，所以派遣将军们（正是他们筹划和执行了在阿吉纽西的作战计划并取得辉煌胜利）去收拾残敌是很有道理的。塞拉门尼斯和色拉西布洛斯不是普通船长，而是具有突出才干和丰富经验的前任将军。他们开始着手完成自己的使命，但遇到了一个新的困难：海上刮起了风暴，惊涛骇浪，奉命搜寻幸存者和遇难者的人们心惊胆战。

在爱琴海航行过的人都知道，那里的风暴有多么难以预料、狂野暴虐，甚至现代船只也可能遇险。三列桨座战船远远不如现代船只坚固可靠，风暴对它们的威胁一定更大，因为它们无法应对这种糟糕的海况。在阿吉纽西群岛，塞拉门尼斯和色拉西布洛斯麾下的水手们拒绝服从命令，"因为他们在战斗中吃了很大的苦头，而且风浪太大"（Diodorus 13. 100. 2）。船长们尽力说服水手们，但海况很快就变得非常恶劣，再争论也是无济于事了。

在风暴的威胁下，去往米蒂利尼的主舰队也被迫返回，于是和搜救舰队合兵一处。此刻一定发生了一些不愉快的事情。将军们看到自己的命令没有得到执行，一定很生气，并责怪了两名负责搜救的船长。塞拉门尼斯和色拉西布洛斯一定觉得这是不公正的指控，怒火中烧，或许还认为将军们原本应当在风暴变得严重之前就开始搜救。

当天气好转后，整个舰队前往米蒂利尼，但途中遇到了科农，后者带来的消息称爱特奥尼库斯及其 50 艘三列桨座战船已经逃走了。在米蒂利尼停留后，雅典人追击至斯巴达舰队的希俄斯岛基地，但爱特奥尼库斯不会蠢到冒险出战，于是雅典人只得返回萨摩斯岛。他们伟大的胜利被玷污了，即未能执行搜救任务，而且在搜救上没有尽到全力。将军们在考虑如何向雅典公民大会报告时，一定会因为这些因素而感到沉重。起初他们打算汇报战役的全部细节，包括两位船长未能执行搜救任务，但后来被说服了，决定闭口不提这个事件，而仅仅说一切问题都是风暴造成的。他们一定意识到，向任何人提出指控都必然会导致争吵，而塞拉门尼斯和色拉西布洛斯广受爱戴，是本领高强的演说家，而且拥有强大的政治支持，所以一定会是非常难以对付的对手。

将军受审

胜利的喜讯让雅典人松了一口气，欢欣鼓舞；公民大会通过了一项决议，赞扬了指挥此役的将军们。但与此同时，正如海军将领们预想的那样，人民对他们未能搜救幸存者和收回死者遗体感到愤怒。塞拉门尼斯和色拉西布洛斯立刻从萨摩斯岛返回了雅典，这或许是为了自我辩护。城内没有人知道阿吉纽西群岛究竟发生了什么事情，所以他们没有受到指控，将军们也没有。

然而，雅典人的怒火熊熊燃烧起来，人们开始质疑将军们的举动。在雅典人看来，将军们应当为战役的每一个方面负责。当民意传到萨摩斯岛之后，将军们自然觉得两名船长是让他们丢脸的罪魁祸首，于是又一次写信给雅典。这封信揭露了真相，即搜救任务事实上是由塞拉门尼斯和色拉西布洛斯领导的。

将军们的这个举动是严重的形势误判，因为这样的话两位船长就别无选择，只能捍卫自己。他们不否认风暴的严重程度，但指责将军们应当为搜救失败负责。两位船长一定还抱怨将军们在无谓的追踪上浪费了宝贵时间，他们原本可以用这些时间来搜救士兵，而且在将军们下达搜救命令之前，阿吉纽西群岛的辩论还耽搁了不少时间。两位船长接到搜救命令时，风暴已经变得太猛烈，导致任务根本无法执行。他们的自我辩护很有效：将军们的书信在公民大会宣读之后，群众立刻对两位船长愤怒起来，"但两人做了自我辩护之后，群众的怒气又转向了将军们"（Diodorus 13. 101. 4）。公民大会于是通过了一项决议，罢免了将军们，并命令他们返回雅典受审。其中两人闻讯立刻逃走，流亡海外；其他人接受的调查程序可能就是每一位将军任期结束后都会接受的常规审查，从他的财务报告开始，也包括他在任职期间行为的方方面面。

第一个受审的是爱拉辛尼德斯，他被定了贪污罪和行为不端罪，被监禁起来。他第一个被起诉，或许因为他是一个比较容易对付的靶子；或者因为人们得知，他曾建议抛弃幸存者和遇难者遗体而将整个舰队调往米蒂利尼。另外五名将军也在"五百人"议事会面前做了报告，他们故伎重演，再次将发生的一切都解释为风暴所造成的结果。也许在得知两名船长未受指控之后，将军们就希望恢复最初的统一口径。如果是这样，那就太晚了，因为议事会投票决定羁押这五名将军，并交给公民大会审判。在公民大会上，塞拉门尼斯宣读了将军们最初的信件（仅仅责怪风暴），并和其他人一起，要求将军们对幸存者的最终死亡和未能入土为安的死者负责。

我们可以推断，塞拉门尼斯和色拉西布洛斯一定对将军们非常恼火，因为将军们竟然改口并转而攻击他们俩。两人也一定担心，现在重新使用原先的借口（一切全怪风暴）已经太晚了。雅典人民已经知道了事情的全部经过，一定会寻找罪人，并对其进行严惩。现在唯一剩下的问题就是，谁是罪人。塞拉门尼斯主动采取攻势，占了上风，公民大会在他的诱导下猛烈地反对将军们。群情激愤，压倒了为将军们辩护的人的声音，并且不给将军们足够的时间为自己辩护。在这样的压力下，将军们很自然地开始攻击指控他们有罪的人，坚持说塞拉门尼斯和色拉西布洛斯是搜救幸存者和收回死者遗体的责任人："如果一定要为了搜救的事情找出罪人，那么除了奉命执行搜索任务的人，就没有别人了。"但即便到了这时，将军们还没有放弃原先的辩词，坚持说"恶劣的海况阻止了搜救行动"（Xenophon, *Hellenica* 1.7.6）。他们找到一些舵手和水手来佐证自己的说法，这产生了强有力的效果。公民大会可以轻易地相信，将军们始终坚持一种说法，刻意没有提及搜救任务细节，这既是因为将军们的正直，也是因为风暴既然这么大，不管谁负责结果都是一样的。

色诺芬写道："他们说了这些话，几乎已经说服群众了。"（*Hellenica* 1.7.6）整个事件似乎就要以温和与理智的结局画上句号了，不料命运又一次加以干预。此时天已经黑了，不能投票，于是公民大会决定推迟至次日再进行裁决，并命令"五百人"议事会提议一个执行审判的程序。

　　碰巧的是，几天之后就是阿帕图里亚节，这是庆祝出生、成年和婚姻的节日，阿提卡各地的家庭会齐聚一堂。一般来讲，这是一个欢歌笑语、喜气洋洋的节日。然而，这一年的家庭团聚只能让人痛苦地想到，有不少年轻人死在了阿吉纽西战役中，并让人们再一次对应当对此事负责的人强烈地怨恨起来。次日，当公民大会按计划召开的时候，死者的亲属（为了表示哀悼，他们剃了头发）要求复仇，"哀求人民惩罚那些罪人，因为他们没有掩埋为保卫祖国甘愿牺牲的勇士的遗体"（Diodorus 13.101.6）。

　　作为回应，"五百人"议事会的成员卡里克塞诺斯向会议提议了一种对将军们非常不利的程序，即不进行辩论，只投票决定有罪或无罪。投票表决内容的措辞非常有倾向性：将军们是否犯有"未能营救打赢海战的士兵们"的罪行（Xenophon, Hellenica 1.7.9）。被确认有罪的人将被判处死刑，财产充公。将军们是一同受审的，公民大会的一次投票将决定他们所有人的生死。议事会批准了这项提议，尽管它非常不寻常和有倾向性，使将军们没有机会去改变这次公民大会里对他们充满敌意的气氛。

　　公民大会上的辩论非常情绪化。一名男子自称是阿吉纽西战役的幸存者，回忆了在他身旁溺死的人曾请求他告诉雅典人，"将军们没有营救那些为国尽忠的人"（Xenophon, Hellenica 1.7.11）。在这种紧张的气氛下，亚西比德的堂兄弟和亲密盟友欧里普托勒摩斯大胆地为被指控的人辩护。他指控卡里克塞诺斯提出的是非法动议，而要求执行"违法法令诉讼"，这是雅典一种相对较新的捍卫宪法的程序。

　　这种措施要求在执行卡里克塞诺斯提出的动议之前，先对卡里克塞诺斯提出非法动议的问题加以审判，若证明他无罪，才能执行他的动议。公民大会上的很多人称赞欧里普托勒摩斯的举动，但很多人持有不同意见。一名公民建议将欧里普托勒摩斯和支持他的人也作为被告，同将军们一起受审。这个建议赢得了很多人的支持，于是欧里普托勒反对卡里克塞诺斯的动议被撤销了。

公民大会重新考虑了原先的动议，即以一次投票决定所有将军的生死。但公民大会的执行委员会（该委员会成员由抽签选出，每天轮流任职，负责主持公民大会）拒绝用投票表决来决定这个问题，理由是这样做是非法的。他们有两个有力的论据：首先，将被告作为一个集体来审判，违背了公民大会的传统做法，更具体地讲，也违反了《坎嫩诺斯法令》，该法令明确规定任何一名被告都将单独受审；其次，将军们没有时间和机会来自我辩护，而根据法律，他们应当有这样的时间和机会。这两个论据是很难反驳的，但卡里克塞诺斯感到群众对将军们的敌意，甚至没有尝试去反驳。他建议将表示异议的公民大会执行委员会成员也算作被告，与将军们一同受审。群众高声疾呼地赞同他。

这让执行委员会成员们大为惊恐，赶紧撤回了自己的异议，同意用投票表决来决定。巧合的是，苏格拉底被抽签选为这一年的议事会成员之一，这也是他一生中担任过的唯一一个公职。另外，他所在的部落凑巧是这个月的公民大会执行委员会。更巧的是，在这一天，苏格拉底担任公民大会的主席。在执行委员会成员当中，他是唯一一个坚持己见、拒绝投票表决所有将军生死的人。一些年后，柏拉图记述了他的老师苏格拉底对自己这些行为的解释，当时苏格拉底正在雅典法庭上为自己辩护:"那时候,我是公民大会执行委员会中唯一反对此种违法行为的人,我也投票反对你们(雅典人民)了;演说家们威胁要指控和逮捕我的时候,你们也坚持这样做并大声呼喊。我决定我必须冒险,站在法律和正义那边,而不是因为害怕坐牢或者死亡,就站在你们那边,去损害正义。"(Apology 32b – c)。即便面对这样有原则性、正义性的反对,公民大会还是十分狂热,于是会议继续进行。

欧里普托勒摩斯又一次勇敢地站起来,建议采用不同的程序对被告加以严惩,但允许他们各自单独受审。他显然相信,事件激起的强烈情感(受到了阿帕图里亚节的影响和演说家们的煽动)在过了哪怕一点点时间之后也会冷却下来,单独受审能够给被告们一个机会为自己辩护,让理智占上风。他做了一次精彩演说,警告人们不要接受非法程序,并提醒公民大会,被指控的将军们赢得了多么伟大的胜利。他差一点就说服大家了,对将军们进行单独审判的提议赢得了多数票。但到最后,会议程序被暗中操纵,他的胜利白费了。大会进行了第二次投票表决,这一次通过了议事会的建议:将全部八名将军,包括两名始终不曾回国的人,一律处死。

欧里普托勒摩斯只差一点就挽救了他们,但他的判断是正确的,即雅典人的怒火不会一直维持下去。"不久之后,雅典人追悔莫及,投票决定指控那些欺骗了人民的人。"卡里克塞诺斯是五名受到这项指控并遭逮捕的人之一。这五人都在审判之前逃走了,但卡里克塞诺斯在后来返回雅典城之后,"受到所有人的憎恶,穷困潦倒而死"(Xenophon, Hellenica 1.7.35)。

雅典人处死将军的做法,古往今来受到了理所应当的批评。但从古到今的批评者们的论点——这样的错误是民主制的典型特点——却很不到位。在人类历史上，任何形式的政权都犯下过暴行。而此次背离常规的行为之所以如此臭名昭著，恰恰是因为民主制雅典通常遵守法律和尊重正当程序。我们已经看到，雅典人很快就后悔了自己的错误行为，但这将成为一个永恒的污点，此后民主制的敌人将不断用它来攻击雅典政府和雅典人的生活方式。

雅典人几乎旋即遭受了处决将军们带来的严重后果。任何一个正在打仗的国家都少不了八位有经验且成功的军事领导人。除了前406/前405年的将军们之外，雅典还失去了另外两位有经验的指挥官，因为他们也与阿吉纽西丑闻有关联。色拉西布洛斯在前405年的选举中没有当选为将军，塞拉门尼斯虽然当选，却被负责审查新提名官员的委员会剥夺了资格。丧失了最优秀将领的雅典现在不得不面对斯巴达与波斯的挑战，而当选为将军的那些人一定也会因为前任将军的命运而感到惶恐不安。

第三十七章
雅典陷落（前405～前404年）

　　虽然雅典人在阿吉纽西战役之后遭遇许多不幸，但这场战役毕竟是一次大胜，斯巴达舰队损失惨重。尽管斯巴达人还有90艘三列桨座战船，却没有钱给水手支付军饷。为了避免饿死，士兵和水手们不得不在希俄斯岛上当雇佣劳工，替人种地。他们的穷困到了令人绝望的地步，以至于其中一些人打算进攻希俄斯岛的首府城市，尽管它是斯巴达的盟邦。胆战心惊的希俄斯人暂时同意出钱供养这些部队，但若没有波斯的资助，斯巴达依然没办法在爱琴海继续作战。斯巴达国内的很多人看到己方被一支如此缺乏经验的雅典舰队击败，不禁灰心丧气。另外，与卡利克拉提达斯持相同政见的斯巴达人认为，与波斯人合作去攻击希腊人是非常丢脸的事情，而吕山德的政敌也害怕他重返指挥岗位、实现个人野心。

斯巴达再次提议和平

　　出于这些原因，斯巴达人再一次寻求议和。他们这一次提出的条件是：斯巴达军队撤离狄凯里亚，双方保留当前控制的所有土地。对雅典人来说，这次的和平条件比他们在库济库斯战役之后拒绝的条件要好。尽管雅典在前410/前409年丢掉了皮洛斯，但斯巴达人愿意放弃他们在阿提卡的要塞，并无须雅典拿什么东西来交换。自前 410 年以来，斯巴达人还不得不放弃了对拜占庭和迦克墩的控制，使雅典人得以再次畅通无阻地通过博斯普鲁斯海峡前往黑海，以便获得黑海沿岸的粮食供应。此时，斯巴达控制的唯一重要区域是赫勒斯滂海峡的阿卑多斯，伊奥尼亚沿海重要的希俄斯岛，以及大陆上的重要城市库麦、弗凯亚和以弗所。虽然这样的和平条件还没有给予雅典人想要的一切，但已经比库济库斯战役之后的和平条件强了不少。从其他方面来看，新的和平条件对雅典人也应当是有吸引力的。如果斯巴达决定继续作战，并且得到波斯的新一轮支持，就能很快恢复舰队兵力的优势，并持续用更多的军饷将雅典的桨手诱惑到他们那边。另外，不管雅典人在阿吉纽西的胜利多么光荣，它其实是个奇迹，而继续打下去的话，雅典人的资源很快就会耗尽。相反，和平能使雅典人保障帝国的安全，征收贡金，充实国库。斯巴达人撤出狄凯里亚也会让雅典农民重返农田，再一次开始粮食生产。

　　虽然这些条件很有诱惑力，雅典却拒绝了。亚里士多德和其他一些古代作家责怪民主制必然会产生的鲁莽和愚蠢，尤其是"煽动家"克里奥丰，他"阻止了和平的实现；穿着军人的胸甲醉醺醺地走进公民大会，声称除非斯巴达人交出所有的城市，否则他绝不允许缔结和约"（*Constitution of the Athenians* 34.1）。这种说法肯定是有偏见的，但不管它是否准确，事实仍然是参加公民大会的数千名雅典人中的大部分拒绝议和。最合理的解释是，在斯巴达人违反了《尼基阿斯和约》之后，他们仍然不信任斯巴达人：无论是执行和约条件的誓言，还是批准盟约的誓言，都不足以保证伯罗奔尼撒人信守诺言。在前

406 年，雅典人担心敌人会又一次将和平仅仅视为一次休战，以便争取时间来重整旗鼓、恢复元气，再次与波斯人谈判以获取资金，继续打下去并最终战胜雅典。雅典人一定认为，趁着斯巴达人实力虚弱、灰心丧气并且与波斯关系紧张，继续对其施加压力以获得全面胜利，才是更安全的路线。

吕山德归来

雅典人这个计划的问题在于，小居鲁士仍然是行省总督，并且铁了心要利用斯巴达军队来达到自己的目的；而吕山德在等待时机，与小居鲁士合作。前 406/前 405 年冬季，爱琴海和亚洲大陆的斯巴达盟邦在以弗所召开了一次会议。自斯巴达在阿吉纽西群岛战败以来，各盟邦无力阻挡雅典人的进攻，损失惨重。他们和小居鲁士的使者一道，劝说斯巴达人重新任命吕山德为司令。这个要求遇到了两个障碍，即斯巴达的政治和宪法。但在卡利克拉提达斯死亡、雅典拒绝议和之后，斯巴达人别无办法，于是轻松地逾越了这两个障碍，因为战争必须进行下去，斯巴达也不能拒绝盟邦（希腊人和波斯人）的请求。对野心勃勃的吕山德的任何反对，都必须在形势逼迫下让步，宪法的限制也必须被搁置。斯巴达法律规定，任何人一生中只能担任一次海军司令，所以斯巴达人任命阿拉库斯为名义上的海军司令，而任命吕山德为他的秘书和副司令。所有人都明白，这仅仅是法律上的障眼法。

斯巴达的海战天才立刻开始发挥作用，他在以弗所的旧基地集结了船只，并下令建造新船只。随后他迅速拜见小居鲁士，索要目前急需的资金。虽然王子私下里和吕山德关系极好，但他只能告诉吕山德，波斯国王拨给的资金和他的私人资金都已经耗尽。尽管如此，他还是许诺，即便波斯国王拒绝拨款，他也会继续自掏腰包支持吕山德。为了兑现诺言，他当场就提供了一大笔钱。

小居鲁士需要吕山德的支持，不仅是为了他未来的野心，还是为了解决他当下的难题。他杀害王亲国戚的行为遭到了受害者父母的谴责，于是，大流士二世命令他返回位于苏萨的朝廷。

年轻的王子别无选择，只能服从，但他不信任任何波斯人代他统治行省，于是采取了一个不寻常的措施：他将吕山德召唤到萨第斯，指派这个斯巴达人作为他的代理人来统治波斯帝国的这个行省。他将手头的全部资金都给了吕山德，还授权他收缴所有贡金。他信任这个忠诚的斯巴达人，但对他的鲁莽不太放心，于是要求吕山德在他返回之前不要攻击雅典人。这个要求对吕山德来说也算合理，因为在未来几个月里他的舰队在数量上逊于敌人，他也需要时间来操练水手，将其素质提升到他要求的高水平。

在小居鲁士不在期间，吕山德的个人目标要求他消除已故的卡利克拉提达斯的影响，后者唤醒了一种强有力的泛希腊、反波斯的情绪，这对吕山德获取该地区希腊人的政治支持很不利。在米利都尤其如此，那里执政的民主制政府对他很不友好，他的第一个行动就是推翻这个政府。由于这座城市仍然忠于斯巴达，因此他不能简单地攻击它，而是运用欺骗手段。欺骗始终是他的一件重要政治武器。尽管他在公开场合称赞米利都派系斗争的结束，私下里却鼓励他的支持者去反对民主制。这些人使用谋杀手段，将约 340 名反对派杀死在家中或市场上，并驱逐了 1000 多人。推翻民主制之后，他们自己的派系掌权。

这是一个寡头制政权，不效忠于斯巴达，而忠于吕山德本人。
他在米利都的行动预示着他未来的一些手段。吕山德吹嘘自己
能"用距骨欺骗孩童，用誓言耍弄成年男子"。对批评他使用
奸诈手段的人，他冷冷地为自己辩护道："狮皮不能盖住的地
方，必须用狐狸皮缝补。"（Plutarch, *Lysander* 7.4；8.4）

　　为了抵达米利都，吕山德必须向南航行，经过萨摩斯岛的
雅典舰队。他的水手还没有达到最佳状态，所以雅典人（兵
力仍超过斯巴达人）原本应当提高警惕，捕捉迫使敌人在海
上交战的机遇，但他们没有努力去拦截吕山德。雅典人犹豫不
决的部分原因是，在阿吉纽西获胜的将军被处决和流放之后，
新的将军经验不足，也缺乏只有胜利才能赋予的自信心。他
们当中没有出现一位优秀的领导人，他们胆怯且满腹猜忌，
对前任的悲惨命运念念不忘。

　　谨小慎微让他们付出了巨大代价，因为吕山德从米利都出
发之后，很快就将战略形势转为对他有利。在卡里亚和罗得
岛，他猛攻了雅典的盟邦，杀死男人，奴役妇女和儿童。这是
蓄意的、杀一儆百的恐怖行为，旨在震慑雅典的其他盟邦，令
其不敢抵抗。他的政策与卡利克拉提达斯相反，没有泛希腊主
义的元素。敌我双方不再是希腊人和波斯人，而是吕山德的朋
友和敌人。他必须在海峡里打赢战争，因为驻扎在萨摩斯岛的
优势雅典舰队阻挡着道路，他必须绕过他们。为了达到这个目
的，他快速西进，跨过爱琴海，占领了一些岛屿，袭掠了位于
雅典本土海域的埃吉那岛和萨拉米斯岛，最终在阿提卡登陆。
即便是最胆怯的雅典指挥官也不能允许这样的攻击不受阻挡地
继续下去，于是雅典舰队开始追击敌人。吕山德避开了雅典舰
队，快速返回，穿越爱琴海南部，抵达罗得岛。他从那里又沿

着海岸匆匆北上，安全驶过了萨摩斯岛（雅典舰队此时不在那里），然后去往赫勒斯滂海峡，"以便阻止商船通过，并攻击那里反叛斯巴达人的城市"（Xenophon，*Hellenica* 2. 1. 18）。一支强大的斯巴达舰队，在一位有胆识的指挥官领导下，再一次威胁了雅典的生命线。

阿哥斯波塔米战役

吕山德在阿卑多斯（见地图 29）基地集结了一支陆军，任命斯巴达人瑟莱库斯为指挥官，然后海陆并进，攻打关键城市兰普萨库斯，将其一举拿下。这次成功让斯巴达人逼近了普洛庞提斯海的门户，打通了去往拜占庭和迦克墩的道路，得以控制博斯普鲁斯海峡、扼杀雅典与黑海地区的贸易。雅典人知道他们在基诺塞马、库济库斯和阿吉纽西的胜利付之东流了，而且若不能迫使吕山德交战并将其决定性地击败，雅典的生存也成了问题。于是他们来到了塞斯托斯基地，从那里率领舰队沿赫勒斯滂海峡北上约 12 英里，到了一个叫作阿哥斯波塔米①的地方，它与兰普萨库斯隔着约 3 英里的海峡。

将雅典舰队部署在那里的决定从一开始就是有争议的，因为那个地区只有海滩，没有合适的港口。附近的小镇根本无法为船上约 3.6 万人提供粮食和饮水，所以雅典人为了获取补给，不得不多次将部队拆分，返回塞斯托斯主基地，往返路程为 24 英里。那么，他们为什么不直接在塞斯托斯扎营，以规避这么大的风险？答案是，战略形势迫使他们不得不如此。他们的第一个目标是牵制吕山德，阻止他驶入普洛庞提斯海、去

① 字面意思是"山羊溪"。

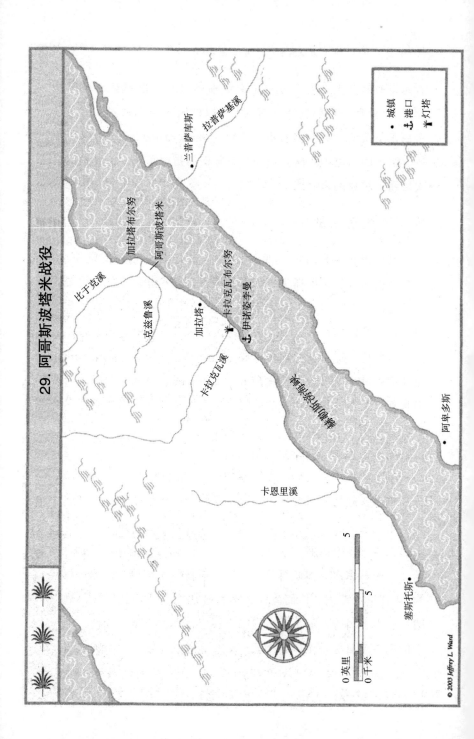

29. 阿哥斯波塔米战役

城镇
港口
灯塔

兰普萨库斯
拉普萨基溪

加拉塔布尔努
阿哥斯波塔米
比于克溪
克兹鲁溪
卡拉克瓦布尔努
加拉塔
伊诺姿李曼
卡拉克瓦溪

切尔索尼索斯半岛

阿卑多斯

卡恩里溪

塞斯托斯

0 英里 5
0 千米 5

© 2003 Jeffrey L. Ward

往博斯普鲁斯海峡。第二个目标是在己方资金耗尽前，尽快迫使敌人交战。若以距离吕山德 12 英里的塞斯托斯为营地，就不能达成第一个目标，而且实现第二个目标也会更困难和更危险。另外，若以塞斯托斯为基地，去挑战位于兰普萨库斯的斯巴达舰队，雅典人将不得不逆水逆风地航行，士兵抵达战场时就会十分疲惫，使敌人以逸待劳。这些理由能够解释雅典人的营地选址，但不能解释他们随后的行动。

阿哥斯波塔米的雅典舰队由六名将军指挥。和在阿吉纽西一样，没有一位最高统帅，将军们每天轮流担任最高领导人。但与阿吉纽西的指挥官不同的是，他们没有设计出一个出色的策略，而是依赖显而易见的办法，即每天上午率领舰队逼近位于兰普萨库斯的港口，向吕山德发出挑战。我们没有精确的数字，但斯巴达人的船只数量似乎与对方相当。一连四天，他们的指挥官将舰队留在港内。随着时间流逝，雅典人似乎没有办法迫使吕山德出来交战。

就在这个时候，亚西比德戏剧性地出场了。之前，他似乎在加里波利半岛属于自己的土地上过着流亡生活，从自己的城堡观察着战局。他骑马去了雅典营地，提出了自己的建议，表示愿意帮忙。他敦促将军们将基地转移到塞斯托斯（理由是不言自明的），并宣布色雷斯有两位国王已经承诺给他一支军队，以便打赢战争。我们已经知道，他的建议其实没有他自认为的那样有价值，但若能获得地面部队的支持，的确会很有帮助。如果雅典人能从陆路占领兰普萨库斯，吕山德就只得冲出港口，面对地理位置更有利的雅典舰队，并且交战的时间和地点都由雅典人决定。在这样的情况下，斯巴达人几乎必败无疑，而且由于陆地已经在雅典人手中，斯巴达舰队将会像在库济库斯一样遭到全歼。

　　但是雅典将军们有理由怀疑，亚西比德承诺的部队能否真的应召而来，因为他们深知亚西比德过去许下的类似诺言都是一场空。而且亚西比德提出了令人无法接受的条件，即分享雅典军队的指挥权。将军们无疑会猜疑他的动机，怀疑他"企图通过自己的努力为国家做出某种重大贡献，并通过他的成绩重新获得人民的爱戴"（Diodorus 13.105.3）。不管雅典将军们担忧什么，他们当中没有一个人敢将部分指挥权交给一个曾两次遭到雅典人民谴责的流亡者；他们更不愿意接受亚西比德这样一个人的建议，因为担心"如果失败，他们自己会被怪罪；而一旦成功，就是亚西比德的功劳了"。最后，他们告诉他，"现在他们是将军，他不是"（Diodorus 13.105.4），命令他马上离开。①

　　将军们重新回到原先的策略，但之前的耽搁和无所作为对部队的纪律和士气产生了不利影响。士兵们变得漫不经心，船一靠岸他们就去寻找粮食和饮水，而没有采取恰当的安全措施，指挥官也没有批评他们。局势很困难，何况让水手们始终保持最佳状态原本就不是很容易的事情，但将军的怯懦让问题变得更加严重。

　　第五天轮到菲劳克里斯指挥，他似乎有一个计划去打破僵局、迫使敌人交战。他率领 30 艘战船开往塞斯托斯方向，并

---

　　① 亚西比德的结局很凄惨。关于他死亡的具体细节有很多说法，比较流行的一种是：亚西比德隐居在弗里吉亚某地，吕山德派人去找那巴佐斯，后者派人包围了亚西比德的房子并纵火。亚西比德手持匕首冲了出来，被乱箭射死。古代作家和现代学者对他的评价都是五花八门的，有的人赞扬他，有的人批评他。

命令舰队其余部分的船长们在恰当时间跟随他。他似乎是要诱
使吕山德相信：雅典人终于厌倦了在阿哥斯波塔米徒劳无功的
驻扎，正在前往下游的主基地。他希望用这样一支队伍（它
足够小，可以轻易被打败；但又足够大，是个值得追击的目
标）引诱斯巴达人出战。事实上，吕山德在诺提昂尝试过类
似的策略，他攻击了安条克斯的先遣部队，在其他雅典人赶来
救援时赢得了一场大胜。菲劳克里斯或许注意到了这种策略，
打算在阿哥斯波塔米试一试。这一次，先遣部队是一个诱饵，
主舰队将会在吕山德咬钩时猛扑上去。

　　这是个颇有希望的计划，但需要娴熟和自信的指挥、严明
的纪律和各分队之间极好的时间配合，才能成功。但在这一
天，雅典舰队缺少这些素质。而敌军舰队训练有素，并且受单
一领导人指挥；这位领导人拥有突出的才华，有理由感到自
信。吕山德知道，雅典人最终会要么撤退，要么用某种花招吸
引他交战，他已经为这两种情况做好了准备。于是，他耐心地
严密监视敌人，并确保自己的舰队状态良好、保持警惕、严阵
以待，在机遇降临时就能发动攻击。他发现菲劳克里斯离开之
后，就迅速动身，在菲劳克里斯的分队航行到下游之前将它切
断。吕山德以优势兵力攻击菲劳克里斯，击溃了他的分队，然
后掉头迎战跟随菲劳克里斯的雅典主力舰队。他动作太快，打
乱了雅典人的计划。雅典人设想吕山德舰队会追击菲劳克里斯
南下，于是吕山德的尾部就会暴露在雅典主力舰队的攻击范围
之内。然而，阿哥斯波塔米的雅典人震惊地发现，菲劳克里斯
分队的残部向他们逃来，而吕山德的得胜舰队正穷追不舍。雅
典人恐慌之下呆若木鸡，很多船只还停在海滩上，水手们还没
来得及登船应战，战船就被俘获了。

雅典人的混乱鼓舞了吕山德，他命令一队士兵在爱特奥尼库斯的指挥下登陆，去占领雅典营地，而他自己的战船已经开始将停在岸上的雅典三列桨座战船拖走。措手不及的雅典人没有组织有序的地面部队来抵抗敌人的两面攻势，而是向四面八方抱头鼠窜；大多数人奔向塞斯托斯，逃之夭夭。伟大的雅典海军舰队除了10艘战船之外，其余全被击沉或俘虏。吕山德逆转了库济库斯战役的结局，但战败的雅典人没有盟军帮助，而且雅典国库已经空虚，他们没有办法再建造一支新舰队。于是，他们输掉了战争。

战役结果

吕山德迅速向斯巴达发送捷报，并在兰普萨库斯抓获了3000~4000名雅典战俘，这相当于敌人全军人数的十分之一。尽管他之前对战败的敌人非常严酷，但我们说不准，如果由他一个人做决定的话，他会不会杀死或者奴役战俘。吕山德被记录在案的暴行都不是情绪所致，而是冷酷算计的结果。我们已经看到，如果仁慈有助于实现他的目的的话，他也可以做到仁慈。

但做决定的人没有他那么冷静和精于算计，急于报复的盟军坚持要求处死战俘。在这场延续了超过四分之一世纪的战争中，科林斯、墨伽拉和埃吉那等城邦的土地被蹂躏，贸易被切断，经济被破坏，财产和地位遭到永久性打击。他们在战斗中蒙受损失，随着战争延续，受到越来越残酷的对待。战争双方的暴行越来越令人发指，但雅典人对斯基奥涅和米洛斯等城邦的屠杀和奴役尤为臭名昭著。胜利者一般倾向于原谅（如果不是遗忘）自己的过激行为，而为自己遭受过的暴行愤愤不平。就在前不久，雅典人还因为己方有水手叛变通敌而愤怒，于是投票决定砍断所有战俘的右手。出于同样的愤怒，菲劳克里斯还命令将两艘敌船上的船员全部投入大海。斯巴达人及其盟邦对雅典人的这些暴行记忆犹新，于是投票决定处死所有的雅典战俘。

色诺芬当时可能在雅典城，记述了雅典民众听到阿哥斯波塔米消息时的反应：

> "帕拉鲁斯"号（两艘承担特殊任务的快船之一）于夜间抵达了雅典，宣布了灾难的消息。比雷埃夫斯发出的哀号穿过长墙，传到了城市，噩耗被口口相传，这一夜无人入眠。他们不仅为那些被杀的人哭泣，更为自己哭泣，因为他们觉得自己一定会遭受他们向米洛斯人施加的那种命运（米洛斯人是来自斯巴达的殖民者，雅典人攻下米洛斯城后屠杀和奴役了那里的居民），以及他们向希斯提亚人、斯基奥涅人、托伦涅人、埃吉那人和其他很多希腊人强加的命运。（*Hellenica* 2.2.3）

阿哥斯波塔米战役中雅典战俘的命运只会让雅典人愈发坚信，投降只会带来死亡、奴役或者至少是流放，于是他们选择抵抗到底。公民大会投票决定采取一切措施来保卫城市。雅典人为不可避免的围城战做了准备。

在海峡，吕山德很快就恢复了控制权，于是屠杀停止了。他向与雅典结盟的城邦提出了合理的条件，这些城邦不再抵抗、举手投降。他甚至允许在这些城邦的雅典驻军和官员安全离开，条件是他们只能返回雅典。这个姿态表面上对雅典人有好处,而实际上是一个狡猾的策略:吕山德知道雅典城固若金汤,不能强攻,因此只能长期围困;他希望城内饥饿的人数越多越好,以便缩短城市坚持的时间。为了这个目的,他还在博斯普鲁斯海峡两岸的拜占庭和迦克墩驻扎了军队,并下令对任何向雅典输送粮食的人格杀勿论。

他在这两座城市做的安排是一个模板,并打算在他控制的所有地方都建立这样的体制。他在这两座城市派驻军队,由总督指挥。"总督的人选不是根据贵族出身或财富,他让自己政治派系的人和那些与他有私交的人掌权,他还让他们负责奖惩。"(Plutarch,*Lysander* 13.4)不管在何地,他总是将民主制政府推翻,代之以由他的党羽组成的寡头制政府,这些政府往往包括所谓的"十人委员会",都由他的亲信组成。没过多久,"希腊人的解放者"就开始从他控制的城市收缴贡金了,斯巴达政府批准了所有这些安排。

随后,吕山德航行到爱琴海,占领了雅典帝国的许多城市。只有萨摩斯岛反抗他。在那里,统治城邦的民主派对雅典忠心耿耿,杀死了贵族反对派人士,并准备抵抗斯巴达的围攻。吕山德留下 40 艘船攻打萨摩斯岛,然后率领 150 艘战船奔向阿提卡。途中,他将米洛斯人和埃吉那人(他们此前被雅典人逐出了家园)重新安置到他们自己的岛屿。如果解放者的角色对吕山德的个人事业无害的话,他也不会拒绝扮演这样的角色。

雅典的命运

前 405 年 10 月,吕山德终于抵达阿提卡,在雅典城墙外不远处的学院区与整个伯罗奔尼撒军队会合。阿基斯二世没有按照常规将每个城邦兵力的三分之一留在本土，率领三分之二的兵力出征，而是将在狄凯里亚的全部军队都带到了雅典城下。与此同时，国王保萨尼亚斯率领其余的军队从伯罗奔尼撒半岛赶来了。这是五十多年以来第一次出现这样的情况：斯巴达的两位国王同时在前线作战。他们的目的是恐吓大受震慑的雅典人，迫使他们立即投降，但即便是如此雄壮的武力展示也未能让雅典人投降。

至少部分雅典人还心存侥幸，害怕投降的后果，所以不肯投降。尽管敌人因对雅典帝国的共同仇恨而团结起来，但他们的目标未必一致。例如，底比斯和斯巴达在战争期间已经发生了一些冲突。若是彻底摧毁雅典，对雅典邻国底比斯就会非常有利，它可以占领因雅典灭亡而产生的权力真空地带，但底比斯这样一个野心勃勃盟邦的扩张对斯巴达而言没有好处。假以时日，斯巴达人也许能看清，给雅典人较为宽大的条件对斯巴达是有利的，并且斯巴达人自己对如何处置落败的敌人也没有一致意见。吕山德奉行野心勃勃的政策，目标是用他控制下的斯巴达帝国取代雅典帝国。阿基斯二世对此的意见不太明朗，但保萨尼亚斯和他的父亲普雷斯托阿纳克斯一样，很快就会表现出较为保守的政策倾向，即斯巴达人的活动仅限于伯罗奔尼撒半岛，并与一个失去了强大力量和海外帝国的雅典保持比较适当的关系。保萨尼亚斯国王的影响力最终或许会压倒吕山德暂时的威望，所以斯巴达或许会和雅典取得和解。因此，雅典人打算尽可能久地坚守下去。

斯巴达人看到雅典人近期内不会投降，于是将保萨尼亚斯的部队送回了国，而吕山德率领舰队的大部分兵力去攻打萨摩斯岛，只留下足够的船只维持对雅典的封锁。在分头行动之前，斯巴达人召集盟邦开会，讨论雅典的命运。可能就是在这个时候，底比斯和科林斯建议摧毁雅典，阿基斯二世和吕山德也支持这个建议，"他们发表的是个人意见，没有得到斯巴达公民大会的批准"（Pausanias 3.8.6；注意这是 2 世纪的一位作家，不是我们故事中的斯巴达国王保萨尼亚斯）。雅典人或许是得知了这个决定，胆战心惊，于是送信给阿基斯二世（他返回了狄凯里亚），提议如果他们可以保留城墙和比雷埃夫斯，就愿意加入斯巴达联盟。按照这样的协议，雅典人就等于放弃了对所丧失的帝国的权力主张。但阿基斯二世说自己没有权限进行和谈，要求雅典人去斯巴达商议。他显然不愿意和宽大处理雅典扯上关系。

　　当雅典人派遣使者到斯巴达讨论此事的时候，监察官们不准他们进城，而是在拉科尼亚边境的塞拉西亚接见他们，要求他们呈上建议。但在听了雅典人向阿基斯二世提过的条件之后，监察官们没有讨论就拒绝了，并命令雅典使者"迅速离开；如果想要任何形式的和平，就带着更好的建议来"（Xenophon, *Hellenica* 2.2.13）。他们说，雅典人至少应当同意拆毁长墙 1 英里以上的地段，以便让长墙无法防守。这预示着一个令人毛骨悚然的前景：只要斯巴达人愿意，他们随时都能从海上封锁雅典，用饥饿迫使雅典屈服。

　　斯巴达人甚至根本不愿意就雅典人提出的和平条件进行讨论，这给雅典人带来了可怕的困难，因为雅典人已经濒临崩溃的边缘，在和谈所需的时间内，很多雅典人就会饿死。一个叫阿切斯特亚图的人在雅典议事会站了起来，提议接受斯巴达开出的条件。但即便在这样绝望的情况下，雅典人还是不肯完全屈服。他们因此将阿切斯特亚图投入监狱，并通过了克里奥丰的动议，即禁止任何人提出类似的建议。对斯巴达人的不信任产生了非常极端的反应，因为雅典人相信，不管斯巴达人说什么或许下什么诺言，一旦他们有一丁点机会，就会将雅典人全部杀死或奴役。

塞拉门尼斯议和

但即便是克里奥丰也不能将和谈无限期延迟。过了一段时间，饥馑变得无法忍受。这时，塞拉门尼斯（在前 411 年参与挽救雅典的人之一；在"四百人"要把城市出卖给斯巴达人的时候，也是他站起来推翻了"四百人"）冒着危险，又一次努力去避免灭顶之灾。他提出的是非常典型的温和建议，避免了两个极端，即接受斯巴达的条件和干脆拒绝谈判。他建议与吕山德谈谈，看看斯巴达人的真实目的是什么，了解他们是否打算彻底摧毁雅典、消灭雅典人民。与此同时，他告诉公民大会，他发现了"一些对雅典来说价值极大的东西"（Lysias 13.9），并请求人民投票授予他谈判的全权。人们敦促他公布价值极大的东西是什么，他拒绝回答并要求大家信任他。雅典人一定认识到，如果他们的谈判代表有成功的希望，保守机密是至关重要的；而且人们此时也渴求达成协议，于是批准了塞拉门尼斯的动议。

塞拉门尼斯在萨摩斯岛找到了吕山德，在那里和他一起待了大约三个月。前 404 年 3 月，塞拉门尼斯返回雅典，将他的长时间停留解释为吕山德将他扣留在那里，后来才放他回来，让他传达与阿基斯二世相同的信息，即吕山德没有权力谈判；雅典人要想和谈，必须去斯巴达找监察官。这个解释简直荒唐透顶，即使是古代作家也不会相信。他们认为，塞拉门尼斯刻意在萨摩斯岛停留了那么久，以便让雅典人更加饥肠辘辘，能够接受斯巴达人提出的任何条件。但这种观点是不合理的，也没有证据可以支撑它。塞拉门尼斯的长时间耽搁更有可能让雅典人抵抗得更久，因为使者还在努力获得更有利的和平条件，他们就不会那么倾向于投降了。如果想促使雅典人投降，塞拉门尼斯只需要回来告诉大家，斯巴达人并不打算摧毁雅典，但吕山德仍然坚持之前的和平条件。另外，雅典人如果相信塞拉门尼斯故意在吕山德那里待了那么久以便让人民受苦，然后两手空空地回来，就不会选择他担任去斯巴达谈判的代表团团长了。他一定说服了雅典人，他在与吕山德长时间的谈判中取得了很大进展，现在有条件获得更令人满意的和平了。

后来的事实就是这样，因为斯巴达人最终同意了一种和平协定，即让雅典保持完整，雅典人民虽然不是完全自治，但保住了生命和自由。塞拉门尼斯是如何说服吕山德放弃之前的打算（摧毁雅典）的？他自称发现的"价值极大的东西"又是什么？古代作家没有告诉我们，但我们可以做一些合理的推测。塞拉门尼斯希望尽可能从当前糟糕的形势中挽救一些东西，但他一定明白，雅典必须放弃它的海外帝国、舰队和城墙，因为斯巴达不会容许它保留其中任何一项。他的目标是挽救城市、人民和人民的自由，以及尽可能多的独立。为了达成这些目标，他需要和吕山德进行长时间的讨论，吕山德同样也需要时间去反驳希望摧毁雅典的派系的论据。

最狂热追求摧毁雅典的群体是底比斯人和科林斯人。一个叫作阿里安索斯的底比斯人正式提议："将雅典城夷为平地，将其乡村化为牧羊草场。"（Plutarch, *Lysander* 15.2）塞拉门尼斯应当能够轻松说服吕山德，将雅典夷为平地只会让其领土落入底比斯手中，而底比斯是斯巴达在北方的竞争对手，并且正变得越来越强大和野心勃勃。底比斯在战争期间经常给斯巴达制造麻烦，不仅增强了它自己的实力和影响力，而且目前处于一个对斯巴达不友好的派系领导下，已经在要求获得更大份额的战利品。让这样一个底比斯变得更加强大，既不符合斯巴达的利益，也不符合吕山德的利益。塞拉门尼斯可以指出，对斯巴达来说更聪明的办法是，保留一个友好而不构成威胁的雅典，让它作为斯巴达与底比斯之间的缓冲地带，并遏制底比斯的野心。

吕山德希望战后的雅典由一个狭隘的寡头政权统治，其统治者全部是他的亲信，或许是一个十人委员会，得到斯巴达驻军的支持，就像他之前在雅典海外帝国安排的那样。那么，塞拉门尼斯究竟以何种论据说服他，让他给雅典一定程度的自治权呢？事实上，吕山德的成功和许多城市授予他的超乎寻常的荣誉已经让斯巴达国王们和其他显贵对他产生了担忧和嫉妒。"各城邦为他建造祭坛，向他献祭，仿佛他是神祇。他是第一个得到这种荣誉的希腊人。"（Plutarch，*Lysander* 18.3）例如，复辟的萨摩斯寡头派将他们主要节日的名字从赫赖亚节改成了吕山德节。斯巴达的两位国王很快都将对吕山德的野心表达出敌意，并取消他强加于雅典人的政权。这样的敌意肯定早就存在了，所以塞拉门尼斯可以指出，在雅典建立一个由吕山德控制的狭隘寡头政权，会让两位国王和他的其他政敌联合起来反对他的计划。而且这样的政权会让大多数雅典人心怀敌意（因为他们一个多世纪以来已经习惯了民主制），或许还会促使他们发起令吕山德窘迫的反抗。塞拉门尼斯或许还指出，建立一个更广泛、更温和的政权会更稳定、更安全。

　　塞拉门尼斯还有另外一个讨价还价的筹码，也就是他向雅典人提及的"价值极大的东西"。吕山德的力量如此强大，一个关键的支持因素是他与波斯王子小居鲁士的亲密关系。他在财政、军事和政治上都依赖小居鲁士的支持。正是小居鲁士的帮助使胜利成为可能，并将吕山德提升到这么高的位置，但如今小居鲁士自己的地位岌岌可危。他回到苏萨后，发现父亲大流士二世已经在弥留之际。大流士二世驾崩后，小居鲁士的哥哥登基为王，史称阿尔塔薛西斯二世，对小居鲁士很不友好。新国王至少会终结小居鲁士在西方的指挥权，于是他就没有力量帮助吕山德了。如此一来，力量平衡就会发生变化，新国王可能恢复旧政策，即阻止希腊出现任何单一的超级大国，所以他可能会支持雅典、反对斯巴达。他的支持或许不能扭转战争结局，但能够让雅典在城墙之后坚守，直到获得更有利的和平条件，而且还会鼓励吕山德的斯巴达政敌给他穿小鞋。塞拉门尼斯可以指出，更符合吕山德利益的做法是，抢在大流士二世去世和这消息传到希腊之前，与雅典缔结条件合理的和平，在雅典培植一个友好的政权。

　　上述的推测可以解释塞拉门尼斯为什么能够在3月初返回雅典，并告诉大家，吕山德打算支持对雅典人来说可以接受的和平条件，并且雅典人推选塞拉门尼斯为去斯巴达和谈的代表团领导人。吕山德也向斯巴达监察官发去信件，报告了他与塞拉门尼斯的会谈。他的正式报告称，他给雅典人的回复和阿基斯二世之前的回复一样，即只有监察官和斯巴达公民能够决定此事。他一定在私下里通知监察官们，他已经改变了主意。吕山德的新想法（与雅典宽大议和）顺利通过，没有受到国王或监察官的反对，他们似乎争先恐后地寻找合适的措辞来描述自己的高尚动机。他们向雅典人提出的和平条件是：长墙和比雷埃夫斯城墙必须拆除；吕山德将决定雅典可以保留多少船只（当然是很少的）；雅典人必须放弃他们控制的所有城市，但可以保留阿提卡土地；他们必须允许所有流亡者回国（其中大多是亲斯巴达的寡头派）；雅典人需接受古老的政体（这究竟指的是什么，并不清楚，很快将成为激烈争论的主题）；雅典人必须与斯巴达人保持攻守一致，不管后者去哪里，都必须跟随（这等于将雅典外交政策置于斯巴达控制之下）。

这些条件看起来似乎严苛，但与雅典人害怕的前景（雅典必须无条件投降，雅典城被摧毁，人民被屠杀或奴役）相比，已经温和了许多。塞拉门尼斯报告了斯巴达人提出的条件之后，他的一些同胞无疑表示反对。主要的反对者是那些坚定不移的民主派，如克里奥丰，他们知道投降意味着民主制的灭亡，满腹怨恨的寡头派流亡者会杀回来，民主派领导人将性命难保。这些民主派的影响力非常大，以至于主张议和的人相信必须除掉这些人。塞拉门尼斯返回雅典后，发现克里奥丰已经受审并被处死了。即便如此，有影响力的雅典人仍然向塞拉门尼斯抱怨。主张议和的人现在已经占了大多数，向主要的反对派提起诉讼，并将他们监禁起来。塞拉门尼斯返回的第二天，雅典人开会商议斯巴达的建议，尽管有些雅典人一直到最后都反对，但绝大多数人还是决定接受和平。

在前404年3月的这一天，雅典和斯巴达之间的大战终于结束，历时二十七年多一点。这个月晚些时候，吕山德抵达雅典，执行了和约。与他一起抵达的雅典流亡者希望这将是雅典一个新时代的开端。斯巴达的盟友身披花环、载歌载舞。"他们热情洋溢，在吹笛女郎的乐声中开始拆毁城墙，认为这一天

将是希腊人自由的开始。"（Xenophon，*Hellenica* 2.2.3）

　　前431年，阿希达穆斯二世曾预测，斯巴达人会将这场战争传给他们的儿子。这个预言成了现实，不过他假如知道战争结束的方式（斯巴达人赢得了一场伟大的海战胜利，与"蛮族"结盟，而他们曾在前479年无比自豪地打败这些"蛮族"），一定会震惊不已。伯里克利对战争进程的预测早就丧失了公信力。事实上，没有人预见到，这场战争会如此漫长、残酷且代价高昂，损失了这么多生命、财产，摧毁了希腊人的古老传统和制度。如修昔底德所说，战争是一个凶残的教师，希腊历史上没有一场战争如此残暴。文明让人类体面地生活，实现其伟大的潜能。但文明与野蛮之间只隔了薄薄一层纸，它多次被撕裂，将参战者投入残酷与恶毒的深渊，只有最凶恶、最不开化的人才能做出这样的恶行。胜利者自我鼓吹的目的，即解放希腊人，甚至在战争结束前就成了一个莫大的讽刺。此后的和平也没有维持多久。这场战争，正如修昔底德所说，是"震撼了希腊人的最宏大的动荡，还影响到了一些蛮族，或者我们可以说，影响了人类的很大一部分"（1.1.2）。它是希腊历史上最宏大的一场战争，也是最可怕的一场悲剧。

结　局

结果，斯巴达的胜利并没有给雅典之前的臣属国家带来自由，因为吕山德占领了小亚细亚的许多希腊城邦①，而波斯人也收复了许多城邦。斯巴达人用自己的海外帝国取代了雅典的海外帝国，在"被解放的城市"培植狭隘的寡头制政府，安插斯巴达驻军和总督，并重新向这些城邦收缴贡金。

在雅典，斯巴达人扶植了一个寡头制的傀儡政权，这些领导人的残暴很快为其获得"三十僭主"的恶名。新政权开始了恐怖统治，大肆没收财产和进行处决，起初是镇压著名的民主制领导人，然后是为了金钱而镇压富人，最后是打击温和派，甚至攻击他们内部抗议这些暴行的人。随着敌意和反抗增加，三十僭主不得不召来斯巴达军队，以保护自己免遭公民的攻击。

---

① 吕山德的结局：在战后，吕山德仍然很有影响力。前401年，阿基斯二世驾崩。吕山德帮助阿格西莱当上国王，史称阿格西莱二世。他推动斯巴达支持小居鲁士与其兄阿尔塔薛西斯二世争夺波斯王位（小居鲁士最终失败身死）。前396年，吕山德推动斯巴达攻击波斯。但阿格西莱二世开始怨恨和猜忌自己的前导师和好友。前395年，斯巴达与底比斯和其他一些城邦发生战争，史称科林斯战争。吕山德在攻击玻俄提亚时阵亡。他死后，阿格西莱二世"发现"吕山德生前曾觊觎王权。不过，这究竟是真的，还是阿格西莱二世的捏造，有很大争议。

斯巴达人在控制了先前的雅典帝国之后，就主宰了希腊世界，到处镇压民主制政权，以寡头制的卫星国取而代之。在被外敌占领的雅典，哪怕仅仅是被怀疑同情民主制的人也会被处死。但雅典人找到了一位领袖来挑战这种局面，那就是吕库斯之子色拉西布洛斯。勇敢的色拉西布洛斯不愿意在三十僭主的统治下生活，逃到了底比斯。底比斯先前敌视雅典，但现在与斯巴达疏远了。在底比斯，流亡的雅典民主派和爱国者聚集在色拉西布洛斯周围，组建了一支小规模军队，驻扎在雅典北部边境山区的一座要塞内。三十僭主的军队企图镇压这些起义军，但都失败了；更多雅典人受到鼓舞，逃出城来，加入抵抗。最后色拉西布洛斯的实力足够强大，率军占领了比雷埃夫斯，与一支斯巴达陆军打了个平手。斯巴达人放弃了雅典，色拉西布洛斯及其部下在前403年恢复了雅典的完全民主制。

雅典又一次成为自由的民主制国家，但危险还没有消失。人们对三十僭主犯下的累累罪行义愤填膺，很多人希望追捕和惩罚这些罪人及曾与他们合作的人，这个过程会导致审判、处决和放逐。雅典会再次陷入派系斗争和内战，而正是这些毁掉了希腊许多城邦的民主制。色拉西布洛斯和其他温和派一起宣布大赦，保护了除极少数罪大恶极者之外的人。重整旗鼓的民主制雅典坚决奉行温和与克制的政策，这种行为后来赢得了亚里士多德的极大赞誉："雅典民主派对之前灾难的反应，无论是私下里还是公开的反应，似乎都是人类历史上最美好和最符合政治家风度的行为。"他们不仅宣布和实施了大赦，甚至征集公共资金，向斯巴达人偿还了三十僭主镇压民主派时的贷款。"因为他们认为，这才是恢复和谐的办法。在其他城邦，民主派上台之后，绝不会想到要花自己的钱，而是没收和重新分配反对派的土地。"（*Constitution of the Athenians* 40.2 - 3）前403年，民主派的温和政策收到了回报：各阶级和派系之间成功地和解了，雅典民主制得以繁荣地发展下去，没有发生内战或政变，几乎一直延续到前4世纪末。

值得注意的是，雅典输掉伯罗奔尼撒战争的时候，面临灭顶之灾：雅典及其人民似乎要被消灭，民主制政体要瓦解，它再也没有能力主宰其他国家，甚至不能执行独立的外交政策。但这些事情都没有发生，或者说没有持续多久。在不到一年的时间里，雅典人就恢复了完全的民主制。不到十年的时间，他们就重建了舰队、城墙和独立地位，雅典成为一个多国联盟的核心成员，该联盟致力于阻止斯巴达干预希腊其他地区的事务。二十五年之内，雅典人就重新获得了之前许多盟邦的支持，恢复了实力，以至于我们可以称之为"第二雅典帝国"。

斯巴达人当然成了希腊的主导力量，但胜利没有给他们带来安宁，反而制造了许多麻烦。战争结束几年后，他们就不得不放弃自己的帝国和贡金。大量金钱流入斯巴达，导致其传统的纪律和体制受到了损害。斯巴达人很快就不得不面对内部阴谋，这些阴谋威胁了他们的政体和生存。在国外，他们不得不打一场大规模战争，对手是他们的前盟友和前敌人组成的联盟。斯巴达人被遏制在伯罗奔尼撒半岛之内。仅仅由于波斯的干预，斯巴达才从这场战争中全身而退。在一个短时期内，斯巴达人对希腊同胞维持了一种霸权统治，但他们之所以能这么做，仅仅是因为波斯国王允许他们这么做。在打赢伯罗奔尼撒战争后不到三十年，斯巴达人便在一场大规模陆战中被底比斯人击败，他们被永久性地摧毁了。

漫长而凶残的伯罗奔尼撒战争让参战各方付出了沉重的代

价。人员损失是前所未有的，在有些地方甚至是毁灭性的。米洛斯岛和斯基奥涅的全体男性居民都被消灭了，普拉蒂亚也损失了很大一部分男性公民。战争结束十年后，雅典成年男性的数量差不多是战争开始时的一半。雅典的人员损失比其他国家更严重，因为只有雅典遭到了瘟疫的打击，大约三分之一的人口死于瘟疫。但战争对土地的破坏和对贸易的干预也给其他国家带来了贫困、营养不良和疾病。雅典人毁坏了墨伽拉的农作物，在很多年里切断了它的贸易，导致墨伽拉人口锐减、陷入贫困，为了恢复城市的繁荣而不得不更加依赖奴隶劳动。前479 年，科林斯人派出多达 5000 名重步兵去普拉蒂亚迎战波斯人。但在前 394 年，为了保卫自己的领土，却只能出动3000 人去涅米亚，而且这肯定是他们的全部兵力。战争期间由贸易遭到扼杀而导致的贫困使很多人失去了担任重步兵所需的财富，但仅仅这一点还不足以解释如此大幅度的兵力下降。如果这个下降幅度中有一半是由于总人口的下降，那么仍然说明科林斯成年男性的数量在不到一个世纪里减少了约 20%。在整个希腊世界，从西西里岛到博斯普鲁斯海峡，战争的苦难造成了相应的人口减少，无论是直接的还是间接的。

在很多地方，战争带来的经济破坏即便不会造成生命损失，其后果也是非常严重的。雅典失去海外帝国之后，就丧失了前 5 世纪那种庞大的公共财富，也失去了各种各样的建筑工程。遭受打击的农业也需要很多年时间来恢复。不仅墨伽拉，爱琴海诸岛也遭到了经常性的掳掠。对科林斯、墨伽拉和西锡安等地峡国家来说，商业是至关重要的，它们与爱琴海的贸易被阻断了差不多三十年，而且在这期间，它们与西方的贸易也遭受了沉重打击。在希腊的很多地方，尤其是伯罗奔尼撒半岛，贫困问题非常严重，以至于很多男子不得不以当雇佣兵为生，往往为外国军队效力。

在城邦内部，战争的危险与苦难使原本就存在的派系斗争愈发激化。修昔底德、色诺芬、狄奥多罗斯和普鲁塔克都写道，内战司空见惯，随着各地民主派和寡头派之间血雨腥风地厮杀，内战的恐怖也逐渐变成家常便饭。战争一天天打下去，愤怒、挫折和复仇的渴望越来越强烈，导致战争暴行越来越普遍和严重，而在这场战争之前，类似的战争暴行是极其罕见的，甚至闻所未闻。

在漫长战争的压力下，就连强有力的家庭纽带和最神圣的宗教法规也破碎了。战争使人们去质疑传统的价值观（它们是古典希腊社会的基础），于是进一步分裂了社会。有些人的反应是拒绝一切信仰，主张一种怀疑论的、愤世嫉俗的理性，其他人则努力回到更古老、非理性的虔诚信仰上去。

雅典的战败对其他希腊城邦的民主制前景来说是个打击。一种政治体制对外国人的影响与战争胜负有着紧密联系。强大而成功的雅典民主政体是磁石和榜样，吸引着其他城邦，甚至吸引了伯罗奔尼撒半岛的一些城邦。雅典被斯巴达击败，被认为是雅典政治体制缺陷的证明。雅典的失败被视为民主制的错误；凡人皆有的错误和不幸，被评判为民主制造成的特别后果。前418年，斯巴达在曼丁尼亚战胜民主制联盟，是希腊向寡头制而非民主制发展的一个转折点，但雅典的最终战败强化了这种趋势。

尽管战争似乎有了决定性结局，但其实并没有建立一种稳定的力量平衡，以来取代希波战争结束后的那种紧张不安的均势。战争没有创建一种新秩序，为一代人或几代人带来普遍和平。斯巴达对雅典的胜利只是让斯巴达的影响力暂时超过了它的一般实力。斯巴达人缺少人力、物质和政治资源去维持帝国，也没有力量长时间地控制伯罗奔尼撒半岛之外的事务。他们努力去这么做，却只能给他们自己的国家和希腊的其他国家带来纷争和弱势。

说到底，前404年的解救方案既不是永久性摧毁雅典势力的"布匿式和平"，也不是旨在平息敌意的经谈判产生的和平。另外，雅典虽然暂时失败了，但它的真实力量和潜能超过它的表象，假以时日注定会重新崛起。雅典人在获得自由之后立刻开始计划恢复帝国基业、权力和荣耀，并反抗斯巴达对希腊各城邦的主宰。前404年的雅典被解除了武装，但并没有平息对斯巴达人的愤恨。如果要让雅典保持无武装状态，战胜国斯巴达就需要投入力量、决心、合作和团结一致，而事实上斯巴达并不具备这些素质。底比斯的野心已经膨胀起来，要求与主要大国平起平坐，后来还要求获得霸权。斯巴达主宰希腊的努力只能削弱它自己，很快就让希腊人丧失了主宰地位，被外来者控制：首先是受到波斯的干预，后来被马其顿征服。

有一位学者将我们所说的伯罗奔尼撒战争称为"雅典和斯巴达之间的大战"。这么想很有道理，也很有启发性，因为它就像1914～1918年的欧洲大战一样（比我们更早的那一代人只知道第一次世界大战，所以将其称为"大战"），是一个悲剧性事件，是历史的重大转折，也是进步、繁荣、自信和希望的时代的终结，以及一个更黑暗时代的开始。

资料来源

　　关于伯罗奔尼撒战争的主要史料是奥洛鲁斯之子修昔底德撰写的史书。他是雅典人，生于约前 460 年，可能一直活到约前 397 年。虽然他是贵族出身，却非常仰慕雅典民主派的领导人伯里克利。修昔底德于前 424 年当选为将军，这一年是克里昂和较激进的民主派掌权。修昔底德奉命指挥驻扎在色雷斯的安菲波利斯附近的舰队。安菲波利斯被斯巴达人占领之后，修昔底德被认为是责任人，遭到审判、定罪和流放，在战争的余下二十年里一直过着流亡生活。

　　修昔底德的著作很快赢得了世人的敬仰。两千多年来，他对细节的一丝不苟和客观公正赢得了人们最深切的尊重。他认为尽可能准确地记载事实，对他实现自己的目标是至关重要的。他的目标是理解和阐明人性的运作方式，尤其是在政治、国际关系和战争领域。但他的阐释和任何史学家（尤其是深深介入他所记载事件的史学家）的阐释一样，需要我们做一番认真的检查和评估。

　　有三份文献可以补充修昔底德的著作，其中两份是在战争期间写下的。《雅典政制》（*Athenaion Politeia*）一般被归入色诺芬的作品之中，不过学者们现在认为这不可能是他写的。这部作品的写作时间可能是前 5 世纪 20 年代，它的不知名作者有时被称为"老寡头派"，尽管我们不知道他在写作此书时的年龄。他对寡头统治的同情是毋庸置疑的。这本小册子做了一番务实的分析，主张雅典民主制虽然不道德，但是有效。另一部《雅典政制》（*Constitution of the Athenians*）创作于前 4 世纪末，作者是亚里士多德或其学派的某个人。这部作品简要叙述了从上古到作者时代（约前 330 年）雅典政治的发展历程。它对伯罗奔尼撒战争最后阶段的记载特别重要，尤其是前 411 年的寡头派革命。1906 年，在埃及的俄克喜林库斯①发现了一部写在纸莎草纸上的《希腊史》。它的大部分是对前 396 ~ 前 395 年事件的叙述，水平很高，很有洞察力；此外，它也记述了战争末期底比斯人对阿提卡的破坏。这部书似乎是续写了修昔底德的著作，具有重大意义，可能是后世史学家，如狄奥多罗斯和普鲁塔克的史料来源。

修昔底德的叙述到前 411 年秋季就戛然而止了，这离战争结束还有大约六年半时间。古代作家认为他的著作是关于那个时期历史的权威，因此有三位史学家从他停止的时期开始，将伯罗奔尼撒战争史续写下去。克里提普斯是一个生活在同时代的雅典人，他将希腊世界的历史写到了前 394 年。希俄斯岛的塞奥彭普斯生于约前 378 年，也写了一部类似的史书。但这两位的作品都没有保存至今，我们只能从后世史料片段化的引用中知道他们作品的存在。格律鲁斯之子色诺芬生于约前 428

---

① 古埃及城市，位于开罗西南约 160 公里，是重要的考古遗址。20 世纪，俄克喜林库斯地区被不断发掘，因而发现大量纸莎草纸的古文书。这些出土文书，可以被追溯至托勒密和古罗马时期的埃及，其中包括米南德的剧作和早期基督教文书《多马福音》的经文碎片。

年，是修昔底德的同时代人，不过比他年轻。色诺芬也写了一部《希腊史》，把希腊历史一直写到前362年。这部作品被保存至今。色诺芬是苏格拉底圈子中的一员，非常亲斯巴达，曾在强大的斯巴达国王阿格西莱二世麾下效力。他的作品虽然缺乏修昔底德的分析力，却是战争最后几年事件的主要记载。

两位晚近得多的作家提供了额外的信息，这些信息的可靠性和价值不一。西西里岛的狄奥多罗斯是尤利乌斯·恺撒和奥古斯都的同时代人，他在前1世纪，也就是伯罗奔尼撒战争结束后约四个世纪，写了一部通史。他的著作的可靠性取决于他采用的史料。他参考了修昔底德的著作和其他一些现已遗失的作品。其中最重要的史料来源似乎是库麦的埃福罗斯，他属于伯罗奔尼撒战争之后的那一代人，可能与许多战争亲历者交谈过。另外，埃福罗斯似乎使用了俄克喜林库斯史书的一些段落（现已遗失），而后者的可靠性往往高于色诺芬。因此，我们必须重视狄奥多罗斯的作品，尤其是对修昔底德著作中未涉及的那些年的历史记载。

最后是喀罗尼亚的普鲁塔克，他大约生活在公元50～120年，距离他所记述的那些事件更遥远。他的《希腊罗马名人传》不是历史著作，而是传记，其宗旨是从往昔伟人的生活中汲取教训。这让很多人否决其著述的可靠性，但我们如果这么做，就有很大风险。他拥有一座藏书极其丰富的图书馆，包括很多如今我们已经读不到的书籍。他引用和提及了前5世纪的一些喜剧诗人（其作品现已遗失）、修昔底德的同时代史学家"叙拉古的菲利斯托斯"和"莱斯博斯岛的赫拉尼库斯"的史书，以及续写修昔底德著作的埃福罗斯和塞奥彭普斯。普鲁塔克还引用了前5世纪的碑铭，描述了他亲眼看见的建筑、绘画和雕塑。下面这句话选自他的《尼基阿斯传》（1.5），能让我们领略一番能在他作品中找寻到的瑰宝："修昔底德和菲利斯托斯记载的那些事迹……我对其做了简要概述，剔除了非必需的细节，以便逃避懒散粗心的指责；但那些被大多数作家遗漏的细节，以及其他一些作家漫不经心地提及的细节，或者那些出现在古代祭品或公共法令中的细节，我都努力收集起来，不是将无用的研究材料堆积起来，而是提供有助于读者理解人物性格与秉性的资料。"在努力达成这些目标的过程中，他为我们提供了珍贵而可靠的信息，我们绝不能忽视。

在过去两个世纪里，人们发现了一些与伯罗奔尼撒战争同时代的珍贵证据，主要是石刻碑铭。希腊碑铭研究在发现、复原和编辑重要史料方面，取得了长足进步。或许最重要的成就是，复原和阐释了雅典人从前454年到帝国覆灭期间对各附庸国征收年贡评估资料的铭文。由此产生的伟大作品 *The Athenian Tribute Lists*（4 volumes, I, Cambridge, Mass., II - IV, Princeton）于 1939~1953 年出版，作者是 B. D. Meritt, H. T. Wade - Gery 和 M. F. McGregor。除此之外，与伯罗奔尼撒战争最相关的碑铭被收集在这部著作中：*A Selection of Greek Inscriptions to the End of the Fifth Century B. C*（by R. Meiggs and D. M. Lewis, revised edition, Oxford, 1992）。许多铭文的英语译文以及一些不是那么容易找到的古代史料，载于 Charles Fornara 的 *Archaic Times to the End of the Peloponnesian War*（second edition, Cambridge, 1983）。

19 世纪一些学者的研究大大增进了我们对伯罗奔尼撒战争的理解，他们的开拓性作品仍然值得一读。其中最伟大的是学识渊博的 George Grote，他是我们今天古希腊史学的奠基人。

他的 12 卷本 *History of Greece*（London，1846 – 1856）是一部
仔细而深刻的研究巨著，为我们挑战一些固有观念提供了坚实
基础。Grote 的杰作发人深思，得到了许多学者的回应，其中
最优秀的回应包含在三位德国学者的多卷本史书中。最令人印
象深刻也最有价值的是 Georg Busolt 的 *Griechische Geschichte*
（Gotha，1893 – 1904）第三卷（也是最后一卷）的第二部分。
这部著作中涉及丰富而深刻的古代证据和现代研究成果，并力
求客观、不偏不倚。另外两部著作是 K. J. Beloch 的
Griechische Geschichte（第二版，四卷八部，Leipzig，1912 –
1927）；Eduard Meyer，*Geschichte des Altertums*（fifth edition，4
volumes，reprinted in 1954 and 1956 in Basel）。这两部作品均
于 19 世纪首次出版。

　　在 20 世纪时也出现了一些重要文献。其中最有帮助的或
许是 *A Historical Commentary on Thucydides*，由 A. W. Gomme，
A. Andrewes 和 K. J. Dover 先后共同完成（Oxford，1950 –
1981）。R. Meiggs 的 *The Athenian Empire*（Oxford，1972）和
G. E. M. de Ste. Croix 的 *The Origins of the Peloponnesian War*
（Oxford，1972）也很有价值。关于伯罗奔尼撒战争的研究和
相关文献汗牛充栋，其中大部分都列举在我的四卷本《伯罗
奔尼撒战争史》（Cornell University Press，1969 – 1987）每一
卷结尾的参考文献中。

大事年表

一　战前

前 6 世纪：斯巴达建立伯罗奔尼撒联盟

前 511 ~ 前 510 年：雅典人驱逐庇西特拉图僭主家族

前 508 年：克里斯提尼为雅典立法，建立民主制

约前 495 年：伯里克利出生

前 492 ~ 前 490 年：波斯（大流士一世在位）第一次入侵希腊

前 490 年：马拉松战役，雅典和普拉蒂亚人击败波斯军队

约前 484 年：希罗多德出生

前 480 ~ 前 479 年：波斯（薛西斯一世在位）第二次入侵希腊

前 475 年：斯巴达国内有人提议发动战争，消灭雅典的新同盟，被驳回

约前 470 年：尼基阿斯出生

前 465 年：雅典人攻打萨索斯岛，斯巴达人企图援助萨索斯，由于地震，未
　　果；斯巴达发生地震和黑劳士起义

约前 460 年：修昔底德出生

前 460 ~ 前 445 年：第一次伯罗奔尼撒战争，战争结束后签订《三十年和
　　约》，斯巴达国王普雷斯托阿纳克斯被放逐

约前 450 年：亚西比德出生

前 440 年：萨摩斯岛反叛雅典

前 436 年：埃比达姆诺斯爆发内战

前 433 年：雅典出兵支持克基拉；9 月，西波塔战役，雅典与克基拉击败科
　　林斯舰队

前 432 年：雅典对墨伽拉实施禁运

二 阿希达穆斯战争（十年战争，前 431～前 421 年）

前 431 年 3 月：底比斯攻打普拉蒂亚，战争爆发；阿希达穆斯二世率军入侵阿提卡；雅典人扫荡敌境

前 430 年：雅典暴发瘟疫；雅典向斯巴达求和失败；伯里克利被免职

前 429 年：雅典攻陷波提狄亚；伯里克利恢复职位，去世；雅典海军将领弗尔米奥在纳夫帕克托斯两次大败斯巴达海军

前 427 年：雅典瘟疫消退；雅典镇压叛乱的米蒂利尼城，放弃对其市民进行报复；普拉蒂亚被斯巴达占领；克基拉发生内战，民主派战胜寡头派；雅典第一次远征西西里岛

前 426 年：阿希达穆斯二世驾崩，阿基斯二世登基；雅典将军德摩斯梯尼在埃托利亚战败；德摩斯梯尼击败斯巴达将军麦涅代乌斯

前 425 年：德摩斯梯尼在皮洛斯建立要塞，斯巴达受困于斯法克特里亚岛；克里昂俘获斯法克特里亚岛上的斯巴达人

前 424 年：雅典人占领基西拉岛；雅典人受挫，退出西西里岛；雅典人进攻墨伽拉失败；德里昂战役，雅典人被玻俄提亚人击败；斯巴达将领伯拉西达进攻色雷斯，煽动当地城邦反叛雅典；伯拉西达占领安菲波利斯；修昔底德被免职

前 423 年：停战；尼基阿斯远征色雷斯

前 422 年：安菲波利斯战役，克里昂阵亡，伯拉西达阵亡，雅典人失败

前 421 年：签订《尼基阿斯和约》

三 战争间歇（前 421～前 414 年）

前 421 年：雅典与斯巴达结盟；阿尔戈斯联盟建立

前 420 年：亚西比德当选将军；在奥林匹克运动会上，斯巴达遭到厄利斯的羞辱

前 419 年：亚西比德在伯罗奔尼撒半岛作战

前 418 年：阿基斯二世攻击阿尔戈斯；曼丁尼亚战役，阿尔戈斯战败；寡头派在阿尔戈斯上台

前 417 年：阿尔戈斯恢复民主制

前 416 年：希帕波鲁斯遭到陶片放逐；塞杰斯塔与塞利农特交战

前 415 年：雅典出兵支援塞杰斯塔，发动第二次西西里远征；渎神丑闻；亚
　　西比德逃亡；尼基阿斯进攻叙拉古城，小胜，未取得决定性胜利

四　战争第二阶段（前 414～前 404 年）

前 414 年：雅典袭击拉科尼亚，撕毁《尼基阿斯和约》；雅典人攻打叙拉古
　　城；拉马库斯阵亡；斯巴达将领古利普斯援救叙拉古；尼基阿斯多次战败

前 413 年：斯巴达人在狄凯里亚建立要塞，威胁雅典本土；雅典人向西西里
　　增派部队；普利姆米利昂陷落；德摩斯梯尼两次进攻爱皮波莱高地，失败；
　　月食；在西西里岛的雅典人撤退，遭全歼；尼基阿斯和德摩斯梯尼被俘，
　　被处死

前 412 年：雅典选举"贤哲"，以应对危机；斯巴达人与波斯人开始合作；
　　爱琴海战火燃起

前 411 年：亚西比德投奔波斯人；罗得岛反叛雅典；雅典发生革命，寡头派
　　上台；"四百人"掌权；萨摩斯岛的雅典舰队成为民主派基地；亚西比德回
　　归雅典阵营；"五千人"取代"四百人"，在雅典掌权；基诺塞马战役，色
　　拉西布洛斯击败明达鲁斯；阿卑多斯战役，色拉西布洛斯和斯拉苏卢斯击
　　败明达鲁斯；库济库斯战役，色拉西布洛斯、塞拉门尼斯和亚西比德击败
　　明达鲁斯

前 410 年：斯巴达向雅典求和，被拒绝；雅典恢复民主制；雅典与波斯谈判，
　　失败；亚西比德归国

前 408 年：小居鲁士王子介入战争

前 407 年：吕山德就任斯巴达海军司令

前 406 年：诺提昂战役，吕山德击败安条克斯；亚西比德垮台；阿吉纽西战
　　役，雅典八位将军击败卡利克拉提达斯；八位将军倒台

前 405 年：斯巴达再次提议和平，未果；吕山德再次执掌斯巴达海军军权；
　　阿哥斯波塔米战役，雅典大败

前 404 年：塞拉门尼斯代表雅典与斯巴达议和，雅典有条件投降，战争结束；
　　斯巴达在雅典建立"三十僭主"傀儡政权；亚西比德遇刺

五 战后

前 403 年：色拉西布洛斯推翻"三十僭主"，恢复民主制

前 401 年：阿基斯二世驾崩，阿格西莱二世即位

前 395 ~ 前 387 年：科林斯战争，底比斯、雅典、科林斯和阿尔戈斯四国在波斯的支持下对抗斯巴达，各有胜负，波斯影响力增强

前 395 年：吕山德阵亡

前 371 年：留克特拉战役，底比斯将军伊巴密浓达击败斯巴达军队，结束斯巴达霸权

前 362 年：曼丁尼亚战役，底比斯获胜，但损失惨重，且伊巴密浓达阵亡，底比斯霸权结束

前 338 年：喀罗尼亚战役，马其顿国王腓力二世击败雅典与底比斯的联军，建立马其顿在希腊的霸权

译名对照表

Abdera 阿布德拉

Abydos 阿卑多斯

Acanthus 阿堪苏斯

Acarnania 阿卡纳尼亚

Achaea 阿开亚

Acharnae 阿卡奈

Acharnians（Aristophanes）《阿卡奈人》
　（阿里斯托芬）

Acragas 阿克拉加斯

Acropolis 卫城

Acte peninsula 阿克特半岛

Adeimantus 阿迪曼图斯

Aegean Sea 爱琴海

Aegina 埃吉那岛

Aegitium 埃吉提昂

Aegospotami 阿哥斯波塔米

Aeolidas 埃奥里达斯

Aeschylus 埃斯库罗斯

Aetolia 埃托利亚

Agariste 阿佳丽斯特

Agatharcus 阿伽萨库斯

Agesandridas 阿吉山德里达斯

Agesilaus 阿格西莱

Agis，king of Sparta 阿基斯二世国王

Alcamenes 阿尔卡美涅斯

Alcibiades 亚西比德

Alcibiades（son of Phegus）亚西比德
　（菲格斯之子）

Alcidas 阿尔基达斯

Alciphron 阿尔基弗隆

Alcmeonides 阿尔克麦奥尼德斯

Alesion，Mount 阿雷西昂山

Alexander Ⅲ（the Great），king of Macedonia
　亚历山大三世（大帝），马其顿国王

Alexicles 亚利西克利斯

Ambracia 安布拉基亚

Amorges 阿摩基斯

Amphilochia 安菲洛奇亚

Amphipolis 安菲波利斯

Anactorium 阿纳克托里翁

Anaea 阿纳伊亚

Anapus 阿纳普斯河

Anatolia 安纳托利亚

Anaxagoras 阿那克萨哥拉

Andocides 安多吉德斯

Androcles 安德罗克利斯

Andros 安德罗斯岛

Antandrus 安坦德鲁斯

Antiochus 安条克斯

Antiphanes 安提法奈斯

Antiphon 安提丰

Antissa 安提萨

Mytilene 米蒂利尼

Nauclides 诺克里底
Naupactus 纳夫帕克托斯
Naxos 纳克索斯岛
Neapolis 尼阿波利斯
Nemea 涅米亚
Nepos，Cornelius 科尔内利乌斯·尼波斯
Niceratus 尼基拉图斯
Nicias 尼基阿斯
Nicostratus 尼科斯特拉图斯
Nisaea 尼萨亚
Notium 诺提昂
Nymphodorus 尼姆佛多鲁斯

Oenoe 欧伊诺耶
Oesyme 奥西米
Oeta 奥塔
"Old Oligarch，The" "老寡头派"
Olorus 奥洛鲁斯
Olpae 奥尔匹
Olympic Games 奥林匹克运动会
Olympieum 宙斯神庙
Olynthus 奥林瑟斯
Onomacles 奥诺麦克利斯
Orchomenus 奥尔霍迈诺斯
Orneae 奥尼伊
Oropus 奥罗浦斯

Paches 帕基斯
Pagondas 帕冈达斯
Panactum 帕那克敦
Panhellenism 泛希腊主义
Paralus "帕拉鲁斯"号
Parrasia 帕拉西亚
Parysatis 帕丽萨提斯
Pasitelidas 帕西特里达斯

Patrae 帕特雷
Pausanias，king of Sparta 保萨尼亚斯，斯巴达国王
Peace（Aristophanes）《和平》（阿里斯托芬）
Pedaritus 佩达里图斯
Pegae 佩加
Peisander 派桑德
Peisianax 培西阿纳克斯
Peithias 培西亚斯
Pellene 培林尼
Perdiccas，king of Macedon 柏第卡斯二世，马其顿国王
Persian Empire 波斯帝国
Phaeax 腓亚克斯
Phanomachus 法诺马库斯
Pharax 法拉克斯
Pharnabazus 法那巴佐斯
Phegus 菲格斯
Philip II，king of Macedon 腓力二世，马其顿国王
Philistus 菲利斯托斯
Philocharidas 腓洛卡里达斯
Philochorus 斐洛考鲁斯
Philocles 菲劳克里斯
Phlius 弗利奥斯
Phocaea 弗凯亚
Phocis 福基斯
Phormio 弗尔米奥
Phrygia 弗里吉亚
Phrynichus 普律尼科司
Pindar 品达
Piraeus 比雷埃夫斯
Pissuthnes 皮苏特尼斯
Plataea 普拉蒂亚
Plato 柏拉图
Pleistonax，king of Sparta 普雷斯托阿纳

Tanagra 塔那格拉
Taras 塔拉斯
Taulantians 道兰底人
Tegea 泰吉亚
Ten Generals of Athens 雅典十将军
Tenos 蒂诺斯岛
Teos 泰奥斯
Teucrus 泰乌克鲁斯
Teutiaplus 泰乌提阿普鲁斯
Thasos 萨索斯岛
Thebes 底比斯
Theodorus 西奥多罗斯
Theognis 泰奥格尼斯
Theramenes 塞拉门尼斯
Therimenes 泰里蒙涅斯
Thespis 泰斯皮亚
Thessalus 帖撒鲁斯
Thessaly 色萨利
Thirty Tyrants 三十僭主
Thorax 瑟莱库斯
Thrace 色雷斯
Thraso 特拉索
Thrasybulus（son of Lycus）色拉西布洛斯（吕库斯之子）
Thrasybulus（son of Thraso）色拉西布洛斯（特拉索之子）
Thrasyllus 斯拉苏卢斯
Thrasymelidas 特拉西米里达斯

Thronium 特罗尼昂镇
Thucles 苏克利斯
Thucydides 修昔底德
Thurii 图里
Thymochares 泰摩卡里斯
Thyrea 泰里亚
Thyssus 泰苏斯城
Timolaus 提莫劳斯
Tisias 提西亚斯
Tissaphernes 提萨弗涅斯
Torone 托伦涅
Trachis 特拉启斯
Tretus Pass 特雷图斯隘道
Troezen 特洛伊曾

Ukraine 乌克兰

Vienna，Congress of 维也纳和会
Westphalia，Peace of《威斯特伐利亚和约》

Xanthippus 科桑西普斯
Xenares 森纳里斯
Xenophanes 色诺芬尼
Xenophon 色诺芬
Xerxes 薛西斯
xymbouloi（advisers）顾问

Zacynthus 扎金苏斯岛
Zanovistas（stream）扎诺维斯塔斯（溪流）

图书在版编目（CIP）数据

伯罗奔尼撒战争/（美）卡根（Kagan, D.）著；陆大鹏译.
—北京：社会科学文献出版社，2016.4（2023.7 重印）
ISBN 978 - 7 - 5097 - 7754 - 1

Ⅰ.①伯…　Ⅱ.①卡…②陆…　Ⅲ.①伯罗奔尼撒战争
Ⅳ.①K125

中国版本图书馆 CIP 数据核字（2015）第 152815 号

伯罗奔尼撒战争

著　　者／〔美〕唐纳德·卡根
译　　者／陆大鹏

出 版 人／王利民
项目统筹／段其刚　董风云
责任编辑／张金勇　周方茹
责任印制／王京美

出　　版／社会科学文献出版社·甲骨文工作室（分社）（010）59366527
　　　　　　地址：北京市北三环中路甲 29 号院华龙大厦　邮编：100029
　　　　　　网址：www. ssap. com. cn
发　　行／社会科学文献出版社（010）59367028
印　　装／三河市东方印刷有限公司

规　　格／开本：889mm×1194mm　1/32
　　　　　　印 张：19.25　字 数：430 千字
版　　次／2016 年 4 月第 1 版　2023 年 7 月第 9 次印刷
书　　号／ISBN 978 - 7 - 5097 - 7754 - 1
著作权合同
登 记 号／图字 01 - 2015 - 1551 号
定　　价／79.00 元

读者服务电话：4008918866